精神醫療社會工作：
信念、理論和實踐

葉錦成　著

目 次

作者簡介 …………………………………………………………… iii

各界推薦 …………………………………………………………… vi

序言 ………………………………………………………………… xiii

第 1 章　精神醫療社會工作的源流、發展和定義 …………………… 1

第 2 章　精神醫療社會工作理念的激辯 …………………………… 11

第 3 章　精神醫療社會工作介入手法的反思：多元介入手法與思維 …… 25

第 4 章　以尊重案主潛能的能耐為本的精神醫療社會工作 ………… 53

第 5 章　以理解和溝通為主的精神醫療社會工作 ………………… 69

第 6 章　以精神病人主觀經歷的精神醫療社會工作 ……………… 101

第 7 章　以復原為本的精神醫療社會工作 ………………………… 149

第 8 章　精神病人士的權益與倡導 ………………………………… 185

第 9 章　院舍化與治療社區的抗衡 ………………………………… 229

第 10 章　精神病康復者的自助小組 ……………………………… 249

第 11 章　心理治療基本元素的深層反思 ………………………… 269

作者簡介

　　葉錦成教授（Professor Kam-Shing YIP），現職為香港理工大學應用社會科學學系教授，開設心理健康、精神康復及社會工作等相關學科，並為社會工作文學碩士（心理健康專科）課程負責人、博士及後博士課程的負責人、博士學生指導老師，也曾任美國威斯康辛大學博士學生的指導老師。葉教授的教學深受學生歡迎及愛戴，曾於 2005 年被香港理工大學頒授全校最優秀教學獎。

　　葉教授為國際知名的學者，其在心理健康實務、青少年心理健康、精神分裂和情感精神病輔導、精神康復政策、社會工作的本土化、中華文化與心理健康、心理輔導等科目上，都有國際認知的研究成果；也曾在著名之國際權威的精神病學、心理輔導、社會工作學的學術期刊上，發表超過 80 篇的學術論文。在著名的國際學術指標上（Social Science Citation Index, Medline, PsyINFO）都有所記錄，並被世界各地學者所引用；他在香港的著名學術期刊上，發表超過 30 篇以上的學術論文，並在重要的國際學術會議上，發表超過 80 篇以上的學術論文，更寫作、出版了多本有關社會工作及精神健康的國際著作。葉教授目前擔任 24 本關於康復、心理健康、心理輔導、中華文化、社會工作等各學科之國際學術權威的期刊編委、學術論文的評審，也熱衷香港相關學刊的促進；現為多本香港著名學刊的編委和評審，亦曾擔任香港心理衛生會的會刊主編。

　　葉教授對於精神病案主的輔導上經驗豐富，並具創見，曾任多間海外及香港重要的社會服務機構的專業顧問，帶領相關的專業人士創辦新的服務手法和模式，並提供在精神健康方面有問題的案主，先進的心理輔導與社會工作服務。同時，他也關心中國大陸的服務和發展，除了從事多項相關研究外，現為雲南大學客座教授、廈門大學榮譽教授、南京大學犯罪預防研究所研究員。

葉錦成教授已出版的著作

葉錦成（1991）。精神病觀察：康復的疑惑與解迷。臺北市：臺灣商務印書館。

葉錦成、潘文螢、陳琦（編著）（2004）。青少年憂鬱情緒：理解與介入。香港：香港青年協會。

葉錦成、高萬紅（編著）（2012）。中國精神衛生服務：挑戰與前瞻。北京：社會科學文獻出版社。

葉錦成（編著）（2013）。自我分裂與自我整合：精神分裂個案的實踐與挑戰。北京：社會科學文獻出版社。

Yip, K. S. (2006). *Psychology of gender identity: An international perspective.* New York, NY: Nova.

Yip, K. S. (Ed.) (2006). *Clinical practice for people with schizophrenia: A humanistic and empathetic encounter.* New York, NY: Nova.

Yip, K. S. (2007). *Mental health service in the People's Republic of China: Current status and future developments.* New York, NY: Nova.

Yip, K. S. (2008). *Schizoaffective disorders: International perspectives on understanding, intervention and rehabilitation.* New York, NY: Nova.

Yip, K. S. (2008). *Strength based perspective in working with clients with mental illness: A Chinese cultural articulation.* New York, NY: Nova.

Yip, K. S. (2010). *Pedagogy of power, oppression and empowerment: A Chinese cultural articulation.* New York, NY: Nova.

Yip, K. S. (Ed.) (2011). *Recovery and resilience of children, adolescents, adults and elderly with mental problems: Application and interventions.* New York, NY: Nova.

Yip, K. S., & Yip, T. W. (Ed.) (2011). *Recovery and resilience of persons with mental problems: Conceptual interpretation and interaction.* New York, NY: Nova.

Yip, K. S. (2012). *Emotionality and mental illness: A multi-dimensional model.* New York, NY: Nova.

Yip, K. S. (2012). *Clinical practice with Chinese persons with severe depression: A Normalized, Integrated, Communicative, Holistic and Evolving Hope (NICHE) recovery*. New York, NY: Nova.

Yip, K. S. (2013). *Social work practices in Chinese culture: Conceptualization and implementation*. New York, NY: Nova.

Yip, K. S. (2013). *Emotionality of mental illness (Volume I): Blunt affect of schizophrenia and angry feelings of depression*. New York, NY: Nova.

Yip, K. S. (2013). *Emotionality of mental illness (Volume II): Sense of dissociative fear in post traumatic stress disorder and loneliness mood in borderline personality disorder*. New York, NY: Nova.

各界推薦

　　《精神醫療社會工作：信念、理論和實踐》一書集結了葉錦成教授三十多年的理論思考，以及服務精神病患者的實務與教學研究心得。本書闡述葉教授對精神醫療社會工作專業之精髓，在於以真誠、尊重之理念，對病人掙扎與痛苦的體會、培育病人復原能力、幫助病人找回和重組他們的生命意義、培育一個關懷的社會文化，並義不容辭地在病人的治療過程中，為病人爭取可能減損的自尊。

　　我認為本書是精神醫療社會工作專業人員重要的參考書，可以有效提升專業能力。此外，本書更可供為其他所有精神醫療團隊成員的有用參考，對關心精神病患者的一般社會大眾，亦可提供豐富的資訊。我極樂意鄭重推薦之。

胡海國

台灣大學醫學院精神科教授

台灣大學理學院心理學系暨研究所教授

台灣大學公共衛生學院流行病學與預防醫學研究所教授

台灣大學醫學院腦與心智科學研究所教授兼代理所長

　　能夠先看到這本書，是個人的榮幸。多年來，社工師一直沒有得到應有的重視及尊重，只有在社會發生問題時，不管是家暴、性侵害、校園霸凌或精神病患者出現自殺或攻擊行為時，才急急忙忙到處找社工。然而，由上述的問題就可以看出，社工是一個高度專業的領域，若沒有得到應有的待遇與尊重，又怎麼能夠培養出稱職的社工師。此外，「精神疾病」總是充斥著負面形象，這樣的污名化與烙印，使得一般大眾對其避之唯恐不及，而使病人悲觀孤單、家屬身陷照顧之負擔。更因為精神疾病所導致的情緒起伏、思考紊亂、脫離現實等病徵，致使病人的言語和主觀意見不免會讓人認為是「瘋言瘋語」，而容易被忽視和不被信任。

精神病患者也因其「病人」之角色而被放大，以致於作為「人」的基本價值和權益就被模糊掉了。

因此，「重視社會中的每一個人」一向是社會工作重要的核心價值之一，而如何藉由多元實務工作策略，協助遭受壓迫或污名化的族群，使其可以表達意見並積極參與，進而獲得可主導、規劃自我人生的能力與技能的「賦權」（empowering），亦是現今社會工作頗為重視的實務焦點。本書作者在相關論述中一再提醒，針對精神病患者發展治療計畫時，應欣賞、尊重精神病患者之生命力與協助其發展自我價值、追尋生命意義，而這正是此「以人為本」社會工作價值的實踐與落實。

本書對於社工人員在精神醫療領域之專業角色發揮與臨床工作策略之應用，有諸多論述，不僅涵蓋社會工作直接服務之個案工作、團體工作、社區工作等三大方法，以及在協助精神病患者及其家屬時，所應具備的相關理論背景和實務工作技巧，並以案例方式突顯社工人員在協助精神病患者及其家屬時，不同的思考角度和介入焦點；且對社工人員在精神醫療體系的角色、工作理念之演變，以及應如何倡導精神病患者之權益上多有著墨和反思。更特別的是，作者也以宏觀角度闡述當今精神醫療體系之治療模式，對病人康復與社工角色實踐的影響。這些都是作者三十多年來致力於實踐和提升精神醫療社會工作專業的累積。

尤其，精神醫療社會工作在台灣雖然發展已久，卻鮮少有專書論著系統化的統整、歸納相關理論與實務。本書的出版除了可作為社工系學生入門精神醫療社會工作領域的參考書，亦可提供現職相關實務工作者反思自我的角色立場、工作策略與技巧的適切性，進而領會如何更有效協助精神病患者。同時，本書立基於人道關懷，栩栩如生地引述精神病患者對接受醫療與罹患疾病的主觀感受和經驗，並通盤介紹精神醫療社會工作，也有助於相關專業與一般大眾對於社工人員的角色功能有更清楚的認知與期待，從而增進對精神病患者困境之理解與接納。個人給予高度肯定並強力推薦。

成功大學醫學系教授
成功大學行為醫學研究所教授

在醫院、社區工作的台灣心理衛生社會工作者，長久身陷於科技理性典範中，這本書對我們來說是個醒鐘，也是出口方向——從社工關注之人性出發，解構醫療模式，重新詮釋症狀，朝向互為主體之平權關係建立，及權益倡導信念之實踐。不僅是社工學習者及實務工作者非常重要的手邊書，對所有心理衛生的工作者及同陷困境的倖存者和照顧者來說，都是非常重要和深具意義的。

萬心蕊

東吳大學社會工作學系副教授

台灣心理衛生社工學會副理事長

台北市康復之友協會理事

葉錦成教授從香港寄來本書的書面初稿，很客氣地希望我寫幾句話以作推廣之用，一開始想到我離開大學醫院、進入基層精神醫療——特別是兒童青少年精神醫療——已有五年，而且我的專長也不是精神病患者的社區復健，原本想要拒絕葉教授的盛情邀請，但是在稍加閱讀葉教授的稿件之後，發現書中的理念與我有諸多相似之處，因此欣然接受此一任務，也很榮幸有機會從書中認識這位從未謀面，卻又深感熟悉的精神醫療社工的重要推手。

開始接觸到香港有關精神醫療／心理諮商或治療方面的情況，起因於 2005 年到浸信大學參加敘事治療國際研討會，當時發現當地參加的人員有許多是社工師，之後幾年我曾經到香港帶過幾次心理劇工作坊，逐漸了解社工師在香港的精神醫療／心理諮商或治療領域扮演著很重要的地位，因此其專業的深入對於精神病患者的康復占有舉足輕重的角色。本書深刻談及精神醫療社會工作的信念、理論和實務，其出版深信將對香港，甚至是華人世界的精神醫療社會工作產生不可忽視的影響力。這是本書值得推薦的第一點。

過去的一段期間中，精神醫療過度強調了生化病因，甚至有人認為只要以藥物就可以解決絕大部分的精神醫療問題。然而，報章雜誌時有所聞的精神病患者傷人事件，以及一再重複住院、自殺率沒有明顯改善、藥物濫用問題節節升高等，

這種種跡象都告訴我們：心理、家庭、社會方面的介入，也應該獲得同等的注重。然而，心理社會介入的取向種類，從精神分析、個人中心、認知行為、後現代取向等不可勝數。從過去的經驗來看，單只有一種取向的介入方式常有不足之處，而合併多種模式的方法經常可以帶來意想不到的效果。本書融合了能耐為本、理解和溝通為本、病人主觀經歷、復原為本的多重理念及介入手法，取代了過去曾主導介入風潮的缺陷論述，在介入過程中尊重患者的自尊權利，並將重點放在患者的優勢之處及復原力，可以為患者帶來內在力量的開展與豐厚。這是本書值得推薦的第二點。

本書值得推薦的第三點是，作者在書中大量引用患者的治療過程或訪談紀錄，幫助讀者可以輕易地理解到患者的主觀經驗及敘事，也可以幫助讀者分辨整個治療過程中不可不重視的轉折點或關鍵處，同時也可以看到不同的介入手法如何能帶出不同的經驗和結果。對於從事精神醫療／心理諮商或治療的助人工作者來說，閱讀本書也可以帶來一些新的思維與領悟。

本書值得推薦的第四點是，作者在第十一章談到心理治療基本元素的深層反思，其中最令人印象深刻的是，Lambert（1992）檢視大批有關心理治療的研究之後，得出心理治療有效元素的有效率：治療關係 30%、治療以外的改變 40%、預設的改變 15%、治療技巧 15%。看到這樣的數據不禁令人莞爾一笑，原來單純的治療技巧所能帶來的改變竟是如此的小，無怪乎時常看到某些聲稱自己擁有某種治療派別技巧的專業人員，若是「人」不對，其所帶出的改變不但很少，有時還甚至會帶給患者傷害。作者在心理治療基本元素方面有不少篇幅的著墨，可以幫助精神／心理專業人員從不同的視角重新檢視自己過去所做的工作。

最後，真的非常高興有機會推介及時來到的這本好書，相信每一位讀者都可以從閱讀的過程中，體會到作者對精神病患者的高度關懷及尊重，以及在倡導患者自身能力與權力方面的苦心。真高興見證了這本書的出版。

陳信昭

精神科醫師

台灣心理劇學會創會理事長

自然就好心理諮商所創辦人

這是一本非常有趣而且深刻的論著，從一種全人的視角闡述「以人為本」、「以尊重為要」的精神醫療社會工作的理念、理論和實務，給讀者一個理解和解決精神疾病的嶄新空間。

童敏
廈門大學社會學與社會工作系教授

根據世界衛生組織的專家認為，社會環境的綜合作用導致人類已經進入一個「精神疾病」的時代，面對日益增多的精神病患者，專業人士何以應對？葉錦成教授的《精神醫療社會工作：信念、理論和實踐》一書，無疑給我們指出了一個服務的方向，他以一顆仁愛之心，集三十多年的精神病社會工作的教學、實踐和研究為一體，撰寫了這本理論與實踐並重，操作性甚強的專業論著。讀這本書，不僅是一次專業知識和理論的學習，更讓我們從一個新的視角，對精神病患者的內在精神世界有了深入和同感的理解；讓我們看到。在精神病患者複雜、糾結和混亂的症狀背後，是一個正常人的需要、內在的衝突和掙扎，其中也孕育著精神病患者的適應能力、抗逆能力和復原能力。這本書使我們在看精神病問題的同時，也看到了他們人性的積極面向。只要我們義不容辭地為他們爭取權利，創造出一個接納、關懷、尊重的外部環境，他們就可以在正常的環境中復原，過正常的生活。這是一本高水準的專業書籍，相信每個讀者都能從中獲得啟示和行動的動力。

高萬紅
雲南大學社會學與社會工作系教授

本人和葉錦成教授相識於 2003 年，那是我們單位邀請他在昆明醫學院附屬第一醫院精神科講學，主題是精神健康。反應非常熱烈，很多同道都大開眼界。

自那時起，他陸續到北京、廈門講授和推動精神醫療社會工作，2010 年又來到昆明舉辦的精神健康高級論壇，學員多來自北京大學、寧波、昆明、寧夏、廣

東、福建等地，領域包含大學社會工作教師、精神科醫生、社會工作者、心理諮詢師等，獲得學員的高度評價，凡是他的教學就常常笑聲不斷，在歡樂中學習到有用的知識和技術，葉教授對於推動中國內地精神健康事業的發展做出了先行者的貢獻，深深鼓舞了不同背景的學員，而大家也一再邀請他繼續前往各地，傳播精神健康的理念和實務，以回應中國內地的巨大需求，我在其中見證了他的謙卑、奉獻、專業素養，堪稱楷模。

　　葉教授在精神健康領域三十餘年的教學、研究、實務經驗，讓他能夠全面系統化的形成自己的理念，那就是高度重視案主的主觀感受脈絡，高度重視以案主為本的處理過程，從而關注他們的康復。本人作為一名從業二十餘年的精神科醫師兼心理治療師（後來又學習社會工作），在處理個案、家庭和團體時，常常會運用到從葉教授那裡學習到的思想和方法，從而大幅度提高了精神康復者的療效；在帶領大學生、研究生的學習和研究過程中，也把葉教授的觀念放在其間，也是反應甚佳。《精神醫療社會工作：信念、理論和實踐》一書的出版，必將在港澳台和大陸等地受到熱烈歡迎，相信對精神健康領域的教學、研究、實務都會有很大的幫助。

梁志中

中國心理衛生協會家庭治療組理事

昆明醫學院附屬第一醫院精神科副教授

精神科副主任醫師、高級心理治療師

　　這是一本先驅性的著作。作者提醒社會工作者，工作員需要聆聽和尊重病人，透過接納和關懷，培育病人的潛能，讓他們重獲新生。我十分認同作者「以人為本」、「尊重為要」的信念。這是一本精神醫療社工及相關專業同工必讀的著作。

石丹理

香港理工大學應用社會科學系講座教授

British Journal of Social Work 顧問編輯

香港的精神康復社會工作自五十年代開展，至今已有五十多年。早期的精神康復社會工作主要在醫院推行。隨著社會的發展，近年來精神康復工作的重點亦轉向社區化，目的是幫助精神病康復者融入社會和減少社會排斥。香港的精神康復社會工作，在過去數十年中經歷了不少改變，卻缺乏探討這些工作模式及理論基礎的中文書籍。在《精神醫療社會工作：信念、理論和實踐》一書中，葉錦成教授對精神醫療社會工作的理念及介入手法有深刻的討論，透過個案的訪談，將「以人為本」、以「尊重為本」的精神透釋在精神病的康復工作上，對從事精神病康復的不同專業人士有很好的啟迪。

吳日嵐
香港浸會大學社會工作系教授

葉錦成教授一直致力於研究精神病患者，著作極豐，觀點獨特，深受社工及精神健康界的重視，這本著作羅列出葉教授對於瞭解與治療精神病患者的理想，要求我們不再因循跟隨規劃化的院舍隔離與標籤診斷，而是應該尊重以服務對象為本的去溝通關懷，重視鼓勵受助者發揮本已擁有的能力潛能，以理解和溝通為媒介，也為目的，建立信任與安全，同步地與受助者重新架構其整體主觀的病患經歷，達至生活的重建與復原，而這是我們社工與心理治療師的重要反省與挑戰。

屈偉豪
婚姻及家庭治療哲學博士
香港理工大學應用社會科學系客座副教授

序言

「精神科社會工作」（psychiatric social work）或稱為「精神醫療社會工作」，一向以來都是社會工作領域中，特別是臨床社會工作（clinical social work）重要的一環，在英美等地更是社會工作發展的先驅工作模式之一。精神醫療社會工作在歐美各國已經實行許多年，由醫院式的醫護助手模式，慢慢轉變成以社區為本的服務取向，而後又演變為以案主的潛能和長處為本的服務。但很可惜的是，在社會工作發展的過程中，慢慢被後現代（post-modernist）的權力解放（power liberation）取向所忽視，一般的社會工作學者和實務工作者都誤以為，精神醫療社會工作會被以醫療（medical）主導的狹隘思想所限制，失去了社會工作核心價值的展現。另一方面，精神病患和精神問題在現代社會中日益普遍，各種精神問題（如藥物濫用、憂鬱、焦慮、精神分裂、厭食、自殺）的案主在各種社會服務的現場中，比比皆是，令缺乏相關理念、知識和實務的社會工作者束手無策，只能成為精神科醫師的二等助手，或者是游說案主服藥、強迫案主接受診斷、入院、服藥、複診的控制人員。在這個過程中，大大違背了社會工作者尊重案主自我決定、聆聽理解、助人自助、協調案主與環境的基本原則和信念，也嚴重影響相關案主的康復、復原和社區共融。

其實社會工作的理念和實踐的模式，在精神康復和治療的服務環境中，需要接受很多的挑戰和洗禮，特別是以人道主義的理念面對以社會控制為主的精神健康政治和服務時，這種挑戰和矛盾會顯得特別嚴重；這種情況究其原因，主要是相關工作人員完全忽視了近年來在精神康復服務中復原運動的發展，也忽略了日趨旺盛的能耐視角（Strengths Based Perspective）復原力（Resilience）的發展，同時也忘記了，每一種精神病除了生化遺傳外生物化學的作用，還有超過百年來不同的理論，如心理動力（Psychodynamic）學派、認知行為（Cognitive Behavioral）學派、存在主義（Existential）學派、現象（Phenomenological）學派、社會（Sociological Perspectives）學派等不同的描述。舉例而言，有關精神分裂的相關

理論，上述學派所包含較完整的概念，就已經超過三百多種，其中不少學派更是洋洋大觀，既深且廣，把精神分裂的情況、內心的複雜性、外在的壓力和糾纏陳述得非常清楚，不少更是偉大的學者和實踐者（practitioners）幾十年的心血結晶，令人大開眼界。

除此之外，更有不少精神病人士主觀經歷的自我描述，將自身的病歷、生命的壓力和無奈，表達得淋漓盡致。無論什麼理論和學派的觀點，精神病人士終究是「人」，是一個個活生生、有生命意義和價值，有自我、自尊，有思想、感受、經歷、身體感覺，有家人、社會角色的人。因此要真正理解精神病人士，「人」的相關學說，例如：宗教、文學、社會學、心理學、哲學、人文科學等，其實都不可缺少，特別是人生中的經歷、痛苦、苦難等，都非常重要。在本書中，筆者嘗試對這些挑戰和矛盾加以闡釋，並提出相關的取向與實務中的處理關係。

因此，要真正確實地實踐精神醫療社會工作的理念和實務，上述的幾個理論觀點都不可缺少，他們的交互關係也可以由下圖表達出來。

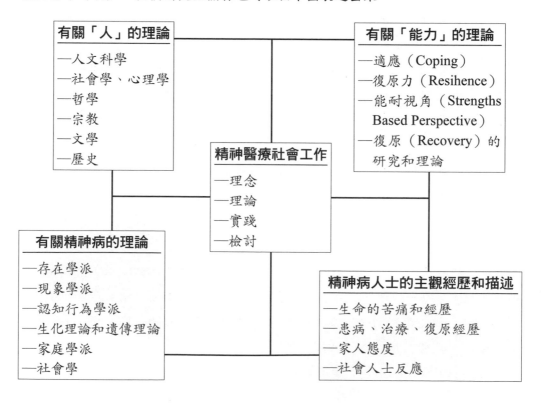

從上述的理論觀點來看，我們不難明白，「精神醫療社會工作」應該不是：

1. 醫療體系的附從者，因為社會工作有自己獨立的理念、看法和實務。

2. 診斷、入院、服藥的控制人員和社會排斥（Social Exclusion）施行人員。

3. 把社會人士、機構意識、專業人士和家人看法強加在精神病人士身上的人。

「精神醫療社會工作」反而應該是：

1. 精神病人士的聆聽、理解、溝通的施行者，應該以同理心（Empathy）、真誠（Genniness）、公平（Equality）、尊重（Respect）的理念，去體會患者一生的掙扎和痛苦。

2. 明白和培育每一位患者的潛能、復原力、適應能力。

3. 培育一個接納、關懷、尊重的社會文化環境，讓精神病人士在支持和正常的環境中復原，再回到正常的生活。

4. 在複雜、糾纏和混亂的精神病症狀和怪異行為中，幫助精神病人士去找回和重組他們的生命意義、自我衝突、壓抑的需要，以及感受。讓他們「人」的一面再次被呈現、理解和釋放。

5. 義不容辭地替精神病人士爭取可能在入院、治療和復原過程中，可能會失去的自尊權利和尊重。

上述的理念和方向，正是筆者經歷三十多年在精神病實務、教學研究、訓練和著作的信念和方向，希望能透過本書把這些基本的取向和理念，向社會工作者和有關人士提出。要詳細去闡釋這些「以人為本」、以「尊重為要」的精神醫療社會工作理念、理論和實務，並不容易，由於篇幅的限制，筆者只能較扼要地以實務個案，將相關理論和實務較系統地整理出來；同時接納出版社的意見，把全書分成二本；第一本是「精神醫療社會工作：信念、理論和實踐」，介紹有關的理念、理論和實務取向；第二本是「精神醫療社會工作：精神病的理解、溝通、治療和復原」，介紹不同精神病，如精神分裂、抑鬱、躁鬱、性格異常、焦慮等患者的理解、溝通、治療和復原過程，把「以人為本」、以「尊重為要」的精神，透析在每一種精神病人士身上。

葉錦成 謹誌

Chapter 1

精神醫療社會工作的源流、發展和定義

心理健康和精神康復都是現在社會亟需面對的訴求，隨著現代社會緊湊的生活節奏，人與人之間的比較、競爭、互相壓迫，使得社會的精神疾病和心理健康上出現的問題與日俱增。面對這些心理健康上的問題和情況，合宜的心理健康服務和相關的輔導諮詢及介入手法都非常重要，除了傳統西方醫學的取向和手法之外，以人為本、強調社區融入與正常康復的社會工作手法和取向，也日漸重要。

　　其實在英國和美國，其心理健康服務的發展歷程中，社會工作的介入和取向已經有很長遠的歷史。以英國的心理健康服務為例，從 1913 年的「精神殘缺條例」（Mental Deficiency Act）到 1990 年的「全國健康和社區照顧條例」（National Health Service and Community Care Act），都有提及和肯定社會工作在精神康復和心理健康的地位及其獨特的貢獻（Department of Health and Social Secunity, 1971, 1990; Griffiths, 1986; Jones, 1972; Yip, 2000）。

　　從這些有關的重要文獻和報告中，社會工作在精神康復和心理健康的角色有下列幾種改變：

　　1. 從醫護式的非專業助手（para-medical professional）轉變為多元科際（multi-disciplinary）的社會工作專業人員（socal work professional staff）。

　　2. 從以院舍（Institution）為基礎的工作手法轉變為以社區照顧（community care）為主導的工作取向。

　　3. 從以臨床個案工作（clinical case work）為主的工作手法轉變為多元化（multi-dimensional）的多種工作手法。

　　4. 從病患者角度（Illness and patient orcentation）轉變為以消費者及參與者的角度（consumer and participation）去看受助的精神病患者和康復者。

　　當然，這些轉變並不表示傳統取向和手法應遭受淘汰，而是新的取向使得社會工作在精神康復和心理健康中的角色和定位，更為清晰和突出。同時也顯示出社會工作在精神康復和心理健康的兩種不同定位，這兩種定位詳見表 1-1。

表 1-1　兩種不同的精神醫療社會工作取向

精神醫療社會工作之	以院舍和病徵為本	以社區和病人為本
理念 角色 功能 手法	1. 以醫護、診斷治療為主 2. 醫護專業的助手及多元科際的其中一種專業 3. 著重臨床的個人手法	1. 以社區融入、精神康復、正常生活為目標 2. 注重患者的全人和潛能發展 3. 注重多元手法（個人、家庭）及社區的改變

　　其實精神醫療社會工作的角色和定位，是隨著不同年代精神康復、心理健康實務的發展而有所改變的（Dixon & Goldman, 2004）。Dixon 和 Goldman 認為，美國的精神健康實務近百年的發展，可分成下列幾個階段：

　　第一階段：約發生於 19 世紀末，與「瘋人院」（mental Asyhu）的設立和禁錮治療有關。

　　第二階段：約發生於 20 世紀初，為早期精神衛生和精神病院的設立和確定。

　　第三階段：約發生於 1950 年代，由非院舍化和社區精神健康運動開始（de-institution alization and community mental health movements）。

　　第四階段：約始於 1990 年代到現在，主要是由社區支持系統（community support system）、證據主導實務（evidence based practice）和復原導向（recovery trend）所主導（Dixon & Goldman, 2004）。

　　上述四個不同階段的介入，其服務和重心皆有所不同：

　　第一階段的重心在於禁錮、控制和標籤精神病人士，把他們禁閉在完全封閉的瘋人院中，以免他們對社會和其他人有所騷擾。

　　第二階段的重心在於院舍，精神病院以治療和醫學為藉口，對精神病人士視為精神病的代號和延伸，把他們放置於醫院中，希望封閉的群體生活和有限的藥物治療能幫助他們康復。精神衛生活動更顯示出封閉生活和以病為本的概念之貧乏，以及對病人的傷害。

　　第三階段的重心在於社區，希望精神病人士能在一個正常的社區中慢慢康復，以回歸正常的生活和形態為依歸，因而對院舍的不良情況深惡痛絕，甚至矯枉過

正，因而對院舍完全否定。

　　第四階段的重心放回病人的主體，以他們的復原潛能為依歸，但同時也由於資源短缺，精神病的介入實務都以效果（effectiveness）和結果（outcome）為主體。

　　在不同的階段中，社會工作的角色和定位都因而有所不同，在院舍和精神病院中，社會工作成為控制、治療團體中的一份子，因為其對醫藥角色訓練上的不足，所以只能成為團體中比較次要的角色去輔助患者，而由醫療團隊進行其治療的主要任務，而其工作手法也以傳統的診斷、社會治療為主。轉變到以社區為中心之後，似乎社會工作的角色和重要性也因而有所增加，社會工作變成以建立社區支持系統、倡導精神病人士有關權利之合理和良好服務的領導者，同時也刻意去建立一個支持和諒解的社區，去接納精神病人士的社區融入和回歸。到了現代復原運動的開始和推行，社會工作的角色更為重要，成為多元科際團隊不可替代的專業工作者，也成為很多有關社區復原介入手法和服務的主要推行者。

　　其實要在一個多元科際的團隊中，發揮其獨立的定位、任務和影響並不容易，同時精神病人士的背景、病情和復原取向都非常複雜，加上不同的社區和社會對精神病和精神病患都有不同的看法取向，因此精神醫療社會工作在實務上，其角色定位、理念、手法上的推行均不容易。在本書中，筆者嘗試在有限的篇幅中，勾劃出一些重要的討論和理論，以便相關人士對此能有初步的認識和探討。

　　在進行討論之前，我們必須為本書的重要詞語進行基本的界定和看法，其中包括：精神病、精神病人士、社會工作，以及精神醫療社會工作。

一、精神病

　　從西方醫學的角度，精神病是指，在情緒心智、行為、自我形象或性格上都有異常情況的表徵，大體上分成器質性精神病（organic mental illness）和功能性精神病（functional mental illness）。器質性精神病是指，其異常的主因是由於中央神經系統有傷害和缺陷所導致；而功能性精神病則是指，後天由於環境的壓力、性格和其他多種因素所導致。但醫學的觀點並非唯一的角度，較前衛的社會學和

後現代的取向甚至認為，精神病是由於文化社會主流的標籤所導致，社會的主流者利用精神病去標籤和操縱一些非主流和較異常的人士；而在中國的醫學觀點當中，精神病卻與人的內在五行和陰陽調和有關。在本書中，筆者希望讀者對精神病的定義採取較寬鬆及多元的角度去理解，不要把精神病等同於異常、缺陷、問題和傷害，也不要把精神病視為歧視、危險，甚至神祕、迷信。

二、精神病人士

　　隨著不同的看法去看待精神病，精神病人士也有不同的理解：

1. 有精神病的人士（person with mental illness）。
2. 患上精神病的病人（patients with mental illness）。
3. 有精神病紀錄的人士（person with record of mental illness）。
4. 使用精神病治療和康復後服務的人士（mental health consumers）。
5. 罹患精神病所導致功能問題的人士（person with psychiatric disability）。

　　不同的理解其實代表精神病對患病者不同的影響。最具標籤效果的是把精神病人士視為精神病病人，那就是說把精神病的異常、病態視為精神病的全部，較好的形容應該是把精神病的出現視為精神病人士的人生一部分，除了精神病的患病和紀錄之外，精神病人士還有其他與普通人一樣的需要、看法、長處。所以其他的稱謂，有精神病紀錄的人士（精神病只是人生歷程的一部分）、使用精神病治療和康復服務的人士（只是服務的使用者）、有精神病所導致功能問題的人士（精神病所導致的功能問題只代表其功能的一部分），都只是其中一種說法。

　　在本書中，筆者希望讀者能首先對精神病人士放開錯誤的看法，切勿把精神病人士視為等同於精神病的全部，等同於缺陷、無奈、失常和異樣，作為社會工作者，首先最重要的是把精神病人士看成為與其他人一樣有其正常而又獨特需要特長看法的人。

三、社會工作

依照西方社會工作的發展和有關組織，社會工作（social work）是指一種專業，為提高社會上一些弱勢族群（disadvantaged group）的權利、生活條件，減低主流社會對這個群體的歧視、欺壓，以使這些弱勢族群能夠享受與其他人士相同的對待，提升社會的協調、生活素質、和平、公平、接納和團結。

將社會工作當作專業的服務，可以包括：

1. 社會工作的信念。
2. 社會工作的倫理和守則。
3. 社會工作的實務手法。
4. 社會工作對社會福利服務的要求、配合和推行。

「國際社會工作職會」（International Federation of Social Work）在 2004 年訂立一份「全球社會工作教育標準指引」（Global Standard of Social Work Education）文件，為全球社會工作和有關教育訂下一些基本的準則。其中對社會工作有下列的定義：「社會工作專業透過提高社會改變、解決與人有關的問題，以及替一些社會弱勢的群體爭取合理的待遇，以使人類的安康情況得以改善，社會工作介入手法以有人類行為和社會體系的相關理論作為支持。過程中人的權利和公平原則得以持守」（Sewpaul & Jones, 2004）。從這個定義來看，社會工作的元素如圖 1-1 所示。

四、精神醫療社會工作

明白了精神病、精神病人士和社會工作的有關定義之後，精神醫療社會工作其實也可以包括下列不同的理解／看法：

1. 在醫院的精神科或精神病醫院中推行社會工作。
2. 以社會工作的理念和手法去進行精神／心理健康實務。
3. 用精神／心理健康的理念和手法，理解和推行社會工作。

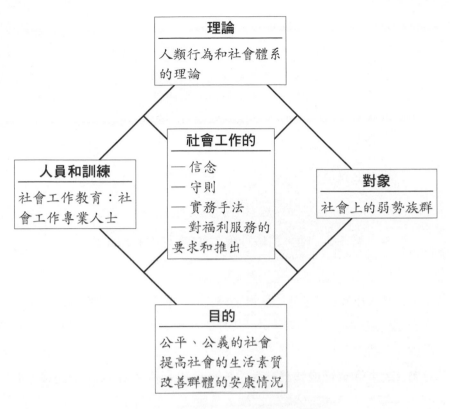

圖 1-1　社會工作的原則和元素

4. 促進社會的心理健康，以達到公平、公義、高生活素質與和諧的社會。

5. 以社會工作的手法去達到一個全人安康、身心平衡的社會環境。

　　不同的理解代表對精神健康、社會工作不同的取向。在第一種的理解中，社會工作只代表精神科病房和精神病醫院的工作員之一；第二種看法把社會工作侷限在手法和實務，同時精神／心理健康也只侷限在實務手法和層面上；第三種看法把精神健康的理念和手法看得比社會工作更加重要；第四種看法把社會工作和心理健康當成一個完美社會的理念和追求目標；第五種說法是把社會工作做為手法來看待，希望達到心理健康的理想社會。

　　由此觀之，精神醫療社會工作應該是心理／精神健康和社會工作在手法、理念、服務、原則上的互相融合，以達到一個理想的社會，如圖 1-2 所示。

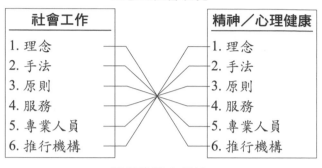

理想的社會環境

社會工作	精神／心理健康
1. 理念	1. 理念
2. 手法	2. 手法
3. 原則	3. 原則
4. 服務	4. 服務
5. 專業人員	5. 專業人員
6. 推行機構	6. 推行機構

理想的社會環境

圖 1-2　精神醫療社會工作的理想社會環境

　　有了對精神醫療社會工作的源流和有關定義的基本認識之後，筆者嘗試從不同的有關概念之發展，闡釋精神醫療社會工作的理念、原則和實務取向。其中包括：

　　1. 社會工作理念和精神健康、精神康復理念的澄清、辯論和定位。

　　2. 社會工作和精神健康實務介入手法的反思。筆者嘗試從介入手法中的基本元素、關係、權力、聆聽、態度、改變去重新為介入手法定位。

　　3. 介紹近年不同取向的精神醫療社會工作。包括：

　　　(1)以理解和溝通為本的精神醫療社會工作。

　　　(2)以能耐為本的精神醫療社會工作。

　　　(3)以康復和復原為本的精神醫療社會工作。

　　　(4)以治療社區為本的精神醫療社會工作。

　　　(5)以社區融入為本的精神醫療社會工作。

　　　(6)多元隊際（multi-disciplinary team）的精神醫療社會工作。

　　　(7)以人道主義為本的精神醫療社會工作。

　　　(8)以精神病康復者的權益倡導為主的社會工作。

　　由於篇幅關係，本書無法把每一種取向詳盡的介紹，只能透過有限的討論，用案例去指示有關取向對精神醫療社會工作在理念、原則、手法上的影響和重要性。

◇參考文獻◇

Department of Health and Social Security (1971). *Hospital services for the mentally ill.* London, UK: HMSO.

Department of Health and Socal Security (1990). *Caring for people: Community care in the next decade and beyond.* London, UK: HMSO.

Dixon, L., & Goldman, H. (2004). Forty years of progress in community mental health: The roles of evidence based practice. *Administration and Policy in Mental Health, 31*(5), 387-403.

Griffiths, R. (1986). *Community care: Agenda for action.* London, UK: HMSO.

Jones, K. (1972). *A history of mental health service.* Londong, UK: Routledge & Kegan Paul.

Sewpaul, V., & Jones, D. (2004). Global standard for social work education and training. *Social Work Education, 23*(5), 491-514.

Yip, K. S. (2000). The community care movement in mental health services: Implications for social work practice. *International Social Work, 43*(1), 33-48.

Chapter 2

精神醫療社會工作理念的激辯

一、前言

精神醫療社會工作的理念受到下列幾種元素所影響：(1)社會工作的理念；(2)精神健康的理念；(3)精神科治療的理念；(4)對精神病的理念；(5)對精神病人士的看法和理念。而這些不同理念的釐定、澄清和理解，自然又受不同的人物（Actors）所影響，這些有關的行動者包括：

1. 前線社會工作者。
2. 有關服務機構的主管、行政人員。
3. 其他相關的專業人士：包括精神科醫生、護士、心理學家、職能治療師、心理治療師和有關的工作人員。
4. 精神病人士。
5. 精神病人士的家屬、鄰居、朋友。
6. 社會上各階層人士。

二、社會工作理念

不同人物對社會工作理念的看法、理解、實行，都有所不同。雖然在有關的文獻中，對社會工作的理念都有所界定和描述，但不同人士的看法往往對相關的理念有著不同的解釋；所以對於相關理念不應抱持固定的看法，反而應視為一個不同的相關人士之互動和理解。明白這些因素之後，接下來讓我們看看一些重要的學者和團體對社會工作理念的界定。

「國際社會工作聯會」（International Federation of Social Work）訂立的「全球社會工作教育標準指引」（Global Standard of Social Work Education），對社會工作的目標／理念作出以下的詳述（Joint Committee of IFSW & IASSW, 2005）：

1. 為社會上的弱勢族群和有危機被忽視、欺壓的族群提供支援、倡導，使他們得到平等的待遇。
2. 透過不同類型的手法和行動，提出社會一些不公平、不公義的現象和其不

良的影響和後果。

3. 提高社會上個人、家庭、團體和社區上的整體利益和解決問題的能力。

4. 幫助有關人士在其社區中獲取合宜的社會服務和資源。

5. 釐定和推行有關的社會政策和服務，以提高和培育社會人士的人權、社會和諧和穩定。

6. 推動社會工作的專業操守和倫理。

7. 改變一些不合理的社會制度和現象，使弱勢族群能得到公平的待遇，令社會更加和諧及穩定。特別是一些無能力去保障和保護自己權益和待遇的人士。

8. 推動對於不同民族和社會的傳統、文化、理念、宗教的尊重。

9. 促進社會人士和群體中的和諧、穩定和互相尊重。

這些原則大致上可在圖 2-1 中表達出來。

Banks（1995: 42）認為，社會工作的理念大致上可含括下列四種：

1. 尊重和推動個人的權利，以使其能自我決定（Self Determination）。

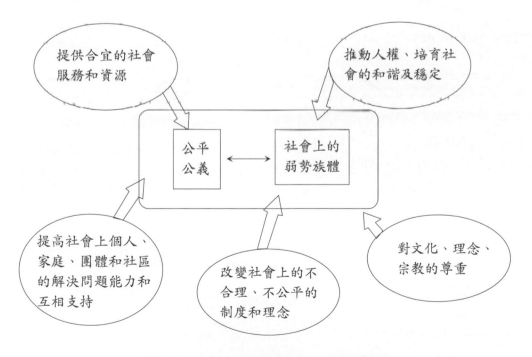

圖 2-1　社會工作專業操守、倫理和理念

2. 推動社會和個人的福利與身心健康（Welfare & Well Being）。

3. 公平（Equality）。

4. 分配式的公義（Distributive Justice）。

這四種理念在理解上並不容易，其實也相當複雜及具爭議性，如下所述（Banks, 1995: 42-43）。

（一）自我決定（Self Determination）

從反面來說，是指能夠隨意選擇任何東西或者作出任何決定；從正面來說，則是創作自由和合理的環境，讓個人更能發揮其自我意志的能力。近年來，更是用「主勢」（empowerment）和「參與」（participation）來作為自我決定的能力表徵。希望個體在「自我決定」時，不會令其他個體的決定能力有所阻礙，也就是說，自我決定其實是多種力量的平衡和互動，如圖 2-2 所示。

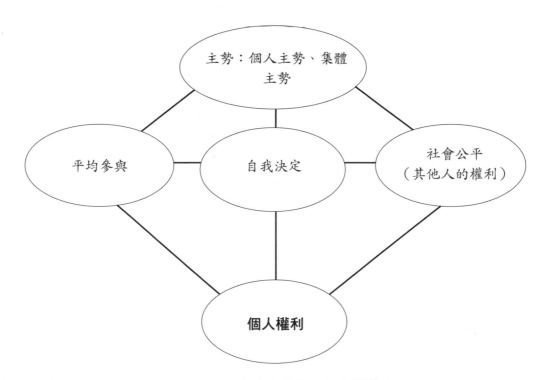

圖 2-2　自我決定的的平衡和互動

（二）福利（Welfare）

Banks 認為，社會上個人的福利和需要是社會工作追求的目標和對象，但是不同的文化、社會背景，會對「福利」和「需要」有不同的解釋。社會工作的理念往往在於為弱勢族群和服務對象爭取福利、權益和需要，特別是他們的福利、權益和需要受到其他人所壓抑和排斥時，這種需求顯得更為重要。在看待案主的福利和需要時，社會工作者更應同時看待和處理案主與其家人，且重要他人（Significant Others）的福利和需要也需得到同樣的看待和重視。

（三）公平（Equality）

公平的理念是指，公平看待（equal treatment）、公平機會（equal opportunities）和公平結果（equal result）三者的互相影響、互相制衡，如圖 2-3 所示。公平看待是指，對社會所有個體和團體公平地對待、不存在偏私和個別利益的輸送；公平機會是指，對社會所有個體和團體給予相同的機會，讓他們在教育、職業和

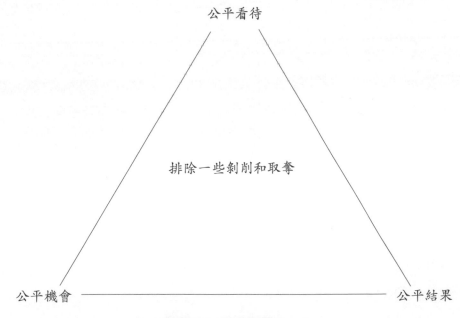

圖 **2-3** 公平的理念

其他生命歷程的發展中有相同的機會；公平結果是指，任何社會上的個體和團體都不會被特殊地看待，也不會被剝奪某些需要的權利和福利。社會工作應該儘量對其案主推展和推行這三種公平的理念，在公平看待、公平機會和公平結果下，讓案主及其家人，與有關團體皆能得到合理的權利需要。

（四）公義：分配式的公義（Distributive Justice）

分配式的公義是指，依照下列原則處理社會上的資源：

1. 依照個體的現有權利進行分配。
2. 依照個體的需要而做出分配。
3. 依照個體所不需要或自願放棄的原則分配。

社會工作者只在有限的社會資源上，依照上述原則去妥善分配資源，讓有關案主和團體得到合宜和合理的權益、需要和福利。

這四種原則和理念，應該在社會工作專業守則、服務介入方法中彰顯出來，如圖 2-4 所示。

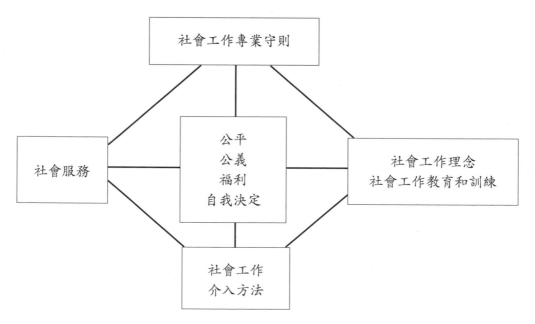

圖 2-4　四種原則和理念的彰顯

三、精神康復和復原的理念

精神醫療社會工作的理念，除了包含社會工作的理念之外，更應包括精神康復的理念。Anthony、Cohen 和 Fakas（1990）為「精神康復」（psychiatric rehabilitation）的理念訂下九項原則：

1. 提高精神病人士的信心和能力。

2. 提高精神病人士適應社區的能力，並滿足他們在社區的基本需要。

3. 採用不同的手段、方法、技術去幫助精神病人士。

4. 提高精神病人士的職業及工作復原能力。

5. 在精神康復過程中給予精神病人士復原和生命的希望。

6. 培育精神病人士在社區中的自立生活能力，且能重返社區。

7. 讓精神病人士在康復過程中積極的參與。

8. 為精神病人士提供社區的支援和支持。

9. 精神病人士往往需要藥物的治療，但單是藥物並不足夠，更需要其他不同類型的治療、復康和支持。

Bridges、Huxley 和 Oliver（1994）也認為，精神康復的理念應該是透過減低精神病人士心理、生理、社會心理和環境阻礙，來提高他們的內在潛能和能力，讓他們在最有效益的服務中慢慢重返社會，重新培養與其他人一樣的生活和社會功能。

除了精神康復的理念，近年推行的「復原」（Recovery）概念也相當重要。Anthony（1993）認為，復原的理念是精神病人士透過一個深層的過程去改變他們的態度、信念、感受、目標、技術和角色，使他們能重新擁有一個充滿希望和感到滿意的新生活；雖然精神病令他們有某一程度上的功能阻礙，但透過復原生命意義和能力的重整，他們依然可以重入社區，過有意義的生活。

四、精神醫療社會工作的理念

（一）社會工作、精神健康、精神康復和復原的理念

精神醫療社會工作應該同時包括社會工作、精神健康、精神康復和復原的理念，也就是說：

1. 社會工作者應該盡力透過不同的手法、政策和服務，令精神病人士、精神病康復者和其家屬與其他社會人士一樣，享受同等的自我決定能力、福利、公平，以及資源分配式的公義，如下所述：

(1) 自我決定能力：精神病人士、精神病康復者在其治療、康復和重投社會時，應享有與其他社會人士一樣的個人權利（Individual Rights）、平均參與（equal participation）、主導形勢（empowerment）的取決能力和看待。

(2) 福利：精神病人士、精神病康復者在其治療時，康復和重投社會的過程應就其治療、康復和重投社會的需要，享有良好素質的醫療和福利等各方面的服務和看待，且應該讓他們容易獲取這些服務和看待，且不受到任何的歧視和排斥。

(3) 公平：精神病人士、精神病康復者和其家屬在其治療、康復和重投社會的過程中，應該享有與其他社會人士一樣的公平。特別是在其教育、醫療、福利、工作、使用社區設施，以及與其他社會人士相處時，應該得到與其他社會人士一樣的公平看待、公平機會和公平結果。

(4) 公義（分配式的公義）：在有限的社會資源中，精神病人士、精神病康復者及其家屬應在其治療康復和重返社會過程中，應享有因其獨特需要的福利、服務和看待。

2. 社會工作者應該盡力指出，一些社會上令精神病人士、精神病康復者及其家屬無法獲得自我決定能力、福利、公平、公義的現象，特別是某些對精神病人士和精神病康復者的排斥現象、法例和相關情況。

3. 社會工作者在與精神病人士、精神病康復者和其家屬進行下列幾項介入方法時，應該盡力保證案主和其家人能夠獲得自我決定能力，得到公平、公義的對待，並且有合宜的福利和服務，以滿足其治療、復康和融入社區的需要：(1)心理治療（Psychotherapy）；(2)個案管理（Case management）；(3)小組工作（Group work）；(4)社區工作（Community work）；(5)心理教育（psychoeducation）；(6)其他有關介入方法。

4. 社會工作者應盡力在案主治療、康復和融入社區的有關服務機構，如精神病醫院、中途宿舍、庇護工場、社區心理健康中心（community mental health centre）等服務時，指出並改善下列不良的現象：

(1)院舍現象（Institutionalization）。

(2)身體、心理和社會上的孤立（Isolation）、排斥（Rejection）和忽視（Ignorance）。

(3)漠視案主的人權、安全、私人空間和個人的尊重。

(4)案主與工作人員的互相猜忌、控制和糾纏。

(5)不合理的禁錮和素質差的服務。

社會工作者應改善上述不良現象，使精神病人士、精神病康復者及其家屬在有關服務和機構環境中，得到人道的尊重、公平、公義、合宜的對待。

5. 社會工作者在一個多元隊際（Multi-disciplinary team）的環境中，應該儘量令其他的精神科專業人士，如精神科醫生、護士、心理學家、職能治療師、物理治療師等，明白公平、公義、福利、自我決定能力在提供精神治療、康復和社會融入上的重要性，並鼓勵他們在提供介入手法和有關服務中予以實行。

6. 社會工作者應該與其他社會人士和專業人士合作，共同教育社區人士，尊重精神病人士、精神病康復者和其家屬，為他們塑造一個公平、公義和人道、接納的康復社區（Supportive Community），讓精神病人士和精神病康復者在教育、職業、居住、社區生活、婚姻和家庭上，得到與其他人一樣的機會和看待。

7. 社會工作者應該與專業人士及其他社會人士共同合作，建構一個以人為本，令社會上的個體心理健康、發揮所長、互相接納、互相幫助的和諧社會。

8. 社會工作者應該透過不斷的進修、學習和研究，提供新的服務、介入方法，

讓精神病人士、精神病康復者及其家屬得以更快康復，融入社區，過著正常人的生活。

9.隨著社會上的文化觀念、介入方法、服務、社會現象的改變，上述精神醫療社會工作的理念應該不斷更新，與有關的人士，如案主、家屬需不斷討論，以使他們能獲取最好的服務和介入方法。

（二）正確對待精神病人士、精神病康復者和其家屬的觀點

上述精神醫療社會工作的理念是本於一個正確對待精神病人士、精神病康復者和其家屬的觀點，這些觀點基本包含下列幾個成分。

1. 疾病及缺陷 vs. 能力與潛能

在確保精神病人士、精神病康復者及其家屬在康復和治療的過程中，能得到公平、公義、自我決定、福利的對待時，社會工作者對精神病人士的看法必須從疾病及缺陷的取向來進行，再慢慢擴展到能力和潛能的取向。所謂疾病和缺陷的取向是指，社會工作者在推行服務和介入手法時，只注重精神病人士、精神病康復者和其家屬的缺陷；換言之，一個有精神分裂的人士，只注重精神分裂的病情、診斷和一些由於病情而導致的情緒認知和功能上的缺陷，但由於目標和焦點只侷限在其「缺陷」，所以社會工作往往忽略其社會心理方面的能力，而只從病情控制、藥物治療、生理取向入手，如此容易把精神病人士和精神病康復者視為疾病和缺陷。

能力和潛能的取向是指，精神病人士、精神病康復者和其家屬，在很大程度上來說，也是一個有正常感覺、正常需要的人士，因此在提供服務和介入手法中，要將他們視為有能力、潛能和需要的人。社會工作者的使命和理念，應在盡量找尋、培育和發揮精神病人士、精神病康復者及其家屬的能力和潛能，讓他們重拾信心、重新回到正常人的生活。

2. 院舍 vs. 社區

上述精神醫療社會工作的理念必須建基於信念，也就是說，精神病人士和精

神病康復者不應只是隔離在院舍，而是應該在儘可能的情況下使其於社區中生活。換句話說，無論精神病人士罹患何種精神病，最重要的目標和結果都是為了使他們能夠重返社區，重過正常的日子；或者說他們都應被視為社區中正常的一份子，不應對他們有所歧視、隔離和排斥。又或者說，當他們的精神和身體狀況較不理想，以致需要在院舍接受治療時，也應儘量在院舍中保持一個人道的治療環境，讓他們能在正常的情境中慢慢康復。

3. 個人 vs. 社會

上述精神醫療社會工作的理念，必須建基於個人與社會交互情境中進行，社會工作者必須明白和接納社會情境中塑造其個人的背景、看法、情感。所謂精神病，除了是生物、化學的因素，還有社會心理因素，這些社會心理因素，其實是由多年的社會情境中所塑造和表現出來。因此治療和復康也會針對這些個人與社會關係進行改變，而不單只是改變個人的看法；在個人的生理和心理素質方面，同時也應改變有關的社會環境，才會較全面地幫助案主康復，再重新過著正常的生活。上述所說的改變社會環境，包括了壓迫性和排斥性的家庭、社區和社會。

4. 割裂 vs. 全人

上述精神醫療社會工作的理念，建基於社會工作者不應割裂地看待精神病人士、精神病康復者和其家屬。割裂的看法是指，社會工作者或其他專業人士只割裂地看待他們的某一方面，例如：有關病情、藥物；缺陷；單方面的需要；機構提供的服務；問題；犯罪紀錄；不良行為。而忽略他們，無論病情和問題是如何嚴重，都是完整的個體。所以上述的理念必須基於把精神病人士、精神病康復者和其家屬看成一個完整的個體，完整的意思是指，既有長處又有疑處、有現狀又有背景、有問題也有需要、有病態又有期望的整體；而這些不同的部分其實是互相相關和互相影響的完整個體。社會工作者和其他專業人士不應該只看待案主的某一部分，而忽略其他部分和不同部分的交互關係。

5. 過去、現在與未來

　　上述精神醫療社會工作的理念，必須建基於社會工作者和其他專業人士尊重、理解精神病人士、精神病康復者和其家屬的過去、現在與未來。過去是指他們過去的經歷、背景、問題和需要；現在是指他們目前的處境、問題感受和需要；未來是指他們將來的成長、可能遭遇和情況。不少社會工作者和其他專業人士會慣常只看精神病人士、精神病康復者和其家屬的目前情況，特別是在相關服務中的表現，而不太留意他們的背景、經歷，以及未來走出社區重新過正常生活的預備與跟進事項。不少社會工作者由於其採取的工作手法的學派思維，只單獨去看精神病人士、精神病康復者和其家屬的過去、現在和未來，卻忽略了過去、現在和未來的交互關係和其完整性。

◇參考文獻◇

Anthony, W. (1993). Recovery from mental illness: The new vision of servcie research-ers. *Innovation and Research, 1*(1), 13-14.

Anthony, W., Cohen, M., & Fakas, M. (1990). *Psychiatric rehabilitation*. Boston, MA: Centre for Psychiatric Rehabilitation.

Banks, S. (1995). *Ethics and values in social work*. London, UK: Palgrave, Macmillan.

Bridges, K., Huxley, P., & Oliver, J. (1994). Psychiatric rehabilitation: Redefined for the 1990s. *International Journal of Social Psychiatry, 40*(1), 1-16.

Joint Committee of IFSW & IASSW (2005). *Global standards for social work education*. London, UK: The IFSW and IASSW.

Chapter *3*

精神醫療社會工作
介入手法的反思：
多元介入手法與思維

一、前言：陝隘的介入手法思維

精神治療和康復工作受西方醫學取向影響，在考慮介入手法時，易有較陝隘的介入手法思維。所謂狹隘的意思是指，把注意力只放在個人層面上，其中包括下列幾個方面：

1. 用生化藥物對精神病人士、精神病康復者及其家屬進行藥物治療（Medical treatment）（Levi, 1998）。

2. 為病患、康復者進行認知行為治療（cognitive behavorial therapy），糾正他們一些不良的思維和行為（White, 2001）。

3. 教導病患、康復者及其家屬一些關於精神病有關藥物、病情和治療的方法（psycho education）。

4. 鼓勵病患、康復者參加一些職業和工作的培訓（vocational rehabilitation and training），希望他們能重回社區（Liberman, 1988）。

5. 參與一些社會功能的訓練小組，訓練他們社交以及與別人相處的能力（social skill training）。

這些訓練治療的模式當然有不少好處，首先這些訓練令相關的專業人士較易掌握，較能把精神病的知識、各種治療和康復方法，按照有關程序逐一實行出來。其次，這些介入手法較適合在相關的院舍中進行，藥物、訓練程序、訓練工具、訓練人員都可以清楚地羅列出來，也較有效地能對其進行評估。而且所有的介入手法只針對精神病人士、精神病康復者及其家屬，並不會對相關機構、法例、政策和社區人士進行任何批評，因此是較保守，同時也是較穩當的手法。但是也正因為太注重個人、評估和院舍的取向，而令這些介入手法有下列的問題和缺失：

1. 這些介入手法由於是以治療個人的疾病和缺陷為主，所以忽視了精神病人士、精神病康復者及其家屬自己本身所擁有的潛能、長處和能力。大部分介入手法的模式都以先評估其缺失，然後加以填補而建構而成。

2. 這些介入手法都假設，人與環境是不變的、是靜態的，所以只是單一地對精神病人士、精神病康復者進行某一種治療和訓練，之後就假設他們可以康復；

但在實際上，人在環境中是動態的，是互相影響的。譬如說，在院舍中進行社交技巧訓練（social skill training）時，我們很容易就忽略了社交（social interaction），在現實的情境中，人是互相的，是人在社區中與其他人的交往（social interaction）。因此，除了精神病人士的社交技巧需要留意之外，更重要的，是他們與人交往的動機、意義和興趣。不少精神病康復者其實並非缺乏社交技巧，而是由於從前在人際關係中的傷害，使他們對與人交往失去信心、動機和興趣。

3. 大部分的介入手法都以院舍為基地，假設精神病人士在院舍接受這些治療和訓練之後，就可以毫無問題地在社區中過正常生活；但事實上，院舍的環境是具有保護性的，所以，最重要的挑戰反而是當他們重新回到他們自己的家庭、工作和社區環境後才開始，而這些挑戰又因不同的環境因素而不斷改變；有時這些改變會令院舍中所接受的治療和訓練變得不合時宜，他們在這些環境中的壓力和適應令他們的疾病再次復發，因而陷入入院、出院、再入院的惡性循環中。

4. 真正康復的先決條件必須奠基於一個正常和接納的社區。但一般的介入手法，尤其是以院舍為基地的訓練和治療，通常會假設精神病人士、精神病康復者在離開院舍和接受訓練之後，一定會遇到一個正常和接納的社區，讓他們重新生活，但事實上卻往往事與願違。專業人士和社會工作者的任務不單是訓練他們重返社區，而更應為他們建設一個接納、瞭解及互助的社區。

上述的觀點，真正是一個以人為本，相信人和環境互動的社會工作者應該持有的觀點。因此，作為一個精神醫療社會工作者，應該要全面地思考和看待精神病社會工作的介入手法。

二、Howe 的多元社會工作介入模式

（一）Howe 的社會工作介入手法

上述這些全面的思考，筆者嘗試從 David Howe 對社會工作介入手法做為討論的起點。因就不同的理念和看法，Howe（1987）作出如圖 3-1 的框架，以做為思考。

激進（Radical Change）的改變

意識的醒覺者 （The raisers of consciousness）	改革者 （The Revolutionaries）
意識尋索者 （The seekers after meaning）	修補者 （The Fixers）

主觀性　　　　　　　　　　　　　　　　　　　　　客觀性
（Subjective）　　　　　　　　　　　　　　　　　（Objective）

規律（Regulation）的依據

圖 3-1　社會工作介入手法的框架

　　Howe 認為，社會工作的理念和介入手法有兩種取向：一種是主觀和客觀的取向，另一種是激進的改變和規律的依據。在這兩種取向下，衍生出四種不同介入手法的模式：

　　1. 改革者：介入手法和理念應該以客觀地改變社會上的生活文化、政策為主。

　　2. 修補者：介入手法和理念應該以客觀地修補案主和有關人士的缺陷、問題和看法為主。在修補的過程中，工作者應該依循有關的規律和框架。

　　3. 意識的醒覺者：介入手法和理念應該以提高案主的有關意識，看看他們的自身狀況、應有的服務、生活水平和其他權益是否醒覺地自我爭取。

　　4. 意義的尋索者：介入手法應該注重案主的主觀看法，他們對人生、生命、生活的終極意義的追尋，從而令案主重新在自身的問題中反省，重拾和重建生命、生存、生活的意義和勇氣。

　　這四個分界從社會工作一般手法面對的對象來說，又可以分成：

　　1. 對案主本身的個人工作手法。

　　2. 面對案主和其家人的家庭工作手法。

　　3. 面對案主和其有關社區和社會的社區工作手法。

　　4. 面對案主和其他相同問題和處境的小組工作。

（二）Howe 取向對個人、家庭、小組和社區的闡釋

　　上述這四個工作手法的取向，其實可以放在任何一個改革者、意識醒覺者、意義尋索者和修補者的框架內，也就是說，把 Howe 的社會工作框架由 4 種形態變成 16 種形態去推行。這 16 種形態也可以用圖 3-2 表示出來。

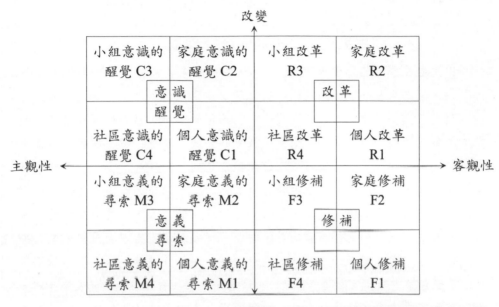

圖 3-2　Howe 的 16 種介入形態

　　以不同符號可以較系統性地表達這 16 種不同的介入形象：

　　C1：個人意識的醒覺；C2：家庭意識的醒覺；C3：小組意識的醒覺；C4：社區意識的醒覺。

　　M1：個人意義的尋索；M2：家庭意義的尋索；M3：小組意義的尋索；M4：社區意義的尋索。

　　R1：個人改革；R2：家庭改革；R3：小組改革；R4：社區改革。

　　F1：個人修補；F2：家庭修補；F3：小組修補；F4：社區修補。

三、精神醫療社會工作的多元介入

　　按照 Howe 上述的 16 種介入形態，我們可以塑造一個較全面的精神醫療社會工作的多元介入模式。為了更清晰地表達這些不同的介入形態，筆者嘗試用一個個案來說明。案主已允許以他的個案作為討論，但基於倫理與保密原則，其個人資料有些許的修改。

王先生：孤獨的精神分裂症人士

　　王先生在香港已經生活 30 多年，30 年前他從廣東省中山縣涉水非法進入香港。他本來是一個誠懇及飽學的大學畢業生，但到港後，因為語言上的適應問題，無法從事他以前的專業──生物化學老師，只能從事建築工地的零工，每天的勞動令他疲倦不堪。後來他的非法入境身分被政府接納成為正式的香港永久居民，因此他把鄉間的母親申請到港同住，並娶了一位同鄉為妻。生活擔子的增加令王先生更努力地工作，但他的語言和內向的性格，不時被同行所排斥及歧視，說他是一個「婆腔腔」的工人，與其他工地的工人格格不入，禁止他與他們一起抽菸、賭錢、嫖妓；王先生多次被其他工人排斥，導致他經常失業。20 年前，時值經濟不景氣，王先生的收入非常拮据，又經常受到家中母親及鄉間妻子埋怨，憤怒、無奈、自卑、退縮的長期生活，令他不知不覺中患了精神分裂症，經常覺得自己被周圍的人陷害、迫害；後來因為王先生的妻子到港，包括他們兒子在內的一家五口，住在非常狹小的木屋中，加上經濟問題，夫妻之間經常產生磨擦，王先生的病情更加惡化，在工作時和家中都會喃喃自語，而且很容易發怒與人爭吵，以為別人在揶喻陷害他。後來有一次在工作中與其他工人打架，被送入醫院，經醫生診斷後，認為是有迫害感的精神分裂症患者。王先生被關在精神病院半年後康復回家，但沒多久，妻子離家不知所蹤，剩下他和 8 歲的兒子以及年約 80 歲的母親。王先生回家非常失望沮喪，不到半年又舊疾復發，入住精神病院。8 歲的兒子被社會福利機構轉介到兒童院居住，年老的母親入住護理安老院，從此王先生變成孑然一身，孤獨地在精神病康復的中途宿舍生活，經過多年的精神分裂病態，王先生變得沉默寡言，對生活缺乏興趣。

四、修補式的精神醫療社會工作

修補式的精神醫療社會工作有下列特點：

1. 案主的問題以「問題」、「病態」和「缺陷」處理。

2. 以介入手法的介入結果（intervention outcome）為主題。

3. 與其改變環境、社會制度和政策，修補式的社會工作更著重在修補案主的問題、治療案主的病態和缺陷為主。

4. 認為介入個案的治療師和社會工作者是專業權威，對問題的答案、結果有專業的掌握。

5. 案主應該尊重工作員的權威，並且跟進其治療方法，加以改進。

6. 工作員對有關治療手法以相關的科學實證為基礎，並加以合宜的評估和量度用具去證明該種方法的效果。

7. 治療方法和介入手法是學術權威，是需要經過治療權威親授地進行。

（一）F1：個人修補式的精神醫療社會工作

個人修補式的精神醫療社會工作是指，其介入手法以：

1. 案主的精神病為主。

2. 以治療案主的精神病病徵和缺陷為主。

3. 治療的方法以相關科學的驗證為主。

4. 治療的介入手法以不同治療學派為主導，尤其以著名的心理治療取向，例如：行為治療、認知治療、心理動力治療、精要治療等著名治療學派為主。

5. 治療所在的治療學派中有合宜的系統訓練，並以其獨特的治療評估去評估其治療成果。

就王先生的個案來說，精神醫療社會工作可以有下列的呈現：

「李社工是王先生在精神病院的社會工作者，負責跟進王先生的個案，李社工認為王先生罹患的精神分裂症根據《心理異常的診斷及統計手冊》（第四版）（DSM-IV）顯示，有持續的妄想（Delusion）和幻聽，且妄想和幻聽的內容被其他人（特別是身邊的人）所迫害，因此，李社工認為，王先生的病症代表他自己在認知、行為和情緒上都有所缺失，必須服藥、接受住院和藥物治療。在這個大前題下，李社工每次的面談，都集中在向王先生解釋服藥的重要性，並且勸告他必須服藥。王先生曾經向他表示，這些抗精神分裂的藥物，服後令他非常不舒服，有頭暈、肌肉僵硬、認知減慢的副作用。但李社工似乎不太理會王先生的感受，只是一味地提醒王先生應該不斷地服藥，聽從醫生的吩咐；後來王先生出院後，李社工又把王先生轉介到相關的精神科門診複診，接受持續的藥物治療。」

「除了李社工之外，王先生到精神康復的中途宿舍居住時，其中的吳社工也非常關心王先生的個人情況。吳社工除了規勸王先生按時服用抗精神分裂的藥物之外，並曾向王先生進行認知行為治療；吳社工認為王先生的問題在於缺乏自信，不懂得如何應付社交場面，所以在工作和家庭中都無法建立良好的人際關係。吳社工替王先生每星期進行一些認知行為治療，要王先生準確地說出自己的錯誤信念（misbelief），例如：別人不會接納他、他是一個沒有用的大陸來客等。吳社工希望透過認知行為治療法幫助他培養正確的觀念，並不是其他人不接納他，而是他不太接納自己個人。」

在修補式的社會工作手法中，社會工作者嘗試以不同的個人治療去幫助案主克服障礙和困難，其背後的理念是只要處理案主的困難和修補缺陷，案主就可以得到治療，而能從精神病中康復過來。

（二）F2：家庭修補式的精神醫療社會工作

家庭修補式的精神醫療社會工作是指：

1. 案主精神病背後的家庭成因，譬如是問題的溝通模式、過分激烈的情緒表

達（high emotional expression）等。

2. 治療案主的精神病以輔導案主家庭的問題為主幹。

3. 採用不同類型的家庭治療模式，例如：結構家庭治療（structural family therapy）、系統家庭治療（systemic family therapy）、策略家庭治療（strategic family therapy）、婚姻輔導（marital counseling）、家庭式的心理教育（psychoeducation on relatives）等。

4. 社會工作者在從事這些治療模式時，應該接受一定程度和系統性的訓練。

5. 社會工作者在從事家庭治療以專業權威的形態出現時，也成為唯一的改變途徑。

這種家庭修補式的精神醫療社會工作，可在王先生的個案中顯示出來：

> 「王先生的狀況令人同情，他所居住中途宿舍的吳社工，最近因在某著名大學就讀碩士進修課程，課程的老師特別對家庭輔導有濃烈的興趣，因此吳社工請教這位老師，希望他能為王先生進行家庭輔導和治療。經老師的分析後，吳社工認為王先生精神分裂的原因是其婚姻關係失調、性格和情緒上又依賴其母親（emotional enmeshment）、婆媳與夫婦關係非常緊急，加上失業的壓力，令王先生無所適徙；所以應該先解決王先生與其母親在感情上的過分聯繫，才能把王先生在感情上的糾纏釋放出來，重新建立與其妻兒的正常交往和自己的感覺。」

很明顯地，吳社工是用家庭結構治療的觀點去看王先生的問題，並且假設家庭的結構、成員之間的感情聯繫得到正常的發展時，精神病的問題才能得到處理和康復。

（三）F3：小組修補式的精神醫療社會工作

小組修補式的精神醫療社會工作是指介入手法，有下列幾項特點：

1. 案主的精神病是一個缺陷、功能上的問題。

2. 治療精神病應以控制、補償和訓練有關技能為主。

3.治療手法應有比較系統的訓練，並以相關學派的理論，如行為學派、家庭治療學派、心理治療學派的理論為基礎。

4.這些治療應以小組（團體）的形式進行。

5.這些治療團體和小組以治療師為主體，而這些治療團體進行時應有系統的組織、檢討。

這種精神醫療社會工作的手法，可在下列的個案中呈現出來：

> 「當王先生在精神病院入住時，負責的李社工除了勸其準時吃藥外，更組織了一個由罹患相同症狀之精神分裂症住院病人組成的小組。李社工採用心理教育小組（psychoeducational group），在小組的每一節課程中，邀請不同的專家主講下列的題目：(1)精神分裂的症狀；(2)精神分裂的藥物治療；(3)如何控制精神分裂的幻像和幻聽；(4)如何控制精神分裂的妄想；(5)如何預備返回社區，重新康復；(6)介紹有關的康復設施和服務。李社工希望透過這些系統性的講座和教育，令精神分裂症患者能明白如何控制自己的病情，重新培養復康的意向和能力。」

除此之外，宿舍中的吳社工也對王先生有下列修補式的小組活動：

> 「吳社工受認知行為治療法的訓練所得，他認為王先生必須接受好的社交技巧訓練，才能夠康復、和正常人交往，因此他在中途宿舍組織了一群舍友，他們和王先生一樣，都是患病多年的精神分裂症患者。吳社工首先按照有關的量表，評估出他們在社交技巧上的缺久度，然後訂出下列幾項訓練綱領：
>
> 第一次小組：學習介紹自己的社交技巧。
>
> 第二次小組：學習與其他人打招呼。
>
> 第三次小組：學習表達自己情緒的恰當技巧。
>
> 第四次小組：學習恰當地回應別人的需要。
>
> 第五次小組：學習讚美別人和欣賞自己。

第六次小組：學習恰當地拒絕別人和保護自己。

第七次小組：重溫上述的社交技巧。

吳社工希望透過這七次的社交小組技巧訓練，讓王先生和其他舍友慢慢重建正常的社交生活，克服情緒和社會功能上的缺陷，重返社區，過正常的生活。」

（四）F4：社區修補式的精神醫療社會工作

社區修補式的精神醫療社會工作是指，社會工作人員修補社區人士對精神病人士和精神病的看法，然後把社區教育的形式推行出來。這種社區修補式的精神醫療社會工作具備下列幾項特點：

1. 假設社區人士對精神病和精神病人士的態度，可以藉著社區教育而有所改變。

2. 社區教育著重於推行、強調精神病的特徵、治療方法和有關的治療服務。

3. 推行這些教育是以展覽、講座，以專業的權威去推展這些教育活動。

4. 希望社區人士在這些展覽、講座和論述中，改變他們對精神病的看法。

5. 這些活動由該地區的有關機關共同協辦。

這種精神醫療社會工作的手法，可在下列的個案中呈現出來：

「王先生入住中途宿舍的社會工作者，因見到社區人士對精神病和精神病人士的認識有所不足，所以在中途宿舍所處的社區中，主辦了一個大型的精神健康計畫，他聯絡了該社區的有關機構，如政府部門、社會福利署、區議員、立法局議員、有關屋村的管理處、地區的大廈互助委員會、附近的青少年中心、家庭服務等，共同籌辦了一個大型的社區精神健康計畫。該計畫的內容包括：

1. 開幕典禮：由相關機構的主管和地區顯要負責剪綵、致詞，祝賀該計畫的成功。

2. 精神健康攝影比賽：希望透過攝影，拍下令人感動的畫面，進而推廣精神健康。

3. 一連串由專業的精神科醫生、心理學家和著名學者的講座，內容包含：(1)認識精神病的症狀；(2)精神病的治療方法；(3)不同類型的精神康復機構和服務；(4)如何照顧精神病患者。

4. 精神健康展覽：十多塊大型的展覽板在該區的公園中展出，其中內容正是上述講座內容的動畫版。

5. 閉幕典禮：由有關機構的主管和地區顯要負責致閉幕詞，並頒獎給各得獎者和紀念品給有關的義務工作者。」

除了修補式的社會工作外，還有意義尋索式的精神醫療社會工作。所謂意義尋索（seekers of meaning），Howe 是指社會工作的介入手法，其具備下列的特色：

1. 在介入過程中，精神病患者並不是介入手法的客體（object），而是介入過程的主體（subject）。

2. 社會工作者其實並無法真正瞭解有精神病的案主，案主的主觀經歷才是真正的介入主題。

3. 社會工作者要以案主的主觀經歷、看法、感受、生命的終極意義等，作為介入手法過程的導向。

4. 社會工作介入的過程，以建構精神病人士的內在經歷與社會工作者的內在經歷之共通主觀經歷（Intersubjectivity）作為介入手法的手段。

5. 社會工作在介入過程中，必須對精神病人士全面、人道、獨特的看法和尊重。

具備了這五種的取向和特色，我們再來探討不同形態的意義尋索式的精神醫療社會工作。

五、意義尋索式的精神醫療社會工作

（一）M1：個人意義尋索式的精神醫療社會工作

個人意義尋索式的精神醫療社會工作是指，社會工作者幫助有精神病的案主尋索其內在主觀經歷的意義。這些主觀經歷包括下列幾種（Yip, 2004）：

1.案主在精神病症狀中的主觀經歷（Subjective Experiences of Psychiatric Symptom）。

2.案主在診斷和標籤其精神病的主觀經歷（Subjective Experiences of Diagnosis and Labeling）。

3.案主在治療和住院過程中的主觀經歷（Subjective Experiences of Treatment and Hospitalization）。

4.案主在他人對其病情的看法的主觀經歷（Subjective Experiences of Other Perceptions and Interpretation）。

5.案主對自己的主觀經歷（Subjective Experiences of Self Perceptions）。

精神醫療社會工作者應該在社會工作介入的過程中，儘量去聆聽、理解案主在這五個方面的主觀經歷，然後做出下列的介入：

1.瞭解案主這些主觀經歷背後的感受（feeling）、認知（cognition）和行為（behavior）。

2.瞭解案主這些主觀經歷與其家庭背景、生命歷程、生命終極意義相關之處。

3.嘗試與案主重拾這些背後的人生意義。

4.為案主或者是鼓勵案主，在可能的情況下於未來實現人生的意義，成為案主康復和復原的原動力。

這幾個層次的介入手法，可以在下列案例中簡單地表現出來：

「在中途宿舍的吳社工很喜歡和王先生聊天，聽聽王先生的內在經歷和看法，起初王先生都有一點猶疑，覺得吳社工可能只是和其他社工一樣，都

在診斷他的精神分裂情況，但慢慢地，王先生感受到吳社工的誠意和聆聽的溫暖，所以慢慢地把吳社工變成他忠實的聆聽者，而將自己的迫害感透露出來，他覺得香港社會並不適合他，在工作上很多同事都取笑他、陷害他，令他覺得非常無奈，而且不只是同事在取笑他，他的妻子也看不起他，覺得他是一個無用的廢物；這些聲音連綿不斷，使他覺得非常苦惱。自從他知道自己罹患精神分裂症後，更多了一個嘲笑他是精神分裂症患者的聲音，是個『傻佬』、『神經』病人。這些聲音似乎每日每夜都在苦纏他，令他透不過氣來，心中忐忑不安。他又向吳社工慢慢說出他在治療過程中的感受：他其實很害怕獨自關在精神病院，周圍的病人又陌生、又古怪，自己又被醫護人員所吆喝，失去了自尊、自信和自我形象。經過多次的深入交談後，吳社工和王先生變得很熟稔，王先生無所不談，覺得遇到了生命中難得的知心朋友。吳社工更鼓勵王先生說出自己多年的夢想，原來王先生在國內是一位出色的生化從業員，他夢想自己在生化科技研究方面能夠有所成就，但事與願違，除了因為政治鬥爭令他無法繼續修讀碩士和博士課程外，到港後更因語言上的適應問題，令他只能在工地打零工，備受欺凌。吳社工深深明白王先生懷才不遇、時不我與的濃烈無奈。除了聆聽王先生的內在感受之外，吳社工也鼓勵王先生再重拾生命的意義。王先生得到吳社工的鼓勵後，似乎忘記了自己是精神分裂症患者的身分，對吳社工說，他希望能夠找一份在生化藥廠的工作，這樣就更能接觸他自己本身的專業。」

（二）M2：家庭意義尋索式的精神醫療社會工作

家庭意義尋索式的精神醫療社會工作是指，社會工作幫助精神病人士、精神病康復者和其家屬再重新去追尋生命的意義，這裡包括幾個重要的特點：

1. 一般家屬在精神病人士患上精神病後，都會對家庭的期望、對精神病人士的要求和有關責任有所改變，有些更會由希望變為絕望、由要求變為放棄、由依靠變成負累，社會工作者不但要聆聽這些無奈的情緒和失落的意義，更需要幫助

精神病人士和其家屬重新塑造新的生命意義、看法和前途。

2. 幫助精神病人士和其家屬互相溝通，諒解對方在患病和康復的過程中各種面對的困難、主觀感受、難過事項，讓他們在互相諒解、互相支持、互相鼓勵中，重建精神病人士和其家屬的新看法、力量和希望。

3. 幫助精神病人士和其家屬透過一些有意義的活動，參與和工作重建其生命的意義的積極活動，讓他們能正面地面對作為精神病康復者和病患人士與家屬的痛苦和社會標籤。

這種介入手法，可以在王先生的個案中展示出來：

「在中途宿舍中的吳社工，因為希望將來王先生能夠回家與母親及兒子展開新生活，所以特別安排王先生的母親以及住在兒童院的兒子到中途宿舍和王先生相聚。相聚的時候，吳社工鼓勵大家互訴心曲，道出大家久別的感受。王先生的母親說了一會兒就哭了起來，她覺得王先生自從患病之後，吃了不少苦，她自己也覺得生無可戀。從前王先生小的時候，她拼命培養王先生成為一個有學問的人，希望他未來可以光宗耀祖，但到港後竟然受盡人間凌辱，最後更成為精神病患者，真是希望盡去，剩下的只有唏噓；她現在只希望兒子快快康復過來，把孫兒撫養成材。王先生聽到母親的感慨也不禁熱淚盈眶，他答應母親要努力克服精神分裂的障礙，儘快康復，並找到一份工作把兒子撫養成人。王先生的兒子見父親和祖母對自己滿懷期望，雖然母親捨他而去，也感受到人生的溫暖，不禁擁吻父親，答應做個聽話、好學、上進的孩子。一家人在互訴心曲中重拾生命的意義和感受，王先生似乎也覺得自己在患病的歷程中，重燃了生命的希望和勇氣。」

（三）M3：小組意義尋索式的精神醫療社會工作

意義的尋索不應只侷限於個人或家庭的層面，也可以在小組層面中進行，所謂小組的意義尋索是指：

1. 一群人就相同的事去分享自己內心的感受。

2.社會工作者鼓勵案主分享個人在生命中的經歷和意義。

3.社會工作者在介入過程中,讓小組中的案主分享在精神病症狀中,在面對診斷其他人的看法時,其治療和康復中的主觀經歷和感覺。

4.社會工作者在案主分享這些主觀經歷和感覺時,儘量使案主去表達其背後生命意義的尋索,重拾患上精神病之前生命的意義。

5.小組組員在詳述其生命的意義時,應該彼此支持、互相鼓勵、互相推動完成生命的重塑與重新定位。

這些特點,在王先生的情況也可以顯現出來:

「王先生所住中途宿舍的吳社工,替王先生和一群都是從中國來的舍友,組織了一個互相支持的小組,在小組中,大家都暢所欲言去抒發自己內在的感受和看法,也一起去構思大家未來應走的路。因為大家的背景相同,都深深地說出到港後諸般適應不便的苦惱,也都無奈地回憶在港的失業、語言溝通不良、被人歧視的無奈,也反映出雖然努力工作,依然不能糊口的苦悶。有些更淒涼揭露,自從患上精神病之後,在服藥、診斷、治療等各方面的無奈,有些舍友更禁不住哭了起來,情景令人動容。吳社工覺得組員互相支持的感覺非常濃烈,於是鼓勵彼此守望、計劃將來,看看如何重燃他們對生命意義的希望。王先生希望自己能繼續生物化學的理想,而一位何先生則希望自己能夠實現成為機械修理師傅的夢想;大家在分享過程中,都談得非常高興,不知不覺為自己訂下一些未來的計畫,而且更互相鼓勵,希望未來能把夢想一一實現。」

(四)M4:社區意義尋索式的精神醫療社會工作

社區意義尋索式的精神醫療社會工作是指,社會工作者在介入的過程中,幫助精神病人士和其家屬在所屬的社區環境中找尋生命的意義。又或者說是,社會工作者幫助有關的社區人士與精神病人士和其家屬互相支持,重拾新的人生意義。這種取向具備下列幾項特點:

　　1. 社會工作者透過社區支持網絡的建立，幫助案主在社區中的街坊、朋友、鄰居、親友接納案主重返社區，提倡和實行社區共融（Community Integration），重新過新的和正常的社區生活。

　　2. 協助案主和其家屬成為負責任又有貢獻的社區人士，不但不怕面對別人的歧視和標籤，更進一步成為一個可以照顧別人、提高社區素質、受其他人士尊重的人。

　　3. 在社會工作介入的過程中，社會工作者應強調人與人之間的互助、互動、互相支持和鼓勵，在這個互相建構集體生命意義的過程中，應該再也沒有精神病患者與精神健康人士、照顧者和被照顧者的交互分別，反而是無分彼此的互助、互相支持的合一群體。

　　這些不同的特色在王先生的個案中，也可以呈現出來：

　　　　「王先生在中途宿舍的進步令人滿意，在吳社工的安排下，王先生終於可以回家居住。之後，此一個案交由另一位社工朱小姐負責。朱社工任職於另一間社區健康福利機構，主要的任務是負責為社區內有需要的群體，如獨居老人、弱能人士、精神病康復人士等，組織社區支持網絡，讓他們儘快融入所屬社區，重新去過有意義的正常生活。朱社工的手法是把有需要的人士與他們的鄰居、義工等組織在一起，讓他們彼此支持、鼓勵，幫助他們去過正常的社區生活。她首先探訪了王先生一家人，瞭解王先生和其兒子的需要，更探訪了王先生的鄰居，發現王先生的鄰居中有兩三戶人家非常明白王先生的情況，也很同情王先生的情況，知道王老太太在老人療養院居住，王先生的兒子乏人照顧，王先生又無法出外找尋工作，導致心情非常苦惱；其中二位鄰居的主婦更主動應允替王先生接送兒子上下學，另一位街坊更非常熱忱地要替王先生介紹工作，後來終於天從人願，找到了一份在藥廠的清潔工作，令王先生非常高興。因為王先生認為藥廠的性質與他的興趣非常吻合，所以非常努力工作，後來更成為該廠的初級製藥員。而王先生在修理居家物品上有些經驗，所以經常替其他的鄰居修理電器、傢俱，幾家人互相幫助，成為要好的鄰居。」

六、意識醒覺式的精神醫療社會工作

意識醒覺式的精神醫療社會工作是指，社會工作者在介入手法時，刻意提高精神病人士對社會以及對自己處境的醒覺，這種醒覺是外在的，並具備下列幾項特點：

1. 精神病人士明白精神病的源由不單是自己的生化系統出現問題，而且更是壓力和壓迫的社會環境所導致，所以不應把所有責住歸咎於自己能力的缺陷、自己適應上的問題，以及自己內心的心理狀態異常等。

2. 這種意識的醒覺，要令精神病案主和其家屬明白，自己不能單單成為惡劣和壓迫環境的犧牲品，更應鼓勵自己，改變和對抗惡劣的社會環境。

3. 在意識醒覺的概念中，所謂的精神病，其實是案主在面對惡劣外在環境時的一種內在反應。精神分裂病患者的幻覺和妄想，其實是面對外在惡劣環境時的內心空虛與現實世界的疏離（self isolation）和退縮（Regression）所導致（Liang, 1960; Jaspers, 1946/1963）。憂鬱症其實是案主把外在世界的嚴苛環境放在自己的身上，變成對自己的壓迫、輕視，而所培養出的自咎、負責、自我要求（Gult, Self Blaming, Self Demanding）所導致。

4. 明白了這種外在壓迫與內在異常的變化後，社會工作者應該協助案主重新建構自己內在的主觀感受和思維，並重新建構自己的病發、患病、治療和康復的故事之自我陳述（Reconstruction of self narration），而採用新的角度和取向去看待新的事物和處境。

（一）C1：個人意識醒覺式的精神醫療社會工作

個人意識醒覺式的精神醫療社會工作是指，社會工作人員在處理精神病人士的個案時，儘量使精神病人士明白自己會患病的原因，可能與下列幾項社會環境因素有關：

1. 社會環境中的壓迫（oppression）與案主的權力（power）、權利（rights）的不平衡。

2. 案主失去對自己和其社會環境的操控和協調（control and harmonize）。

3. 案主要重新檢視和肯定其自己的需求（need）、情緒（emotion）和權利。

4. 案主要學習操控自己和周圍的環境，爭取自己應有的需求，表達自己的感受、感覺和權利。

這些部分，在王先生的案例中也可以顯示出來：

「朱社工除了負責替王先生組織和建構合宜的社會支持網絡之外，更鼓勵其提高自己的意識並重新明白自己應有的權利、需要和感受。王先生在朱社工的鼓勵下，慢慢向有關政府部門查看他應有的權利，明白他其實可以向職業培訓局申請再培訓的基金，讓他可以參加配藥的課程，於是他就可以在公餘時接受正統的配藥培訓課程；他受訓後不久，便在其工作的藥廠成為正式的配藥員。後來，他更明白可以向政府部門爭取有夜診服務，令他不需請假即可接受複診。在這兩個爭取自己的權利和滿足自己康復的需要過程中，王先生慢慢明白，自己的精神病其實是不良的社會環境壓迫和不協調所導致。在朱社工的鼓勵和協助下，王先生慢慢學會道出自己的感受、需要，不會讓自己在不良的社會環境中壓抑，或感受到不安、無奈。」

「在中途宿舍的吳社工，除了受過正式的社會工作訓練，對心理治療也非常有興趣。當王先生在中途宿舍時，他曾經接受近年興起的敘事治療法訓練。在面對王先生的病情和經驗時，他鼓勵王先生把自己的經歷寫下來，於是王先生在他的鼓勵下慢慢地寫出來。但當他寫下來的時候，吳社工鼓勵他從一個新的角度去思考問題，例如：王先生的不安、沮喪、無奈的原因是什麼呢？是他自己的原因，抑或是其他人的原因呢？如果有機會重組生命，王先生願意如何重新安排他自己的環境和工作？一連串的問題令王先生慢慢反省和明白，他自己的精神病雖然很大部分是周圍的環境所建構出來，但最重要的是，他不應該把所有問題都歸咎在自己身上，也不應該自己建構周圍的人都在傷害他的想法，這種被傷害的所謂迫害感，其實也是他自己的恐懼和無奈中建構出來的。明白了這些關係後，讓王先生心中比較輕鬆，也開始慢慢醒覺，知道自己和社會問題的所在，也明白自己應該如何去面對壓迫性的社會環境。」

（二）C2：家庭意識醒覺式的精神醫療社會工作

家庭意識醒覺式的精神醫療社會工作是指，社會工作人員在從事社會工作時，讓精神病人士和其家屬明白自身應有的權利，也意識到他們應有的權利和應得的福利，也明白社會人士對精神病的歧視才是精神康復最大的挑戰。這種社會工作介入手法，大致上有下列幾項特點：

1. 把精神病人士和其家屬聚在一起，也可以用小組的形式進行。

2. 與精神病人士和其家屬討論精神病人士應有的權利和服務。

3. 讓精神病人士和其家屬明白這些權利和應有服務，對他們治療、康復的重要性。

4. 讓精神病人士和其家屬分享社會對精神病人士的歧視及對他們的不良影響。

5. 透過分享和不同類型的活動，讓精神病人士和其家屬明白精神病的形成是與不公平、不合理的社會環境有關，不要把責任等歸咎於精神病人士和其家庭因素身上。

這些特點，可以在王先生的有關社會工作介入手法中顯示出來：

「在中途宿舍的吳社工，替已經離院的舍友和其家屬組織一個家屬意識醒覺小組。小組的成員除了王先生和他的兄長之外，還有其他離開中途宿舍的家屬，他們一起去認識有關的法例，以及精神病人士應有的權利。其中，有幾位成員更認為，精神病人士應該有購買醫療保險的權利，所以找來了一位保險經紀人來諮詢有關情況。有些小組成員更認為，精神病人士應該有權利申請法律援助，去面對一些不公平與不合理的診斷、治療和找工作的待遇，於是他們親自到法律援助署詢問有關資料；他們也邀請病人權益組織去明白他們應有的服務和權利。經過一連串的討論、諮詢和瞭解後，他們對自己應有的權益和公平的待遇，比以前更為瞭解。」

（三）C3：小組意識醒覺式的精神醫療社會工作

小組意識醒覺式的精神醫療社會工作有下列幾項特點：

1. 把精神病人士或者是家屬等組成一個小組。

2. 在小組中，社工人員鼓勵小組成員分享他們對事物和社會現象的看法。

3. 在小組中，社會工作人員鼓勵小組成員分享自己患病、治療、康復的經驗，也鼓勵他們有關人士對他們患病、治療、康復的看法和影響。

4. 在分享的過程中，社工人員鼓勵大家指出個人環境對他們的患病、治療和康復的影響，更需指出他們個人受這些影響後對自己的不良看法，如自卑、自我放棄、對自己憤怒等的不良情緒，以求能建構一個對自己健康的新體會。

這些特點，在下列的案例中也可以看出來：

> 「吳社工在中途宿舍時，曾組織了一個精神病康復的意識醒覺小組。在這小組中，吳社工先讓他們去瞭解和明白當前社會的壓力和風氣，當他們暢所欲言地表示現今社會對基層人士的歧視，在工作、教育上的壓力時，吳社工再鼓勵他們為自己患病的社會因素作出反省；他們都開始明白，自己本身的精神病原因都和別人的歧視、家庭壓力、工作壓力、社會的不適應所造成，王先生更向大家表示他的精神病是因為香港社會不接納大陸的新移民有關。有了這些基本的瞭解，王先生和其他舍友都開始明白，精神病人士患病的成因與不合理環境有關，不會只歸咎在自己身上，且大家在吳社工鼓勵下，想出批判社會壓迫的方法。他們在吳社工的引導下，都開始醒覺其本身的權利和人身的自由、自覺，甚至提出他們在治療及康復的過程中，都有被壓抑，甚至被剝削的情況。」

（四）C4：社區意識醒覺式的精神醫療社會工作

社區意識醒覺式的精神醫療社會工作是指，社會工作人員在從事社會工作時，以提高社區人士對精神病人士和其家屬應有的權利、應得的福利，和社會人士對

他們歧視的認識，從而有意識動機和醒覺去尊重精神病人士和其家屬的福利和權利，其大致上的形式約有：

1. 透過精神病人士、家屬和社區人士的交往，讓他們明白精神病人士和其家屬的現狀、困境和被歧視的處境。

2. 透過社區人士與精神病人士和其家屬的交往，讓社區人士明白他們也有正常的一面，甚至也有其獨特性、特長和強處。

3. 社區人士與精神病人士和其家屬一起學習，明白和尊重精神病人士和其家屬的權利、福利和特性。

這些特色也可在吳社工的介入手法中找尋出來：

> 「在中途宿舍中的吳社工為了促進社區人士對精神病人士權益、福利的認識，特地招募一群熱心人士，其中有學生、專業人士、工人、街坊和教會的熱心份子等，與精神病人士和其家屬一同進行一連串的活動，其中包括：(1)為該社區進行大清潔活動；(2)透過進行一項社區調查，明白該社區對弱能人士（其中包括精神病人士）的接納程度，並且檢討一般社會人士對精神病人士的態度。
>
> 在籌備和主辦這些活動中，精神病人士和一般社區人士不分彼此地在一起籌備、思考、推行、檢討、服務社區。他們一起檢討、認識精神病人士應有的權利、義務、福利和責任，慢慢地，社區人士不但接納精神病人士，而且更覺得他們其實與一般正常人士沒有不同，也從種種的活動中看到了精神病人士也具備服務社區的熱誠、能力和幹勁。於是深深的體會，精神病人士、精神病康復者及其家屬，都應與正常人一樣。」

七、改革式的精神醫療社會工作

改革式的精神醫療社會工作是指，社會工作以客觀和較激進的手法去改變和改革社會上的現象、政策、法律、服務，讓精神病人士和其家屬能與其他人士一

樣享受正常的社會和社區的生活，而其中的特點可以描述如下：

1. 找出現存社會中對精神病人士及其家屬的不公平、歧視、壓迫現象和情況。

2. 儘量組織有關精神病人士、家屬和其他有關人士變成倡導和權益團體。

3. 面對社會上對精神病人士及其家屬不公平，以及帶有歧視的法例、政策、服務，在就業、住屋、使用社區設備、應有的福利上提出質詢、控訴，引起公眾人士的關注，就此改變社會上這些不公平的現象。

4. 當這些團體和有關機構拒絕改變時，精神病人士及其家屬與其他壓力團體就應該採取不同的手法，如遊行、示威、靜坐、簽名，或者透過有關法律和提出控訴，或者聯絡有關立法局議員去爭取這些不公平現象的改變。

（一）R1：個人改革式的精神醫療社會工作

個人改革式的精神醫療社會工作是指，社會工作人員透過介入手法鼓勵案主對不合理、不公平的社會現象、政策和法例，提出控訴、質詢、投訴和改變。這種手法應包括下列幾項特點：

1. 讓曾經有精神病的案主及其家屬明白面對困難，並瞭解其實很多時候是與社會上的排斥、不公平的法例、服務、福利有關。

2. 除了提高案主在不公平、不合理、社會排斥的意識之外（請參見意識醒覺式的精神醫療社會工作），更重要的是要案主學會自己主動去爭取這些權益，改變這些不合理的現象。

3. 教導案主用合理、合法的不同手法，如利用有關的投訴機制、有關的行動、利用傳媒、社會行動、有影響力的人物去推動這些改革和改變。

這些特點，也可以在王先生的個案情況中可以看到：

「朱社工除了鼓勵王先生爭取夜診服務外，她還發覺王先生對一些社會上不公平、不合理的現象很有改革和改善的原動力。所以她引導王先生明白精神病的相關條例、精神病人士應有的權利，和社會上一般人士對精神病人士不合理的排斥和待遇。剛巧這時王先生工作的工廠因為減低成本，把有弱能（如精神病、弱智、弱視、弱聽）和一些年老的僱員解僱，於是王先生向

『平等機會』委員會投訴僱主歧視弱能人士，最後僱主在委員會的法律訴訟中敗訴，所以聘回被解僱的弱能人士；為了保障員工的利益，王先生更和其他員工成立工廠內的工會，集結大家的力量向僱主爭取合理的權益。王先生更透過委員會的幫助，入稟法院，控告政府保障精神病人士的法律不足，有歧視成分。王先生此舉，引起公眾人士和傳媒的討論，大家開始關注精神病人士的權益。」

（二）R2：家庭改革式的精神醫療社會工作

　　家庭改革式的精神醫療社會工作是指，將精神病人士的家屬組織起來，共同為精神病人士和其家屬的權益而努力，爭取在政策、法律、服務、社會環境上有所改善，這種介入手法的模式，大致上有下列幾項特點：

　　1. 組織有關精神病人士的家屬，然後大家一起對有關的法例、政策和服務進行有關討論和檢視。

　　2. 在進行有關的討論時，會把自己有關的親身經驗、看法、家屬遭遇等作為參考、資據，以此為藍本，進而對有關的政策、法例和服務指出其不足之處，並監督有關當局和機關，做出恰當的改善。

　　3. 以家屬的身分聯絡各個相關部門、團體、人士，為改善不良的精神健康法例、政策、待遇而努力。

　　4. 在需要時可採取較激進但合法的手法，如遊行、簽名運動等，以爭取合理、合情、公開、公平的權益、待遇和服務。

　　這些特點，均可在王先生的案例中顯示出來：

　　「王先生的中途宿舍吳社工為離院的舍友家人組織了一個家屬意識醒覺小組，經過半年的訓練和認識後，大家對精神病人士的權利、有關政策、有關法例都有了很深刻的認識。有鑑於此，吳社工把這個小組慢慢轉化成為一個改革式的家屬小組。他們邀請一位著名的學者，為他們做了一個家屬情況和需要的研究，用隨機抽樣的方式，訪問了大約五百位精神病人士的家屬。

研究結果顯示，超過90％的家屬得不到任何支援、服務和資源去照顧精神病人士和精神病康復者，他們在身心和社會網絡方面都非常貧乏，有些更陷於心力交瘁的苦痛之中。就這個研究發現，吳社工鼓勵這個改革式的家屬小組和負責研究的學者一起召開了一個記者招待會，把精神病人士家庭照顧者的現況公諸於世，讓大家明白他們的困境與辛苦，在會中，除了發布該研究的發現外，有關小組成員更現身說法，指出他們多年照料精神病人士的辛酸；他們更邀請了政府要員做出回應，希望政府有關當局能正視他們的需要，做出政策和服務上的改善。經過他們一番努力之後，有關當局終於通過了一項精神病人士家屬支援試驗計畫，希望為有關的精神病人士家屬提供合理的支援。」

（三）R3：小組改革式的精神醫療社會工作

小組改革式的精神醫療社會工作是指，透過小組形式去倡導有關的政策、法例、現象的改革。在推行時應具備下列幾項特點：

1. 小組一般會以倡導小組、壓力小組的形式出現，所謂倡導小組、壓力小組是指，一群有關人士聚在一起討論有關政策、法例、現象不足、不合理之處，然後提出改革、改善的方案。

2. 小組成員不單侷限於精神病人士及其家屬，也應包括一些對精神康復服務、政策、法例關心的人士，例如：社會工作人員、義工、學者等，且他們在倡導小組或壓力小組中，與精神病人士及其家屬無分彼此，地位上是一樣的。

3. 小組成員應該對相關法令、政策和現象有較親身深刻的認識，而且對社會的現象、相關法令、政策，提出不斷的回應和看法，並以壓力團體和透過傳媒的力量引起討論、監察，讓決策者做出合理的改善。

這些特點，可在王先生的情況中呈現出來：

「朱社工的福利機構與吳社工的福利機構內的案主和工作人員，對精神病的治療、康復的政策、服務和社會人士的排斥態度，多年來都覺得有很多

必須改善的地方，因此他們和精神病人士的案主、案主的家屬、熱心的義工，一起組織了一個叫『精神病治療和康復』的關注小組。在這一個關注小組中，精神病人士、康復者、有關的社會工作人員、關注的學者等，大家不分彼此，共同對有關的政策、法律、服務，提出自己的看法、經驗、感受和批評。剛巧有新的《精神健康條例》修改版初稿推出，於是這個精神病治療和康復關注小組馬上就這個法令作出討論，在有關學者和社會工作人員的建議下，訪問了不少精神病人士、精神病康復者和其家屬，並且和工作人員就這些訪問的結果，展開了一連串的記者招待會，聯絡有關官員為《精神健康條例》修改版提出看法，建議他們加上防止被歧視一段，並且要求法律援助署接受精神病人士、精神病康復者及其家屬使用法律援助的權益。關注小組的力量和影響力愈來愈大，大家都共同合作，努力改善精神病人士的法律以及有關的政策和服務，希望建立一個更公平，合理的社會。」

（四）R4：社區改革式的精神醫療社會工作

社區改革式的精神醫療社會工作顧名思義是指，透過社區參與進而對不合理、不公平的社會環境、政策、服務和法令做出改變。所謂社區參與是指，有關的社區人士，如鄰居、義務工作者、宗教團體、學者、專業人士、社會福利機構、消費者、區議員等，一起去審視、評估，並提出意見，監督有關當局去改善有關的政策、服務和法令。在這個過程中，不同的人士會提出不同的看法，大家也可以做出不同方面的討論、辯論和理解，然後集體提出一些立場和意見。這些社區參與可能是長期而固定的，並且以一個有組織的壓力和監督的機構和團體出現，也可以就某一些事件和問題，組織成為一個臨時的聯盟，由幾個不同的組織和人物一起聯合起來，共同對有關的政策、法令和服務提出意見和看法。這些介入手法的特色，在王先生的案例中可以看出來：

「王先生的社工——朱社工和吳社工，基本上都盡力組織不同的改革式組織。他們所組織的關注小組和家屬的關注小組都非常活躍，能就不同的精

神健康的政策、服務，提出他們的看法、意見。恰巧這時發生一件精神病暴力事件，一個有暴力傾向的精神病人士使用武器擊傷和擊斃了幾位親人和鄰居。這個事件令社會人士非常震驚，大家群起而攻之，認為所有精神病人士都有危險性，所有的精神病治療和康復服務都應該遠離社區、遠離人群，所以精神病人士都應被關進精神病院。面對這些公眾的標籤和指控，吳社工和朱社工一起組織了一個關於精神病康復大聯盟，由不同的精神病康復關係團體所組成，其中當然包括吳社工所組織的改革式家屬小組和朱社工所組織的精神病治療和康復關注小組。他們除了召開記者招待會，讓家屬和已經康復的精神病人士現身說法，導出他們的心聲和困難及正常的身心情況，他們更加監督政府和有關機構不斷與有關的團體討論，解釋精神病康復者其實與常人無異，在治療和康復的過程中，極需要其他人的接納、體諒和幫助。他們更與有關團體合作推動對防止歧視和排斥精神病人士的有關條例，希望透過種種的方法和途徑，為精神病人士和精神病康復者締造一個接納、互信、互分享、公平、合理的康復社區。」

八、結語

從 Howe（1987）的理論框架來看，一般單以生化藥物（Biochemical Pharamological treatments）和心理治療（Psychotherapeutic treatments）的方法，對以全人為本，改善社會環境，塑造合理、公平為本的社會工作人員來說，實在是非常單一和狹隘的思維。真正的精神醫療社會工作理應以不同的角度、取向和方法，幫助精神病人士、家屬及有關社區人士去健造一個「精神康復」為本的支持和接納社區，讓精神病人士和精神病康復者重新過正常的生活。

◈參考文獻◈

Howe, D. (1987). *An introduction to social work theory*. Hampshire, UK: Asgate Publishing.

Jaspers, K. (1946/1963). *General psychopathology* (7th ed.) (Trans by J. Hoenig & M. W. Hamilton). Manchester, UK: Manchester University Press. (Original work published 1923)

Laing, R. D. (1960). *The divided self*. London, UK: Tavistock Press.

Levi, M. (1998). *Basic notes in psychopharamacology* (2nd ed.). Berkshire, UK: Petroic Press.

Liberman, R. P. (1988) (Ed.). *Psychiatric rehabilitation of chronic mental patients*. Washington, DC: American Psychiatric Association.

White, G. A. (2001). *Cognitive behavioral therapy for chronic mental illness*. London, UK: John Wiley & Sons.

Yip, K. S. (2004). The importance of subjective psychotic experience: Its implications on psychiatric rehabilitation. *Psychiatric Rehabilitation Journal, 28*(1), 48-54.

Chapter **4**

以尊重案主潛能的能耐為本的精神醫療社會工作

☀一、前言

　　近十年來，社會工作中的能耐取向（Strengths Based Perspective）已成為個案工作和個案管理（Case management）的主流（Saleebey, 1996, 1997; Sullivan & Rapp, 1994）。在這個取向中，案主的潛能、長處對適應困難的能力等，都是社會工作歷程的中心所在。案主的復原能力、全整的人性和社區中的支援、資源等，都成為社會工作中的評估、介入與反思的焦點（Saleebey, 1997, 2002）。能耐為本的社會工作取向對一些有弱能、精神病、越軌青少年（Juvenile Delinquents）、藥物濫用者（Drug abusers）等案主都至為重要，因為這些案主往往都被主流文化和社會人士，甚至是主流的心理治療手法視之為：

　　1. 社會的異類或病態（Patients or Deviants）。

　　2. 他們是問題所在（Problem / Trouble makers）。

　　3. 他們本身有缺陷、缺失（Impairment / Deficits）。

　　4. 他們需要隔離院舍的禁錮治療（Isolation, Institutionalization & Treatment）。

　　5. 他們無法自我幫助及康復，他們必須完全依照專業人員（professional）的指示。

　　相反的，能耐取向的看法為：

　　1. 他們的問題形成其實與他們周圍環境不良的成長過程、家庭背景、過去創傷和傷痛有關。

　　2. 其實他們每天都與周遭的不良環境、困難和問題在不停的掙扎、拚搏和適應。

　　3. 除了問題困難和缺陷之外，其實他們每一個人都有他們的潛能、能力、興趣和特長。

　　4. 只要給予他們合適的條件、環境和鼓勵，他們內在的動力、潛能、特長都會發揮出來。

　　5. 他們周圍的環境，除了一些不良的影響之外，也會有一些支持、鼓勵、接

納他們的人士和條件，只要小心留意也會找尋得出來。

由此可見，能耐取向最重要的特色是把案主從缺陷、病態的建構，轉移到以適應能力和潛能的取向。這個取向的特點是把社會工作中的理念、對人的尊重、獨特性和整全性，在一些廣被社會排斥的案主中發揮出來。在這個取向下，任何一個案主，不論他／她的背景問題和情況，其實都有其不可磨滅的長處和潛能。Glicken（2004）更指出，在能耐取向中，案主都可能有下列44項的長處和潛能，這些潛能和長處仔細分析，可分成下列幾個大類：

1. 環境元素：(1)支持網絡；(2)文化長處；(3)與家人和好友關係；(4)與別人親密交往；(5)與人信任。

2. 能力與技巧：(1)與人相處技巧；(2)溝通技巧；(3)決定技巧；(4)理財能力；(5)爭取獨立、自主；(6)分辨輕重緩急；(7)多元技能；(8)通識能力；(9)解構能力。

3. 對困難、苦難的適應：(1)適應能力；(2)從前成功的經驗；(3)現在成功的經歷；(4)解決困難能力；(5)解決問題困難的動力；(6)工作經歷和經驗；(7)以前解決問題能力；(8)用獨特方法解決問題；(9)忍耐；(10)冒險精神；(11)生命力；(12)堅忍；(13)勇往直前。

4. 個人素質：(1)道德標準；(2)社會責任；(3)教育程度；(4)個人外表；(5)宗教情操；(6)自我控制；(7)現實取向；(8)自我觀念；(9)情緒智商；(10)創造能力；(11)獨特性；(12)好奇心；(13)社會政治理想；(14)靈活性；(15)幽默感；(16)同情心；(17)內心平安。

能耐取向的觀念在精神醫療社會工作中至為重要，因為一般主流的精神科康復治療的手法中，都比較側重病態、缺陷和缺失的傾向。在表 4-1 中，筆者會嘗試把這兩種不同的取向比較出來。

表 4-1　能耐取向和病態、缺陷取向對於精神科康復和治療的看法

	能耐取向	病態、缺陷取向
精神病	精神病的形成其實很多時候是由壓迫性的社會環境所造成。	精神病的形成是先天性遺傳因子和生化物質所造成。
精神病人士	精神病人士其實和普通人一樣有正常的需求能力和潛能。	精神病人士其實有其缺陷、缺失和病態。
精神病人士與精神病	精神病人士其實每一天都在與精神病拚搏，他們在某種程度上，會去適應其精神病所帶來的生活和與人相處的情況。	精神病人士無法面對某精神病所帶來的缺陷和缺失，而且是愈來愈嚴重。
精神病的治療	精神病的治療不應只侷限在藥物上，最重要是令精神病本身的潛能、能力和長處能夠發揮出來，減少精神病對病人的不良影響。	精神病的治療最重要的是藥品治療，精神病的治療是非常專業的，精神病人士必須完全遵從醫生的吩咐。
精神病的康復	精神病的康復是把自己適應和復原的力量以及潛能，非常豐富的發揮出來。	精神病人士的康復在於專業人士能夠把精神病人士失去的功能，如社交功能、工作能力等重新培育出來。
社區和社會的角色	在精神病的復原和康復中，社區和社會的角色非常重要，精神病人士必須得到社區人士和社會人士的接納和支持。	精神病人士和精神病康復者必須不斷服藥、接受訓練，才能回復前狀，社區人士和社會人士的角色並不重要。
專業人士的角色	在精神病的治療和康復中，專業人士的角色只在乎培育精神病人士的潛能和力量，專業人士與精神病人士其實是共同工作者（Lo-Workers）的角色。	專業人士在精神病的治療和康復中，他們的身分和角色是權威和力量，只有他們才真正瞭解精神病人士的需要。
精神病人士的內在經驗	精神病人士的內在經歷和感受非常重要，只有他們才真正瞭解精神病的痛苦。	精神病人士的內在經歷並不重要，在病態性的診斷下，每一個人的癥候都是一樣。

　　明白了病態取向和能耐取向的不同，我們再以一個憂鬱症的案主，說明社會工作與能耐取向介入精神病人士的重要性。

二、以病態取向處理憂鬱的案主

（一）憂鬱情緒糾纏的李太太

　　李太太是一個有憂鬱症的中年婦人，她因教養兒女和婚姻的問題而導致憂鬱症。曾在一個家庭服務中心求助，負責的社會工作人員向筆者諮詢介入的方法，筆者以其機構專業顧問的身分與社會工作人員共同處理李太太的個案。在案主的同意下，以其個案作為教學及研究發表用途，基於倫理與保密原則，李太太的個人資料有適當的處理。

　　李太太現年 45 歲，結婚約十五年，十年前生下一個女兒，丈夫李先生本來在香港工作，任酒樓的待應。五年前因所工作的酒樓倒閉而失業，後來轉到深圳的酒樓工作，李太太負責家務和照顧女兒，其情緒常常非常緊張，因為女兒的情緒不太穩定，功課的表現欠佳，令李太太非常掛慮，因此經常與丈夫吵架，認為他未能關懷女兒的成長。丈夫則認為太太能力有限，自己在外辛苦工作，她未能相夫教子，導致女兒成績較差。丈夫的批評令李太太非常沮喪，加上丈夫大部分時間都在深圳工作，偶爾才回港，令李太太獨力難支，又緊張、又沮喪、經常以淚洗面，夫妻的感情又日益淡薄。三年前，李太太發覺丈夫在深圳有婚外情，在不堪打擊下，甚至有尋短見的念頭，想要在所居住的大廈天台跳樓，幸好被其鄰居發現，送院診治，醫生診斷其患了重度憂鬱症（Major Depressive Disorder）。自此之後，李太太在醫院居住了一段時間，其間女兒由社會福利署轄下的兒童院撫養。李太太在精神病院住了半年，在情緒比較穩定的情況下出院，之後住在精神康復的中途宿舍一段時間，後來經社會工作人員的介紹，找到了一份兼職工作，於是搬回家中，與女兒居住，但仍繼續在家庭服務中心接受輔導，也定期在精神科診所定期複診。

（二）病態的標籤和診斷

在病態取向中，患上憂鬱症者必須符合診斷的標準，例如：持續性的失眠、對事物缺乏興趣、身體異常疲倦、有自殺傾向、體重持續下降、注意力很難集中等，這些診斷持續出現一段長的時間，且又對病人的社會功能（Social functioning）造成很大的影響下，就會被診斷為重度憂鬱的病發（Major Depressive Disorder）。當這些病情呈現一段長時間後，病人就可診斷為重度憂鬱（Major Depressive Disorder）。

在病態取向中，病人往往被一位精神科醫生根據其病情而做出診斷。一旦診斷完成，這個憂鬱症的標籤就會持續不斷，其他相關的專業人士，如心理學家、社會工作人員、家屬、社會人士，甚至病人自己，都會標籤自己成為一個有問題的精神病人士。一般專業人士都會把心力和注意力放在憂鬱的診斷上，而忽略了憂鬱症人士被標籤為憂鬱症的難過與感受，致使病人更為憂鬱，為自己的病情標籤，感覺更為絕望、無奈、難過和失望。這種情況在李太太的敘說中可見一斑：

> 「說實話，養兒育女是一件非常痛苦、令人焦慮的事情。女兒的功課很多，而且成績不好，我指導她做功課，她又笨又懶，令我非常苦惱，經常和丈夫吵架。丈夫後來失業，到深圳找工作後不久又愛上了另一個女人，在萬念俱灰之下我只想尋死，後來被街坊所救，送往精神病院接受治療。醫生說我是患上憂鬱症，必須接受治療；我一聽之下，真的是淚流滿面，我的命運真是非常淒苦，丈夫不忠、女兒愚笨，現在又患上長期精神病，真是不知日後的日子如何度過，醫生對我的診斷真的好像替我判了終生病刑一樣，無奈、空虛、失落、憤怒的感覺一擁而上。當時有很強烈的衝動，想跑到醫院的天台一跳而下。現在回想起來，心中依然非常不舒服。醫生們在做診斷時，判定我們是憂鬱症並不困難，但我們作為憂鬱症的病人卻非常難受，面對憂鬱症的標籤，我們覺得更加憂鬱和無助。」

　　由李太太的經驗來看，憂鬱症的病人在面對憂鬱症的標籤時，心情是非常難受的；對憂鬱症的病人來說，他們是憂鬱自己的憂鬱。這個診斷一方面是帶來治療方法和有關的服務，以及專業人士和其他人的關注，但也同時帶來對病人的標籤、歧視、污點、自我判斷。

（三）病態的依賴和缺陷

　　在病態取向中，當精神病人士被判斷為某種精神病之後，即代表其日常的功能和能力有一定的問題和缺陷。同樣的，當精神病人士被判斷為憂鬱症之後，也代表其情緒上，以及在社會功能上有所缺陷，面對這些缺陷，他們需要「依賴」其他人士、依賴專業人士，如社工、醫生、護士，以及依賴藥物、依賴社會上的治療和康復服務、依賴家人的照顧，才能生活。愈是嚴重的「缺陷」，愈代表其依賴性愈強，愈難康復和復原。如果是經常的復發和情緒變化，甚至代表其終身難以康復，終身需要依賴治療和照顧。在病態取向中，所謂治療和所謂康復，其實只是指不同程度的依賴和依附，再加上生化理論的盛行，憂鬱症的治療很容易變成對藥物的依賴；而心理方面的治療，其實也可能是對心理治療——特別是認知行為治療法的依賴。這種缺陷和依賴的感覺從李太太的敘說中展現出來：

　　　　「自從我被證實患上憂鬱症之後，心中滿不是味兒，覺得一切一切都似乎完了。醫生說我有生化的缺陷才會患憂鬱症，這些血清促進素不足的問題，必須長期服藥才能維持生態上的平衡。我自己也有去找尋一些輔導員和社會工作人員幫助我，但他們都指出我在思維上有錯誤和缺陷，才導致感情和情緒上失控，一定要依賴長期的心理治療。我周邊的人都不斷指出我有嚴重的心理和情緒缺陷，無法照顧我的孩子，也無法正常地工作，我覺得自己充滿缺陷，似乎一生一世都要依賴別人、依賴藥物、依賴專業人士、依賴救濟和社會服務。種種的依賴和缺陷，令我自己都覺得自己不適合做女兒的母親，想到這裡，真想一死了之，免得連累社會、連累親人……」

（四）病態中的問題重重

在病態取向中，除了缺陷、依賴和標籤之外，還有重重的問題，負責的社工、心理學家也經常喜歡用不同類型的問題去看待。精神病人士無論是前往醫院、中途宿舍、日間中心等地方，負責的專業人士都會用問題取向的診斷和量表去評估他們。一般都包括：(1)病症；(2)情緒上的問題；(3)社會功能上的問題；(4)人際關係上的問題；(5)自信心和自我形象的問題；(6)職業上的問題。

問題和缺陷上的本質有些不同，缺陷是指在本質上的缺乏，問題則只是指在本質上未有缺欠，可能只是排列組合、先後次序看法取向上的異常。在病態取向中，這些問題的釐定是表示案主本身未能解決這些問題，也缺乏解決問題的能力；只有專業人士，包括心理治療師、社會工作者、醫生等才能解決這些問題，精神病人士必須都聽從他們專業人士專業的理解、智慧、治療手法才能解決問題。問題取向令案主有強烈的凌亂和挫敗感，覺得自己問題多多，無法解決心中非常怨憤的部分。對憂鬱的案主來說，問題取向更令他們心情日益沉重和凌亂，覺得糾纏不清，不知如何是好，問題愈多，憂鬱的案主愈想用最簡單的方法──一死了之，去解決問題。問題取向也令案主覺得自己只是問題的製造者，而不是問題的解決者，這種情況在李太太的敘說中，也很容易顯示出來：

> 「在住院期間，真的覺得自己一無是處，而且問題多多，我覺得在自己的童年時期，家中很多問題，結婚不久又有婚姻的問題，到管教子女時又有管教上的問題。醫生告訴我，憂鬱是生化和情緒上出現問題，心理學者說我在思維上出現問題。不斷出現的問題，讓我覺得生命和心情都極為沉重和糾纏，濃濃化不開，退不去的內疚、自責，最苦惱的是自己根本沒有方法去解決和處理問題，反而是問題的製造者。想著想著心中的不安和沉重愈來愈重，憂鬱的感受愈來愈濃烈，覺得自己只有一死才能脫離這種無奈的感受。」

（五）病態中的住院化和隔離

在病態取向中，住院和隔離似乎是精神病治療的最後一步。當然，短暫和有效的住院對憂鬱症人士的治療也很重要（Beckham & Leber, 1995），可是長期和不必要的住院，很容易令病人變得住院化，變得依賴醫院集體的管理控制，最後會養成依賴、退縮、無奈、被動的特性，憂鬱症人士會逐漸缺乏重新過正常生活的動機和能力（Yip, 1995）。這些住院和隔離，往往讓憂鬱症人士的罪咎感、自卑感更加嚴重，比住院前更缺乏康復的動力。在李太太的敘說中也可見到：

「患憂鬱症時，整個人都好像散了一樣被關在醫院裡，醫院內的生活不但千篇一律，而且非常刻板，加上護士管束很嚴，經常不容許我們做這些，做那些；除了服藥，參加一些很無聊的所謂工作治療、裝信封袋、做做包裝之外，整天就是無所事事的呆在一處；起初會感到好一點，但半年之後，整個人就覺得自己一無是處，每天除了吃藥、作工、治療和吃飯之外，就什麼都幹不來。表面上好像在接受治療，其實藥物的副作用很大，常令人覺得胃痛、頭暈，渾身上下有不對勁的感覺。對什麼事都懶洋洋的提不起勁，醫院內的氣氛也很刻板沉悶。醫護人員只是不斷地去督促我們吃藥、定時參加活動，除了這些以外，其他就不聞不問；自己只是不生不滅的在活著，什麼人生意義也沒有。後來醫院因為床位比較擠迫，所以要我出院，但被關在醫院一段頗長的時間後，到中途宿舍也是非常不習慣。不知如何處理自己的日常事務，也不習慣管理自己的生活，因為在醫院裡的一切都是別人處理的。」

三、以能耐取向介入憂鬱的案主

病態取向側重標籤、診斷、隔離、住院、問題、依賴和缺陷的思維和處理，但能耐取向則不同，在這個取向下，精神病人士的能力、動機、意義和與環境的互動等，都會被肯定和發展出來。

（一）憂鬱背後的感受和需要

　　研究都指出，憂鬱症案主的憂鬱癥候其實都反映出他們的深層感受和需要，這些背後深層需要的感受，根據Frankl（1963, 2000）的看法是案主對生命意義的終極追求。這顯示出他們覺得在失去（Loss）一些名利關係、親人之後，內心深處覺得無奈和空虛之處；在未失去之前，憂鬱症案主往往把人生的意義放在這些名利、關係、親人等之上。一但失去後，除了內心的憤怒之外，更重要是自己生命意義和方向的迷失。作為能耐取向的社會工作人員都必須正視這些背後的意義和需要，若沒有正視和認真處理這些背後的意義和需要的問題，就很難協助案主康復。同時，認同和抒發這些意義感受和需要時，也代表對案主的尊重和理解，能讓案主覺得自己被作為「人」的看待。在李太太的敘說中，她的情況也是如此：

　　「中途宿舍的社工和家庭服務的社工都是很好的社會工作者，他們並沒有因為我的憂鬱症而歧視我或者當我們是病人，他們會很留意聽我們的感受。家庭服務的王先生還引導我說出憂鬱症的原因，著實是我生命中不斷的失去：童年時代我失去了我至愛的母親，之後我失去了婚姻，也失去了丈夫，我覺得自己的生命好像是一片空白，很難去彌補這片無奈的空白，生命像白開水一樣，了無生趣。王先生深深的體會我這些感受，他說憂鬱症只是失去太多的結果。他鼓勵我去看我還擁有的東西，而不是去看已經失去的東西。在他的開導下，我明白我應該珍惜我還擁有的東西，包括我自己的生命、我的女兒，還有周遭關愛我的人。王先生的話說得很好，我已經失去太多，已經不能再失去，我必須掌握我自己現在所擁有的，明白了這些之後，心中也踏實多了。我要重新訂立自己生命的目標和取向，最重要的是對女兒的撫養，希望讓她在快樂的情況下長大成人。」

（二）從憂鬱的情緒轉移到快樂的情緒與經驗

　　面對憂鬱症人士的低落、空虛、無奈的情緒，不少心理輔導員和社會工作者

只會圍繞著憂鬱的負面情緒，不斷地打轉和分析，企圖讓案主快樂和樂觀起來。原則上來說，較輕鬆的負面情緒可以採取這種方法處理，但嚴重的負面和憂鬱情緒，這種方法卻往往適得其反，愈分析愈討論，案主的負面情緒卻會愈濃烈和不安。在能耐取向中，要讓憂鬱和不安的案主重拾樂觀和愉快的情緒，最重要的不是分析和討論，而是替案主塑造一些愉快、樂觀的經歷和體驗（Donahue, 2003; Dowing-Orr, 1998; Simonds, 2001），讓他們在這些樂觀、愉快的經歷中，重新塑造良好的情緒和感受。當然要一個憂鬱的案主重組這些愉快的經歷並不是一件容易的事情，工作人員必須具備耐心、細心和較好的布署，而且要對案主未病發前的興趣、嗜好、習慣有一定的認識和體會。在李太太的個案中，在筆者的督導下，負責個案工作的王先生就做了以下成功的嘗試，敘說如下：

「李太太似乎目前的情緒和精神狀態都比較穩定，記得她第一次因為家庭糾紛和丈夫因為婚姻的問題求助於我們中心的時候，樣子著實非常低落、難看和低沉。她哭得很厲害，眼淚好像排山倒海的湧出來，真是一發不可收拾。起初我只是用一般傳統的心理治療技巧，儘量去宣洩和分析她內心的看法和痛苦，但似乎並不奏效，愈是分析、宣洩，她痛苦的感覺也愈強烈，有時連我自己也受到這些強烈的感覺所困擾，覺得自己也感到低落起來。後來經過專業顧問的提醒後，自己才明白，原來不斷的分析、宣洩負面的情緒，並不能召喚起開心的情緒，反而令負面的情緒更加負面。於是我嘗試與李太太建構一些愉快的經歷，我與李太太在中途宿舍的吳社工有一些聯絡，明白李太太在中途宿舍的情況，也找過李太太的女兒和她前夫談談，明白李太太的背景、未病發前的興趣和較愉快的經歷。原來李太太最高興的是弄幾味好的小菜給女兒吃，看見女兒高高興興的吃小菜，心中就非常高興。於是我鼓勵李太太的女兒到中途宿舍探望李太太，然後吳社工讓李太太在宿舍弄一些女兒愛吃的小菜，幾次之後，李太太的心情似乎開朗了很多。在面談中，與其和李太太再在低落的情緒中糾纏，我選擇與她分享烹飪的心得。原來她是烹飪的能手，對廣東菜和客家菜很有研究，她的爸爸在他未去世之前是著名的廚師，她的媽媽也是在烹飪中很有心得，在分享這些烹飪的心得和

良好的經歷時，李太太的眼神和聲調從低沉的情緒中回復豐盛的神采，心
情也愉快輕鬆起來。」

（三）從隔離到正常生活

重度憂鬱的案主往往需要住院治療，但對憂鬱的案主來說，愈是脫離社會的
生活，愈是令他／她陷入憂鬱的深谷中，思前想後，愈難康復，反而應堅持正常
的生活習慣、正常的運動、正常的活動，會比較容易讓他們從憂鬱的深谷中走回
現實。但要讓案主從事正常的生活、活動和運動，並不容易，社會工作者必須具
備長期和堅忍的耐性，並且與案主的親友合作，共同支持、鼓勵、引導案主一步
步回復正常的生活。在李太太的個案中，中途宿舍的吳社工和家庭服務的王社工
正是如此，其中王社工的敘說如下：

「李太太的病情經過我們的努力和醫生的治療後，都已經穩定下來，但
李太太依然缺乏正常的生活習慣和活動。自從她從中途宿舍回家之後，就整
天待在家中，女兒還住在兒童院，李太太必須回復正常的活動和能力，才能
照顧女兒的日常起居；兒童院的負責人也要求，李太太必須過正常人的生活
起居習慣，才放心讓她照顧女兒。因此在這種要求下，我幫助李太太重新回
到正常人的生活。我替她聯絡了幾位要好的鄰居，其中一位每天早上會提醒
李太太起床，另外一位則鼓勵和陪伴李太太晨運和飲早茶，還有一位則與李
太太一起去買菜煮飯。起初有點困難，李太太都不太有動力去面對，後來經
過大家的規勸之後，李太太也慢慢習慣過來，開始有正常的生活規律，這些
正常的生活規律和活動讓李太太變得紮實起來，她開始晚上可以安然入睡。
睡眠充足和加上足夠的運動，她的吸收能力也隨之加強起來，身體和精神狀
況都改進了不少。一年後，李太太終於獲得兒童院的女兒回家與她同住的機
會，母女相依為命地生活。」

（四）從案主的病徵到案主的潛能

在能耐取向中，治療師從注意案主的病徵中轉到案主的潛能和能力。這個轉移的過程，對案主來說是非常重要的，因為案主一向把自己困在自己的負面情緒中，覺得自己一無是處，是別人的負累。唯有恰當地發掘和重新培育他們的內在潛能興趣，才能讓他們重覺生趣。在發掘培育的過程中，治療師必須有耐性、毅力和決心。在李太太的個案中，這種耐性、毅力和決心也必須走出來，才能讓李太太有所改變，王社工敘說如下：

> 「李太太自從接女兒回家之後，生活已慢慢回復從前的活動、生活節奏和感覺。但因為照顧女兒的壓力又慢慢回來，所以她又會像從前一樣，對女兒的成績和學習能力都感到焦慮和擔心。起初我會和她去談論這些焦慮和擔心，後來我慢慢發覺她的心靈似乎沒有任何空間，只是滿滿全神貫注女兒的功課和從前的焦慮，愈談就愈無法從這些焦點中解脫出來。在專業顧問的督導之後，我轉向談談她的興趣，我鼓勵她繼續談她的烹飪興趣，但她自己無心再弄這些東西，最重要的依然是她女兒的功課，所以其他方面都沒有興趣；因此我轉個話題，去談論她女兒的興趣，她頓時顯得輕鬆起來，說她女兒有繪畫的興趣，但因功課太忙，自己也沒有餘錢去栽培她的興趣。後來我運用一些慈善基金的款項，讓她的女兒可以到一個青年中心學習繪畫和跳舞，我也鼓勵她與女兒一同參與繪畫和跳舞，於是她慢慢的與其他家長談天熱絡起來，也與她們培養出良好的關係並互相支持，在該青少年中心的同工幫助下，我們刻意把李太太的特長——烹飪展現出來，中心誠意邀請她去教授其他婦女烹飪。在多方鼓勵下，李太太很愉快的在青少年中心教授烹飪，慢慢變得非常開朗、愉快和輕鬆。」

（五）從無奈絕望到希望與期待

從病態取向去看憂鬱症的案主時，社會工作者會集中留意案主絕望無奈的情

緒，因為這些情緒出現到極致時，會很容易讓案主有自殺的衝動，所以案主的親人和治療師都會非常留意這些無奈和絕望的感覺。但卻很容易忽視，如何讓案主重新培養生命中的意義、希望和期待。要讓憂鬱的案主重新培養生命中的意義、希望和期待，其實一點也不容易。因為向憂鬱的案主引導他／她們希望和期待時，他／她們很容易就會轉回到否定、無奈和絕望之中。所以治療師必須從下列幾種狀況出發：

1. 從案主未病發前的興趣。
2. 案主認為重要的人物和事情（兒女、親人、財物）。
3. 案主的夢想和心願。
4. 案主的良好嗜好和愛好。
5. 案主的特長和潛能。
6. 案主周圍的支持人物和親友。

只有不斷鼓勵，推動案主去重拾這些興趣、夢想、心願、嗜好、愛好，發展他／她的特長、潛能，才能慢慢讓案主重燃人生的希望和期待。在李太太的敘說中，社工王先生也是這樣的幫助李太太：

> 「家庭服務的社會工作者王先生真是非常關心我，他不斷鼓勵我面對女兒的前程和自己的情況，要努力面對將來，要積極和樂觀；但很多時候，我憂鬱的情緒都會讓我又對女兒的成績和未來感到無奈。為了讓我重拾人生的希望和期待，他鼓勵我找回生命的興趣。他知道我對飲食頗有研究，也明白我對一些甜品的喜好，所以他刻意幫助我去找尋一些好的甜品小店，並且鼓勵我和女兒去不同的甜品店品嚐；不知不覺中，女兒和我多了許多在戶外走動機會。而且他又提醒我，明白女兒的心願、夢想，不應只把精力完全放在功課上。更鼓勵我表達我未婚時的夢想和心願，其實當時我很渴望成為一個著名的廚師，開一間小店，把自己飲食的心得與別人分享。為了讓我的心願實現，他更走訪我的父母、親友。他們都非常鼓舞，認為我應該實踐這個心願。沒多久，王先生更介紹我去認識一位香港的著名廚師，他對我在飲食和烹調方面的能力，非常欣賞和鼓勵，我在這方面繼續發展，在多位人士的不斷欣賞、鼓勵下，我似乎又再次重拾自己生命的理想了。」

四、結語

在本篇中，筆者介紹了病態取向和能耐取向在與精神病案主從事介入方法的不同，一般來說，病態取向注意案主的病態、診斷、缺陷和問題，在病態取向中，憂鬱症的案主只會變成在情緒、能力、自我能力都有缺陷的案主，很容易讓憂鬱的案主覺得自己一無是處、了無生趣，除了依賴藥物、醫生和專業人士之外，別無他法。但在能耐取向中，精神病的案主則會視為有其本身內在的能力，他們也在適應其憂鬱的情緒、問題和困難，同時憂鬱的情緒背後都有其獨特的意義和看法。每一個憂鬱症的病人和其他的一般人士都有其獨特的興趣、能力、潛能和習慣，只要社會工作者能尊重案主，努力地去發掘培養、培育案主，慢慢地案主的內在能力、才能和生命的意義才能再孕育出來。

◇參考文獻◇

Beckham, E. E., & Leber, W. R. (1995). *Handbook of depression* (2nd ed.). New York, NY: Guilford Press.

Donahue, A. B. (2003). Riding the mental health pendulum: Mixed messages in the era for neurobiology and self help movement. *Social Work, 45*(5), 427-437.

Dowing-Orr, K. (1998). *Rethinking depression: Why current treatments fail*. New York, NY: Plenum Press.

Frankl, V. (1963). *Man's search for meaning*. New York, NY: Pelican Press.

Frankl, V. (2002). *Man's search for ultimate meaning*. Cambridge, UK: Perseus Publishing.

Glicken, M. D. (2004). *Using the strengths perspective in social work practice*. Boston, MA: Pearson.

Saleebey, D. (1996). The strengths perspective in social work practice: Extension and caution. *Social Work, 41*(1), 296-395.

Saleebey, D. (Ed.) (1997). *The strengths perspective in social work practice* (2nd ed.). New York, NY: Longman.

Saleebey, D. (Ed.) (2002). *The strengths perspective in social work practice* (4th ed.). New York, NY: Longman.

Simonds, S. L. (2001). *Depression and women: An integrated treatment approach*. New York, NY: Springer Publishing.

Sullivan, W. P., & Rapp, C. A. (1994). Breaking away: The potential and promise of a strengths perspective. In R. G. Meiner, J. T. Pardeck & W. P. Sullivan (Eds.), *Issues in social work: A critical analysis* (pp. 83-104). Westport, CT: Aubum House.

Yip, K. S. (1995). *Role institutionalization of social workers in psychiatric case management in Hong Kong*. Unpublished doctoral thesis, University of New South Wales, Sydney, Australia.

Chapter 5

以理解和溝通為主的
精神醫療社會工作

❀一、前言：工具理性的理解阻礙

隨著醫學取向和認知行為治療的出現，精神病的治療和康復慢慢傾向以客觀（Objectivity）、理性（Rationality）和科學化（Science）（Fee, 2000; Laing, 1960）。這一種客觀的科技理智的看法，傾向於把精神病和精神病人士看為共通的客觀，能透過腦神經系統和神經原的傳遞（Neuro Transmitters），去理解精神病和精神病人士的內在世界。在客觀和工具理性（reductionistic rationality）的分析下，不同的精神病人士都會被看做是相同的精神病個體，只要用恰當的藥物去操控腦神經的神經原傳遞系統，就會把精神病的病情加以控制和治療；除了生化神經的理論之外，認知行為治療也認為，精神病人士最大的問題是無法控制思想，只要教導精神病人士客觀地控制他們的思想，就可以把精神病的不良情緒、思維有所控制。這些以科技理性為主體的理論，其背後都有下列幾項假設：

1. 精神病人士的主觀經歷是不需理解的。

2. 精神病人士的思想、情緒、行為是沒有其本身獨特的意義和看法。

3. 一切的問題都可以用客觀、理性、驗證的方法解決。

4. 只有可以被量度、測試的東西才可信，才可以被運用。

5. 只有掌握工具，理性的醫生、護士和治療師才能控制精神病人士的病情和治療，他們甚至比精神病人士自己本身更加理解其內在世界和需要。

6. 理解（Understand）和溝通（Communicate）精神病人士並不重要，最重要是以客觀、工具理性的看法以及手法去把精神病和病人控制起來。

這些工具理性的思維，在某程度上當然有其好處，它能夠幫助專業人士用迅速、快捷的方法把病人診斷、分類，然後用不同的方法、機構和藥物處理。在處理過程中，因為使用大量的量表和數據及工具，社會工作者不需要投入感受、情緒、關係和個人主觀的判斷，所以對社會工作者來說，對於感情和投入上要求很低，在處理一些情緒凌亂的精神分裂症人士、強烈負面情緒的憂鬱症人士，以及非常緊張的焦慮症人士時，都會在情感上保持距離，令社會工作者比較舒服和安穩。最後，因為是工具理性所帶來的客觀，科學的取向讓社會工作人員很容易向

外交代他們的工作。工具理性的言語容易交代，代表自己曾經為案主做了一些應該做的事，一切都盡力而為，案主的後果和一切不良的事都與他們沒有關係；又或者能夠用一些數據證明他們所做的有效（Lilienfeld, 1995; Parker, Georgaca, Harper, Maclaughling, & Stowell-Smith, 1995）。

　　但社會工作理性的背後，卻把案主的內在感受經歷和一些需要隱藏起來。這種隱藏會讓精神病案主覺得備受忽視，甚至欺壓，而得不到應有的權利（Karp, 1996）。這種情況在下列的案例中可以呈現：

　　朱先生說：「我是一個成年人，十年前因為工作壓力太大患了焦慮驚恐症，發作時突然會覺得自己渾身上下都像虛脫一樣，非常難受；尤其當自己在駕駛時，情況更為嚴重。後來經過朋友介紹見了一位精神科醫生，我把情況說給他聽，他似乎沒有興趣知道我詳細的情況，只是冷冷的說我患了焦慮驚恐症，並吩咐我要吃藥；我再追問下去，這些藥品的作用是什麼？要服藥多久？我的病情如何？他似乎沒有興趣解答我的問題，只是說焦慮驚恐症是中央神經中樞和腦部活動分泌出現問題，只要服藥休息就會慢慢好轉，然後就打發我出外拿藥付錢。我詢問護士時，護士的答案也是冷冷的。在整個診斷的過程中，我只覺得自己只是像病症一樣，醫生除了診斷、開藥之外，並不當我是一個有血有肉的人去處理，我的背景、需要、感覺、懷疑、恐懼等全部都完全置之不理。……」

　　這種工具理性的思維，在不少的醫護人員的思維中都是主導的思想。在下列的醫護人員的敘述中可見一斑：

　　李醫生說：「我每天的工作都很繁忙，很難去留意病人的想法和感受，實際上我覺得病人的內在世界和感受並不重要。因為醫學上的理論提到精神病都是生物化學的原因，是神經原傳遞體（Neurotransmitter）出現問題所導致，精神科的藥物可以控制這些神經原傳遞的問題。因此，我認為只要給精神病人士服用合宜的精神科藥物，把病情控制過來。至於什麼心理支持、病

人的感受、想法，並不重要，也不需留意。他們的病情不穩、情緒混亂，又
有幻覺和妄想，在胡言亂語下，基本上聽他們敘說感受的內容實在是浪費時
間、沒有效果，同時一點兒也不科學。科學的精神要求客觀、準確和理性。
所以精神病醫生的責任是準確的診斷，然後對症下藥。」

上述醫護人員的自述，充分表現出具理性的思維本身的思路和取向，在這種
思維下，客觀的陳述、主觀的經歷、感受和社會文化環境的因素都不重要。

二、工具理性元素

在這種工具理性的背後，其實需要幾種重要的元素（Fee, 2000; Foucault, 1980;
Parker et al., 1995）：(1)語言（Language and Linguistics）；(2)權力（power）；(3)
科學（Science）。如圖 5-1 所示。

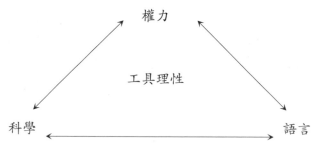

圖 5-1　工具理性元素

（一）工具理性的權力與權威

工具理性認為，凡事都應該以理智思維處理。精神病的病情、缺陷和治療都
應該冷靜客觀地去量度、去評估，只有這樣才能讓整個治療、診斷和康復的過程
有權威性、有專業性，這種權力和權威的陳述讓醫護人士和相關的專業人士具有
權威的信服力。反之，如果專業人士注意案主的主觀經歷、主觀看法、主觀能力，

就會對專業人士，包括社會工作者的專業權威和專業地位受到挑戰，因此以工具理性去面對精神病人士的病情，治療有其客觀理性的量度和表達，實在是專業人士的專業權力和權威的最佳保障。

（二）工具理性的語言

以工具理性的專業語言（Professional jargon）去顯示其能力。所謂專業語言是指，一些必須受過訓練後才能獲取的理論和專業名詞，就精神病來說，所謂專業語言，當然是醫學的診斷語言；在美國的《心理異常的診斷及統計手冊》（第四版）（*Diagnostic and Statistical Manual of Mental Disorders*, 4th ed.，簡稱 DSM-IV）一書中，把所有相關的精神病分成不同的類別，而且互不相關（Mutually Exclusive），再加上不同藥品的分類，神經原傳遞不同的生化解釋，變成了一套頗為獨特的專業語言，愈是專業的語言，愈難讓一般人士明白其中內容，就會讓這些專業語言更具有獨特性和權威性。嚴格來說，專業語言是專業人士，包括社會工作專業化（Professionalization）的必需品，專業語言也是爭取社會人士對專業人士認同的工具。因為專業語言具備某種程度讓一般人士在似明非明、似懂非懂的情況，認為專業人士似乎擁有某一種洞悉、判斷和預知能力，相對於專業人士來說，包括社會工作人員，都有能力去處理複雜的問題和情況。

（三）科學

科學是西方知識和哲學的產品，也是工具理性最重要的防線，科學理性建基在凡事可以重複、可量度、可觀察之上。在科學驗證上去解釋事物，從精神病學上來說，科學的論證注重（Neurocognitive Science）神經認知學去解釋精神病所出現的病徵，把精神病人士的病徵和複雜的經歷，轉化成簡單的神經細胞原的活動和分泌，又或者是腦部活動影像的傳遞，在科學的解釋下，一切精神病和精神病人士都變成劃一的答案和看法。由於凡是無法看到、聽到、量度到的東西都不可靠，所以精神病人士的內心世界、看法、感受和經驗就會被忽視和漠視。

三、假象的理解

「理解」（Understanding）從英語字面來看，是由「在下」（Under）及「站著」（Standing）的二個詞語所組成。這個在理解精神病人士方面也有重要的啟示，似乎社會工作者在理解精神病人士時也需要二種狀態和態度：「在下」可能代表社會工作者去理解精神病人士時，首先應假設自己未理解他們，「在下」是謙虛自己在別人之下之意。社會工作者在面對精神病康復者和病患時，必須拋去自己是專業人士，是高高在上的感覺和想法，也不要把自己的看法和工具理性的專業、權威、言語和科學，強加在病人和康復者身上。在清空自己的工具理性和看法後，才能全心全意地投入精神病人士的主觀意念和想法，也才會明白和理解精神病人士的感受、看法和經歷。「站著」（Standing）的意思可能是指，態度比較嚴肅、恭敬地等候和預備，而預備去從事實際的行動不是空談之意，換言之，應該要理解精神病人士，而不只是空談，不只是分析和用工具理性去判斷，而是應該以恭敬的態度去面對精神病人士的內心經驗和感受。

Jaspers（1946/1963）在描述精神病的理解時，把對精神病人士的理解分成二種：一種是因果式的理解（Causal understanding），另一種則是真誠的理解（Genuine Understanding）。所謂因果式的理解，比較正確地說法，應該是解釋性的理解，換言之，就是社會工作者在接觸和面對精神病人士時，只去找尋精神病人士的情況、現狀、癥狀和問題的原因與解釋。這種解釋的理解，與其說是理解，不如說是分析更為恰當，這種分析其實有下列幾項好處：(1)指出問題以表示答案；(2)找到原因以便操控結果；(3)建構困難又顯示解決困難的能力。

（一）指示問題以表示答案

解釋性的理解，仔細去看其實是從精神病人士的自我描述找出問題，然後以專業語言和專業權威去表示答案。這種答案似乎只存在於專業的醫護人員、心理治療師和社會工作者，例如：不少精神病人士的診斷都顯示，病人的病徵必須「在社會功能上有顯著的損害」（With Marked Impairment in Social Functioning）

（American Psychiatric Association, 1994）。這些社會功能的問題，如人際關係、自我照顧、在學習、工作、家庭上的角色和功能有所缺失和問題。這些缺失和問題，相關的專業人士就會嘗試提出答案，例如：在人際相處有問題，就會提出人際相處的答案，就工作的問題就會提出職業治療的答案。但對精神病人士來說，專業人士在提出這些問題時，並不是提出合宜的答案，而是一些以次等的答案，這些次等的問題，由圖 5-2 可以展示出來。

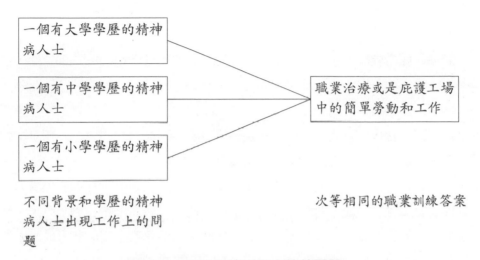

圖 5-2　次等的答案與次等的問題

　　不同背景，不同教育程度的精神病人士的職業問題，本來就應該有不同的答案，但是在香港，因為缺乏多樣化的職業輔導服務，所以一個有大學學歷的會計師在精神病治療中，一個專業社會工作者的介入手法，往往不理會案主的獨特背景和需要，只是鼓勵他在庇護工場工作，而與小學及中學學歷背景的案主有同樣的看待，只是找到原因以便操縱結果。在工具理性方面，很多時候專業人士都嘗試找到原因，以便操縱成果，但原因和成果都需要以科技理性的方法處理。在病態取向和醫藥取向下，精神病的原因和結果是傾向簡單化，例如：病態取向和醫藥取向的醫生很容易認定精神分裂症是腦部神經原細胞出現的生化原因，所以結果非常簡單，也就是藥物治療；而不少藥物治療對一些不太負責任的醫生就變成非常簡單的方法。如圖 5-3 所示。

圖 5-3　病態取向和醫藥取向的醫生操縱之成果方法

　　無論何種精神病，由於都是生化系統的原因，所以處理的方式都一樣，也就是藥物治療，而藥物治療，除了不同病、不同藥之外，又可簡略地分為服藥、加藥、轉藥，如果病人服用藥品、加重劑量，和轉換另一種藥品都無法得到應有的效果後，醫生就會建議病人住院，在院舍的環境中再加強控制藥品的劑量；如果都不奏效，最後的操縱方法，可能就是電療。在這種簡單化的工具理性思維，專業人士很容易忽視了精神病的形成可能與多元化的人際關係、社會心理壓力、病人的自我看法等背景觀念有關，因為在工具理性上，表面上是找到了原因，然後操縱成果，但也可能是原因簡單化、成果片面化，而忽略了精神病形成原因的主觀性和複雜性。

（二）建構困難以展示解決方法

　　在醫療和科學工具理性底下，專業人士很容易去建構困難，以展示其解決方法，這些困難包括兩方面，如表 5-1 所示。

　　第 1～6 項的困難是案主自己本身的困難，而第 7～12 項則是案主被接納、被治療、被康復、被正常化對待的困難。

　　專業人士往往在工具理性的推動上，用了一些困難的量表去指出案主和其有關環境存在著這些困難，在指出困難時有下列幾項好處：

　　1. 愈是困難，愈代表需要有特殊訓練、特別權威的「專業人士」去解決。

　　2. 由於這些「困難」著實是「非常困難」，所以很難解決，最後只能部分解決。

　　精神病人士治療和康復的取向，變成如表 5-2 的理性語言。

表 5-1　專業人士建構的困難

1.　案主在就業方面的困難 2.　案主在日常生活上的困難 3.　案主在表達情緒上的困難 4.　案主在思維上的困難 5.　案主在行為上的困難 6.　案主在溝通上的困難	案主自己的困難
7.　案主家人接納照顧案主的困難 8.　僱主接納案主就業的困難 9.　社區人士接納案主的困難 10.治療案主的困難 11.令案主康復的困難 12.令案主重返社區的困難	案主 被接納 被治療 被康復 被正常化對待的困難

表 5-2　理性語言

非常困難的案主在：	由於非常困難，所以這些困難只能用一些非常次等、次要的方法解決問題，例如：	非常困難的案主在
1. 就業上 2. 生活上 3. 表達上 4. 思維上 5. 行為上 6. 溝通上 的困難	1. 住院 2. 在社區的次等服務 3. 院舍化的訓練	1. 被家人接納 2. 社區接納 3. 治療上 4. 康復上 5. 重返社區上 的困難

（三）非常困難中的困難之次等解決方法

　　這種「非常困難」的語言，讓精神病人士的治療和康復都非常困難，所以只能用最次要的方法去解決，例如：住院（不能到社區，不能重新工作）、在社區的次等服務（如庇護工場）、院舍化訓練（在院舍中的自我照顧、社交的訓練）。這些次等或院舍化的服務表面上要解決困難，其實只是這些「非常困難」中的一些妥協性或者是「二流」的解決方案，實際上並未對案主的困難有深度的處理和

理解；仔細去看「非常困難」的案主之情況與「非常困難」的社區情況，剛巧是很好的互相配合，在這種絕佳配合下，案主的情緒只會做出次等的處理。

由此看來，無論是指出問題以表示答案、找到原因以便操控結果，又或者是建構困難以便顯示解決困難的方法，都是假象的理解；同時，其所提供的答案、結果和解決方法，很多時候會因為缺乏案主的主觀經驗、主觀的投入，對精神病人士來說，充其量只是專業人士和專業機構的自圓其說，然後用科學、語言、權威的工具理性，支持其存在的價值和意義。工具理性和假象理解其實是互相支持和互相強化，它們二者的關係可在圖 5-4 中顯示出來。

在這種配合之下，社會工作人員往往會在不知不覺中，掉到這一種工具理性和假象理解之中，對精神病人士的主觀經歷、主觀感覺的理解力予以否定和忽視，進而躍進工具理性的思維當中，再以專業人士的權威處理病人的一切需要和情況，把社會工作人員的專業取向和理念，如人道主義的關懷、理解、個別化（Individualing action）的理論放諸腦後，變成一個次等、以工具理性為主的二等醫護人員（Para-medical profession）。因為要重建社會工作在精神康復的信念，必須重建社會工作者對精神病患者和精神病康復者的人道關懷、理解，這種理解必須從工具

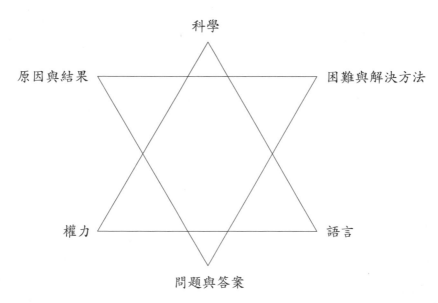

圖 5-4　工具理性和假象理解的互相配合

理性的權力、語言、科學的束縛中解脫出來，才能重新定位、重新建構社會工作的人道關懷。

四、重新建構真誠的理解

Hoenig（1991: 239）對 Jaspers 的真誠理解（Genuine Understanding）進行了下列的詮釋：

1. 留心聆聽精神病人士對其經驗的描繪。

2. 留心聆聽時，儘量進入精神病人士的本身處境。

3. 把對方所表述的不同階段和不同經歷的階段編織起來。

4. 把不同的片段儘量仔細地描述，給予一些可能的意義和名稱，而這些意義和名稱應接近對方的看法和感受。

5. 明白和接納這些片段是與一般的經歷有所不同，但是每一個精神病人士都是獨特的。

6. 承認我們不能完全理解精神病人士的看法、感受，只是儘可能接近他們。

7. 在理解時必須要有同理心，要有關懷和有愛心。

就這六個元素：聆聽、編織片段、意義註釋、獨特與個人、承認不足、散播關懷，筆者用以下的個案來加以解釋。

（一）情緒不穩定的小文

小文是個憂鬱躁狂症患者，他曾在中途宿舍居住了一段時間，在這段時間，筆者剛好是他負責社工機構的顧問，在他的同意下，以小文的個案來說明：

「小文是一個年輕的小夥子，小時候曾經在中國大陸的農村居住，家中本來有點家當，但在文化大革命時，家中父母被定位為『黑五類』，並且關掉牛棚勞動；母親因為情緒不定受不了打擊，所以自殺，父親在文革後一無所有，回到農村後，生活非常艱苦，父親、小文和他的妹妹經常非常辛勤工作，但收入仍無法糊口，小文一氣之下，就和幾個朋友從鄉村潛到深圳，然

後游泳偷渡到香港。小文到港後一無所有，只能投靠一位遠房親戚，但他的表姑媽對他並不尊重，覺得他只是他們的生活上的負累，整天都在嘲笑他，說他沒有用。慢慢的，小文的自尊心受到很大的打擊，心中非常氣憤。後來到中學讀書，但因年紀大，沒多久就無法讀下去，因此就在一間汽車廠做學徒，生活也算過得去；三年後認識了一位女朋友，不知什麼原因，他女朋友拋棄他，小文在失戀後，心情變得非常不安，情緒起伏不定。後來小文困在家中，二天之內不眠不休、不吃不喝、以淚洗面，而且更喃喃自言；他的遠房親戚見到如此情況，就將小文送到醫院，因而被判斷為憂鬱躁狂症（Bi-polar disorder）。半年後，小文出院，但他的情緒仍然起伏不定，有時候關在房中非常沉悶，但有時候情緒會異常地高張，逢人就說他是一個頭腦非常精明的投資專家，因此把自己和朋友的積蓄孤注一擲地買了一些低價的股票，但不幸把所有的錢都輸掉了。小文因此心情變得更為起伏，而且有些混亂。再度入院後，在醫院住了一年多，然後出院，入住中途宿舍。」

（二）留心聆聽

留心聆聽是指，社會工作人員在面對精神病人士的自我表述（Self Narration）時，不會以工具理性的形態去分析、解折和找尋答案，只會實實在在的聽。所謂聆聽（Listening）是指，工作人員不單只是聽到對方的言語，而是全心、留心擁抱言語之外的訊息，例如：(1)身體動作；(2)眼神；(3)心情；(4)案主背後的精神；(5)意義。

而需要特別留意和全心投入的，乃是案主言語之外的「弦外之音」，這些弦外之音並不是工具理性的思維可以達到的，而是社會工作人員的全情投入。這種情況可在小文的社會工作者之陳述中呈現出來：

「我是小文在中途宿舍的社會工作者，起初我也像其他的社會工作人員和醫護人員一樣，用工具理性的角度去看小文的情況；每次他講述自己的情況時，我都用分析的看法找出他的困難、問題和原因，然後以簡單和千篇一律的所謂癥候答案，進行結果的呈現。後來經過機構顧問的提醒，開始留心聆聽小文的言語，不再把它們單看成一些困難和問題，進而了解其背後的感受意義。例如：有一次小文走進我的辦公室和我交談，他說：『王先生我覺得你的工作很有意義，我很想請你做我的銀行總經理，我屬下有 42 間分行，只要你肯，我一定會完全照顧你。你知道嗎？我從小就沒有人照顧我，媽媽在我小的時候就已經去世，爸爸又不理會我，我其實非常孤單無奈，我的遠房親戚又把我看扁，我心中非常痛苦；但現在不同了，經過我們的努力之後，我現在已經是世界大銀行的總裁，有 42 間分行，我本身是以德報怨，不會記住過往的仇恨，所以我一定把我屬下的分行交給我的親戚處理。』從上段的內容來看，從前我以工具理性的手法去處理，覺得他是典型的躁狂病徵，整天有著很多不必要的狂想（Grandiose idea），說自己是世界銀行總裁等等。現在，在我機構的專業顧問影響下，我開始留心聆聽。從上述的說話內容中，我發覺很有趣，他的所謂躁狂的看法（Grandiose idea），是他與其他人的關懷和他自己過往的慘痛經歷有交互關係。

他雖然似乎不太理智，整天沉醉在自己的狂想中，認為他自己是某大銀行的總裁，手下有 42 間分行，但他卻非常明白我對他的關心，也明白我在機構中工作的辛勤，所以才邀請我做他手下的總經理。而且在說這話時，他是情詞懇切，溢於言表的；到了他講述自己以往慘痛的經歷時，則是滿眼淚光和悲哀的，我似乎看到他昔日的痛苦、創傷、無奈和失望；直到他分享自己要原諒自己的親戚和朋友，依然請他們做銀行分行的總經理時，可以見到他對以往心中的創傷似乎也想去克服他們。明白了他心中的感覺，馬上對他的所有癥候情況起了憐惜之心，對他內在世界的體會也多了起來。」

從小文的社會工作者之描述，我們可以見到一般人對小文所謂躁狂的看法（Grandiose idea），其實可以用圖 5-5 表現出其實質的內容。

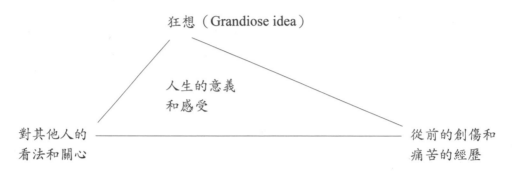

圖 5-5　一般人對躁狂的看法

　　小文的狂想——世界大銀行總裁，其實是他被其他人所歧視，生命經歷一無所有後的最後希望，只有這種狂想（Grandiose idea）才能使他感到人生的意義，才能補償過去的損失。他也嘗試用這種狂想，把他從受助者的取向轉回助人者，用幫助其他人飛黃騰達的方式，同時也顯示出他過人之處。

（三）設身處地

　　真正的理解除了留心聆聽之外，還需要社會工作者設身處地去進入案主的處境，這種設身處地的意思有下列幾項涵義：

　　1. 假如我在案主的處境中，我的感受如何？

　　2. 假如我的案主有同樣的困難和問題時，我會怎樣？

　　3. 假如我的案主有同樣的經歷時，我會怎樣？

　　只有這種設身處地的進入，我們才會明白案主在遇到一些困難、問題、經歷時的一些反應和感受，特別是精神病人士的病徵，很多時候都是他們某些需要得不到應有的滿足時，才會有的不正常反應。這種設身處地的進入，在小文的敘說中我們也可以看得出來：

「中途宿舍的社工洪先生對我非常關心，他對我的情況非常細心，和其他社工有點不同。他們都不太留意我以往的經歷以及目前的偉大事業，他們只是不斷地提醒我是一個精神病患者，我患上了躁狂憂鬱症，需要複診、服藥和找工作，要我不要胡思亂想。當我說到童年面對文革的痛苦時，洪先生會很留心聆聽，並且詢問我當時的感受、情況和痛苦。他絕對明白我母親去世、父親被定為黑五類後，我在農村掙扎求生的無奈、辛苦、憤慨和悲涼，有時我在敘述這些感受時，他會真誠地向我說，他很佩服我能夠面對這樣多的人生試練和苦痛後，依舊能夠有勇氣繼續生活下去，更有力量偷渡來港。我向他表示我是世界大銀行的總裁時，他並沒有歧視我，也沒有說我有病，只是靜靜地聽，然後用肯定的眼神和語氣向我說，人應該要有遠大的理想和夢想，他只是鼓勵我去讀商科和會計，然後去實踐我的理想。他的關愛、理解和尊重，讓我覺得我依然是一個有用的人。」

　　從小文的個案中，我們可以見到小文的社會工作者洪先生，實行了設身處地去關心小文的情況，洪先生的表現約有下列幾種特色：

　　1. 洪先生並沒有標籤和歧視小文的狂想，也沒有指出這些狂想的負面病徵，更沒有強化它們，只是接納這些是小文自己的夢想和理想。

　　2. 洪先生非常留心、留意小文從前所受的苦難，並且非常欣賞他對苦難的適應和面對，這讓小文覺得自己依然是一個有價值和被別人重視的人。

　　3. 洪先生對小文說話中的一個小細節都非常重視，真真正正的進入小文的處境，明白他的問題、困難和處境。

（四）把案主的片段編織起來

　　精神病案主往往因為其精神、思維、情緒狀態不太穩定，所以與社會工作者接觸、交談時，可能只能說出一些零碎的片段。這些片段可能是：

　　1. 感受，尤其是過分高張或過分低落的情緒。

　　2. 一些不完整的回憶。

3. 一些經常重複的思緒。

4. 一些放不開的問題。

5. 一些過去的故事。

6. 一些事件、經歷和遭遇。

在從事社會工作的介入和干預中，精神病人士的這些零碎片段往往是一點一滴慢慢浮現。一個不留心、不留意、不理會、不尊重案主主觀經歷的社會工作者，往往會把這些零碎片段予以忽略；但一個以理解和溝通為主的社會工作者則不同，他／她會非常重視這些零碎的片段，除了留心聆聽、儘量進入案主的設地處地的處境之外，更重要的就是要嘗試把這些零碎的片段組織起來。在組織的過程中，社會工作者必須留意下列幾項要點：

1. 可以以時間的發展先後把零碎的片段排列出來。

2. 可以把案主的需要感受，看待其重要次序，把零碎的片段組織起來。

3. 可以把事情的後果嚴重性排列起來。

4. 可以把案主的印象、回憶的深刻程度把片段連繫起來。

5. 可以把案主的重要他人（Significant Others）的角度和看法，把這些事件和片段連接起來。

6. 可以把這些事件對案主的病情、治療和康復的影響之零碎片段組織起來。

經過上述六種情況的組合、連繫，大部分的零碎片段都不會再是零碎的狀況，反而是有意義、有連繫和有血有肉的個人經歷。這些零碎片段的組織可以在小文的個案中展示出來：小文的社工洪先生說：「小文經常和我分享他以前、現在和未來的想法、感受和希望，這些分享因為都是他自己的自然流露，所以很多時候都比較零碎、零亂。」下列就是他一些片段的印象：

片段 1：小文說：「小時候，爸媽都很疼我，說我最聰明，任何東西一學就會，說我將來一定會是一個很出色的人。」

片段 2：小文說：「我從前在一間投資公司當清潔工，但這裡的老闆說我很努力，我也向他請教一些投資之道，他居然說我很有眼光，很適合從事銀行和財經行業。」

片段 3：小文說：「我媽媽在文革中不幸去世，但她很疼我，我相信她在冥冥中一定會保佑我，幫助我讓我的事業一帆風順。我還記得她的遺書上寫著：『小文乖，小文不要怕，媽媽受不了世上的苦難煎熬，要先走一步，但媽媽永遠都是小文的好母親，永遠會保佑小文平安渡過難關。』媽媽的話永藏在我的心裡。當我偷渡時，遇到了不小的危險，差點把性命掉在大海中，幸好媽媽在上天保佑我，我才能平安渡過，走到香港。」

片段 4：小文說：「我很喜歡目前作為銀行總裁的工作，我負責管理幾十間分行，散播全球工作。我的上司安慰我，因為對我是一份極富挑戰性的工作，所以還未完全掌握其中的要點，所以暫時受點訓練，收入比較少一點，而且要親自視察民情，才會明白人民對財務和投資上的需要與需求，因此，我需要住在中途宿舍中，而且有空應到不同的地方，特別是中國大陸和東南亞地區旅遊，以便視察各地民情、經濟情況，方便公司到各地發展分行。」

片段 5：小文說：「我的女朋友如花似玉、善解人意、善於處事，而且燕語鶯聲，讓人如痴如醉、如沐春風、情不自禁，拜到石榴裙下的人，不知凡幾。我本來也是她最心醉的一位，但很可惜因為我的吸引力太好，所以不少女士對我過分散發愛意，在應接不暇的情況下，我的女友極不高興，所以才移情別戀，令我心碎不已⋯⋯正所謂往事如煙風逝去、舊夢難記、昔日情，今日怨，只可回味⋯⋯」

這些不同的片段用不同的方式排列起來，就會對社會工作者有著不同的註釋。

1. 依照時間先後排列

　　※片段 1：小時候父母對小文的欣賞。

　　※片段 2：小文媽媽的遺言。

　　※片段 3：小文的失戀。

※片段4：小文在投資公司當清潔工。

※片段5：小文的目前工作。

這個排列令社會工作者明白，小文的生命歷練中所受的苦難和經歷，小文的爸媽愛惜他，但媽媽卻在文革中去世；小文到港後並不開心，後來又經歷失戀的痛苦，種種的苦難和無奈，剩下的只有點點滴滴的回憶，爸爸媽媽對小文的稱讚、期盼成為小文生活的原動力。

2. 依照案主回憶感覺的深刻程度排列

依照小文的感受去看這些事件，可以看出下列的關係：

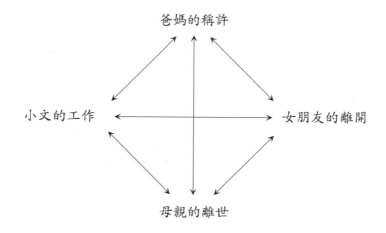

從這個排列中，我們可以見到小文不斷地失去親人、失去女朋友、失去工作，一切的失去讓他覺得自己失去一些應有的價值、自尊和肯定。在不斷的失去之下，小文只有在自我回憶和思維時，不斷證明自己有用，不斷證明自己的身分、地位和能力，除了回憶爸媽的激賞之外，更把自己的身分用狂想的方法（Inama）去提高自己的想法和地位。

3. 依照案主的重要他人（Significant Others）排列

依照小文認為重要人物的順序去排列，按先後次序如下：

※他的媽媽：小文對媽媽的遺言敘述沒特別詳盡，但詳述時感情非常豐富，

也十分投入。

　　※他的女朋友：小文對女朋友的離去有點神傷，但自己卻把這個哀傷用一些狂想（Mania）來表示，認為自己極具吸引力而掩飾起來。

　　※他以前的上司：小文提到以前的上司非常欣賞他，這可能也是狂想，但肯定上司對他的評價非常重要。

　　※他的爸爸：小文對他的描述卻極少。

　　從這個排例來說，小文最重視是媽媽和女朋友的愛，但卻用一些男性的圖像──上司、爸爸，去把自己昇華起來。

4. 依照案主的康復和治療情況排列

　　※小文媽媽的離開讓小文感覺非常失落，小文失落的感覺似乎歷久不散，而且經年累月的累積後，慢慢變成小文自己的精神支柱。這種精神支柱正面的是小文自己有能力面對困難，但負面的情況就是小文很容易發展成為妄想。

　　※小文的女朋友離開。

　　※小文的狂想：

　　＊小文目前的上司邀請他做銀行總裁，又請他到處視察民情；

　　＊小文以前的上司認為小文有獨特的才能和情況。

　　這種排列方式可以讓社會工作者有下列的推論：

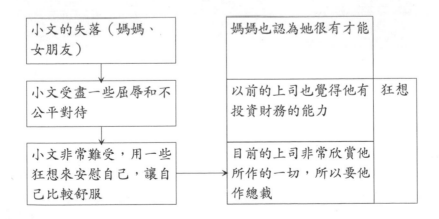

（五）把不同的片段仔細地豐富起來

除了有不同的片段，也把不同的片段用不同的編織方法組織起來之外，下一步就要把案主不同的片段儘量地豐富起來。這種豐富內容的方法，按筆者的臨床經驗，可以有以下幾種：

1. 把該片段中的前後，包含之前的片段和之後的片段繼續追尋下去。

2. 把該片段中的人物再仔細追問有關人物的關係、個性，以及與案主一起的經歷和感情。

3. 把該片段中的感受再仔細地由案主再描述片段中的感受，然後將這些感受與其他片段中的相同感受做比較和聯繫。

4. 把該片段中的思維再詳細追尋下去，這些思維中的想法、邏輯性應該要再仔細地去深入地再看看。

把這些片段豐富起來是非常重要的，可讓社會工作者能夠真的體會案主在不同片段中的重要人物、感受、思維和情景，有了這些重要的資料後，案主的主觀經歷才能較為完整的建構起來。以小文個案其中的一個片段作為例子，就可以表述出來：

片段：小文從前在投資公司打零工，他的老板對他非常欣賞，雖然是清潔工，
　　　依然認為他有投資的潛能，適合在銀行中工作。

更豐富的內容可能包括：

人物：當時小文的老板是誰？他的個性怎樣？和小文的關係如何？其他同事
　　　的想法如何？

背景：小文當時在投資公司工作做清潔工，大致的工作內容是什麼？工作是
　　　否辛苦？

感受：小文當時工作的感受如何？有沒有覺得自己工作低微？其他員工有沒
　　　有看不起他？他面對其他負責投資的員工時，有沒有羨慕他們投資致

富？

思維：小文在投資公司工作時，在耳濡目染下會不會經常妄想可以一朝致富？
　　　甚至不勞而獲？

前後：小文在投資公司工作之前是做什麼工作？工作多久才離開清潔公司？
　　　離開後又往哪裡去？

　　明白了這些前後感受、思維和背景，社會工作者馬上能對小文這個片段有新的體會。本來只是簡單不過的片段，本來是小文的一些有點自我欣賞的「狂想」（Grandiose idea），馬上會被豐富起來，從而幫助工作人員明白小文的深層感受、思維和情況。在筆者的指導下，小文的社會工作者作出以下的敍述：

　　「經過機構專業顧問的指導下，我明白了應該把小文給我敍述的片段，慢慢的豐富起來。後來不斷與小文透過這些片段的問答，我開始明白原來小文從前在某投資公司做清潔工只有三個月的時間，這段時間的經驗並不愉快，其他同事都不太喜歡他，說他工作態度不積極，經常對他呼呼喝喝，呼之則至，揮之則去。小文非常不開心，但又很羨慕他們可以投資股票、投資基金，又投資外幣，所以經常與他們攀談搭訕，希望從中得到一些投資的竅門，可以一朝致富；有一兩次他牛刀小試，嘗試學人投資，結果賺了一點小錢，他的上司對他的所謂稱讚，其實就在此情景下說出來的。至於他的上司稱讚他在銀行和財務管理的特殊能力，顯而易見的，則是他自己內在自我提昇下的狂想（Grandiose idea）。經過這一段分析之後，我不但對小文這一片段有較深層的理解，而且也加深了自己對小文的整體認識。」

（六）把片段、經歷意義化

　　經過仔細的聆聽、豐富化其內容，並且有不同的排列組合之後，更重要的一步就是要依照案主的背景、思維、感受、需要和處境，把這些片段意義化起來。這種意義化可包括下列幾個不同的建構過程：

1. 案主的自我建構意義（Self Constructed Meaning）。

2. 案主的親友建構意義（Significant Others' Constructed Meaning）。

3. 案主的環境建構意義（Environmentally Constructed Meaning）。

4. 案主的整體建構意義（Total Constructed Meaning）。

案主的自我建構意義是指，案主因著其感受、思維、需要所建構的生命意義。以小文的個案為例，在片段 1、2、3、4 中可以看到小文的感受、思維和需要，都似乎有下列的意義取向：

1. 由於他一生都有所失落和失意，所以極之渴望能有所得。

2. 他不但要得，而且要擁有比一般人多，才能補償這些失去。

3. 他一定要求自己用最快的時間、最短的途徑去擁有最多的東西。

案主的親友建構意義是指，案主的親友替案主建構的生命意義、看法和需要，這可能是父母對案主從小的期望，或者是案主的朋友對他的要求、看法，又或者是其他一些重要人物的深層影響，例如：一位啟蒙老師、一位長者、一個極關心他的女／男朋友和有關人士，讓案主刻骨銘心，一生都受他們的影響。以小文的情況作為一個例子，他有關親友替他們建構的意念是：

1. 小文的爸媽對小文都有較大的期望，認為小文是可造之材，有很大的潛力，應該好好的發揮和發展起來。

2. 小文似乎很受他爸媽的期望所影響，也認為自己很有潛質。

3. 很可惜小文的表姑媽對他並不重視，反而經常歧視、看不起他，同時小文在香港的中學讀書以及就業的經歷上，都有不愉快、失落的感覺，都曾給別人看不起。

4. 這兩種不同的處境令小文非常矛盾，一方面父母讓他對自己充滿期待，以為可以一展所長；但現實經歷中的其他人卻看不起他，讓他有解不開的無奈，生命像失去方向一樣。

案主的環境建構意義是指，案主周遭的社會文化情景裡面所建構的意義，一般來說，社會文化情景都會對一些所謂成功、成就、人生的目標都建構意義。就小文的個案來說，他先是生活於文化大革命之後的中國社會，然後再到香港，這二種社會環境都同時建構不同的生命意義：

1. 在文化大革命的中國社會中，小文的家人因為被標籤為「黑五類」，所以備受排斥、孤立、迫害，所以讓小文覺得人生的目標被摧毀，失去了生命的奮鬥和方向，也覺得生命充滿不平、無奈和憤怒。

2. 在文化大革命後的中國社會中，物質生活和需求開始上升，從一個講求精神生活和理念的社會，慢慢變成一個以物質、名利和財富為取向的社會。從前小文一家因政治取向被排斥而標籤為「黑五類」，現在卻因長年的貧乏、窮困被別人嘲笑，變成被富人所玩弄的貧窮戶。在兩種情況都不容許生存的當時社會下，小文才會覺得現實社會對他很不公平，心中滿是不平、忿恨和排斥。

3. 小文偷渡到香港後，周圍環境對他的壓迫和排斥似乎並沒有太大的改變，表姑媽對他的漠視、工作上的起伏、同事對他的歧視、香港社會對大陸新移民的錯誤理解，都讓他非常難受和不知所措。

案主的整體建構意義是指，案主的自我建構意義、案主的親友建構意義與案主的環境建構意義的交互作用，如圖 5-6 所示。

圖 5-6　案主的整體建構意義之交互作用

這個整體建構的意義是一個互相交往、互相影響的過程，案主的自我建構意義是指他自己的感受思維和內在需要，案主的環境建構意義是指當時和案主生命歷程中不同的社會環境，案主的親友建構意義則是指親友對案主的期待、關係和看法，這三個不同的建構意義，最好的情況是互相配合，讓案主的內在整體意義

變得互相協調，但麻煩的是三者中間往往互相有矛盾和衝突。

　　從小文的個案來看，這幾方面所建構的人生意義剛巧有互相矛盾的地方。他父親和母親要求小文要出人頭地，說他有天份、能力和潛質；但小文在中國的社會環境中，周圍的人卻認為他一無是處、一生無法出人頭地、一生只會受別人所欺負。當他到港後，香港的環境也一樣讓他身心受創，他的表姑媽、表兄弟、同事和工作等，也一樣讓他備受屈辱、歧視和冷漠。這些不同的群體和環境只有一樣相同之處，就是都以物質、成就、財富作為人生的終極意義。在這些矛盾下，小文慢慢使他的人生意義，變成了追尋權力、擁有大量的財富能力，這樣才不會受到別人的歧視和漠視；而爸媽以前的欣賞和媽媽的遺言卻又讓他深信自己的確有這種的能力和潛能，所以他只能以狂想（Grandiose ideas）去滿足自己的人生意義，認為自己是大銀行的國際總裁，分行遍布全世界，只有這樣，才能擁有大量的財富、權力，備受別人的重視、看重，也才能顯露自己要盡的能力。由此看來，小文的狂想（Grandiose ideas）其實是他的環境、親人、自我所共同建構的結晶品。

（七）承認對案主的理解有不足之處，不斷尋索理解

　　無論社會工作人員是如何用心聆聽、如何能設身處地的從案主的角度出發、如何努力把案主敘述的片段勾劃出來、如何小心把每一片段的細節豐富起來、如何不斷把不同建構的生命意義理解起來，社會工作人員都必須明白，我們對案主自己的主觀經歷仍然未能全然理解。由於這種未能理解的態度和胸懷，我們才能繼續對案主不斷地留意聆聽，組織片段而找尋生命的意義，如圖 5-7 所示。

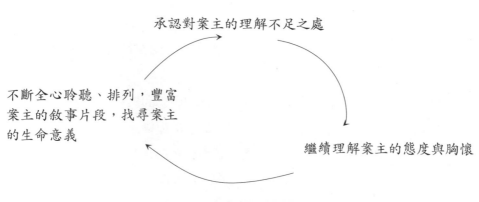

承認對案主的理解不足之處

繼續理解案主的態度與胸懷

不斷全心聆聽、排列，豐富案主的敘事片段，找尋案主的生命意義

圖 5-7　不斷尋索和理解

　　這種不斷承認不足、不斷尋索、不斷理解的循環，正是強調科學權力、言語
的工具理性對立的思維和態度。只有承認自己不足、不斷尋索、不斷理解的循環，
才會讓社會工作者在面對精神病案主時，不會自以為是，以為自己在經驗和能力
的聚焦，卻慢慢在不知不覺中又回歸專業權威的工具理性，以問題、困難、原因
去展示客觀的判斷，製造極強的專業判斷，把精神病人士的內在主觀世界、溝通、
理解的重要性付諸東流。精神醫療社會工作者必須正確地具備這一種，不斷專業、
不斷理解，不斷承認不足的態度和方向，才會真真正正打破與精神病人士以工具
理性去從事病態診斷、找尋問題的迷思。這一種深層的反省，在小文的工作者洪
先生的自我反省中可見一斑：

　　　　「經過一番努力，以及在專業顧問的提醒下，我慢慢從留心聆聽、排列
　　片段，到仔細豐富不同片段的內容、找尋不同建構意義之後，才開始明白和
　　掌握小文的情況，並且明白他背後的拉距和意義。知道他狂想（Grandiose
　　idea）的目的，是為了讓他自己滿足爸爸媽媽對他的高遠期望，也補償他在
　　中國大陸、香港等不同環境所受的壓迫、歧視、排斥和痛苦。只有這樣，他
　　才能讓自己內心平靜下來，但這種自卑自大的情結，愈是自卑，自大就愈厲
　　害，自大愈厲害，自卑就愈麻煩，也就成為不斷的惡性循環。明白了這些，
　　我與小文溝通時也容易得多，但當我認為已經完全瞭解小文的情況後，我的
　　聆聽能力相對就會下降。因為自己以為瞭解的感覺，很容易重新把工具理性
　　中的專業權威、語言和科學的感覺重新拾回來，把自己當作是精神病的權威，
　　用我自己所謂的『分析』作為『理解』去代理繼續的聆聽和意義的追尋。因
　　此我必須有謙虛的態度，將每一次與案主的交流都當作是一次新的體會、新
　　的想法、新的意義，只有這樣我才會對小文的情況愈來愈理解、愈來愈豐富、
　　愈來愈明白，我對小文的介入和干預也才能愈來愈貼近小文的需要。」

🖦五、深層理解與溝通的治療作用

上文指出的工具理性的干預、注重等權威、專業語言和科學論證、工具理性的干預、注重找出原因以便預知和控制結果、標籤困難來提供解決方法、預設問題去找出答案等，本來是邏輯性很強的思維而能夠控制結果、找到答案、解決困難。但仔細一看，因為精神病人士所面對的情景、原因非常複雜，在生理、心理、社會經濟上，都有問題且有互相糾纏的困難，因此在工具理性上所提出的論述，其實只是過分簡單化的原因、次要的答案和千篇一律的解決法，強調每一個精神病人士自己本身的主觀經歷、獨特的個人背景和需要活下去的想法。但強調深層理解和溝通的精神科社會工作者，則應透過留心聆聽、設身處地排列主觀片段、豐富片段內容、找出不同意義的建構，和不斷的尋索和承認自己不足，與有些精神病的案主進行深度的溝通和理解，這種取向的治療原因不注重專業權威、專業語言和客觀科學，也不注重原因、結果、問題、答案、困難和解決方法的工具理性思維。其治療的作用反而在於：

1. 案主有被接納的感受。
2. 案主有被理解的感受。
3. 案主有被聯繫的感受。
4. 案主有被關愛的感受。
5. 案主有被鼓勵的感受。
6. 案主有被尊重的感受。

這六種感受對案主來說，實在是非常重要，因為沒有這六種主觀感受，有些精神病的案主很難從他們的內心世界走回現實。一般來說，經過多年生活的困難生病住院，其治療和康復的經驗，大部分精神病案主都有：

1. 被排斥的感受。
2. 被孤立的感受。
3. 被忽視的感受。
4. 被漠視的感受。

5. 被標籤的感受。

這些感受對精神病人士來說，都讓其在治療和康復的過程中非常痛苦，但麻煩的是，這些感受愈是強烈，就愈容易讓精神病人士對現實世界失去希望，因而慢慢地把自己停留在自己的內心世界，如幻想、幻聽、不良的憂鬱、恐懼的情感等無法走出來，同時對自己的康復也缺乏信心和動機。更可惜的是，在極度的工具理性思維下，不少精神科醫生會用精神病人士的症狀去看這些感受，認為只是病徵的一部分，只要服藥和住院，就可以復原精神病人士的內在感受，讓他們被冷漠、孤立、忽視的感受，變得愈來愈隱合化（institutionalized），這種極端工具理性的惡性循環，在圖 5-8 中可以表示出來。

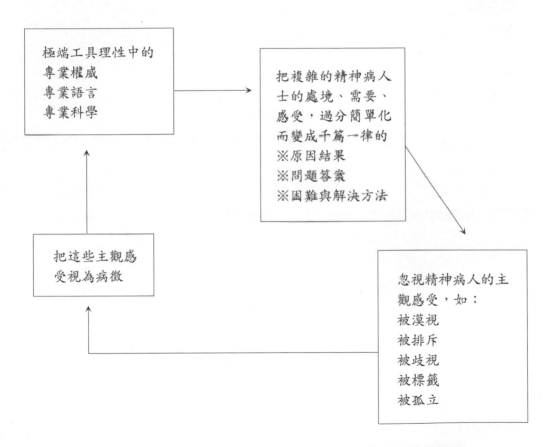

圖 5-8　極端工具理性忽視精神病人士主觀感受的惡性循環

相反的，在深層的理解和溝通後，精神病人士卻能重拾被理解、聯繫、關愛、鼓勵、尊重的感受，這些感受會進一步讓精神病人士：

1. 重燃走出內在世界的勇氣。

2. 重新肯定自己的價值和形象。

3. 覺得自己有能力從事正常的生活、活動和與其人相處。

4. 感到現實世界的溫暖和安全。

5. 覺得自己依然有希望。

　　這些都是重要的元素，讓案主能重新努力，慢慢的康復。處理得好的話，就是一個理解溝通、尊重、肯定、康復的良好循環，這種良好的循環可在圖 5-9 中展示出來。

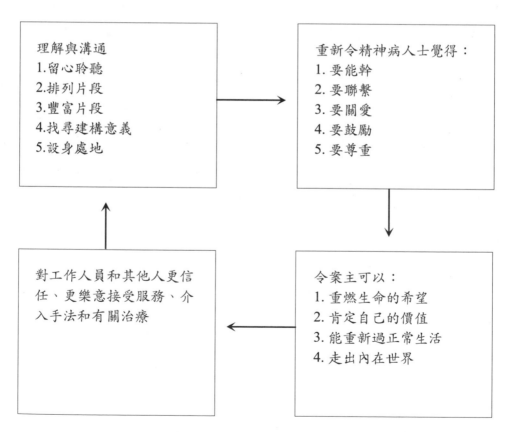

圖 5-9　理解溝通、尊重、肯定、康復的良好循環

這些重要的改變在下列小文的敘說中可以見到：

「我在中途宿舍的洪先生對我的關心，讓我感到非常欣賞，說實話，他是第一個如此認真地聽我內在世界的聲音、經歷和感受的專業人士；過去的專業人士只是循例地聽聽我說的話，不少精神科醫生只是重複告訴我，我有什麼病，告誡我應準時服藥、複診，不要胡思亂想；不少社工聽我說出我自己的經歷時，也只是告訴我服藥的重要性，把我說的話看做是病徵；有些社會工作者只是循例詢問一下我的近況，接著就很匆忙地進行有需要的服務，例如：申請公共援助、醫藥、減免服務等。他們這些態度有時讓我有被歧視、被標籤、被忽視的感受，好像他們面對的我，只是一個胡思亂想、胡言亂語的精神病人士，而需要長期依賴藥物服務去維持生活和社會功能。在他們歧視和忽視之下，我也覺得自己沒有希望，找工作都是多餘的，只有銀行總裁能呼風喚雨才有希望。但社工洪先生的態度和手法完全不同，他完完全全的尊重我，細心聆聽我所說的一切，並且非常留心和主動追問一些仔細的內容、情境、看法和感受，讓我有完全被接納、被尊重、被理解的感覺，他並分析、標籤我的說話，且不斷鼓勵我與其他人交往。找工作這件事，我只是說我的才華很多，不應侷限在金融和銀行界，因此他又鼓勵我去職業訓練局學電腦、學會計。在他的鼓勵下，我有被聯繫、走出自己內心世界到現實中苦幹一下的感受，與他交談我感到很放鬆和舒暢，我真希望其他人也能像洪先生一樣尊重、理解和關心我……」

六、結語

在本篇中，筆者嘗試指出一般工具理性的干預和介入方法的侷限，工具理性的干預講求三種元素：專業權威，專業語言和科學論證，並且假定問題、找出答案、找出原因，以便有後果的預測，指出困難以便表示有解決的方法，但很可惜的是，因為精神病和精神病人士所面對的情況和因素非常複雜，因為工具理性所

提供的所謂答案、解決方法和後果，其實只是千篇一律、過分簡單化的答案和方法。在過分簡單化的過程中，往往把精神病人士的獨特背景、感受、看法、主觀經歷、社會情景等都有所忽略。因此社會工作人員必須對精神病人士有好的溝通和理解，這些溝通和理解在實務工作時可變成留心聆聽，去找出有關生命經歷的片段，豐富這些片段，再用不同的方法去排列這些片段，找出片段中不同的意義和案主自己建構、環境建構、親友建構的意義，去明白、理解案主的感受、看法、處境，這些深度的理解和溝通對於長期受忽視、歧視、標籤的精神病人士最為重要。唯有這樣，才能幫助他們重建自我在別人認同、關愛、接納中改變過來，重新過正常人的生活。

◇參考文獻◇

American Psychiatric Association (1994). *Diagnostic and statistical manual of mental disorder* (4th ed.). Washington, DC: The Author.

Fee, D. (Ed.) (2000). *Pathology and the postmodern: Mental illness as discourse and experience.* London, UK: Sage.

Foucault, M. (1980). *Power, knowledge: Selected interview and writing, 1972-1977.* In C. Gordon (Ed.), *Foucault concepts of power.* New York, NY: Pantheon.

Hoenig, J. (1991). Jaspers' view on schizophrenia. In J. G. Howells (Ed.), *The concept of schizophrenia: Historical perspective.* Arlington, VA: American Psychiatric Publishing.

Jaspers, K. (1946/1963). *General psychopathology* (7th ed.) (Trans by J. Hoenig & M. W. Hamilton). Manchester, UK: Manchester University Press. (Original Work Published 1923)

Karp, D. A. (1996). *Speaking of sadness: Depression, disconnection, and the meanings of illness.* New York, NY: Oxford University Press.

Laing, R. D. (1960). *The divided self.* New York, NY: Pantheon Books.

Lilienfeld, S. O. (1995). *Seeing both sides: Classic controversies in abnormal psychology.* CA: Brooks/Cole.

Parker, I., Georgaca, E., Harper, D., Maclaughling, T., & Stowell-Smith, M. (1995). *Deconstructing psychopathology.* CA: Sage.

Chapter **6**

以精神病人主觀經歷的精神醫療社會工作

一、前言

　　筆者已經在上一篇論述了工具理性下，所謂客觀科學的干預和介入方法之侷限，並且也簡略地透過仔細聆聽、豐富片段、排列片段、找尋意義，把案主的內在感覺、經歷突顯出來。在本篇中，筆者再詳細討論精神病人士主觀經歷的有關觀念，以及對治療和介入方法的啟示。

　　在討論之前，有兩個概念首先要弄清楚，這兩個概念是：(1)主觀性（Subjectivity）；(2)主觀經歷（Subjective Experience）。明白了這兩個有關概念之後，我們才需要明白兩種有關的闡釋，這兩種有關的闡釋方法是：(1)相交主觀性（Intersubjectivity）；(2)主觀經歷的註釋（Interpretation of Subjective Experience）。瞭解了上述這兩種註釋，我們才能夠開始明白精神病人士的主觀經歷，而這些主觀經歷也可以包括幾種：

　　1. 精神病人士在病徵中的主觀經歷（Subjective Experience of Symptoms）。

　　2. 精神病人士在正常生活中的主觀經歷（Subjective Experience of Normal Experience）。

　　3. 精神病人士在治療和接受康復服務中的主觀經歷（Subjective Experience of Treatment and Service）。

　　4. 精神病人士在接受其他人所標籤和歧視的主觀經歷（Subjective Experience of Being Labels and Stigmatizes）。

　　5. 精神病人士在病發和原因的主觀經歷（Subjective Experience of Onset and Cause of Result Illness）。

　　這些不同的主觀經歷其實對精神病人士非常重要，而且互相影響，但當社會工作者嘗試去理解他們時，這些主觀性的經驗又會變成「相交主觀性」（Intersubjectivity）的情況出現，而社會工作者也是會透過自己的主觀經歷去符合案主的主觀呈現，這些複雜的交互關係可以在圖 6-1 中勾劃出來。在本篇中，筆者嘗試從這個圖像中去闡釋精神病人士的主觀經歷。

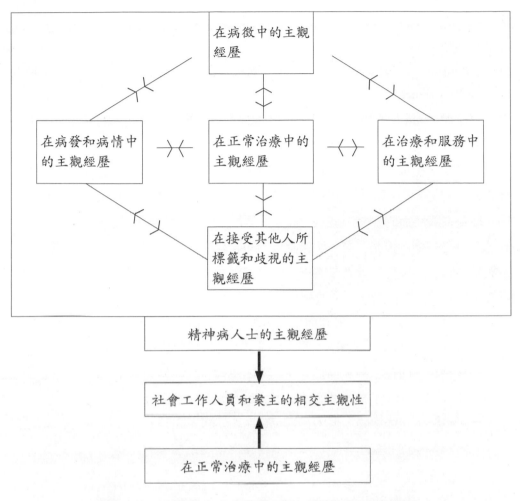

圖 6-1　精神病人士主觀經歷的理解和相交主觀性

二、主觀性與相交主觀性的論述

（一）主觀性的論述

主觀性（Subjectivity）是一個人的主觀（Subjective）看法、感覺和經歷。de

Quinecy（2006: 4）認為，Subjectivity 可以分成兩種：

1. Subjectivity-1（S1）：人的內在經歷（Experience Interiority）。

2. Subjectivity-2（S2）：人的私人、獨立、孤單的經歷（Private, Independent, Isolated Experience）。

根據 de Quinecy（2006）的形容，主觀性可以再分成三種不同的形態和特性：(1)內在性：S1；(2)獨立性：S2；(3)表達性：S3。

內在性是指主觀經歷的內在感覺，所謂內在感覺是指，這種主觀經歷讓案主所產生的內在感受、思維、想法的變化；變化的程度愈屬害，就代表內在性愈強。獨立性是主觀經歷的獨立、個別、私人的經歷，獨立性愈強就代表這種主觀經歷的案主自己的獨自經歷，在一個自我孤獨的狀態中進行。表達性是指主觀經歷是否能容易的表達出來，或者是案主是否有表達和別人分享的需要。這三種形態和特性可以有不同的組合：

1. S1 S2 S3：內在性、獨立性和表達性皆強的主觀經歷。

2. S1 S2 s3：內在性、獨立性強，但表達性弱的主觀經歷。

3. S1 s2 s3：內在性強，但獨立性、表達性弱的主觀經歷。

4. s1 S2 S3：獨立性、表達性強，但內在性弱的主觀經歷。

5. s1 s2 S3：表達性強，但內在性、獨立性弱的主觀經歷。

6. s1 S2 s3：內在性、表達性弱，但獨立性強的主觀經歷。

1. S1 S2 S3 的主觀經歷

S1 S2 S3 是指內在性、獨立性和表達性皆強的主觀經歷，也就是說，案主的主觀經歷感受很深，主觀經歷同時也是他／她自己一個人當時的主觀經歷，這也容易表達出來，而其他人也能夠很容易的明白他／她的主觀經歷。例如：

「小芬和媽媽的關係很深，媽媽很愛小芬，小芬也喜愛媽媽。小芬在 6 歲時，有一次和媽媽上街，不小心迷了路，小芬走丟了，媽媽心中非常焦慮，自己在街上哭得死來活去。這種主觀經歷，小芬現在雖然已經長大了，但依然是歷歷在目，這種經歷的內在性很強，因為小芬是獨自經歷，當時她只是

孤孤單單的一個，所以獨立性也很強。但因為迷路，小孩失去媽媽的感覺，一般人都容易明白，而且小芬的媽媽也一樣有失去女兒的主觀感受，所以小芬很容易就可以把這種感覺表達出來。因此這一個主觀經歷應該是內在性、獨立性和表達性都強的主觀經歷，一般來說，人的這種主觀經歷是很深刻、又獨特、又易於表達和溝通。」

2. S1 S2 s3 的主觀經歷

S1 S2 s3 是指內在性、獨立性強，但表達性弱的主觀經歷，也就是說，案主的主觀經歷感受很深，當時也是他／她也是獨自經歷，但可能因為其中的經歷比較特別，所以很難用言語表達出來，而且表達出來的時候，其他人也很難明白，甚至不相信這些經歷。例如：

「允強昨天晚上做了一個非常可怕的惡夢，在這個夢境中，允強遇到一個非常兇惡的怪人，他把允強整個人撕成好幾段；但奇怪的是，允強並沒有因此死掉，反而斷開的那幾段會自己慢慢地聚合起來，而且變成一個人球。這個怪人把允強的人球在地上把弄，不斷地當允強是人造籃球，在籃球場上拋來拋去，把允強弄得非常不舒服。當允強在大叫時，就從夢中驚醒了。當允強向他的媽媽描述他的夢境時，他的媽媽覺得他的夢境荒誕離奇，完全不知所云，所以一口咬定是允強自己捏造出來的，並不可信；而當允強又向其他人說出這個夢境時，其他人也不相信他，讓允強非常苦惱。」

從允強夢境的主觀經歷中，我們可以看到這個主觀經歷讓允強非常深刻，難以忘懷。而且夢境是他自己一個人非常個人的經歷，很難把其真實的感覺和心境，完全清楚地表示出來。

3. S1 s2 S3 的主觀經歷

S1 s2 S3 是指內在性強，但獨立性、表達性弱的主觀經歷，也就是說，這些主

觀經歷讓案主的感受很深、很強,而且並不是案主一個人的經歷,而是與其他人一起的經歷,所以獨立性很弱。但因經歷的內容比較古怪和特別,所以不容易向一些未經歷過的人表達出來;就算表達出來,其他人也不容易明白個中的感受和體驗。例如:

> 「小明和妹妹一起到國外求學,暑期時一起結伴到處遊玩。有一次到了一處風景秀麗的地方,在沉醉於美景時不幸迷路,在郊外地方走了半天,都無法覓得出路,兩姊妹焦慮得不得了,又餓、又渴、又累,且天又快黑了。雖然森林的風景美麗,但四周非常原始偏僻,似乎是野獸蛇蟲出沒之處。兩姊妹在無可奈何、非常絕望的情況下,由於她們都是虔誠的基督徒,只有向神祈禱,求神幫助她們脫險。禱告後,心情平復下來,突然天空出現一片璀璨的彩虹,而且群鳥都往一個方向飛翔,兩姊妹感覺內心深處有神在指引方向,因此隨著群鳥的方向走了半小時,就發現另外一群人在野餐,很巧的是他們也是教會人士,於是就把兩姊妹都送回家。他們兩個人的這段主觀經歷因為比較奇怪,除了有基督教信仰的人相信他們之外,其他人都不太相信他們。」

4. S1 S2 S3 的主觀經歷

S1 S2 S3 是指內在性弱,但獨立性、表達性強的主觀經歷,也就是說,案主在遇到這些內在經歷時的感受並不太強,但卻是他/她自己獨自的經歷,而這個經歷也特別不容易表達出來。例如:

> 「大強是一名郵差,每天都需要分派大量的郵件,所以非常忙碌,一天到晚都要花費大量的體力,晚上又要上夜校,所以身體十分疲累。有一天,他自己揹著大量的郵件走上一段很陡的路,這天郵件極重,走上去的時候非常吃力,雖然只是一段很小的路,但卻累得滿身大汗、氣喘如牛,沒多久就已經覺得有點頭暈。突然覺得一陣天旋地轉,周圍的事物都變得迷迷糊糊,

而且好像有閃光在眼前出現；大強馬上把背包放下來，坐在地下，休息一下，大強喝了幾口背包裡的水，休息了一段時間，體力才慢慢恢復。下班前回到郵局，其他同事看見他面色蒼白，都有點奇怪，即使這一段經歷對大強並不算什麼，但因為是他自己的經歷，而且表達出來，擔心其他同事會嘲笑他身體太弱，所以大強只是微笑，表示什麼事都沒有。」

5. s1 s2 **S3** 的主觀經歷

　　s1 s2 S3 是指內在性、獨立性弱，但表達性強的主觀經歷，也就是說，案主在經歷這些主觀經歷時所引起的內在感受並不強烈，而且也不是他／她獨自的經歷，所以很容易地與別人分享，其他人也容易明白他／她的感受和感覺。例如：

　　「允文是一個活潑的青少年，很喜歡與朋友一起到卡拉OK店唱歌遊玩，每次唱歌時由於大家都是一群好朋友，且經常到一間熟悉的店裡唱，所以在唱得興高采烈時，大家還會互相捉弄；因為允文最喜歡唱許志安的『爛泥』，所以就被其他人叫成『泥文』，允文的女朋友喜歡唱 Twins 的歌，所以允文叫她『Mary Twins』。他們常常唱得很高興又會互相對飲，直到差不多醉的狀態，因此他的朋友都玩笑地稱他們為『泥文及泥 Twins』，這些稱呼對這一群朋友早已非常熟悉，而這個主觀經歷對允文來說，其內在感受並不太強烈，且這是允文經常喜歡做的事，對朋友的這些稱呼也是一笑置之。因為這些經歷都是和女朋友及其他朋友一起經歷，所以獨立性也不強，同時這個主觀經歷也很容易明白和表達，所以其表達性也強。」

6. s1 **S2** s3 的主觀經歷

　　s1 S2 s3 是指內在性、表達性弱，但獨立性強的主觀經歷，也就是說，這些主觀經歷對案主的感受並不深，但卻是案主自己的經歷，其中一些經歷也比較奇特，不容易表達出來，就算表達出來，其他人都不容易明白。例如：

「王先生每天上班都要搭公車，搭公車時都需要先走一段地下道，這段
地下道比較偏遠，也由於王先生每天都需要很早上班，所以走這段路時天都
還未亮，周圍都是冷冷清清的。今天，王先生如常地早上六點起床，經過簡
單的梳洗之後，大概六點半出門，四圍靜悄悄，當王先生走到地下道時，只
有他孤孤單單的一個人，卻突然聽到一個嬰兒的哭聲，但四周找尋後都看不
到任何嬰兒的影子，而且除了嬰兒的啼哭之外，似乎還有女人啼哭的聲音，
當時王先生面對這種情景，真有一點不寒而慄的感覺，幸好這些聲音一瞬即
逝。之後，王先生繼續上班，這件事對他的影響並不深；但當他有一次與其
他人分享時，人們都因為只是他自己個人的獨自經驗，覺得他是在作弄自己，
說一些恐怖的事，令人害怕。幾天後，王先生才發覺，當時的聲音原來是由
地下道口公園上的一對流淚母女所傳出的。」

　　由上述的描述中所展示不同類型的主觀經歷，其內在性、獨立性和表達性都
有所不同，這些不同的主觀經歷對不同的案主來說，也有不同的感受、意義和看
法。

（二）相交主觀性（Intersubjectivity）

　　相交主觀性是指，當一個人向其他人分享他／她的主觀經歷時，大家的相互
主觀的表達和接收，這裡包括幾種重要的元素：(1)大家都能藉著理解的符號
（Physical Symbol）進行；(2)互相溝通（Communication）；(3)共同的經歷
（Common Experience）。

　　Colwyn（2005）認為，相交主觀性是人與人互相溝通的形態（Interpersonal
Communication），她以母子的溝通作為例子認為，嬰兒（Infant）在未懂得共同
溝通工具之前，已經與其母親有深入的溝通，這種相交主觀性的溝通是代表對方
已經有相交主觀的相關性（Intersubjective relatedness），這種相關性是指雙方面對
對方的感情、感受、反應有一定的瞭解、回應和感動，其他人與人溝通的出現時，
一定在於一個行動者對另外一個行動者（Actor）中，已經有一定程度的理解、看

法、回應和預知，所以在相互溝通的狀況時，才能有所互動。

　　因此，Colwyn（2005）認為，相交主觀性的定義應該是一個行動者（Actors）對另外一個行動者（Another Actors）的主觀性（Subjectivity）之主觀控制能力（Subjective Control）。換言之，就是這位行動者能夠用自己的內心感受、經歷、看法、思維去牽動、觸動、回應，並且預知另外一位行動者內心的思維、感受和經歷。相交主觀性的極端呈現就是一些主觀的經歷看法，可以很容易的讓其他人，甚至所有人用共同的語言去表達出來。這種極致的相交主觀性，在相交主觀性的證實來說（Intersubjective Verification）應該是客觀的（Wikipedia, 2006）。

　　主觀性、相交主觀性和客觀性的三者交互關係，可以在圖 6-2 中呈現出來。

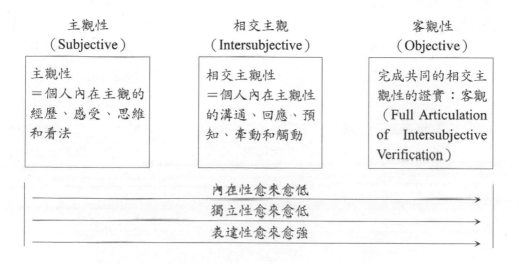

圖 6-2　主觀性、相交主觀性和客觀性三者的關係

由圖 6-2 可以看出，主觀性中的內在性、獨立性和表達性的特點，在相交主觀性和客觀性中，人內在經歷的內在性和獨立性會愈來愈弱。在極端的客觀取向中，案主經歷的內在性和獨立性壓根兒不會被理會，所有一切的內在經歷一定要表達出來，被共同性強的量表量度出來，才能加以體會。因著這樣的說法，de Quincey（2006）對相交主觀性有著三個不同的種類：第一種就是共同性非常強的相交主

觀性，意思是公眾和標準化的意義（Standard Meaning），也就是說，當大家閱讀這些主觀經歷時，只用大家都共通的語言和符號（Common Language and Physical Signals），這種情況就是客觀形態的詳述。

另外兩個相交主觀性的狀態則是有著不同經驗性的意義；經驗性意義較弱（Weak Experiential Meaning）就是說，有關行動者（Actors）在這一個共同經歷的關係（Engagement）和參與中較弱，所以互相的心理共同性比較弱，只有強烈依賴有關的符號和共通語言去表達。此外，最後一種相交主觀性的形態是經驗性意義較強（Strong Experiential Meaning），意思是說有關共同經歷中，大家的關係（Engagement）和參與（Participation）較強，所以互相的心理共同性較強，因此對物理符號和共通語言的依賴性較弱，也就是說有關的行動者（Actors）能夠有高度的互相理解。

根據 Colwyn（2005）和 de Quincey（2006）的討論，在主觀性中的內在性、獨立性和表達性在相交主觀性中應該有所改變，可從表 6-1 中表示出來。

表 6-1　主觀性和相交主觀性的不同

素質	主觀性	相交主觀性
經歷的深度和獨特性	內在性	交互投入
經歷的共同性	獨立性	交互參與
經歷的表達和意義	表達性	交互理解和表達

「交互投入」是指，有關人士（Related Actors）一起投入內在的經歷，投入得愈深，則愈容易攪動大家個別的內在感受；相反的，一個投入得深，而另外一個投入得淺，則共同投入的程度則較低，且引起共鳴的程度則愈小。「交互參與」是指，關人士一同參與這種內在的經歷，這種主觀經歷有關人士都參與其中，雖然當中感受和領受不同，但經歷卻是一樣的情境。「交互理解和表達」是指，有關人士對這種經歷有著共同理解、共同看法和表達方法。

這三種元素和主觀性按照其不同程度，也可以有下列不同的組合：

I1：相交主觀性中的交互投入（Mutual Involvement in Intersubjectivity）。

I2：相交主觀性中的交互參與（Mutual Participation in Intersubjectivity）。

I3：相交主觀性中的交互理解和表達（Mutual Expressiveness and Understanding in Intersubjectivity）。

不同的組合如下：

1. I1 I2 I3：交互投入、交互參與、交互理解和表達都很強。

2. I1 I2 I3：交互投入、交互參與、交互理解和表達都很弱。

3. I1 I2 I3：交互投入、交互參與都強，但交互理解和表達弱。

4. I1 I2 I3：交互投入強，但交互參與、交互理解和表達都弱。

5. I1 I2 I3：交互參與強，但交互投入、交互理解和表達都弱。

6. I1 I2 I3：交互參與、交互投入都弱，但交互理解和表達強。

7. I1 I2 I3：交互投入弱，但交互參與、交互理解和表達都強。

1. I1 I2 I3 的相交主觀性

I1 I2 I3 是指交互投入、交互參與、交互理解和表達都很強的相交主觀性，也就是說，這種經歷是指，有關人士（Related Actors）在一起參與這種內在經歷時的內在感受很深，而又是大家一起經歷，表達這種經歷也很強。例如：

> 「大明和大雄兩個是非常要好的朋友，他們經常喜歡晚上開車到郊外飆車。有一天，他們也如常一樣在郊外公路上風馳電掣，正當他們非常得意之時，突然迎面而來一輛非常巨大的貨櫃車，車上司機不知是喝醉還是睡著，跨過中線向他們撞過來，他們拚命地扭過方向盤，卻開上了旁邊的人行道、撞向大樹，一聲巨響後兩個人都肋骨折斷，昏迷過去。二人都昏迷了三天，醒來時，大明鋸掉了左腳，而大雄也鋸掉了右腳。對大明和大雄來說，這個經歷的相交主觀性很強，且交互投入很深，對他們來說感覺非常深刻，撞車、昏迷、斷肢，以後生活上的阻礙，他們的感覺也很深，同樣的交互參與也很強，因為這一些痛苦經歷是在一起經歷的……」

在這種交互投入、交互參與、交互理解很高的相交主觀經歷中，有關人士的

感受、理解、感情一定很深、很強，而且可能透過這些相反的主觀經歷之後，變成莫逆之交、生死不渝。

2. I1 I2 I3 的相交主觀性

　　I1 I2 I3 是指交互投入、交互參與、交互理解和表達都很弱的相交主觀性，也就是說，這種經歷是指，有關人士以投入不深、互相參與淺薄、理解過多的情況下，其實比較接近客觀的處理；因為客觀的意思就是大家的互相理解，關係、參與都被完全的抑壓、被漠視，要在工具理性、科學數據中去溝通、去理解、去分析，在有關溝通、理解和分析中，所有有關人士的主觀感受和看法都被忽視。例如：

> 　　「永強、大忠和小玲都來自不同的學校，他們都代表不同的學校去參加辯論比賽，大家都全力以赴，對於對方的看法、觀點，皆刻意刁難、刻意批評，刻意挑戰對方的錯誤，對他們來說，每一個人的主觀觀點、看法、感受和無奈，正是對方批評、刁難的地方。因此大家的相交主觀性非常薄弱，大家交互的投入、參與和理解的共通性，正是大家互相辯論、批評其不夠客觀的地方和起點。」

3. I1 I2 I3 的相交主觀性

　　I1 I2 I3 是指交互投入、交互參與都強，但交互理解和表達弱的相交主觀性，也就是說，這種經歷是指，有關人士一起參與這些經歷、感受和投入都深，但都很難表達出來。這些相交主觀經歷雖然大家都共同經歷、共同投入，但卻無法清楚表達出來。又或者說，就算表達出來，由於大家的背景、看法不同，因此都無法清楚表達出來。例如：

> 　　「小明搭飛機到外地旅行，在他座位旁的是一位來自法國的婦人，小明因不懂法語，而這位法國老婦的英語能力也有限，很難有好的溝通，因此二人只是點頭微笑。起飛後不久，突然風雷閃電大作，飛機被閃電擊上尾部，

引起一陣火花，大家見到如此都煩惱不安。後來機尾著火，飛機左搖右擺，大家都非常驚恐，法國老婦不禁尖叫起來，並且不時向前擁著小明，小明只能不停安慰她。後來飛機被迫降落，大家在降落的過程中都驚險萬分，不禁捏了一把冷汗。在這個經歷中，小明和法國老婦的投入都很強、感受很深，也是一起參與，但可惜的是，因為大家的語言背景都不同，所以很難互相表達對方的感受和看法。」

4. I1 I2 I3 的相交主觀性

　　I1 I2 I3 是指交互投入強，但交互參與、交互理解和表達都弱的相交主觀性，也就是說，這種經歷是指，有關人士在某一種經歷中的投入很深，但大家的參與成分以及互相理解和表達的能力卻極為薄弱的相交主觀經歷。這種相交主觀經歷可能由於大家在共同參與這種經歷中有所不同，有可能是角色不同、程度不同、時間不同，因而導致大家對這件經歷有著不同的理解和表達。例如：

　　「陳老師和一群學生去參觀濕地公園，大家都對濕地公園的設施、有關的花鳥魚蟲、飛禽走獸的種類和生態，都有大開眼界的感覺，覺得我們著實要保護自然生態，不應破壞大自然的一草一木、一蟲一獸。但由於陳老師的身分和學生的身分不同，大家在交互參與的情況也很不一樣；陳老師無法完全投入欣賞濕地公園的景色和環境，還需要留意學生們的一舉一動，看看他們有沒有破壞大自然、有沒有頑皮和離隊；而學生則盡情嬉戲、盡情欣賞，所以大家的交互參與性比較薄弱。相反的，陳老師同行的李老師則由於大家身分、角色比較相同，所以交互參與性的程度比較高。陳老師也很難與學生們去表達他這次旅行中所擔當的角色和心情，因為他知道小一、小二的學生，著實很難明白他的心境，而他們的交互理解和表達也不高。」

5. I1 **I2 I3** 的相交主觀性

I1 I2 I3 是指交互參與強，但交互投入、交互理解和表達都弱的相交主觀性，也就是說，這種經歷是指，有關人士共同參與這種經歷，雖然大家都有參與，但奈何的是大家的投入感、看法、感受、理解各有不同，所以很難互相分享、互相溝通、互相投入對方的感受之中。例如：

> 「王太太在女兒的慫恿之下，與孩子們一起去參加一個由美國來的流行歌手演唱會。在演唱會中，年輕的聽眾非常投入，手舞足蹈地跟著流行歌手的旋律和節拍跳動，在極致情緒的推動下，甚至大呼小叫。沒多久全場氣氛非常投入，王太太的兩個女兒也不遑多讓，但王太太面對這些場面時，心中滿不是味道，自己一把年紀，只覺得非常嘈吵，無法欣賞這些強烈節拍的音樂，只想早點回家，但她又怕兩個女兒情緒失控，和參與者去做一些越軌的事情，所以只有硬著頭皮硬撐下去。對王太太和她的女兒來說，這些相交主觀性的經歷，其共同參與當然高，但大家的交互投入和交互理解卻是很低。」

6. I1 I2 **I3** 的相交主觀性

I1 I2 I3 是指交互參與、交互投入都弱，但交互理解和表達強的相交主觀性，也就是說，這種經歷是指，有關人士並不是完全一起參與或者投入這些經歷，可能大家的參與程度不同，也可能是大家的角色感受都不一樣，所以互相投入的情況和程度都不相同，但可以基於過往有相同的遭遇和經歷比較普遍，因此很容易地表達出來。例如：

> 「李先生去茶樓品茗和吃點心，當他在細心品茗時，發覺鄰座的顧客竟然是他的鄰居，但李先生和這位鄰居並不太熟悉，所以寒暄幾句之後，就各自走回自己的座位喝茶，之後又各自回家，似乎大家到茶樓品茗都習以為常。有一天，李先生和這位鄰居在居所附近遇到，寒暄了起來，他們對於這個茶

樓的價錢、食物和布置都品頭論足，覺得這間茶樓是同區之中價錢最平，但服務最好，而且食品的素質最相宜和布置得最妥當的茶樓。因為他們之前都在這茶樓中經常品茗和吃晚飯，所以雖然不在一起品茗，也沒有太多的共同參與經歷，但對這茶樓經歷的交互主觀性卻非常強烈，因此分享得很高興。」

7. I1 I2 I3 的相交主觀性

I1 I2 I3 是指交互投入弱，但交互參與、交互理解和表達都強的相交主觀性，也就是說，這種經歷是指，有關人士在中間的投入感較弱，但大家由於時間、角色、任務、背景有所不同，所參與的程度有異，而互相的溝通、理解卻較強。例如：

「溫老太太身體一向不好，年紀大更染上了不少的長期病患，例如：糖尿病、高血壓、風濕酸痛，因此行動上不太方便，需要拐杖幫助。有一天，溫老太太到街上買東西，經過超級市場時突然感到雙腿的關節不聽使喚，而跌在地上。周圍的街坊馬上走上前詢問溫老太太的情況，大家更扶起了她，有些幫她抹藥油，有些幫她搧風；溫老太太在大家的幫助下慢慢恢復神智，而且多謝大家的幫助，之後大家就四散而去。在這一個短暫的相遇裡，無論是溫老太太，或者是一般旅人，印象都頗為深刻，大家都感覺人間有情、非常溫暖，溫老太太多謝其他人適時的關注，其他人也覺得溫老太太的情況很值得同情及關注。雖然大家都不了解溫老太太的身體情況，但大家的相互參與感卻很強，有些人會在溫老太太身邊給予支持，有些人會扶起她，有些人會幫她抹藥油，有些人會幫她搧風，而且相互之間有溝通，會不停地去看她有沒有恢復神智。」

明白了主觀性和相交主觀性的有關理論之後，我們再來看看精神病人士主觀經歷的主觀性和相交主觀性中的特點。這些概念可以用圖 6-3 展示出來。

主觀性的特點

內在性：S1
獨立性：S2
表達性：S3

不同種類

1. S1 S2 S3
2. S1 S2 s3
3. S1 s2 s3
4. s1 S2 S3
5. s1 s2 S3
6. s1 S2 s3

相交主觀性的特點

交互投入：I1
交互參與：I2
交互理解和表達：I3

1. I1 I2 I3
2. i1 i2 i3
3. I1 I2 i3
4. I1 i2 i3
5. i1 I2 i3
6. i1 i2 I3
7. i1 I2 I3

精神病人士的主觀經歷

1. 病發和病情中的主觀經歷。
2. 在病徵中的主觀經歷。
3. 在治療和服務中的主觀經歷。
4. 在接受其他人的標籤和歧視的主觀經歷。
5. 在正常中的主觀經歷。

圖 6-3　精神病人士主觀經歷的主觀性和相交主觀性中的特點

三、精神病人士的主觀經歷

（一）精神病人士經歷的主觀性

在上文中，筆者已經描述了不同種類的主觀經歷，現在讓我們看看精神病人士的主觀經歷。按照 Karp（1996）的個人經歷的描述，有下列的遭遇：

1. 精神病人士在病徵中的主觀經歷（Subjective Experience of Symptoms）。

2. 精神病人士在被別人標籤和診斷的主觀經歷（Subjective Experience of Being Diagnosed & Labeled）。

3. 精神病人士在接受治療和康復服務中的主觀經歷（Subjective Experience in Treatment and Rehabilitation）。

4. 精神病人士在精神病形成過程中的主觀經歷（Subjective Experience in the Process of Mental Illness）。

5. 精神病人士與正常人一樣的主觀經歷（Subjective Experience in Normal Daily Life）。

這五種主觀經歷對精神病人士都很重要，而且一般來說，其內在性、獨立性和表達性都不同，這些不同程度的特性在表 6-2 中可以簡易地展示出來。這些不同的特色，筆者在下文嘗試以一個個案說明之。

表 6-2　主觀經歷不同程度的特性

不同的主觀性	內在性（S1）	獨立性（S2）	表達性（S3）
病徵中的主觀經歷 S1 S2 s3	內在性很強，因為其經歷如：幻象、妄想、焦慮、抑鬱的情感，不易被其他人所理解 （強）	獨立性強，但所有病徵都是病人一個人所經歷，其他沒有病的人只是旁觀者 （強）	表達性弱，因為愈是特別的經歷，就愈難表達出來，其他人也不容易理解 （弱）
被標籤，被診斷的主觀經歷 S1 S2 S3	內在性很強，因為被人歧視，被人所害怕，被人所判斷的感受很深 （強）	獨立性不強，因為在被標籤時與標籤者和旁觀者在一起 （中）	表達性比較好，但也弱，一般人不會明白被標籤與被歧視的感受 （中）
在治療和康復服務中使用的主觀經歷 S1 S2 S3	內在性比較中等，因在院舍化和康復服務中的經歷對案主來說，可能不如病徵強 （中）	獨立性弱，因為大部分的經歷都與其他人在一起進行 （弱）	表達性比較容易，但一些院舍和不良的待遇卻難以表達出來 （中）
在病發和復發時的主觀經歷 S1 S2 s3	內在性凌亂和強烈的病徵令人不知所措 （強）	獨立性較強，但這種凌亂失控的感覺不易被他人所明白，但一般都有其他人所抑制 （強）	表達性弱，因為凌亂的感覺很難清楚表達出來 （弱）

（一）個案 X：有驚恐症的林先生

　　林先生本身是一位著名的公關和廣告公司行政總裁，年紀大約 30 多歲，年輕有為，在公關公司指揮若定，接下不少大公司的廣告和公關的生意，讓公司在東南亞的業務蒸蒸日上，深受美國總公司董事長的賞識，但成功卻讓林先生付出不少代價。林先生出身窮困，少年時在木屋區長大，父親在他小時候已經去世，一家四口：包括林先生和他二位弟妹及母親，都只依賴微薄的公共援助（社會保障）過活。林先生 13 歲時已經外出做一些廣告製作的零工賺錢貼補家計，由這段時間開始，他已經在廣告行業中打滾，也由製作零工，慢慢邊學邊做，漸漸成為製作的場記、攝影助理、副攝影師、攝影師、助理導演、導演、監製，最後成為公關公司的廣告製作經理、客戶部經理和公司總裁。林先生在行業 20 年中，每天都咬緊牙根，爭取每一個機會，努力學習、努力工作、努力與人和好、努力向上，他的工作精神讓周圍的人非常欣賞和賞識，也漸漸地變成事事認真，每一環節都要求非常嚴苛的性格和工作習慣的人。

　　廣告及公關行業一日千里，競爭非常激烈，要在行中立足、屹立不倒，林先生的生活節奏和工作量都非常緊迫和強大，他經常要求自己和同事在非常短暫的時間中，完成大量的工作和創作。和他認識的人都震驚於他的工作效率和效果，叫他為「萬事速」，意思就是事事都講求速度和效率。但長期的緊張讓林先生的精神狀態非常疲累。上半年美國總公司更要求林先生全力搶攻中國市場，而在香港、台灣、北京三地異常忙碌。最後終於不支暈倒，而在醫院住了三天，康復出院後仍感到身心都勞累不堪；有一天如常開車上班時，突然覺得非常驚恍，背上冷汗直流，眼前景物似乎變得模糊，自己像被快速流過的車輛和人吞噬一樣，而且手腳發軟。林先生掙扎了一番，在慌亂中咬緊牙根把車子停在路邊，後來進醫院多番檢查，都找不出毛病的根源，後來在朋友的介紹下去看精神科醫生，最後被診斷為驚恐症（Panic Attack）。這些年來，林先生的驚恐情況並沒有太大的改善，每當工作緊張時，驚恐的狀態就會出現，而且不但在開車時出現，有時連在擠迫的電梯情境中

也會出現。林先生因為這種狀態，不但連駕駛習慣也改變了，工作也開始改變，也因為這些改變，東南亞總裁的晉升機會也就沒有了。

（二）病徵中的主觀經歷

在精神病徵中的主觀經歷是精神病人士的主觀經歷中，內在性、獨立性都很強的主觀經歷；在精神病發病的過程中，精神病人士每每會感受到強烈的情緒波動、思維改變、外界感覺的扭曲等非常深刻的感受。在憂鬱症中，精神病人士會覺得強烈的悲哀、憤怒、無奈、焦慮，在精神分裂中，病人會感受到被其他人迫害的感覺，幻象、幻聽的凌亂和不安，都令人感覺非常痛苦。同樣的，在強迫思維中，病人的不斷罪咎和強迫思維其痛苦實在不足為外人所道。這些內在病徵的經歷，對精神病人士來說實在非常深刻，畢生難忘，而且只能獨自承受，在病徵出現時，只能孤孤單單的去承受，而且很難向其他人說，就算說出來，其他人也不會明白個中的痛苦和不安。林先生病徵中的主觀經歷也是如此，他說：

「當驚恐症（Panic Attack）出現時，心中的感覺真是非常難受，說也無法說出來，只覺得渾身上下都好像發軟的一樣，背部冷汗直流，周圍的景物好像會移動一般，心跳得很厲害，身體似乎不屬於自己的，內心有重壓的壓迫感，整個人像沒了靈魂一樣；但最難受的不是這些感覺，而是這些感覺讓我極端難受卻無法說出來。我對我的親人說，他們只是說我壓力很大，應該多多休息，我的母親更說我野心太大，得一想二，應該停下來。我的女朋友聽到，雖然只是非常緊張，卻只是拚命督促我要去看醫生，去做身體檢查，不要畏疾忌醫，不要隱瞞疾病。有些同事知道我的情況後，只是在背後說長道短，說我是藉著生病免去公司的繁重職務，以便自己可以放假休息，有些還笑我『萬事速』已經到了能力盡頭。這些病徵的主觀經歷真是有苦自己知。我的鄰居中有一個朋友曾經有驚恐症，只有他才能明白我在病徵中的痛苦感覺。」

由林先生的案例中，我們才可以明白林先生的感受，他在病徵中的主觀經歷內在性極強、印象和感覺深刻，甚至令他畢生難忘，但同時其主觀經歷之獨立性強、表達性弱，其他人不容易明白他的感受，因為對他來說會比較深刻且又是獨自的經歷，只有他自己才能真正體會到那一個像「默化」、「離魂」、「四周景物走動」的散開和解體（Dissociative）的強烈經驗。

（三）被診斷的主觀經歷

被診斷的主觀經歷在沒有精神病的人士來看並沒有什麼，只是一些事實的表述，但有些人（包括專業人士在內）覺得被診斷為某一種精神病是一件好事，可以讓案主知道自己的情況，然後加以治療，加以恰當的服務和看顧；但實際上，每一次被診斷的經歷都是極端痛苦和極端無奈。試想想一個有抑鬱症的病人，其本身已經非常低沉，覺得自己非常沒有希望、一無是處，而且更讓其他人不開心、不愉快，在非常內疚的情況下再聽到醫生的診斷，簡直就像晴天霹靂一樣。於是「憂鬱」自己的抑鬱症，為自己的「抑鬱症」感到更加絕望、無奈和無助。這種診斷式的標籤（Depression of depressive label），精神病人士身歷其中才會明白個中的痛苦，其他人士，如親屬、專業人士等如果忽略這些感受，只會很簡單地以為只有案主接納診斷，才能繼續治療。同樣的，對精神分裂症的病人來說，幻象和幻聽本身已經讓他們非常難受，讓他們有身心混亂、不知所措的感覺，但「精神分裂」這個診斷對精神分裂的案主本身來說，會讓他們更覺得混亂（confusion of confusion），混亂中感覺自己很混亂。如此類推，對一個本身已經有驚恐症（phobic disorder）的案主，其被診斷成為驚恐症的過程，會讓他們覺得更為驚恐、焦慮和不安。

被診斷的感覺讓人著實難受，雖然其內在性不如像病徵中的主觀經歷那麼深刻，但也著實不容易被其他人所理解，因此被診斷的主觀經歷雖然只是一次，但卻是相當強烈的，也引發精神病人士不少負面的思維和感受。但他們畢生難忘，而且後遺症很多，所以被診斷的主觀經歷內在性深刻又引發強的經歷，其獨立性也是因為只有精神病人士才會被診斷，在診斷的過程中，雖然精神科醫生和其他親友也在其中，但被診斷的感覺最強烈的只有精神病人士本身和其最親密的親友，

如父母、子女、愛人、夫婦等，才會悄悄感受到。其表達性也不太高，這是因為
案主不容易把這種感受說出。這些情況在林先生的個案中也可以展現出來，他說：

> 「起初我對自己的情況非常無奈，害怕自己患上如癌症一樣的絕望感
> 覺。在不斷的身體檢查之後，自己的病情似乎還是莫名奇妙、不知原因，後
> 來經過朋友的介紹，去看精神科醫生，這位精神科醫生看上去是一位高級的
> 專家，是本地數一數二的精神病權威，他只是冷冷的對我說，我患上了驚恐
> 的焦慮症，原因非常複雜。我本來就很焦慮，聽到這個判決之後，一方面慶
> 幸自己沒有身罹絕症，但另一方面卻非常擔心，因為不知道這個驚恐症何年
> 何月才能復原，這種絕望和無奈的感覺很難說出來。我對醫生說很擔心這種
> 驚恐狀況的突然出現會影響我的工作、家庭，但醫生並沒有任何解釋，只是
> 冷冷的說，這是無可避免的現實和想像，透過藥物治療可以減輕一點。但當
> 我嘗試很仔細的去把有關經歷描繪出來的時候，精神科醫生只是冷漠地說，
> 這是每一個有驚恐症的人都會有的經歷，並沒有什麼奇怪，他好像不太理會
> 我在這些徵狀中的痛苦和無奈。其實雖然大家都可能有同樣的徵狀，但我相
> 信每一個人的背景、情境和經歷都有所不同，有時總覺得這些痛苦的經歷很
> 難向其他人表達個中感覺，所以只能默默地忍受和忍耐這些病徵。」

（四）被標籤的主觀經歷

精神病人士被診斷後就要背上一個永遠的標籤：對一般人來說，精神病人士
這個標籤代表下列三種意義：(1)瘋狂不理智（Insane and Irrational）；(2)危險不能
控制自己（Dangerous and Loss of Self Control）；(3)神祕而不能預知（Mysterical
and Unpredictable）。

在這三種標籤下，被標籤的精神病人士會非常難受。因為精神病人士的病徵，
包括幻覺、妄想、怪異行為、低落或奮亢的情緒等，都被視為瘋狂、危險、神祕
的象徵，令其他人望而卻步，不但不能表現其工作能力、判斷能力，且更會被歧
視、排斥、標籤。對精神病人士來說，實在是非常難受，特別是一些不太嚴重的

精神病人士，如抑鬱、焦慮等精神病人士，都覺得自己被歧視、誤解；一些在康復中的精神病人士，如康復中的精神分裂症病人更是無奈，他們本來有康復的決心能力，但因為受到這些標籤而感到難過，甚至自暴自棄，變得一蹶不振。這些被標籤的感受，其獨立性並不強，因為每一次被標籤都一定有其他人在場，起碼是標籤者和被標籤者二人，甚至很多時候是精神病人士和他們的家屬一起被其他人所標籤，因此獨立性不強，同時被歧視、被標籤的感覺也容易表達清楚。但被標籤、被歧視、被排斥的感覺令人非常難受，所以說被標籤的主觀經歷內在性很強，而且很長期且很連貫。精神病人士和精神病康復者的被標籤之主觀經歷，讓他們憤憤不平，甚至終身難忘。這種感覺在林先生的個人經歷中也是如此，他說：

> 「自從公司的同事知道我患了驚恐症之後，大家對我的態度似乎變了。以前他們叫我『萬事速』，現在看到我這個情況，有些比較有同情心的同事，就會同情我其實是工作過勞，會勸我多加休息；有一些對我有莫名憤恨的同事，常常在我背後指指點點，說應有此報，是逼迫別人、逼迫自己無奈的結果。無論是同情我、揶揄我的人，似乎都覺得我的工作能力變差，不應還是他們的上司，他們的眼神、態度和說話都讓我非常難受，好像我一旦成為精神病人士，就永遠沒有辦法康復一樣。有一些知識貧乏的人，甚至認為我有暴力傾向；有一次我的驚恐情況在電梯中出現，一方面自己覺得非常痛苦，但讓我更痛苦的是，全電梯的人都不知所措地對我投以奇怪的眼神，有一些人是擔心我身體有事，但更多的人是馬上逃開；我在驚恐中出現的呻吟無奈，讓他們感到不安、害怕和恐懼。說實話，我的驚恐症真的令他們驚恐，他們的驚恐反應，再讓我對自己的驚恐更加驚恐。」

從林先生的個案中，我們可以看到當驚恐的徵狀出現時，其他人的驚恐反應其實會讓患者更加驚恐，這是一個惡性循環，令林先生的驚恐症愈來愈嚴重，如圖 6-4 所示。

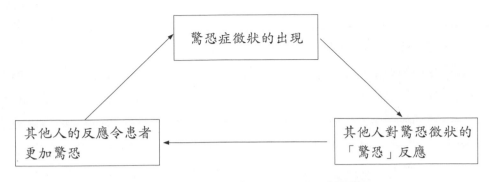

圖 6-4　標籤反應對驚恐症的惡性循環

（五）在治療和康復服務中的主觀經歷

在治療和康復服務中的主觀經歷，對精神病人士和精神病康復者來說都是深刻的經歷，而且不同階段的精神病人士和精神病康復者都有不同的感受。一般來說，感受最強烈的是精神病病發的時候，尤其是在精神狀態比較混亂時，對其被強迫送入精神病院的感覺。很多精神病人士都只覺得自己頭痛欲裂，四周景物變得零亂，不安的情況會因此被其他人束縛入院。更痛苦的是，不少精神病人士在這種狀態被送入醫院時，因為醫院的人手和其他設施不足，又以保護病人安全為藉口，所以把混亂的病人用緊束衣（Restraint Jacket）縛在床上，然後不去理會。有時甚至忘記給予恰當的飲食、大小便的機會，讓縛在床上本來混亂、憤怒的病人更加憤怒和混亂。最後在多番掙扎、無人理會、注射下大劑量的鎮靜劑、受盡屈辱下，心理和生理狀態因而解體（Dissociation）。除了這種極不人道的束縛和屈辱之外，更常見的是院舍化（Institutionalized）的對待，這是指精神病人士在院舍中的非人化（Dehumanized）的看待，其中包括：

1. 失去案主的身分和形象（只把案主看成一個宿位、一個號碼、一個問題，或者是一個制度上的單位）。

2. 失去案主的決定權和能力（把案主的日常生活、起居、工作中應有的自由和決定完全剝奪，讓案主慢慢失去自由、自主、自決的能力和動機）。

3. 失去選擇治療種類或拒絕不適當治療的權力和方向，案主要扮演一個在治

療和服務中絕對服從的角色，否則就會被標籤成為缺乏服藥、缺乏治療的「反叛病人」。在必要時，對這些「反叛病人」進行武力的強迫治療。

　　這些在治療和康復中的主觀經歷，其獨立性一定低，因為在院舍的環境中，很多病人都有共同的經歷，但表達性卻不容易，因為案主在院舍化和醫療化的歷程中，由起初拚命表達屈辱和不滿，在不斷的被壓抑和院舍化之後，慢慢變成缺乏表達動力、動機和興趣的狀態。至於內在性方面，這些經歷的內在性一定很強，但在治療和康復服務中所受的苦不少，而且因為時間長，所以影響會很大。不少長時期住院的人，院舍化的影響如退縮（Withdrawal）、呆滯（Inertness）、被動（Passivity）等，都慢慢變為病人的主要特徵，反而不同精神病的獨特經歷卻愈來愈不明顯和迷糊。這些在康復和治療服務中的主觀經歷，在林先生的情況中也可以見到，他說：

　　　「接受治療時的情況並不好受，我的情況如果與住院的精神病人士比較，已經算不錯的了。我與主治醫師每一次見面時，他只會詢問幾句簡單的問題，例如：有沒有定期服藥、有沒有病發、有沒有足夠的睡眠等，與我閒聊幾句之後，就馬上會打發我走，叫我拿藥並訂下下一次門診的時間。久而久之，這似乎都是例行公事。但讓我最難受的一次，是我到泰國出差時，因為壓力太大承受不來，非常難受，在街上驚恐症突然病發，躲在街角發抖、痛哭和大叫，觸動了當地警方，把我當成有暴力傾向的病人關了起來，而且把我在床上縛起來。我對這些『待遇』當然非常不滿，拚命掙扎、拚命投訴，但愈是憤怒，對方就愈認為我是有精神病和暴力傾向，就把我束縛得愈緊，後來有一位男護士強行替我注射重性的鎮靜劑，沒多久我就昏迷過去了；困了我二天二夜，自己覺得好像活死人，吃、喝、大小便都在床上解決，弄得我一塌糊塗。後來幸好泰國當地的朋友替我疏通有關部門，才把我救回來。這些難忘的經歷真的非常深刻，我才明白作為一個精神病人士的痛苦，不單在於病情和病發，有時不人道的治療和禁錮，令人的痛苦更甚。」

　　在林先生的個案中，病徵和復發中的主觀經歷都是相同，所以不加以詳細描

述。除了在病徵中、在標籤中、在接受治療中，和病發中的主觀經歷之中，還有一種主觀經歷對精神病人士來說也是很重要的，那就是精神病人士自己精神病起因和復原希望的主觀經歷。

（六）精神病起因和復原希望的主觀經歷

這種主觀經歷是指，精神病人士和精神病康復者面對自己經年累月的病徵、復原、住院、治療和服務的整體感覺，思考和其他人的反應所產生的主觀經歷。這種主觀經歷比上述幾種主觀經歷更為複雜，而且由於個人的病情、治療方向、其他人的支持和影響，因此每一個人的主觀經歷都可能差異很大。舉例來說，有一個年輕人有精神分裂症與一個年老的人有精神病，雖然兩者的病徵有點相同，但由於年齡之差別，所以兩個人的康復過程就很不一樣。同樣的，兩個都是年輕人的精神分裂症患者的康復者，一個是大學生，另一個是未受教育的人士，他們對精神病的起因和康復的希望，就可能因為其教育程度不同而有很大的差別，就算兩人的教育程度相當，如果他們一個在富貴人家，一個是窮家子弟，這方面的差異也會很大。因此這種主觀經歷的獨特性很強，每個人都可能因其背景、經歷，而對其精神病的原因和復原有不同的解說。

這些主觀經歷更麻煩的是持續性很強，會不斷地纏繞著精神病人士。一般來說，有幾個問題都會不斷重覆出現：

1. 為什麼我會患上精神病，其他人不會？
2. 我是否一生都是精神病人士？
3. 我吃藥要吃到何時才不用再服？
4. 我一生是否會被精神病所困，一事無成，愈弄愈糟？

這些問題，不但精神病人士會自己詢問自己，也會去詢問家人、朋友和專業人士，但往往得不到應有的答案。教育和文化水平較高的人，會用科學理論如生理變化、心理和社會現象來解說。這種情況在林先生的個案中也可以見到，他說：

> 「我的病不知不覺已經患了大概三年了。在這三年當中，這個病都不斷地纏繞著我，讓我非常苦惱；雖然我已經延醫就診，而且每天都定時服藥，

但我仍不停地詢問自己，是否一生一世都逃不開這個驚恐症，是否需要一生一世地服藥，康復的情況似乎遙遙無期，不知何年何月才能不必再服藥。老實說，由於有了驚恐症，每次病發都讓我非常難受，自己似乎喪失了自尊、自信和自我形象，也因為這個病症，自己的事業不但停滯不前，喪失了晉升東南亞總裁的機會，而且更險些連香港總經理也差點不保，幸好我的屬下對我非常尊重和擁護，不斷替我創造好的營業額，才能力保不失，繼續在這行業中危險地生存。但過了幾年，我的病情如果都是這樣，我想我的事業一定每況愈下，變成被這個行業所淘汰。有時看到自己這種情況，真想一死了之，免得害人害己。」

四、主觀經歷對介入和干預的影響

從林先生的個案中，我們可以明白，主觀經歷對精神病案主其實非常重要，但很可惜的是，目前不少精神病治療和康復的相關專業人士，他們對精神病人士的主觀經歷在工具理性的驅使之下都非常忽略，仔細去看看對精神病主觀經歷的重視，對介入、干預和幾個重要的影響：

1. 精神病人士覺得自己的經歷非常獨特，是值得被社工人員聆聽和尊重的。
2. 精神病人士覺得自己人生的酸甜苦辣，是可以與社工人員分享和理解的。
3. 精神病人士覺得社工人員是幫助他們，去表達其難於表達的精神病病徵之經歷、被標籤和在治療中的苦楚和感受。
4. 社工人員努力和積極地讓其他有關人士明白精神病人士的主觀經歷，並且幫助他們與精神病人士有效地建立良好的溝通和理解。
5. 重建精神病人士的支持、照顧和關注的支持社區。

在實行這五種重要的干預和介入時，案主主觀經歷本身的內在性、獨立性和表達性都有異常重要的影響，同時案主與社會工作人員的相交主觀性也有重要的作用和影響。現在讓我們首先看看主觀經歷對干預與介入的實在影響程度。

（一）聆聽與尊重

我們每一個人都曾經經歷過一些以下的不愉快經歷：

1. 向上司表達工作上的辛勞和一些在工作經歷當中的酸甜苦辣，但上司對於這些經歷和細節並無心聆聽，只質詢一些工作上的出錯之處。

2. 向摯愛的親人，如父母、夫婦、子女等，描繪自己人生中的種種歷練，可惜對方只覺得自己長篇大論，只有支吾以對。

3. 向多年老友敘述一些不愉快或痛苦的經歷時，對方不但不用心去理解，反而煞有介事地扮客觀，不停的去分析自己的錯誤和責任。

在這些不愉快的經歷中，我們都有不被尊重、不被重視的感覺，因此在聆聽精神病人士的主觀經歷時，其實也代表了一份尊重：

1. 尊重他們病徵的經歷。

2. 尊重他們標籤的經歷。

3. 尊重他們治療的經歷。

4. 尊重他們病因和康復的經歷。

這種尊重是代表他們依然是一個有自己感受、看法、權利、背景、長處的人。

尊重也代表尊重這些經歷的內在性、獨立性和表達性，尊重內在性是表示明白這些經歷對他們來說是非常深刻的；尊重獨立性是表示每一個案主的主觀經歷都非常獨特，不能單從工具理性、專業權威的取向去看；尊重表達性是表示明白有些內在經歷不容易用語言表達出來。這些尊重的感覺對案主來說非常重要，讓他們能重拾僅有的自尊和自信。林先生的情況正可以反映這種感受，他說：

「向別人道出自己在精神病中的主觀經歷，並不是一件容易的事，尤其是經歷過向醫生訴說時的冷漠、同事們的嘲笑之後，更令我裹足不前。每次別人安慰和詢問有關事情時，我只會支吾以對、含混了事，總覺得自己不被重視、不被瞭解，直到遇到了一位非常有愛心的專業人士才有所改變，他是一位很有經驗和非常資深的社會工作人員：李先生。每當我向他透露我的病中經歷、被人標籤的感覺、自己對自己的失望、失落時，他只是有愛心，又

非常溫柔、有耐性地聆聽，我看得出他每一個細節都非常留心，我一些深刻又難於表達的經歷，如驚恐症病發的情況，他都會儘量去聆聽、去瞭解、去幫助我道出其中的無奈處境。在他面前，我的主觀經歷變得充滿人生的色彩，我有被尊重、被接納的感覺，他似乎不斷藉著仔細的聆聽告訴我，在病徵、標籤的背後，深深地展示壓力、人生的空虛、人的無奈，這種感覺暖暖的、舒暢而實在的，我不用躲藏，也不用欲言又止，更不用無可奈何，因為他會慢慢的聽、耐心的去聽，幫助我表達內心的感受。與他說完我的感受之後，我覺得自己的驚恐症再也不是一些孤獨、痛苦的經驗，被尊重的感覺油然而生，我才有能力再繼續走下去。」

（二）分享人生的酸甜苦辣

「世事未能盡如人意，但求無愧於心」，人生的路上，充滿著各式各樣的挑戰和辛酸，但最好是有人同行，明白個中的酸甜苦辣；精神病人士也是這樣，他們希望能夠與其他人分享他們在病程中的辛酸和一些康復的經歷。分享痛苦和辛酸讓他們的苦痛可以宣洩出來，分享一些成功的康復和奮鬥過程可以激勵他們繼續努力，克服各種困難和阻礙。這種分享與聆聽和尊重有些不同，後者注重社工人員對案主的理解和重視，前者則代表社工人員和案主處在一個平等的狀態中，但社工人員留心聽案主的說話言談，同時也代表社工人員也同樣可以傾吐自己的酸甜苦辣、不安和無奈，特別是與案主相同又相關的經歷。這種對等的交流對案主來說非常重要，能讓精神病人士培養一種與工作人員一視同仁、同樣看待的感覺，同樣的經歷把他們自己獨特性強的精神病，比有關經歷、有關苦楚看成與其他人一樣的遭遇，無論是病徵中的主觀經歷，治療和住院過程中所受的苦楚無奈，或者是被歧視、被標籤的感受，在對等的交流中都變得清楚。有趣的是，案主在這些主觀經歷中的獨特性和表達性，都會因為這些對等的交流而有所改變，本來很難表達的感覺會變得容易，本來是自己非常獨特的經歷，也會變得並不孤單、不孤獨，其他人也容易理解，他們在精神病中的主觀經歷慢慢變成與其他人相同

的主觀經歷，如下說明：

精神病徵中的主觀經歷 →

　一般人重病和創傷的主觀經歷。

精神病人士被標籤的主觀經歷 →

　一般人被其他人排斥、歧視、看低的主觀經歷。

精神病人士在治療中的苦痛和無奈 →

　一般人被其他人忽視，被官僚和一些不人道機構的不合理對待。

精神病人士在病因、康復中期望的主觀經歷 →

　一般人在苦難、不安、不良遭遇中的期望和無語問蒼天的感覺。

這些主觀經歷在獨特性、表達性和深刻性的改變，是透過精神病人士與社會工作人員對等的人生酸甜苦辣的交流而引致。達到這種感覺後，精神病人士的內在心理負擔就會變得輕鬆起來，而且本來較難表達的經歷也容易表達出來。這種情況在林先生的個案中也可以呈現出來，他說：

「作為一個驚恐症的病人，主觀的經歷讓我非常難受，但又不易表達出來，一則恐怕對方不信，一則有些在驚恐中的感覺說出來頗為怪異，實在不知道怎樣去形容這些感受。後來遇到一位資深的社工人員：李先生，才有機會放開胸懷、暢所欲言，難得這位李社工肯放下身段和專業權威，除了尊重和細心聆聽之外，更和我閒話家常，令我如沐春風，不知不覺就把自己人生中的酸甜苦辣娓娓道來。李先生也胸襟開放，和我分享許多他自己人生成長過程中種種的艱辛挑戰，大家如逢知己交心，讓我多年難然抒發的精神病徵中的經歷、被人標籤的種種無奈，能夠放開胸懷、展現出來，頓時感覺多年內心的舒鬱暢然抒發，無阻人前。他諄諄安慰，把我驚恐症的病徵之深刻體會與他大病中的勞乏無力做一比較，也把我被人標籤的無奈與他自己工作被別人看扁的經驗相若，似乎大家都歷盡人生歷練。相知之心，溢於言表。他這種分享讓我感覺我不孤單，可以放開胸懷，再走前路。」

（三）幫助表達，舒然倡導

　　一個注重聆聽、善於與精神病人士分享人生酸甜苦辣的社會工作者，往往讓精神病案主難逢知己，能夠盡訴心中鬱結，在社會工作人員鼓勵下，舒然倡導其應有的權益，這種過程約可分為下列幾種過程：

　　1. 覺得有人明白自己的心情。

　　2. 覺得有人知道自己的心思意念和看法。

　　3. 除了明白自己的心思和意念外，更鼓勵自己把內心的經歷和感受舒然地向其他人表達。

　　4. 除了表達自己內心的經歷、感受、看法和意念之外，更鼓勵自己爭取在社區、工作、家庭等合理的待遇、權益，讓自己可以重新過正常的生活。

　　這些感覺就好像精神病人士在社會工作者明白、溝通、理解他們的內在經歷之後，不但可以與社會工作人員分享人生的酸甜苦辣，更可以與他們共行人生的道路。由此可見，透過尊重、聆聽、分享人生的酸甜苦辣，讓精神病人士主觀經歷的深刻性、獨立性降低，而表達性卻能明顯地強化起來。不但如此，精神病人士與社會工作者的相交主觀性也慢慢地增強，他們之間的交互投入、交互參與及交互理解和表達，也因此增強，社會工作人員成為真正明白病人需要，也恰當地有效鼓勵他們勇往直前、努力康復，爭取自己應有的機會和權益。這種情況在林先生的案例中也呈現出來，他說：

　　「與社工李先生談話是人生一件賞心樂事，除了可以和他交心，談古論今，分享人生的酸甜苦辣之外，更重要的是他明白我的心思意念和經歷，而且更可以提醒我在適當時候應該拾回作為一個精神病人士應有的權利，不應一味收藏自己的病歷，讓自己獨自面對可怕的標籤和歧視。記得有一次，我被公司的下屬冷嘲熱諷，說我在廣告和設計的經歷和經驗，因我的『驚恐症』變得殘缺不全，所以我自己應該自我反省，早點退下來。當時我非常苦惱，真有拂袖而去的衝動；幸好李先生明白我的感受和處境，也完全體會到我的驚恐症中的不安感受，他說每一個人都有被尊重的權利，無論他是否為精神

病人士，況且驚恐症的最重要源頭就是驚恐別人的看法，把別人的尺度強加在自己身上，一天到晚恐怕自己無法達到別人的標準所造成。聽到他這一段話，我心中馬上釋然，明白我應該尊重自己，尊重我的工作經驗和上司對我的欣賞。由此舒然的感覺讓我安然過去，變得輕鬆，對冷嘲熱諷的下屬，明白他們背後的野心、意圖和受敵人的攪弄。深呼吸一下，覺得自己應該做回自己，不應一味的生活在別人的陰影和期望底下過活。也由於這樣，我才能安然地面對公司各種各樣不同的挑戰，爭取自己應有的權利和應得，不會因為自己有了精神健康問題，而變得退縮、無奈和不安。」

（四）積極地讓其他人明白精神病人士的經歷

透過溝通、投入精神病人士的主觀經歷、分享人生中的酸甜苦辣，和鼓勵精神病人士舒然地表達自己的經歷看法、爭取自己應得的東西之後，社會工作者能更進一步、積極地讓有關人士明白精神病人士的主觀經歷和看法。這些人士包括：

1. 精神病人士的家人（如父母、子女、兄弟姊妹）。
2. 精神病人士的朋友（如同事、好朋友）。
3. 精神病人士的鄰居。
4. 其他社區人士。

要這些相關人士明白精神病人士的主觀經歷，非常重要，因為要他們能夠與精神病人士有良好的溝通，明白精神病人士的處境、感受和想法，他們才會慢慢的接受精神病人士；同時，精神病人士也才能得到他們的支持和鼓勵，慢慢地從內心的精神病內在經歷中解脫，走回現實、重入社區。要幫助這些人士明白精神病人士的主觀經歷，下列幾種途徑也是可行的方法：

1. 鼓勵精神病人士把自己的主觀經歷，向這些人士（特別是親人）表達出來，在表達時，社工人員要培養這些人士對精神病人士主觀經歷的聆聽和尊重。
2. 鼓勵這些人士去表達他們對精神病、精神病人士的看法，和與他們相處時的經歷，特別是精神病人士的親友在照顧精神病人士時所要面對的酸甜苦辣。

3. 鼓勵精神病人士與其他人士一起從事一些有意義的活動，例如：探訪他人、服務社區，讓其他人士也能明白精神病人士的潛能、興趣和專長。

4. 鼓勵大家與精神病人士和其親友、社區人士一起分享人生中的酸甜苦辣，以及生命的意義、看法，讓大家都明白人生痛苦，每個人都需要面對和經歷。此與個人的背景並沒有關係，重要的是在苦痛和不安中能互相扶持、互相鼓勵。

在林先生的個案中，社工李先生也嘗試這樣幫助林先生，林先生說：

> 「李先生不但瞭解我的情況，鼓勵我積極面對，而且更與我分享人生苦樂，讓我不怕面對我的驚恐症，更難得的是，他鼓勵我把我的苦痛與我的母親、家人分享，他又鼓勵我將我的經歷用文字寫出來，去安慰和鼓勵一些有需要的同路人。結果我把自己的經歷和克服驚恐症的歷程寫成一本小冊子，並且在有關機構的推廣下分給有驚恐症的人士，有時我更會受到他們的邀請，到處演講我自己克服這個病症的經過，似乎效果非常之好。而且我們更成立了一個互助小組，大家互相鼓勵，學習克服驚恐症的方法，互相分享痛苦的經歷，現在似乎我已經不在乎別人知道我患驚恐症的經歷，而且還有不少有焦慮症、有心理壓力的朋友和同事更會主動接觸我，請教我克服困難的方法和經歷。驚恐症現在似乎不是我個人的缺陷，反而是我個人經歷中成功歷練的一部分。」

（五）重建一個接納關注的社區

透過其他人士與精神病人士的主觀經歷分享，慢慢讓社區人士明白精神病人士的處境、看法和經歷，使他們容易接納、明白精神病人士的痛苦、不安和掙扎，也讓社區人士體會到精神病人士和精神病康復者一樣有七情六慾，一樣有人生的無奈和酸甜苦辣；與精神病人士所不同的是，正常人所遭遇到的苦難和打擊比較小，所以才未患上精神病；這些瞭解和支持精神病人士的人，慢慢的才會形成一個支持性和支援性的社區。

在建設一個支持性的互助社區時，最重要的可能要留意下列幾種方向和想法：

1. 按照正常化概念（Normalization）的看法，讓精神病人士和一般人士分享和溝通時，應該強調他們彼此相同之處（stressing the similarities），而不是他們之間相異之處（stressing the differences），精神病人士的主觀經歷雖然特別和深刻，但也可以用相同的看法去處理這些不同之處：(1)大家都有生命上的苦難；(2)大家都有工作、環境的壓力；(3)大家都盡力去適應，去克服生命上的不安與無奈；(4)大家都希望得到其他人的支持、鼓勵和接納。

2. 在建構社區人士欲瞭解精神病人士時，應特別留意並不是每一個人士都喜歡接觸精神病人士，並且具備好的胸襟去瞭解他們的主觀經歷，所以最好循序漸進，先提供一些接納性高的人士讓他們開始去瞭解和接納一些比較容易被接納的精神病人士，然後再慢慢擴展到其他層次的人士。其實不同的精神病人士和不同接納程度的社區人士，可以作出下列的組合：

※不同程度的精神病人士：

　A：復康程度高，表面看來與一般人並沒有分別。

　B：復康程度不高，比較穩定，但依然有點退縮和無奈的感覺。

　C：復康程度差，依然有持續的剩餘症（residual symptoms）。

※不同接納程度的社區人士：

　a：充滿愛心，能夠接納不同人士的社區人士。

　b：對精神病人士無明顯的抗拒，也沒有明顯的接納。

　c：對精神病人士有明顯的偏見標籤。

就這些不同種類的出現，大約有以下幾種不同的組合：Aa、Bb、Cc、Ab、Ac、Ba、Bc、Ca、Cb。當然最容易去瞭解精神病人士的組合當然是 Aa，由最好的精神病人士與最有愛心和接納的社區人士互相溝通和瞭解；而最差的組合當然是 Cc，由康復程度最差的精神病人士面對最有偏見的社區人士。按著不同程度的組合，從容易互相理解和溝通的程度之次序應該是：

種類	組合	理解和溝通的程度
1	Aa、Ab、Ba	最容易互相瞭解和溝通的配合
2	Bb、Ac、Ca	比較容易互相瞭解和溝通的配合
3	Cc、Bc、Cb	最困難互相瞭解和溝通的配合

3. 要讓社區人士與精神病人士有好的主觀經歷之交流瞭解，應該先從第一種互相溝通和互相理解開始，然後慢慢進入第二種和第三種程度。其實只要第一種做得到，瞭解精神病人士經歷的社區人士便已經大大增加，然後再由他們去影響和幫助第二種和第三種的溝通。

五、交互主觀性對瞭解精神病的重要性

（一）交互主觀性重要的元素

交互主觀性（Intersubjectivity）的三個重要元素：交互投入、交互參與、交互理解和表達，其不同類型的交互主觀經歷在上文已有詳細說明，以下說明在精神病中的有關行動者（Related Actors），其交互主觀性的情況。其實按照這些有關人士對精神病和精神病人士的接觸，可分為三種：

1. 曾經有精神病和現在仍然有精神病的人士。

2. 與精神病人士有較深入和頻密交往的人士（包括醫護人員、專業人士和精神病人士的親屬）。此種嚴格來說又可分成二種：

　　a：對精神病人士有客觀接納、知識和理解的人士。

　　b：對精神病人士有主觀經歷和理解的人士。

3. 與精神病人士並無接觸和理解的人士。

（二）六種交往狀態和有關人士

由於交互主觀性是由不同人士的互相接觸所產生，依照上述三種人士的特色，他們溝通和接觸種類的交往又可以分成下列幾種情況，如表 6-3 所示。

表 6-3　六種交往狀態和有關人士

	種類	交往的狀態	有關的人士
A	1…1	第一種類的互相交往接觸	精神病人士互相認識的接觸
B	1…2a	第一種類與第二種類的交往接觸	精神病人士與精神病專業人士的交往
C	1…2b	第一種類與第二種類的交往接觸	精神病人士與其家屬的接觸
D	1…3	第一種類與第三種類的交往接觸	精神病人士與一般社區人士的交往
E	2a…3	第二種類和第三種類的交往接觸	精神病專業人士與社區人士的交往
F	2b…3	第二種類和第二種類的交往接觸	精神病人士的家屬與社區人士的交往

　　總括來說，共有六種交往的狀態，這六種狀態大致上可以分成三大類：最深入的交往當然是第一種（A），精神病人士之間的互相交往當然最深；其次就是精神病人士和其他人士的交往（B、C 和 D），雖然相交情況未必有第一種那麼深，但精神病人士的主觀經歷也會牽涉其中；最後比較淺的則是 E 和 F，精神病人士的家屬和專業人士與社區人士的交往，這是因為精神病人士的主觀經歷並沒有牽涉其中。現在我們來看看每一種交往種類中的交互主觀性的形態。

※ A：交互主觀性在曾經有精神病人士間的互相交往

　　這是指曾經有精神病人士間的互相交往，這種交往在很多情況下都會進行：

　　1. 在一些治療機構中，如醫院、精神科診所、私人精神科醫生的診所。

　　2. 在一些康復機構中，如中途宿舍、長期護老院、庇護工場，和日間護理院。

　　3. 在正常和一般的社區環境中，如家庭、社區設施、公園、商場、餐館。

　　4. 在工作環境中，如工廠和其他工作的情境。

　　在這些不同的情境中，曾經有精神病的人士可以互相交往，當然在這些交往的過程中，精神病人士的精神狀態也取決一些條件，這些精神狀態大概可以分為：

　　1. 精神狀態穩定和已經康復的狀態。

　　2. 精神狀態不穩定，但卻是長期疾病的後遺症（Residual Symptoms and Chronicty）。

　　3. 精神狀態不穩定，而且非常混亂，似乎在精神崩潰的邊緣（Mental Break-

down）和復發（Relapse）狀態。

這些不同情境和不同精神狀態，對曾經有精神病經歷的人士之互相交往，其交互主觀性都有重要的影響，如圖 6-5 所示。

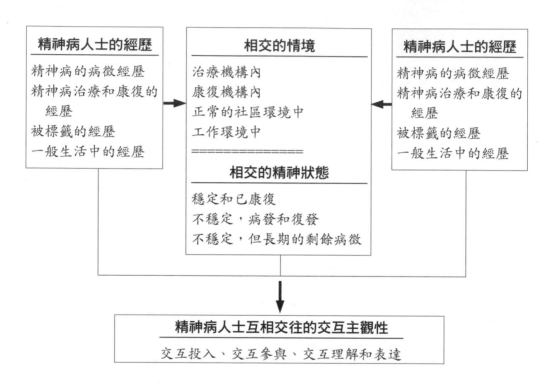

圖 6-5 情境、精神狀態、精神病經歷對互相交往中交互主觀性的影響

一般來說，在精神狀態不穩定時的交互主觀性最有趣，這種交互主觀性可以有幾種特殊的情況出現：

1. 大家都在比較不太清醒又非常混亂的狀態下互相表述，就好像是一個精神分裂症的人遇上一個憂鬱症的人一樣，一個沉醉在自己凌亂的妄想和幻象中，另外一個可能在非常悲哀的不斷哭泣，大家並沒有注意到對方的存在。

2. 雖然兩者的精神狀態不太穩定，但是在某種程度上能夠感覺到對方的存在，所以會以自己的情況去解釋對方的情況與看法，例如：一個有「皇帝」妄想的精

神分裂症病人，一方面沉醉在自己「皇帝」的妄想和幻覺當中，另一方面則認為另一個憂鬱症的病人則是他／她的臣子，看見他／她在哭，可能會以「皇帝」的身分命令他／她不能哭泣；與此同時，這一個有憂鬱症的人士則在沉醉在自己的悲哀情感中，也感覺到對方的存在，在面對這位「皇帝」的命令時，則會非常悲哀的表示他／她自己生不如死，叫這位「皇帝」不要理會，他／她已經是一無是處了。

3. 在兩者的交流中，其中一個會很刻意地透過他／她的病徵所影響下的情緒、思維和行為去影響另一個人，而另外一個人則似乎無動於衷，對他／她毫無反應。

以交互主觀性去看這三種情況，似乎第一種的交互投入、交互參與、交互理解和表達都非常之低，甚至近乎沒有，兩個精神狀態不穩定的人只是各自表述、互不相干；第三種的相交似乎比第一種好一點，也就是其中一位人士可以與另一位人士有些溝通及影響，但似乎相交的投入性、表達性和參與性都低，而且內容很受不太正常的病徵性主觀經歷所影響；第二種相交的交互主觀性則比第一種及第三種都高，無論是相交參與性、相交投入性和相交表達性都比較高，二者都有一定的參與、投入和表達，唯一與一般經驗不同的就是各自受病徵中主觀經歷的影響。

把這三種情況放在不同的環境中，也有點分別，放在醫院的病房中，可能大部分的醫護人員都會見怪不怪，沒有什麼特別；但如果放在公共場合中，其他人士則會馬上把他們標籤起來。但兩個已經康復和穩定的精神病人士交往，他們的相交主觀性則會很強，因為他們在分享各自的病情、治療遭遇、康復過程中的相同經歷，甚至是當他們都住在同一間醫院和康復機構時，那種感覺當然是非常濃烈和深刻的，在交互主觀性中，無論是相交參與性、相交投入性和相交表達性，都會非常高，而且是分享愈投入，愈有同是天涯淪落人的感覺。至於一個已經康復和精神狀態穩定的精神病人士，與一個精神病狀態混亂和不穩定的人士交流，可能會是那位穩定的人士以過來人的身分，勸導和教導，甚至幫助他們去應付及面對有關的困難、不安和挑戰，當然當中的交互主觀性中的相互參與性、相交投入性和相交表達性，可能會比兩個已經康復、穩定的精神病人士為低，但會比兩個都在不穩定狀態的精神病人士為高。

※ B：交互主觀性在精神病人士與非精神病人士（專業人士）的交往

這主要是指精神病人士與專業人士，如精神科醫生、護士、心理學家、職業治療人員和社會工作人員等的交往。人們之間的接觸可以分成下列幾種不同的組合，如圖 6-6 所示。

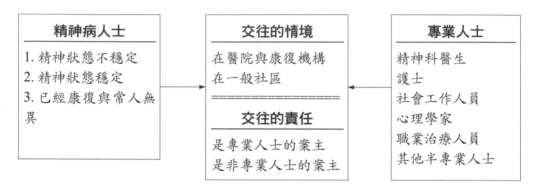

圖 6-6　精神病人士與專業人士的交往

以交互主觀性和主觀性取向而言，這種交往是大家主觀性差異較大的交往。其中包括：A：精神病人士的極強主觀經歷；AB：精神病人士和專業人士被壓抑的交互主觀性；B1：倡導客觀理性的專業人士；B2：專業人士自己的主觀經歷。如圖 6-7 所示。

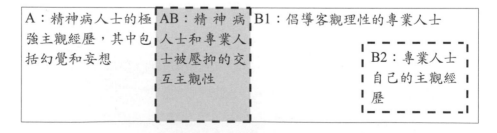

圖 6-7　精神病人士和專業人士的交互主觀性

在這種交往中，專業人士的內在世界、看法和思維，其實是充滿矛盾和不安的，一方面在專業的訓練中，尤其是醫護人員的訓練中，他們是強調工具理性的訓練，這些工具理性包括：權威、知識和專業語言；在工具理性的驅使下，專業人士會把自己本身的主觀經歷、主觀感受、主觀思維和想法壓抑下來，但壓抑下來的同時，他們在面對精神病人士的主觀表現，如強烈的情緒、妄想和怪異行為，以及精神病人士的痛苦人生經歷時，其實專業人士自己也會有濃烈和強烈的反應。這些交互主觀性在理性工具的專業訓練下，往往又會被壓抑下來，於是強烈的主觀感受往往與客觀的理性糾纏不清，久而久之，不少精神科醫生、護士、心理學家等，就可能變成外冷內熱，或者是缺乏主觀反應的理性專業實行者。

這種在主觀性和交互主觀性的矛盾，讓精神病人士和醫護人員的相交有很多距離和誤解。這些誤解和距離，可以用表 6-4 簡略地表示。

表 6-4　精神病人士的主觀性和狀態與醫護人員的主觀和客觀矛盾之交互主觀性的呈現

精神病人士的主觀性和狀態	醫護人員的主觀和客觀矛盾所產生的可能距離和誤解	交互主觀性的呈現
精神病人士不穩定的精神狀態。	以工具理性去加以控制、隔離和診斷。	工具理性讓醫護人員與精神病人士交互主觀性極低，認為只需診斷，不需理解。
精神病人士在穩定的精神病狀態中。	只有在理性的生理藥物控制下，精神病人士才能有正常的精神狀態。	工具理性讓醫護人員把精神病人士看成生化藥物的理性和精神狀態混亂的主觀性。
精神病人士的診斷、治療和康復中的主觀經歷。	這些經歷的目的只是為了工具理性的控制和管理而設，個人意義不大。	精神病人士對主觀經歷背後的意義和感受，只看成工具理性的絆腳石，並冠以「不科學」的標籤。
精神病人士在社區中的標籤和被歧視的主觀經歷。	這些經歷的個別性意義不大，只是普通性，只有用工具理性形式去進行社區教育才可減少。	精神病人士被歧視的主觀感受被看成是客觀事實，交互主觀性和認同甚低。

在工具理性的驅使下，治療精神病的相關專業人士，很容易把精神病人士的主觀經歷變成一些意義不大的混亂情況，或者是一些普遍性的生化、心理和社會現象，精神病人士主觀性中的投入性、表達性和獨特性都會被忽視，同時專業人士在面對這些主觀經歷時，會因為壓抑而忽視自己的主觀感受、思維和想法。這種交互主觀性中的阻礙，在一般相關的專業實務中屢見不鮮，更有趣的是，這些專業的關係只在有關機構的處境，如醫院、康復機構中出現，當專業關係完結時，這種以工具理性為本的相交就會有所轉化（如圖 6-8 所示）。

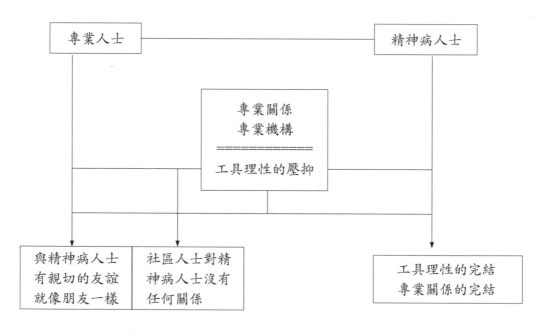

圖 6-8 專業人士與精神病人士的專業關係在工具理性的壓抑

這種轉化主要有兩種：一種是工具理性的專業關係雖然已經完結，但其影響力依然存在，所以專業人士對精神病人士之精神病仍舊冷漠，當他們只是與專業人士毫無關係時，專業人士見面和碰見他們的身分，也只是一般較有知識的社區人士而已。另一種則因為專業關係的完結，而把工具理性的枷鎖拋開，重新回到他／她自己個人的主觀性身上，也就是說他／她自己個人的感受、思維和看法。在這種狀態中，專業人士拋開了工具理性、專業權威、專業語言等的束縛，專業

的訓練和經驗只是代表他自己有接觸精神病人士的經驗。這些從客觀而進入主觀
的經歷，能轉化來幫助專業人士更深層地去瞭解精神病人士的主觀世界、思維、
感受和經歷。在這種狀態下，精神病人士與專業人士的非專業狀態中，交往的交
互主觀性便因而提高，他們在生命歷程中，交互投入性、交互參與性，以及交互
理解和表達，都會因而加深對精神病人士的主觀經歷中，其生命的酸甜苦辣，與
專業人士本身生命中的苦楚和喜怒哀樂有相同之處。同時，一個以人為本有真摯
感受的專業人士，也會明白精神病人士在治療、康復機構中所經歷的種種矛盾、
挑戰，甚至苦痛。

※ C：交互主觀性在精神病人士及其家屬及朋友的交往

這種交往是指，在精神病人士及其家屬及朋友的日常生活中，共同交流、共
同面對由精神病所導致的各種問題，根據他們的不同態度，嚴格來說，精神病人
士的家屬及朋友又可仔細分成下列幾種：

1. 與精神病人士一起生活又支持他們的家庭照顧者。

2. 與精神病人士曾經一起生活，同時又給予他們壓力和傷害的家庭成員。

3. 與精神病人士有親密關係（如父母、子女、夫妻），但嘗試遠離甚至捨棄
精神病人士的家庭成員。

4. 與精神病人士一起生活，但又曾經受精神病人士的性格、病徵及行為所傷
害的親屬及朋友。

不同類型的家庭成員面對不同精神狀態的精神病人士，可能也有不同的交互
主觀性，他們的交互主觀性如圖 6-9 所示。

一般來說，無論精神病人士處於何種精神狀態，只要是他們和那些與他們一
起生活又極度支持他們的家庭照顧者在一起，這些家庭照顧者一定會盡心盡力去
理解他們、照顧他們，因此這些家庭照顧者對精神病人士的主觀和內在世界一定
非常理解，而且對於他們在病發時的苦楚混亂、在治療和康復機構中的深切經歷。
受其他人所標籤等歷練，也都會感同身受、非常深刻；也可以說，他們和精神病
人士的交互主觀性一定很強，他們中間的相交投入、相交參與、相交溝通和表達
一定很強且非常親切。相反的，如果精神病人士對於與他們有親密關係，但已經

不同的精神狀態	不同類型的家屬
1. 病發中的不穩定精神狀態 2. 穩定和康復中的狀態 3. 長期病患中的剩餘徵狀 4. 完全康復正常的狀態	1. 一起生活又支持的照顧者 2. 一起生活又給予壓力的家庭成員 3. 有親密關係又嘗試遠離及捨棄的家庭成員 4. 一起生活但又被精神病人士所傷害的親屬及朋友

圖 6-9　不同類型的家庭成員面對不同精神狀態的精神病人士不同的交互主觀性

捨棄和遠離他們的家屬而言，其基本接觸很少，很多有關的研究都顯示，精神病人士在醫院的時間愈久，其家屬捨棄他們的機會愈高（Yip, 1995）。換言之，不論精神病人士是否康復，又或者是否穩定，他們都難以與這些家屬和親友有所接觸，也就是說這些家屬和親友與精神病人士的交互主觀性應該等於零。至於一些家屬及親友與精神病人士一起生活，但又給予他們壓力和傷害，其實他們和精神病人士的關係並不和諧，接觸愈是頻密，對精神病人士的可能傷害則愈大，精神病人士的主觀經歷可能有一些痛苦和被傷害的回憶和經歷，包括下列幾項：

1. 被家屬所虐待（如暴力、性侵犯）。
2. 被家屬所操控（如要求精神病人士事事依從意見，否則打罵不休）。
3. 被家屬所忽視（如在成長的過程中，缺乏對精神病人士的照顧和安慰）。
4. 被家屬所咒罵（如不斷對精神病人士進行咒罵、批評、苛責）。

這些經歷對精神病人士來說，可能非常深刻及畢生難忘，有些更是導致精神病出現的原因之一，因此精神病人士和這些家屬／親友的相交主觀性肯定是非常深刻，無論是交互投入、交互參與都非常高，但卻是痛苦、震撼的傷害。傷害的深度強，且痛苦太深，有時難於表達，故交互理解極低，互相對對方都有解不開的憎恨和無奈。

最後是家庭成員與精神病人士一起生活，但又曾經受精神病人士的性格、病徵及行為傷害的親屬及朋友。這些傷害約可分成下列幾種：

1. 精神病人士在復發和病徵中的暴力、謾罵、不穩定和古怪行為的滋擾、攻擊和傷害（如在醉酒中虐待其妻子）

2. 精神病人士在長期病患中所呈現的退縮、懶惰、不安、依賴和不負責任，讓家人在長期支持下吃不消。

3. 精神病的標籤和他們的怪異行為與不穩定情緒，讓其家人蒙羞。

一般來說，這些家屬可能愈是支持精神病人士，愈是距離接近，所受的傷害則愈大。相反的，一些不太支持他們的親友，看見這些可能傷害時可能已經一走了之，所以對他們的關係基本是非常的疏離，甚至毫無接觸，所以談不上交互主觀性。但對支持他們的家屬來說，一方面曾受他們傷害的記憶和經歷的困擾，另一方面卻非常希望他們能夠康復過來，回復正常又互相支持的親密形態。這種矛盾如圖 6-10 所示。

這種矛盾，一方面家屬依然非常眷戀精神病人士未病發前的關係、經歷和交往，但另一方面，精神病人士的病發狀態中對他們的傷害可能依然歷歷在目，兩

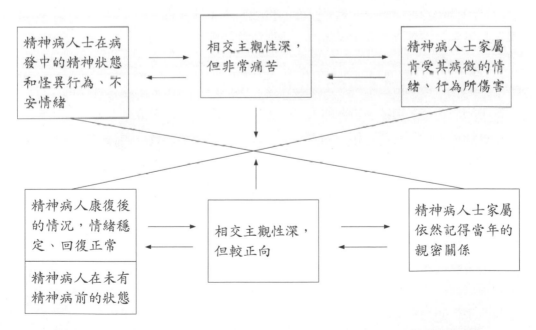

圖 6-10　精神病人士的家屬支持和傷害的記憶與經歷的困擾及矛盾

種感覺互相糾纏，讓他們異常矛盾。所以一方面依然努力照顧精神病人士，希望他們儘快康復，但對他們偶然出現的怪異行為、不穩定的情緒和有點退縮的情況，則會讓他們有戒心，而且會勾起他們不太愉快的回憶。這種互相矛盾的情況讓家屬人士都非常煩惱，只有期待精神病人士能夠康復過來，否則他們與精神病人士的相交主觀性既深刻又糾纏，在有好的回憶又有痛苦的回憶矛盾中，不斷掙扎。因此嚴格來說，精神病人士在康復和穩定的狀態下，他們和正常人的交互主觀性一定很好，而且很深入，但一旦精神病人士在精神狀態不穩定的情況下，他們的家屬則會有想離開卻又想照顧的矛盾。

※ D：精神病人士與社區人士的接觸

這種相交和接觸在上文都有敘述，社區人士也可以分成：

1. 對精神病排斥及誤解的社區人士。

2. 對精神病人士不理會的人士。

3. 對精神病人士抱著同情、憐憫和支持的人士。

當這三種人士面對不同精神狀態的精神病人士時會有不同反應，一般來說最麻煩的當然是對精神病人士排斥的人士與精神狀態最混亂的病人相交，其排斥性最高而且有很多誤解。至於一些因為工作繁忙，而無暇理會精神病人士的社區人士，他們根本很少留意精神病人士的情況，所以他們的相交主觀性會很低。至於對精神病人士抱著同情、憐憫的人士，對一些在康復、精神混亂中但沒有攻擊性的精神病人士，一般都在相交的主觀中有較深的感受，而且也願意成為精神病人士的社區支持者。由於是他們的支持者，所以在與精神病人士交互投入、交互表達、交互參與也會愈來愈深入。

※ E：專業人士和社區人士的接觸

至於專業人士和社區人士的接觸，基本上來說，兩者對精神病人士都未有長期和親密的接觸，所以對精神病人士的不同精神狀態都只有非主觀性的理解，所不同的是他們的理解都有些不同。專業人士在工具理性下去理解精神病人士時，一切著重專業權威、語言和判斷；而社區人士對精神病人士可能是：拒絕排斥、

無動於衷或接納與支持。對於這種接觸，一般而言，談不上什麼相交主觀性的投入、參與和表達理解，只是各自陳述自己的看法。專業人士以專業霸權的形態出現，去判斷社區人士的態度，並且以理性的理論和數據去教導、指導社區人士對精神病的正確看法，只是這些所謂正確的看法，充其量只是以病態、治療、效率數據的「客觀」呈現，對於主觀經歷和主觀看法都付之闕如。面對這些專業霸權和理性，一般來說社區人士都反應不大，對一些拒絕和排斥的人士來說，這些客觀的所謂數據和權威，並不能改變他們對精神病人士的主觀感覺。對於因為生活及工作繁忙，和精神病人士無暇理會的人士來說，他們根本無暇兼顧和理會這些專業人士的判斷和教導，對一些本身已經同情和接納精神病人士的社區人士來說，這些專業權威的論述，只會增加他們對精神病人士的病態、缺陷和依賴的感覺。以相交主觀性的角度去看，工具理性的專業論述只會減低社區人士對精神病人士的主觀投入和參與。

F：精神病人士的家屬和社區人士的接觸

　　精神病人士的家屬和社區人士的接觸之情況，可能與精神病人士和社區人士的接觸差不多，因為基本上如果家屬本身受過傷害，或者對精神病人士較疏離的家屬，及本身已經遠離他們的家屬而言，他們就已經與一般社區人士無異，而且他們也不會承認他們自己是精神病人士的家屬。而另一類的家屬是一些支持、關心和照顧他們的人，而且與精神病人士一起生活，他們的身分早為其他鄰居和社區人士所知，而對這些社區人士來說，他們面對精神病人士的家屬之態度，約可分成兩種：

　　1. 非常欣賞精神病人士的家屬不斷地照顧精神病人士。

　　2. 覺得精神病人士的家屬一定是今生和前世造了一些孽，才會導致目前的結果，所以家人的精神病是他們的報應。

　　第一種態度是精神病人士家屬備受尊重，尊重的原因是：

　　1. 覺得他們付出很多。

　　2. 覺得他們因為精神病人士而受了很多痛苦。

　　3. 覺得他們為了照顧精神病人士而備受委屈。

這些態度在某種程度上，都會加強精神病人士和社區人士的相交主觀性程度，社區人士與精神病人士的家屬之交互投入、交互參與、交互表達都因而加強，社區人士會在某種程度上探訪精神病人士的家屬，關懷他們，進而明白他們的感受、想法和取向。

第二種態度是精神病人士的家屬備受歧視，認為他們目前所受的苦痛是：

1. 前世和今生所作的孽。

2. 今生的報應。

3. 他們照顧精神病人士是應該的。

4. 是罪有應得的。

這些態度會讓精神病人士的家屬非常痛苦，他們與社區人士的交互主觀性都會非常薄弱。

六、結語

在本章中，筆者嘗試指出主觀性和相互主觀性的特質，以及在與精神病人士相交中這些特質的呈現。其實精神病人士之所以被其他人士所誤解和被標籤，究其原因是因為精神病人士的主觀經歷，以及他們與其他人交往中的相交主觀性的特性備受忽略和不受注重所引起，這些交互主觀性的呈現以及不同人士和精神病人士的交往，在本文中都有詳述。明白了這些特點和特性，作為一個專業人士（尤其是社會工作者）才能留意自己是否：

1. 尊重精神病人士的主觀經歷。

2. 自己在與精神病人士接觸時，有否留意自己主觀感覺的變化。

3. 與精神病人士接觸、溝通時，其感受不同程度、不同因素、不同情境的瞭解。

4. 完全的客觀和理性是不可能的。

5. 明白不同的人士與精神病人士和其家屬交往時，其實會產生不同的交互主觀反應和情況。

這些進一步的認識，對與精神病人士干預和介入有著非常重要的影響。所有

的干預其實都是精神病人士和不同人士的交互主觀性之交往。社會工作人員最重
要的是尊重和瞭解這些不同情況的出現，也才能在干預過程中實行社會工作的原
則和理想。

◇參考文獻◇

Colwyn, T. (2005). *Intersubjectivity*. Retrieved from http://attachment.edu.ar/interjectivity

de Quinecy, C. (2006). *Intersubjectivity: Exploring consciousness from second person perspective*. Retrieved from http://www.deepspirit.com/sys-templ/intersubjectivity/

Karp, D. A. (1996). *Speaking of sadness: Depression, disconnection and the meaning of Illness*. Oxford, UK: Oxford University Press.

Wikipedia (2006). *Intersubjective verification*. Wikipedia: The Free Sncydopedia. Retrieved from http://en.wikipedia/wiki

Yip, K. S. (1995). *Role institutionalization of social workers in psychiatric case management in Hong Kong*. Unpublished doctoral thesis, University of New South Wales, Sydney, Australia.

Chapter 7

以復原為本的精神醫療社會工作

一、前言

在前幾章中，筆者嘗試分析精神醫療社會工作的本質、多元介入手法、以能耐為本的取向，以及主觀性和相交主觀性的干預和取向。在這些描述中，社會工作人員必須尊重案主的潛能，並且以多種取向、角度和看法去認識案主的主觀經歷，以及大家互相交往所產生的交互影響，所有的這些描述，其目的都是以人道和全人的取向來看案主，也就是說把案主當成：

1. 有不同層面、在不同環境中有不同呈現的人。

2. 有自己的潛能和能力。

3. 有自己的主觀經歷。

4. 與其他人不斷交往，大家的主觀感應互相影響。

精神病人士不是一個固定、不動的個體，而是一個會變動、生長、交往和完整的人士。在本章中，筆者要更進一步去看待精神病人士的復原能力和取向，就如同筆者在第一章所言，復原（Recovery）的概念是 1990 年中在美國精神康復界開始盛行的概念，意思是以案主的復原能力（Recovery Power）作為出發點。所謂復原，Anthony（1993: 12）的界定如下：

> 「復原是一個深層化個人獨特的過程，在這個過程中，有關案主的人生目標、態度、感受、角色和技能都有所改變。這是一個讓案主自己能夠去過一個滿足、有希望的生命歷程，縱使有諸般的限制。復原是案主生命和人生意義方向的重整，這個重整的意義和層次，遠比精神病的標籤和過程來得深遠。」

從 Anthony 的界定來說，復原具備下列幾種特質：(1)個人深層獨特的經歷；(2)生命歷練的重整；(3)人生意義方向的深遠影響。

⬤⃰ 二、復原的過程

　　Strauss、Hafez、Lieberman 和 Harding（1985）曾經用二年的時間，在 28 個精神病人士復原的過程中，作了一個長期的研究，其中發現復原的過程中大致有幾個原則：

　　原則一：復原並非是一個直接和直線的簡單過程。

　　原則二：復原的過程有不同階段（反覆、改變和極限）。

　　原則三：復原的過程就像爬山一樣，充滿不同的起伏。

　　原則四：病情時間拖得愈久，復原的脆弱性就愈強。

　　原則五：環境會對復原有所回應，如包容或者是後退。

　　原則六：有關環境對復原的回應只有其慣性和程序的過程。

　　原則七：案主在復原中的角色和參與是非常重要的。

　　原則八：環境回應和個人行為的交互影響—意義的重拾。

　　這八個原則其實指出，復原並不是一個簡單直接的過程，而是一個相當複雜和變化的過程，過程有不同的階段，有起伏、有其一定程序，並且是個人和其環境交互作用後的影響，其中每一個原則對精神病人士的康復都有其重要之處。

（一）原則一：復原並非是一個直接和直線的簡單過程

　　這個原則其實是針對一些以簡單的治療方案為本的學者和專業人士而言。直線、直接、簡單的治療，其康復和復原的過程對專業人士在從事干預、介入時有很多好處：

　　1. 他們很容易以單一和逐步的治療手法進行干預。

　　2. 直線、直接、簡單的復原過程，讓他們容易估計在干預過程中使用的資源和效果。

　　3. 他們能清晰勾劃出自己在干預和介入中的責任，例如：醫護社會工作者只負責醫院中的干預，至於精神病人士到了社區之後的相關情形就與他們無關。

　　4. 直線的估計和預算讓他們更容易去向有關團體作出治療和康復的交代。

事實上，這些直線的治療評估、干預和過程的描述，在某種程度上對精神病案主病情的康復，反而有所阻礙，這些阻礙在以下的實例中就可以展現出來：

　　「李明是一位專業人士，負責一些繁忙而又緊迫的房地產買賣，由於行業的業務講求高度效率，而且買賣的金額非常龐大，加上房地產市場經常大起大落，李明為了要滿足公司的營業額，常常弄得筋疲力盡，茶飯不思，並且有明顯的焦慮傾向，有時在半夜還會從惡夢醒來，滿身大汗，驚恐不已。

　　李明在同事的介紹下到精神科求診，醫師聽完李明簡述病情之後，診斷他為一般焦慮症（General Anxiety Disorders）患者，囑他服藥及複診，李明事事講求效率，自然會詢問醫師自己的治療過程，醫師只好無奈地說一般焦慮症服藥後大概半年就會痊癒。李明誤以為復原的過程應該是一個直接和迅速的過程，雖然起初在服藥後都有點好轉，但似乎好景不常，沒多久，因為公司改組、營業額減少和同事中的是非，讓李明的焦慮情況日益嚴重，並且有轉化成為憂鬱症的傾向。

　　李明向公司請了一個月的假去旅行散心，病情似乎有點好轉。但上班沒多久後情況又開始惡劣，多次的反覆讓李明覺得自己的焦慮病情愈來愈嚴重，而且完全缺乏痊癒和復原的信心。

　　李明的情況顯而易見的是受到『復原是一條簡單、直接、毫無阻礙，只要服藥複診就可以解決的簡單觀念』之影響，這種簡單、直接的觀念其實讓案主很容易誤以為治療和復原的過程中沒有起伏，能夠一帆風順，也不需要減輕自己的壓力去重整內心和過去的凌亂，只需要服藥、複診就可以解決一切，結果當然隨著生命和壓力的起伏，而弄得病情反覆，也因為缺乏復原的信心，自我和環境調節也弄得病情沉重，甚至變成長期的藥物依賴。」

（二）原則二：復原的過程有不同階段（反覆、改變和極限）

　　復原的過程除了不是直接之外，其實是起伏不定的，其中一般來說會有下列幾種階段。

※階段 1：停滯不前（Moratorium）

停滯不前的意思是指，案主的病情並沒有多大的改變，只是停留在某個階段當中，這個階段對於當初病發的案主來說，是在適應由於精神病所帶來的衝擊，例如：在工作上、在家庭關係、在自我形象上的適應，這種適應其實是把從前較高的自我形象、工作上的期望、工作量、工作崗位和責任重新調整，家庭的適應是將家人對他／她的期望、看法和家庭中的責任重新調整。

對一些長期有精神病的案主來說，停滯不前是指精神病患者在長期患病之後，對所有周圍的情況有一種平衡和膠著的狀態和情況，這種膠著的狀態大約有下列幾種形態（如圖 7-1 所示）：

1. 有明顯的剩餘症狀（Residual Symptoms）。

2. 有缺乏改變的動力（Inertness）。

3. 對外世界有退縮（Withdrawal）的感覺，以避開不必要的傷害。

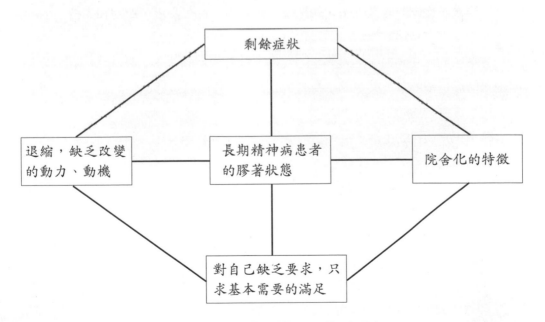

圖 7-1　長期精神病患者的膠著狀態

4. 對生活只有基本需求（衣食住行）。

5. 由於長期住院，所以有院舍化（Institutionalized）的情況。

6. 自我形象非常低，對自己並沒有要求。

這種膠著狀態其實是長期患病的精神病人士賴以為生的，但因種種不同可能性因素的影響，讓精神病人士可以避免病情再惡化，生活有著落，避免其他人的歧視，避開家人生活、工作的種種壓力下而生存。很多時候所謂的病發（Relapse），其實是這些因素失去某些平衡，讓精神病人士需要重新進行某種調整，可能是環境的壓力增加，也可能是自己的需求增加，或者可能是病情的生理情況有所變化，而在找尋另一種平衡，重新找到另一種膠著的狀態。

※階段 2：改變（Change Points）

除了膠著之外，另一個狀態就是改變，改變的意思可能是：

1. 案主環境的改變，可能有支持元素出現。

2. 案主有內在動力，去實踐自己的理想和目的。

3. 與案主相關的專業人士，如社會工作者對案主有要求、瞭解和支持。

4. 困擾案主多年的麻煩、困難和無奈的情況有所改變。

在案主的內在動力、周邊人士的支持、社會環境的改善、外在和內在的麻煩與困難情形皆減輕下，案主開始會有所改善，這些改善包括：

1. 找尋到合適的工作。

2. 過正常規律的生活。

3. 改變壞習慣。

4. 開始與別人溝通、交流。

5. 有信心去復原。

這種改變是指，案主有找尋新的平衡點之傾向，不再沉醉於舊日的光景，也不會依賴和眷戀膠著的狀態。

※階段 3：頂點／峰（Ceilings）

頂點或頂峰是指，精神病案主的改變由於客觀環境和主觀動力的侷限，只能

停留在某一階段和情況，而無法向前邁進，所以這是案主在目前情況下的頂峰。
這種頂峰是案主能力和多種條件所達到的最高水平，有可能是暫時性的，也可能
是長期和慣性的水平，或者是個人和環境的平行後果。一般來說，要改變這些頂
點就必須要有新的環境和個人情況的改變。這種頂峰其實是個人能力、潛能在特
定環境中發揮到極致的表現，這些發揮到極致的能力，在復原的過程中應該視為
案主復原目標和能力的取向和定向。

※階段 4：反覆不定（Irregular Pattern）

反覆不定的意思是指，案主的復原除了停滯不前外，有時更會反覆不定，並
且有下列三種形態交錯出現：A：向前進；B：向後退；C：停滯不前。

這種形態交錯可能是：

1. ABC：向前進，但又後退，但最後停滯不前。
2. AB：向前進，但又向後退。
3. BA：向後退了一段時間，但又向前進。
4. BC：向後退，但結果又停滯不前。
5. CB：停滯不前一段時間，但結果又後退。
6. AC：向前進一段時間，然後停滯不前。
7. CA：停滯不前，然後又前進。
8. BAC：向後退了一段時間，又向前進了一段時間。
9. CBA：首先是停滯下來，然後後退，最後又可能向前進。

這些不同形態出現於不同的情境之中，有些案主可能會傾向在開始前有好的
改變，但中段和末段則停滯不前或退步，這些案主可能在開始前的情境和動機比
較良好，但這些好的條件慢慢就不出現了，所以中段和末段會停滯不前，甚至退
步；有些案主則是開始時有退步和停滯不前，到了中段和末段才有所進展，這些
案主可能是需要較長時間的預備，其改變的動機和條件才能完成和足夠；有些案
主則在末段會停滯不前，其主要原因、需要的條件、動機和情境都不曾出現，才
會形成這種情況。這些復原階段的呈現，可以在下列個案中見到：

「王先生患有憂鬱躁狂症已經超過十年，在這十年中，他的病情都是起伏不定。起初王先生的憂鬱情況是由於其生意和婚姻失敗所導致，後來得到其兄長的大力幫助下，他的生意慢慢再從低谷中走出來，他的情緒也似乎穩定下來，甚至和女兒一起去旅行，並且再開始第二段婚姻。雖然王先生對他的太太一心一意，但他的妻子卻紅杏出牆，並且在王先生的奚落下，拂袖離去，王先生一氣之下，憂鬱的情緒又再回來了，並且在面對自己的低沉情緒時，用一些狂想去說服自己。為了證明男性的吸引力，他不斷去買名牌衣飾，並且出入歡場、嫖妓，不但花去自己多年的積蓄，並且讓自己債台高築，不能自拔，遂又陷入憂鬱的低谷之中。王先生在情緒低谷時有輕生的傾向，幸而被家人發現，並且及時搶救。在親友的勸告下，王先生終於入院治療，在有關工作人員的努力之下，王先生又康復過來，但連番打擊讓他對生命感覺低沉苦惱，整天呆在家中，怨天尤人。而且巨債無法償還，只有宣布破產，在社工人員的多次勸勉下，從事管理員的工作，薪水雖微薄，無復當年的驕奢淫逸的日子，但生活倒也過得踏實……」

從王先生的個案可見，其復原過程中的頂峰點（Ceiling Point）是他第一次病發康復後重新振作做生意的時候，他的後退和衰退的時段是他病發的時候，由躁狂的高峰跌下憂鬱的低谷中，但住院之後似乎憂鬱的低谷又回復到一種膠著的狀態中，這種膠著的狀態既沒有康復，又沒有繼續惡化。所以說，王先生復原的過程應該是：「病發→康復→頂峰點→下滑→復發→停滯不前」。

（三）原則三：復原的過程就像爬山（Mountain Climbing）一樣，爬得愈高，就愈困難，而且向上爬困難，摔下來就非常容易

這個原則就是指，精神病案主在復原的歷程中向上進步，愈接近正常就愈困難，起初病發和有混亂時，經過藥物和住院治療就會平靜下來，但要真正的康復重做以往的工作、重過家庭生活，並找回未病發前的自我信心和形象，則愈接近以前水平，就愈困難。找一份工作不困難，但要找回以前一樣的工作則不容易，

而找一份要求低、薪水高的工作則更困難。而且每一次進步時，案主都要付上雙倍的心力，康復的重整和進步都很費力，但遇到挫折時，退縮和惡化的情況則很容易。這裡所謂爬山似的起伏，在下列個案中可以表現出來：

「李先生有精神分裂症已經有 20 年了，20 多年來曾經入住精神病院七至八次，每次都有一段長的時間。病發時只有 25 歲，當時是一名出色的大學生，主修會計，成績不錯，本來大好的會計師前途在等待著他，但好景不常，在最後一年中，李先生和一位主科的老師意見不合，而且經常發生口角，最後這位老師更當掉李先生的主要科目；與此同時，李先生和他要好的女朋友也鬧分手，多番打擊，加上他一向非常自我、不和別人分享心事、性格內向，終於在班上病發，大罵老師不知所謂，全系老師都是災星轉世。

李先生遂被送往精神病院，並且被診斷為精神分裂症，就開始住院……之後在精神病院住了三年，待精神狀態比較穩定下才出院，但其父母已經離世，兄弟姊妹又和他失去聯絡，只剩下他孤單地面對生命的困難和挑戰。李先生雖然勇敢地面對康復後的歷程，也找到了一份大公司的會計文書工作，努力適應了一年多，但因公司內部人事關係異常複雜，黨派和利害關係糾纏不清，沒多久，他就被其他人孤立起來，而且更遭他人迫害，最後又再次引發精神分裂症。李先生在迫害感中感覺到公司的人不斷在跟蹤他，說他是大老板的間諜，而且說他的壞話——是人渣、垃圾，最後終於再度病發，在辦公室毆打他的上司後被送入精神病院，一住就是三年。經過連串遭遇，三年後李先生出院時，身體和精神狀態已經大不如前，而且經常神情呆滯，覺得人生就是恍恍忽忽、無無奈奈的困難。李先生並沒有進入社區重新找工作，只是入住了精神康復的中途宿舍，在中途宿舍裡，他並沒有透露他自己會計事業的背景，只是每天在中途宿舍做一些日常事務，而且經常待在宿舍中胡思亂想，中途宿舍的職員曾經勸他到庇護工場工作，以培養他工作的習慣，但李先生一口拒絕，在中途宿舍待了約二年。李先生的心情最近似乎被新的離開宿舍規則所產生的壓力所糾纏，精神狀態似乎有點混亂，結果又進院治療了二個月，再回到原先的中途宿舍居住。……」

從李先生的個案中，我們很容易看到李先生的復原情況並不理想，而且似乎是每況愈下、愈來愈差，就他的情況來說，要其復原似乎需要經過幾個階段：

　　1. 從精神混亂、呆滯的狀態中，回到精神狀態的平衡。

　　2. 從精神狀態平衡，回到正常生活起居。

　　3. 從正常生活起居，回到有適當的運動和活動。

　　4. 從有適當的運動和活動，回到有動機去從事工作和生產活動。

　　5. 從有動機從事工作和生產活動，回到正常的工作、生活節奏。

　　6. 從正常的工作、生活節奏，重新回到有自己的生活理想和復原的取向。

　　7. 從有自己的生活理想和復原的取向，再重過以前的生活。

　　這幾個復原的階段，就好像爬山一樣，愈高愈困難，因為第二階段的進程，建基於第一階段成果，同樣的，第三階段的進程，建基於第二階段的成果，如此類推，變成愈後來的階段，其難度愈高，成效愈奠基於以前的成果。所以說復原的歷程就像爬山一樣，愈上愈困難，愈接近未病發前的光景，就愈花氣力和心思。

（四）原則四：時間與變壞的脆弱性（Time Decay Vulnerability）

　　這種原則在復原的情況中，是發生在時間與日俱增的情況，有精神病的案主其病情變壞和脆弱性會愈來愈嚴重，這種情況究其原因有幾個因素：

　　1. 病人的病發和病情拖得愈長，就表示其受精神病困擾的可能性就愈高。

　　2. 病情拖得愈長，其他人對他的期望就會不斷下降。

　　3. 病情拖得愈長，病人與社會及他／她自己的社區距離就愈遠。

　　4. 病情拖得愈長，復原後病人病發的可能性就愈高。

　　這四種情況其實是說明，病情的持續，其蠶食性的功能就愈強、愈深入，病人的復原能力和可能性也愈低。這幾種原則性可以再詳列如下。

※病人和病情拖得愈久，精神病人士受的困擾就愈大

　　當病人的病情拖得愈久，其實表示精神病人士可能在情緒上、思維上、行為

上的阻礙不斷持續。不少病人在醫院已經住了很多年，完全習慣了院舍化的生活，加上這些阻礙慢慢變成剩餘症狀（Residual Symptoms），精神病人的幻象、幻聽和情緒的起伏似乎已經成為生活不可分割的一部分。另外，精神病人沉醉在自己的幻象和幻聽中，可能是為了滿足自己一些無法滿足的需要，例如：在幻象中去想像自己很富有、英俊和充滿才華，這些需要的滿足愈久，愈令精神病人士陷在當中、無法自拔，甚至內在世界的可靠性和真實性比現實世界更好。例如：對於不少酗酒人士來說，飲酒已經成為他們日常生活的習慣，也成為他們遇到不愉快和憂鬱時的應付方法，所以雖然知道酗酒對身心的毒害，但卻無法自拔，酗酒的時間愈長，病人出現酒精中毒的情況則愈嚴重，愈容易有精神困擾，酗酒復發的可能性則愈高。

※病情拖得愈長，其他人對他的期望就會不斷下降

這是指病人的病情時間拖得愈長，他／她的家人，包括丈夫、妻子、子女、兄弟姊妹、父母和親密的朋友等，對精神病人士的期望就會不斷下降，最後變成沒有任何期望。這種下降的階段約分成下列幾個階段：

1. 起初病發時，親友對他／她依然期望甚高，希望精神病人士很快地能康復起來，重過以前生活、重拾以前的責任，希望他／她在病情康復之後，重新滿足作為丈夫、妻子、父母、子女的責任和行為，重新站起來能和病發之前一樣。

2. 如病人的病情起伏，曾經病發多次，在每次康復不久後，又再復發。起初親友依然會對他／她有所期望，但每次病發之後的期望值，都會慢慢下降，最後只有期望病人能在某一天能康復起來。但事實上，他們對於病人能完全康復的理想並不樂觀，而且也放棄了病人能夠重新投入病發前的工作、家庭等各方面的責任的期望。

3. 當病人超過十年、二十年都是反覆不定的情形，而且已經長時間住院，病情反覆發作，各種社會功能和責任長期以來都有所退步之後，家人親友對病人的期望可能就會完全放棄，有些甚至會離病人而去，留下者，也可能只有希望病人能維持起碼的自我照顧、起居飲食，對於其他家庭和社會的責任，都不再抱持任何的期望。

※病情拖得愈長，病人對社會及他／她所屬的社區距離則愈遠

病人有精神病的時間愈長，病情愈是反覆不定，他們就愈少在社區從事正常的活動，例如：康樂活動、工作、宗教活動、交通、購物、交朋友。減少活動的原因，可能是病情反覆不定，病人變得：

1. 想待在家中，不想外出。

2. 被困在醫院中，與社區脫離。

3. 害怕被其他人所歧視。

4. 在正常活動中，社區機構人士都不接納，例如：商場的警衛見到精神病人士覺得其個人衛生較差，而叫他們離開。

5. 某些病徵讓他們不敢到社區去。

減少活動的後果就是和社區的距離愈來愈遠，愈來愈陌生、不安和被疏離，例如：一個困在精神病院超過十年以上的病人，當他們回到社區之後，可能因為社區的面貌、設施都有極大的改變，因而這些改變讓他們感到非常陌生，甚至於格格不入。

※病情拖得愈長，復原後病人的復發可能性則愈高

病情的時間拖得愈長，病人受精神病的困擾就愈大，家人和親友對他們的期望便愈下降，和社區的距離愈遠，就代表他們復原的困難則愈大。而不斷的住院、病情不斷反覆、不斷的社會隔絕，間接讓精神病人士習慣在病情和症狀中打滾，使得他們對精神病的適應比適應社會更容易。就算他們回到社區中，因為社區適應上的困難，加上在找工作與親友相處、受別人歧視等方面的壓力下，很容易使病情轉壞，又復發起來。這種情況在下列的個案中，也可以呈現出來：

> 「何先生有精神病已經有 20 多年，起初是因為工作壓力和婚姻失敗而導致精神崩潰，在精神病院住了大概五年然後出院，出院之後孑然一身，妻子和女兒不知在何處。何先生在缺乏相關學歷和經驗之下，只有在停車場找到一份沉悶的警衛工作，整天在停車場裡孤單的工作，沉悶而且孤單很容易讓

他胡思亂想，加上同事經常對何先生揶揄，令他非常難堪。沒多久，在一次和客人爭執的情況中促使他精神病發，再次進精神病院入住，至此之後，何先生的病情非常反覆，20年來都是住在醫院三或四年後就離開醫院，到中途宿舍居住、找工作，但大約一、二年後，又會因為壓力和困難，病情惡化再進醫院，反反覆覆愈久，他的精神病就每況愈下，情況極差，長期的病情不穩、社區隔離和親友離去，讓何先生心裡困惑、目光呆滯，不知怎樣處理自我的情況。」

　　從何先生的個案中，可以見到何先生本來的情況並不太壞，後來因為親友離去、生活孤單，加上工作不如意，其情況每況愈下；病情拖得愈長，復發的可能性則愈高，復原的能力也愈下降，到最後會成為復原和復發情況都差不多的膠著狀態——長期病患（Chronicty）。這種情況和過程，可以在圖7-2中顯示出來。

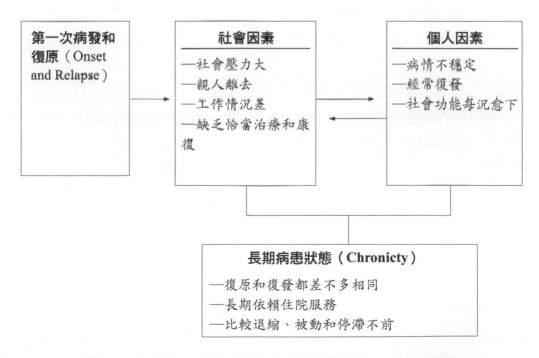

圖7-2　復原和復發情況都差不多的膠著狀態——長期病患

（五）原則五：社會環境的反應

精神病人士從醫院回到社區，回到自己的家庭和工作環境時，基本上都有一段寬容期（Convalescence），在這段寬容期中，家人、親友和工作上的同事都會對精神病人士有所容忍，認為精神病人士的病剛剛康復，應該對他們忍耐、安慰和鼓勵他們安心靜養，慢慢找工作，然後再過正常的生活。但時間漸漸過去，當精神病人士依然待在家中，毫無進展時，這種寬容的態度就會逐漸變成：

1. 失望氣餒：覺得精神病人士無藥可救。

2. 憤怒和不安：不斷督促精神病人士面對現實去找工作，對精神病人士的病徵和缺陷並不會理會，反而給予苛責和責罵。

3. 再找名醫：覺得精神病人士的病其實仍然完好，在愛心和關懷的驅使下，不斷為精神病人士找醫師，嘗試一些另類的治療方法，甚至歸咎、迷信於鬼神之說。

4. 標籤：當精神病人士的古怪行為再次出現時，周圍的人，尤其是社區人士會再次標籤他們，認為他們仍然有危險。

當寬容的態度轉變成失望、氣餒、憤怒、再找名醫等，都會讓精神病人士的家屬、朋友和支持他們的人士感到沮喪不安，甚至想放棄他們。他們在支持上的退縮和存疑，也會讓精神病人士在康復和復原的路途上充滿阻礙，甚至失去信心和能力。這種困局在下列的個案中可見一斑：

「王小姐罹患情感精神分裂症（Affective Psychosis）已有多年，每每遇到外界的壓力，如失戀、失業和考試時，就會情緒低落，常常幻聽有人在斥責她沒有用、一無是處，因此常常在家中自我隔離，甚至有輕生和自殺的意圖。有一次，王小姐病發時就因為和男朋友鬧分手，病情突然轉劇，不但幻聽的程度增強，而且更有輕生之念。家人見狀馬上把她送院治療，她在精神病院待了半年，在情緒和精神狀態穩定下出院，回到家後，母親對她特別呵護，希望她能夠早日康復，她的姐姐更替她找到一份兼職的文書工作，希望她有穩定的工作後能夠慢慢康復。但王小姐對工作和生活似乎都失去了信心

和能力，整天都是困在家中，一蹶不振；起初她媽媽對她非常容忍，但後來
見她事事都不起勁，屢勸不聽，日子一天天的過去，但她仍然是依然故我，
毫無起色，不知不覺對她的容忍到了極限，有時勸她找工作，她反而認為母
親不關心她，後來母女二人更經常爭吵，爭吵後王小姐和其母親都會情緒低
落，一怒之下，母親更捨她而去，搬到她大哥家中居住，從此，王小姐的情
況就更嚴重……」

從王小姐的個案中，可以看到她不但有寬容期（Convalescence）而且更有後
退期（Backlash），所謂後退期是指，精神病人士除了出院後情況較為轉好，家人
又慢慢接納她，後來情況又轉壞，而讓家人失去期望和關心之外，她的情況也於
孤立之後，慢慢變得退縮和無奈，在自己孤單的內在世界中將自己封閉起來，自
己對自己的看法是，其他人對自己失望，因此自己對自己也非常失望，甚至採取
放棄的態度和看法；而這種後退期讓王小姐的病情和憂鬱比以前更為嚴重。在後
退期中，有關的康復工作人員必須明白，案主和其親友在期望後失落的空虛和無
奈，並且加以鼓勵和處理讓其後退的事件、感受和需要，更重要的是要明白後退
的循環，不要強把工作人員自己的期望放在案主身上，當最後案主達不到期望和
標準時，會讓工作人員覺得沮喪和無奈。

（六）原則六：案主環境的反應和形式

按照 Strauss 等人（1985）的看法，案主環境的反應約有三種：

1. 誇大的反應（Exaggering Feedback）：這是指當案主的精神狀態和復原的情
況有所後退時，對於周圍環境的事情、人物的反應會過分敏感，後果當然是其情
緒問題和心理狀態會失去平衡，進而導致精神病再次惡化。而這種惡化又會讓案
主對周圍的反應再次敏感，於是成為一個惡性循環，慢慢導致精神狀態變得凌亂
和復發。

2. 改正的反應（Corrective Feedback）：這是指案主對周圍發生的事物、反應
恰當，不會過於敏感、呆滯，能夠恰到好處，並且能面對壓力、困難。在這種情

況下，案主的精神健康狀態都會比較穩定和平靜，是一種復原的狀態。

　　3. 積累的反應（Cumulative Feedback）：這是指相同或不相同的事件互相影響，最後積累下來，讓案主的情緒、精神狀態每況愈下，直到引發精神病狀態為止，例如：A 君在學校被同學所欺凌，但欺凌並未讓他精神狀態混亂。後來再加上老師的揶揄和父母的離異，幾種環境和挫敗的積累反應才讓 A 君無法適應，終於成為抑鬱的情況。在實際的個案中，有幾種反應都會相交互替的出現在個案上，在下列的個案陳述中可見一斑。其中的資料，已經取得有關人士的同意，為了保障案主的身分，所以其私人資料已作了恰當的更動：

　　「王英是一位中年男子，十年前因摯愛的妻子突然去世，加上失業的連串打擊而患上抑鬱症，最嚴重的時候更需入院治療。後來因為母親和弟弟的悉心照顧，慢慢的康復過來。由於剩餘的抑鬱情緒，王英對親友的離開非常敏感，而且常常歸咎於自己的不足與過錯，這種誇大的反應（Exaggerated Feedback）常常讓王英的病情反覆不定。有一次，他年老的母親因病入院，他馬上認為母親是因照顧他過分辛勞而入院，因此非常難過，經弟弟的開導之後才稍為好轉。但很不幸的，母親因病情惡化，終於不治去世。母親的離世觸動了他的過往傷痛，他認為妻子和母親的去世同樣都是他的過失，在強烈的罪咎和抑鬱的情緒下，王英企圖自尋短見。這種多年來悲痛事件所產生的積累反應（Accumulative Feedback），讓王英的憂鬱情緒如山洪暴發般地呈現出來。王英覺得一生的生命意義都隨著妻子和母親的去世而變得完全空白，一切的奮鬥和掙扎都變得完全沒有價值，因此拒絕進食並企圖自殺，想要去結束無奈的生命。幸好在弟弟、弟媳和侄兒的安慰和支持下，王英慢慢從抑鬱的情緒中回轉過來，加上弟弟在基督教教會中一些教友的探訪、鼓勵，王英明白人生的意義應放在一些榮神益人的事情，因此篤信了基督教，對一切世上的名利得失放得比從前開，不會反應過誇，只是和一般人一樣適當的反應（Corrective Feedback）。」

（七）原則七：病人和康復者在復原過程中的角色和參與是非常重要的

在這個原則下，所有的康復者和病人都應該被鼓勵、被培育、被肯定去參與其復原歷程，在這個歷程中應該包括下列幾個部分：

1. 參與自己服藥的過程，明白自己的情況，瞭解藥物的作用及副作用，並且選擇合適的治療，以進行復原的過程。

2. 有關康復、治療的服務，例如：住宿、工作及康樂的訓練等，病人和康復者都應參與其設計、施行決定和檢討。

3. 康復者和病人應該能代表自己去參與有關政策和服務的擬定和檢討。

這些參與不但能體會正常化（Normalization）和共融（Social Integration）的概念，更重要的是，康復者和病人在參與這些活動後，能重新拾獲自己的自尊和自信，這些自尊和自信正好就是大部分精神病人士和精神病康復者病徵背後的原因，同時只有不斷的參與，不斷地在現實世界中有好的投入，才會慢慢地脫離內在世界中的不良幻覺、妄想、驚恐和憂鬱。以下就是一位精神分裂症康復者在參與很多服務、治療後的自我陳述。康復者同意把他的故事作為學術研究之用，他的有關資料已作適當更動，以保護其隱私。

> 　　文先生說：「十年前，因為生命中多次的打擊，我患了情感精神分裂症（Schizoaffective Disorder），在病情嚴重時生命非常痛苦，不時伴隨著連續不斷的幻覺、妄想和情緒波動，進入醫院後，醫護人員給我吃了非常大劑量的藥物，幻覺、妄想和情緒波動都依然存在，但已經離我頗遠，整個都在我混混沌沌的疲倦中。我的所有活動，如參與一些職業治療、小組吃飯等，都由其他人做決定，我只是被要求一定要去做、要說實話，在這種情況下，我的身體在進行活動時，我的心靈、思維卻依然糾纏在我的妄想和幻覺中，尤其這些活動都是非常沉悶和千篇一律，有關的醫護人員也是例行公事的進行。沒多久，我被轉到一間中途宿舍居住，宿舍的機構比較主動治療社區（Therapeutic Communoty）的實行，要求我們不斷投入有關宿舍和安排活動的決定。

慢慢的，我覺得我的意見備受尊重和關注，於是放膽說出自己內心的需要、感受及經歷，同時也增加自己和其他病友的交流、交往和信任。心情開朗了，信心增加了，在不知不覺中精神病也慢慢在康復。幻覺和不安的情緒隨著有意義的活動和參與慢慢減少，並且漸漸平穩。半年後，我重獲信心去找尋新的工作，結果在舍友的介紹下到工廠打零工，工作信心恢復後，整個人重新燃起了希望和勇氣。」

（八）原則八：環境回應和個人行為的交互影響──意義的重拾

最後一個復原的原則是，精神病康復者能夠重新重組生命的意義，這種生命的意義是案主的行為和環境的回應。案主一般在面對外在環境的壓力和不安時，都會重新組織其對自己和外在環境的意義之理解，例如：一個失業的人會感覺到外在環境變得愈來愈惡劣和不安，似乎很多工作都拋棄他；同樣的，也會感覺自己愈來愈失去信心和力量。這種交互的影響讓案主慢慢失去自己工作的信心和意義，也失去了生命的意義。因此復原的歷程應該建基於案主生命的重整，以及信心的再塑造。

三、復原概念的十大原則

除了 Strauss 等人（1985）所詳列出的復原過程之外，美國有關團體及機構終於在 2004 年訂出精神健康復原的十大守則。這些被共同認可的十大守則，成為美國全國有關精神健康服務和手法以及政策所應持守的理念和方法。這十大原則對任何復原為本的干預及服務都非常重要，詳列如下（U.S. Department of Health & Human Services, 2004）：

1. 自我取向（Self Direction）。
2. 以個人及個體為本（Individualized & Person Centered）。

3. 主勢（Empowerment）。

4. 全人關懷（Holistic）。

5. 非直線的過程（Non-Linear）。

6. 能耐取向（Strengths Based Orientation）。

7. 朋輩的支持（Peer Support）。

8. 尊重（Respect）。

9. 責任（Responsibility）。

10. 希望（Hope）。

（一）自我取向（Self Direction）

自我取向是指，精神病人士及康復者有能力去選擇自己的路，整個復原的過程必須以康復者為主導，培養他們自立、自主、自我的能力（U.S. Department of Health & Human Services, 2004）。對精神病人士和康復者來說，自我取向的理解、溝通、干預及服務是非常重要的，唯有刻意尊重、培養和相信選擇自己應走的路，才能讓他們在復原的歷程中重新培養自我能力（Ego Strength）、自我形象（Self Image）和自信（Self Confidence）。不同的理論如 R. D. Laing 的 *The Divided Self* 一書中指出，精神分裂症患者是因為周圍社會環境（外在）的壓迫（Oppression）所導致的內心爆破（Significant Implosion）、被別人物化（Petrification），而導致自我的斷裂（Self Fragmentation）所引起的（Laing, 1960）。其他的精神病都與自我系統的功能受到某種的阻礙和壓抑有關，例如：

1. 抑鬱症（Depression）中的對失去客體的憤怒內在轉移（Self Introjection of Anger in Facing Loss）。

2. 神經官能症（Neurosis）中的自我解離（Self Dissociation）對不安、傷痛的壓抑與分離。

3. 妄想症（Delusional Disorder）中的自卑（Inferorty）與恐懼（Fear）的外在投射（Projection）。

其實每一種精神病都可以理解成為對現實世界的不滿、害怕、不安、傷害後的退縮和自我投入（Self Involvement），而這種退縮的自我投入讓我們無法面對

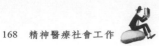

現實的即時情境，包括一些院舍化（Institutionalized）和社會控制（Soical Control）的治療和康復環境，加上一樣欺凌性的（Oppressive）社會環境，都讓精神病人士躲在自己退縮的自我世界中，而無法復原和康復。

　　因此，一個以精神病患者和康復者的自我取向之治療和康復環境是非常重要的，這個自我取向的環境讓精神病人士和康復者在受尊重、鼓勵和接納他們自己做決定、表達自己看法、培養自信的情境下，慢慢地將現實中自己內在世界的病徵轉回一個被接納的現實世界，只有這樣，他們才會真正的康復。

（二）以個人及個體為本（Individualized & Person Centered）

　　面對精神病人士和康復者，應該給予不同程度和不同路徑的復原過程，他們不應被有限和不足以及無法參與的有關服務、機制和資源所限制，他們應該在不同層面中有機會代表自己去說出自己的需要，從過程中的不良經歷甚至有限創傷中回轉過來（U.S. Department of Health & Human Services, 2004）。換言之，有關人士包括幫助精神病患者及康復者去參與有關的居住、康樂、社交、工作、恰當的醫療、輔導、訓練及服務等，這些服務不應以官僚化、院舍化、資源和專業人士為藉口，而否認個別人士的個別需要，對於精神病人士和康復者來說，這一種看重其個別獨特的需要和特色是非常重要的，只有這樣，他們才會慢慢在其他人的鼓勵下，重回現實的社區和生活。

（三）主勢（Empowerment）

　　主勢在復原的過程中，康復者能有效運用他們自己的權利和能力去決定自己應有的治療，去獲取應得的服務和資源，並且去運用他們的權力去改善生活素質。在主勢過程中，他們應該與其他康復者及病患去爭取他們應有的需要，成立有關組織和壓力團體，代表他們發聲，促使有關當局和決策者看重他們的需求；在主勢過程和路徑中，康復的自尊、自信、自重及自我能力都因而能提昇起來。

（四）全人關懷（Holistic）

所謂全人的意思是指，康復者的身、心、靈、精神、社區都被重視，不應只侷限在醫藥方面。而且關懷也在全面的日常和社區生活，如居住、就業、教育等，一般人的服務和精神健康方面的服務、家庭的支援、社區網絡的關心等，讓他們能有正常的工作、居住、康樂、社交，能正常的參與過正常的生活（U.S. Department of Health & Human Services, 2004）。

（五）非直線的過程（Non-Linear）

非直線的過程是指，精神病康復者的復原不是直線，而是有進有退的過程，並不是一步步清晰的復原過程，其間有後退，有起有伏；相關的專業人士應該協助精神病人士和康復者面對這些起伏、高低、瞭解這些起伏高低與有關事件、人物、環境的交互關係，幫助他們面對人生的各種挫敗挑戰，在他們復原的路上扶他們一把，在成功時勉勵他們珍惜。

（六）能耐取向（Strengths Based Orientation）

能耐為本的取向是指，精神病康復者在復原的過程中完全實現和發展他們的能力、生命力、天分、適應能力和與生俱來的價值，在這些能耐上，建立他們應有的新生命和實現他們應有的社會角色和功能，例如：照顧者、合作夥伴、朋友、親屬、學生及僱員（U.S. Department of Health & Human Services, 2004）。換言之，社會工作人員應該協助精神病康復者發展和實現這些能耐，讓他們在復原的過程中，重新體驗和展示他們的自主和社會功能，這些能耐包括：

1. 克服困難的經驗和成功的經歷。
2. 自己的特點、興趣、專長和潛能。
3. 支持他們的有關的人士，包括他們的親友和社區人士。

社會工作者除了幫助他們明白、認同、確立及發展這三方面的能耐之外，更應對下列幾方面有所留意：

1. 阻礙案主克服困難的有關因素。

2. 案主興趣、特點和所長發展的阻礙。

3. 阻礙案主周圍的人去支持、關懷、愛護案主的原因。

社會工作者應該找出這些阻礙案主發展其能耐的個人和環境因素，以協助案主和有關人士排除這些阻礙。

（七）朋輩的支持（Peer Support）

朋輩的支持是指，精神病康復者在復原的過程中，不應只有專業人士對他們治療和干預，也不單指他們自己能力的展現，同時應包括他們彼此的互相支持、互相鼓勵、互相提醒，在復原的道路上，一起面對工作、教育、家庭、治療和康復中的困難和挑戰。只有康復者連結在一起，他們的權益才會備受真正的尊重，他們也才能一起代表其他康復者去監督有關的政策、服務，而且他們互相支持、互相分享復原的智慧、互相提醒面對不同的困難，才會形成集體智慧（collective wisdom）。朋輩治療（peer psyohotherapy）能夠扮演一個幫助者，同時也能幫助自己（helper therapy）建立自信、自重、自尊，在復原的道路上，自助小組（self help group）和互助小組（mutual aid group）往往是正規治療服務以外，不可或缺的一部分。

（八）尊重（Respect）

尊重是指社區和社會的接納，能夠保障及保護案主的權利，案主不會被歧視、被看扁、被污點化，精神病康復者應該被各界人士看為一個完整的個體，並且保障他們，在自己生命的每一個環節有完全的參與（U.S. Department of Health & Human Services, 2004）。尊重是對精神病康復者非常重要的元素，只有在被尊重的外在環境中，精神病康復者才能走出自己的內在世界，進入外在現實世界中正常的參與、活動和行動，慢慢去過一般人的正常生活。尊重也指，精神病康復者能夠在生活、居住、教育、康樂、社交、交通、治療等各方面，都應有一般人應有的權利。

（九）責任（Responsibility）

責任是指精神病康復者應該對自己的復原負上應有的責任，這些責任包括自我照顧、自我鼓勵，對自己的生存負上新的意義，面對各種生活的困難，培養好的適應能力（U.S. Department of Health & Human Services, 2004）。責任感在復原的過程中是非常重要的，其在成為一個完整的自我也是必要的，更是成人必要承擔的角色和責任，包括下列幾個方面：

1. 家庭的責任感（包括作為父母、子女、姊妹的角色及責任）。
2. 工作的責任感（包括作為工作上僱員的角色及責任）。
3. 朋友的責任感（包括幫助朋友、支持和照顧各方面的角色及責任）。
4. 市民的責任感（包括對城市、國家、社會的責任）。

精神病康復者覺得被重視、被尊重與責任感提昇的同時，社會工作者應該幫助他們實踐責任、完成責任，使其責任感提升，使他們覺得自己仍然對其家庭、社會及社區有所貢獻、有所成就和價值。

（十）希望（Hope）

希望在復原的過程中，是為了塑造一個更佳、更美的前景與未來，意思是指個體能克服困難、勇往直前。在復原的過程中，希望應該是內化的，同時也是其他有關人如朋輩、家庭所肯定的。精神健康的復原不單讓精神病康復者能夠生活、工作、學習及參與社會，而且也讓他們能過充裕的國民生活，替國家民族出力，令國家更富強（U.S. Department of Health & Human Services, 2004）。

以上十大原則，社會工作者應該在與精神病康復者中的干預（intervention）及服務中展現出來，在下列的個案中可詳見一斑。案主和有關人士已同意將其故事作學術用途，因為保密關係，他們的身分和個人資料都已經適當地修改：

「大雄是一個曾經罹患精神分裂症的中年男士，他出生於一個單親家庭。父親在他六歲左右於一次交通意外中不幸去世，從此之後，大雄由母親

一手撫養長大。母親只依靠公共援助過活，父親過世之後，大雄成為母親唯一的希望和倚靠，因此母親對大雄非常依戀，對大雄事事關注及控制，他的小小錯誤都會讓她非常苦惱，經常情緒起伏不定。大雄在這種情況下成長，變得自我界限和自我形象都非常混亂，也缺乏自我主見，只是一個非常內向、懦弱和膽怯的小男孩。一路以來，大雄在學業上平平無奇，到中學時更是平均以下的成績，母親對大雄的學業非常緊張，讓他非常焦慮，高中面對聯考時，已經有不斷洗手和清潔的強迫性行為。

到了考試期間，甚至有身心症候群（Psychosomatic Symptoms）而不斷嘔吐，讓大雄非常痛苦，結果成績一落千丈，沒考上高中。於是大雄留在家中繼續重讀應試，但留在家中使其與母親的關係更加緊張，而且長期在孤立的情況下，慢慢產生精神分裂的症狀。大雄在妄想和幻覺中覺得自己有超能力，對讀書可以一目十行，所有的書只要他看兩眼就可以理解，而且他更可以操控監考員和改卷員的思想。終於大雄在考試場所病發，還大聲講述自己的超能力，之後被送進醫院，證實是罹患了精神分裂症，大雄在醫院住了 2 年。出院之後，由於長期服藥和住院的緣故，大雄變得目光呆滯，而且有點癡肥，從前做事是被動和懦弱，但現在卻完全缺乏動機、退縮（Inert and withdrawal），一副被院舍化（Institutionalized）的情況。結果他的媽媽也無法忍受他這個模樣，在相關社會工作者的勸告下，他終於入住中途宿舍。在中途宿舍內，大雄依舊是目光呆滯、退縮，凡事都提不起勁，只是整天待在沙發上看電視，吃飯時走到飯桌吃完又在客廳呆坐，負責的社會工作者，在筆者的提議和提醒下，開始採用復原的十大原則去對大雄進行康復和復原的干預。

首先，大雄的自主和自我需要被尊重。要進行這種情況，社工人員需要很大的耐性，負責的社工人員用了很大的耐性，慢慢解釋大雄在中途宿舍的康復過程，而且希望大雄寫出自己想要的康復計畫。起初這種自主的復原歷程（Self Direction），大雄並不接受，默不作聲，只是說社工人員喜歡怎樣就怎樣，後來社工人員讓他選擇他喜歡居住的房間，也容許他去選擇一些衣櫃和一些簡單的傢俱。大雄覺得自己被尊重後，慢慢講出自己的需要，他覺得自己一生什麼成就也沒有，只是不斷的痛苦和失敗，先是父親的離世，跟

著是差強人意的成績，母親的要求永遠無法達到，社工人員非常有耐性和同理心地聆聽大雄的過去和感受，在不斷的聆聽過程中，大雄感覺自己是一個獨立、有感受、有特別經歷想法的有血有肉，又被尊重的人。

社工實踐復原原則中的以個人和個體為本（Individualized & Person Centered），讓大雄感覺到和以前的輔導老師、醫院的醫生護士，以及醫院的社工完全不同，他們只是當大雄是一個病人，留心的只是大雄的缺陷、病情和缺失，對大雄內在的感受、多年的不安、經歷、背景，以及和母親的關係等並不在乎。當大雄詢問醫生，為何他有精神病時，醫生只是冷冷的回答，大雄是遺傳和生理失調所導致；大雄的媽媽詢問醫護人員，大雄何時才能復原，他們的答案都是不知道，只吩咐大雄不斷服藥。大雄服用了抗精神分裂症的藥品後，感覺非常遲頓，無精打采；加上其他人對他的冷漠，自己性格的內向和懦弱，讓大雄覺得人生只是可有可無，自己的生命是無意義的真正空虛。但中途宿舍的社工人員對大雄的忍耐、尊重和關懷，卻真正讓大雄覺得像人一樣被看待，他的權利、價值好像被重新塑造起來。

對社工人員來說，這就是主勢（Empowement）對大雄重新振作起來。大雄也覺得社工人員是關心他整個人的身心靈（Holistic）、社交、康樂，且引起了社工人員的注意和認同。社工人員和大雄傾談多了，讓大雄整個人都鬆弛下來之後，於是開始輕鬆地和社工人員分享他的興趣。原來大雄在繪畫、書法和藝術上很有天分，過往因為被母親不斷提醒要努力學習課業而忽略，只有社工人員留意他的長處、潛能和天分。

大雄對這種能耐取向（Strength Based Orientation）非常興奮，所以從一個被動、退縮和無奈的狀態，慢慢轉化為比較積極、比較主動的情況，他還主動要求自己到庇護工場工作，在工作半年後，更希望到外面找工作，但很可惜的是找工作並不成功；而且在找尋工作的歷程中，某些僱主還奚落他的學歷和成績不好，讓大雄非常氣餒，加上又與中途宿舍的舍友吵嘴，種種不利的因素累積後，大雄的情緒大為低落。因此大雄的幻覺也再度增強，又回復從前的退縮、被動和無奈的狀態。

大雄的情況有起有伏（Non-Linear），並不是直線的復原或者衰退，也

不是膠著的狀態起伏，大雄和他的母親以及其他中途宿舍人員看到這個情況都非常氣餒，後來經社工人員的開導，明白復原的起伏性，就鼓勵大雄要繼續下去。社工人員留意到大雄的情緒和狀態其實與其他人的批評和讚賞有關，因此社工人員決定加強其他人對大雄的讚賞，並減少對他的批評。社會工作人員開始培養和發展宿舍內其他人對他的交往和關係，尤其是在中途宿舍與他同房的房友。在社工人員的鼓勵下，大雄開始和其他舍友熟絡起來。

　　他們對大雄的朋輩支持（Peer Support），讓大雄的情緒也開朗起來。其中一位舍友更介紹他到熟識的工廠工作，大雄在大家的支持下，性格變得開放和主動，而且也經常幫助其他舍友。當其他舍友有精神和情緒的困擾時，大雄還會鼓勵大家一起去關心這些舍友。有時看到有些舍友比較不禮貌的去對待別人，他還會告訴他們要尊重（Respect）自己、尊重別人。大雄在工廠做了半年零工，掙了一點錢，就把部分送給他媽媽，留了部分未來使用。

　　大雄終於學會做一個負責任（Responsibility）的舍友、朋友和兒子。一年後，大雄在宿舍的生活、狀態已經有很好的復原，他的媽媽看見他的情況也非常高興。大雄未來的目標就是進入職業訓練學院就讀關於設計的課程，希望（Hope）借此塑造他自己的前途和正常的成人生活。」

四、結語

　　總括來說，筆者在本章介紹復原概念在精神病康復者中的體現和運用。近十年來，復原的概念是美國和國際間最重要的概念，有關的文章、研究和辯論多得不可勝數，除了美國本土的文獻之外，還有不少來自英國、加拿大、澳洲、紐西蘭、歐洲各國，甚至是日本、韓國等（Amering & Schmolke, 2009），本文因為篇幅關係，只能選擇 John Strauss 的研究和美國 U.S. Department of Health & Human Services 以及其他團體所合訂的十大復原守則作為藍本，來討論精神健康復原（Mental Health Recovery）的理論和運用。在復原概念和實行的過程中，存在著下列幾項爭論和矛盾（Yip, in press）：

1. 個人主觀經歷與專業干預及服務推行。

2. 復原中的希望與以實證理據為本的復原手法。

3. 自我實踐與其他人的支持。

4. 使用者的倡導與臨床實務及醫療。

（一）個人主觀經歷與專業干預及服務推行

復原運動的起初發展，是 Deegan（1988）個人罹患精神分裂症，經歷了許多痛苦治療及禁錮後，因為感覺人間還有愛、還有希望的情況下，決定走上康復和復原的道路。

後來復原概念的發展，不少都是有關精神病康復人士的親身主觀經歷（Subjective Personal Experience），這種主觀經歷，好處是讓有關人士，包括專業人士、政策制定者和社區人士，明白康復人士的經歷、痛苦、掙扎、努力和奮鬥過程，不盲目地禁錮、標籤、害怕他們，專業人士也不會單是把他們當成專業權威下的治療、處理，以賺錢、生計為目標，從而尊重他們的權利，明白他們的需要，理解、體諒他們的痛苦和限制，並關懷及支持他們的困難和挑戰。但對於政策制定者、醫護人員和一些專業人士來說，這些主觀親身經歷的詳述讓他們感到不安，不安的原因如下：

1. 這些主觀經歷，尤其是對有關服務、單位和醫護、禁錮，以及一些不恰當的藥物治療的相關描述，其實是一種控訴，也是一種對專業權威、專業地位的一種威脅。

2. 他們習慣以計算和科學的語言去進行服務的評估，以便推行有關的專業實務。在面對案主和病人的主觀經歷和主觀的看法時，實在讓他們有不知所措的感覺。特別是十大復原的原則推行之後，他們更需要以他們慣用的言語去演繹及保障他們的利益，並進行有關的計算。

3. 在分配資源時，有關服務在面對這些主觀經歷時，他們會衡量政治壓力去分配給有關團體，去進行有關復原和康復的服務。但要提出理據去支持他們的分配是否合理，這個情況主觀的言語和經歷就不太管用，他們需要數據去進行分析和監督有關服務的成果。

（二）實證理據與復原的希望

在上述的情況下，除了精神病患者和康復者的主觀經歷之外，客觀科學和以量度（measurement）為本的有關量度（scale）就應運而生，在美國本土運用比較著名的有以下幾種（Campbell-Orde, Chamberlin, Carpenter, & Leff, 2005）：

※量度個別康復者的復原程度：

1. Consumer Recovery Outcome System。

2. Illness Management and Recovery。

3. Mental Health Recovery Measure。

4. Ohio Outcome System。

5. Peer Outcome Protocol。

6. Reciprocal Support Scale。

7. Recovery Assessment Scale。

8. Recovery Measurement Tool。

9. Relationship & Activities that Facilitate Recovery。

※量度倡導復原的社會環境：

1. AACP ROSE-Recovery Oriented Services Evaluation。

2. Recovery Enhancing Environment Measure。

3. Recovery Oriented System Indicators Measure。

4. Recovery Self-Assessment。

這些量度（scale）之主要功能是要去量度：

1. 精神病康復者的復原能力。

2. 有關服務是否有考慮、實行康復者的復原能力。

3. 有關服務環境是否能促進復原的歷程。

這種以客觀科學語言為主的量度（scale），其好處是讓復原的過程、服務和干預加以量化，從而找尋證據（Evidence based）去證明干預、服務的有效性，但

壞處是以專業人士、服務供給者和政策制定者為主導，久而久之，精神病患者和康復者的權力、地位和主導性就會下降，而且透過量化的過程，個別人士的獨立性和需要，以及經歷就會被忽略。當服務、干預和機構為本的取向愈來愈強時，表面上好像以復原為本的服務，便慢慢就會失卻其復原的本意，相關服務的供給者，只是不斷地去證明其為案主復原而提供服務，而不是真真正正的以案主本位、個別案主的經歷、案主的需要而提出干預和服務。

面對這個主觀復原經歷與客觀復原量度的矛盾，身為社會工作者，似乎又要在實務上，一方面要尊重和實踐案主在主觀復原經歷中的自我取向、能耐、主勢、朋輩的支持等要求，另一方面也要向有關的決策者提供復原效果的量度準則，讓他們明白實務的可靠性，但社會工作者必須明白下列幾項要點：

1. 復原中的量度雖然是科學性、客觀性很強，但卻不能取代案主的主觀經歷、要求、看法，案主的獨特性（Uniqueness）也不能被取代。

2. 復原過程的主觀經歷，有需要的話，社會工作者也可以用較簡單的數字語言，例如：他們在家庭、社會、工作的功能和責任，應該由他們自己去向政策制定者說明他們的集體需求。

3. 有機會的話，社會工作者應該安排精神病康復者直接向政策制定者、服務提供者、資助者（Funder）等，面對面地直接說出他們自己的感受，以及對於復原、經歷、需要和對服務及干預的不滿，而不要把他們個別的需要埋藏在過分簡單化的數據當中。同時，社會工作者應該把他們組織起來，把他們的需要和對服務的需要向政策制定者和服務提供者施予壓力，要求他們有所改變，而至復原的過程能夠很順暢地呈現出來。其實在復原經歷的過程中，包含最重要的人生希望，這種希望包括下列幾項元素：

(1)希望是人生的期望。

(2)希望是推動自己去改造自己的能力與習慣。

(3)希望是紀律自己的動力。

(4)希望是對過去努力感到有回報。

(5)希望是對現實感到充實。

(6)希望是對未來感到肯定。

(7)希望是找到永恆的意義。

希望與實證其實也有其矛盾之處，以量度去證明有關服務和干預是以確定的方法去找尋證據，但希望則是在沒有確實的證據中，依然抱有期望和勇氣，然後自己用自信去逐步實行出來。

真正的希望往往是主觀的，往往是有存疑之處，往往是有不確定的地方。精神病康復者要對自己的前途依然有期望，需要面對很多的困難、很多的阻礙，但依然有希望，希望自己能夠復原起來，希望自己能夠找到工作，重新繼續學業，找到合適的居所，甚至組織家庭，重過正常的生活；沒有這些希望，康復者就會缺乏真正的動力去改變自己、去克服困難，重過正常的生活；沒有這些希望，康復者也就沒有動力去改變不良的生活習慣。同時，康復者不單對自己有希望，同時也應該對別人有希望；更重要的是，其他人對他也有希望，只有這樣他才會感到生活很實在。更甚者，當其他人及康復者自己都覺得自己沒有希望的時候，仍然有人對康復者抱著希望，這種希望往往是無法去證明、去確實，反而是其他人對康復者無法言喻的愛心和信心而產生出來的希望，讓康復者在對自己已經完全絕望和無奈的困境中重燃希望，去相信自己可以復原、可以重新生活、可以再次站起來。

（三）自我實踐與其他人的支持

復原的概念有二種雙關的元素，第一種是康復者實踐復原的十大元素，其中**康復者對自我實踐**應該包括：(1)自我取向（Self Direction）；(2)以個人和個體為本（Individual and Person Centered）；(3)主勢（Empowement）；(4)能耐取向（Strengths Based Orientation）。這四種元素是案主能力、自我形象、自我決定、自我肯定的實踐，意思是讓案主在缺陷、缺欠和缺失中的情況，重獲自我肯定、信心和動力。

除了這種自我元素之外，還有一些**環境和別人的元素**，其中包括：(1)朋輩的支持（Peer Support）；(2)尊重，尤其是別人的尊重（Respect）；(3)實踐社會上各層面的角色和責任（Responsibility）；(4)被別人在不同層面的接納和支持（Holistic）。這四種元素最重要的是都需要教會人士、朋友、家人和工作夥伴所接納、

關懷和擁抱。

　　還有二個元素需要其他人及康復者一起互相呼應，其中包括：(1)非直線（Non-Linear）；(2)希望（Hope）。這兩種元素其實都需要大家互相支持、反應，無論是復原過程的起伏或者希望的塑造，其實都是康復者跟社區人士、家人、朋友的互動所影響。

　　從實務上來說，Yip（in press）認為，真正的復原歷程其實是不同程度的個人因素及其他人因素的組合，例如：

　　個人因素：A：復原能力高的康復者；B：復原能力中度的康復者；C：復原能力低的康復者。

　　其他人的因素：1：對康復者關心和接納高的人士；2：對康復者中性、不關心，但也不排斥的人士；3：對康復者排斥的人士。

　　這兩種因素合起來有以下幾種可能性：

　　1. A1，B2，C3：可以說是對等的組合，意思是說案主的復原能力與其他人的接納程度相同。在許多復原的歷程中，A1 應該是最容易復原的，而 C3 應該是復原能力最差、可能性最低。

　　2. A3，C1：則是相反的組合，意思是說案主的復原能力剛好與其他人的接納程度相反，結果顯示易見，是把復原的能力／阻礙和其他人的接納／排斥中和。

　　3. A2，B3，C2，B1：則是隔一層的組合，如 A2，一個復原性很高的案主，遇上一個中性、既不排斥又不接納的其他人，也就是說，A的復原性既不受鼓勵，也不受阻礙，這種組合的結果就是個別的特色不受其他因素所左右。

　　嚴格來說，作為一個社會工作者，在面對以下兩個挑戰時：(1)發展案主的復原動力；(2)培養一個接納案主的社區，應該首先選取 A1 的作法，讓一些復原能力很高的康復者去接觸一些對康復者非常接納的人士，透過一些好的活動和交流，建立一個互相尊重、互相支持的關愛社區。當A1 都變成支持者，A從精神病康復者變回正常社區人士之後，1 也變成對精神病康復者有更好的認識，A 和 1 一起關懷B，A、1 和 B 在一起，把 B 復原能力中度的康復者發展起來，然後告訴 2，讓這些對精神病康復者接納度中性的社區人士，變得能夠接納和樂意支持精神病康復者，A、1、B 和 2 再一起關懷 C，當 C 是一些復原能力較低的康復者，需要

較多資源接納和關愛的康復者都能發展和康復的時候，相信3也能跟著改觀起來。這個發展案主復原能力，也發展社區接納度的過程，可用圖7-3展示出來。

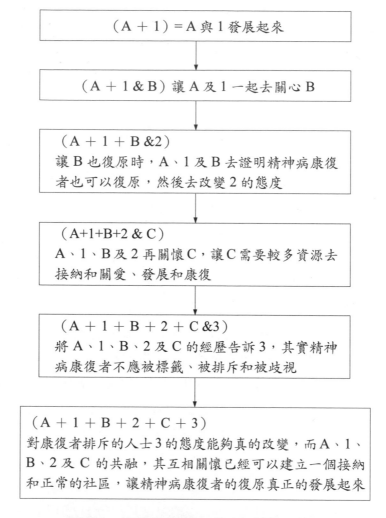

圖 7-3　康復者復原力和社區接納的發展

（四）使用者的倡導與臨床實務及醫療

在復原的理論和實務當中，其中一種矛盾就是使用者的倡導與臨床實務和醫療。使用者的倡導（Consumer Advocacy）意思是康復者代表自己去爭取應有的權

益，對有關的服務、有關的情況作出爭取，換言之是以康復者為本。但在實際上，
康復者也需要其他專業人士的幫助，專業人士在面對康復者需要接受臨床實務和
醫療時，臨床實務和治療的過程卻依賴專業人士的專業技術、資源和訓練。換言
之，復原的動力在於專業工作者的技術、能力和資源，當倡導者以使用者為本時，
臨床實務卻以專業人士為本，使用者的倡導愈強，專業人士的地位和角色就愈輕；
相反的，專業人士的位置愈重要，使用者的角色就愈次要。其實，在服務政策和
實務上，使用者和專業人士都有其角色和重要性，需要互相提醒、尊重和合作，
才能把復原的歷程展現出來。作為專業人士在進行與康復者的臨床實務和治療時
應該：

　　1. 尊重康復者的權利。

　　2. 無論情況如何惡劣，都應該相信康復者有能力復原，有希望、有能耐、有
責任心、有其自信性。

　　3. 在治療和臨床實務中，儘量把康復者的希望、能耐、責任、自信、自主性，
和他們朋友家屬的支持給發掘、培養和發展出來。

　　4. 臨床實務和治療的目的不是在展現專業人士的權威、能力和資源，而是根
據案主（康復者）的能力和情況，協助他們發展復原的潛能和本質。也就是說，
康復者會愈來愈有能力、自主、康復和復原，而不是長期依賴專業人士。

　　5. 當康復者的能力已經到達某一程度時，專業人士在臨床實務和治療時不應
把康復者視為一個被動和依賴的個體，而應該是一個一起合作的共同夥伴。

　　同樣的，當康復者在倡導其有關權益、服務和政策時，也應該重視專業人士
臨床實務的成效和看法，以下也是幫助有關人士溝通時，需要留意的地方：

　　1. 康復者應該儘量把自己的個人經歷、看法和對服務的意見以對的形式刊登
出來，以便容易的與專業人士溝通、分享。

　　2. 康復者應該組織起來，以自助小組的形式去實踐和凝聚復原的智慧和康復
的路徑，有了康復者自己幫助自己的實務知識和能力之後，就可以與相關的專業
人士分享這些智慧，也可以讓專業人士相信康復者真正的復原途徑，讓他們把專
業的實務和臨床經歷加以恰當的修改。

　　3. 康復者在倡導自己的權益時，其實可以與一些以復原為本的專業人士合作，

配合有關質化（Qualitative）和量化（Quantative）的研究，去達到一些既有深度又有廣度，又包括康復者自己經歷的資料（Data），去全面檢討有關服務、政策和實踐及治療的成效對康復者的影響。

　　最後，若仔細去檢視復原的有關理論和研究，就不難發覺，這些理論和研究其實都與康復者的切身經歷及量化的服務成效為主。但對個別不同類型精神病患的有關理論所接駁的位置並不多，其實每一種精神病，包括：精神分裂症、情感精神病、性格異常等，都有為數不少的理論，根據這些理論，又有其相對的治療康復和干預方法，但似乎到目前為止，復原的理論和實務還未能與這些理論的本體去接軌。另一個空間就是復原的理論之本質上，是把案主和康復者作為一個完整人來看待，但在這個看待和取向下，復原的理論也沒有與人的感受、經歷、生命意義、自我系統、思維、身體、社會功能的理論接軌，尤其復原理論要與實務接軌實在還有很多未開發的空間，這些空間可在圖 7-4 中展現出來。只有在不同種類精神病的本體理論和關於人的不同層次理論的聯繫和豐富下，復原的理論才會真正地與精神健康的臨床實務有所接納和結合。

復原的理論與研究

1. 康復者的復原經歷。
2. 康復者的復原倡導與權利。
3. 康復者的有關服務之有效性和實踐。
4. 復原服務中的施行。

有關不同種類精神病的本體理論

1. 不同精神病的生化理論。
2. 不同精神病的思維行為理論。
3. 不同精神病的社會建構理論。
4. 不同精神病的自我系統理論。
5. 不同精神病的心理動力理論。
6. 不同精神病的生命意義理論。
7. 不同精神病的社會功能和角色理論。
8. 不同精神病的人際關係理論。
9. 不同精神病的感情理論。

精神分裂、情感精神病、性格異常、焦慮精神病……

關於人不同層次的理論

1. 精神系統生化理論。
2. 思維、記憶、行為理論。
3. 社會建構理論。
4. 自我系統理論。
5. 心理動力理論。
6. 生命意義理論。
7. 社會功能理論。
8. 人際關係理論。
9. 感情理論。

圖 7-4　復原理論與精神病本體理論與人不同層次的理論結合

◇參考文獻◇

Amering, M., & Schmolke, M. (2009). *Recovery in mental health: Reshaping scientific and clinical responsibilities*. London, UK: Wiley-Blackwell.

Anthony, W. A. (1993). Recovery from mental illness: Guiding vision of mental health service system in 1990s. *Psychosocial Rehabilitation Journal, 16*(4), 11-23.

Campbell-Orde, T., Chamberlin, J., Carpenter, J., & Leff, H. S. (2005). *Measuring the promises: Compendium of recovery measures* (Volume II). Washington, DC: The Evaluation HSRI Centre.

Deegan, P. E. (1988). Recovery: The lived experience of rehabilitation. *Psychosocial Rehabilitation Journal, 11*(4), 11-19.

Laing, R. D. (1960). *The divided self*. New York, NY: Pelican.

Strauss, J. S., Hafez, H., Lieberman, P., & Harding, C. M. (1985). The course of psychiatric disorder III: Longitudinal principles. *American Journal of Psychiatry, 142*(3), 289-296.

U.S. Department of Health & Health Sciences (2004). *National consensus statement on mental health recovery*. Washington, DC: The Author.

Yip, K. S. (in press). Resilience and recovery: Implications to clients with mental problems. In K. S. Yip (Ed.), *Recovery and resilience of persons with mental problems: Interpretation, interaction and intervention*. New York, NY: Nova Science.

Chapter **8**

精神病人士的權益與倡導

一、前言

　　精神病人士的權益與倡導，向來都是以人為本（Humanistic）的專業人士在推行精神健康實務（Mental Health Practice）必須留意的問題。對社會工作者來說，這更是社會工作理念的重要部分。一般來說，精神病人士在下列幾個方面都會受到不公平的對待，甚至虐待：

　　1. 在社會上，由於有精神病，就不斷會被社會人士，包括：親友、鄰居、工作夥伴及其他社區人士貼上標籤，認為罹患精神病一次就等於一生有精神病，而有精神病的人便會瘋狂、不理性和有暴力傾向。

　　2. 在康復的過程中，在尋找居住環境、工作、社交康樂，甚至在婚姻和戀愛的過程裡，容易受到歧視、誤解和標籤，認為他們不應享有與一般人應有的機遇（Opportunities）、權力及正常人的生活。

　　3. 在治療和診斷的過程中，精神病人士會很容易被有關人士所拘留（Detention），在非其意願的情況下服藥、束縛、限制其活動及個人活動的自由、意願和空間。

　　4. 在與社會人士一般交往時，精神病人士很容易被誤解、疏離、孤立、排斥和漠視。

　　這些不公平的待遇，不但無助精神病的復原與康復，反而讓他們的精神狀態有著更多壓力和不安，有時甚至成為他們復原的真正絆腳石。

　　下列是精神病康復者在這方面的自述，案主已經同意把他的故事作為學術研究用途，為了保障他的隱私權，他的個人資料和姓名都已經適當的更改：

　　「我的名字叫亞明，22歲左右我就不幸罹患精神分裂症，這是因為一連串的失敗和打擊所致，首先是我摯愛的父親去世，然後就是工作上不斷被同事所陷害、嘲笑、被上司責備，但因找工作困難，而且媽媽又有病，只得煎熬下去；有時晚上惡夢頻頻，夢中一直被同事和上司拋進流沙中沒頂，無法脫身，後來更加上戀愛多年的女朋友另結新歡，交上了一位有錢的男友，要

與我分手，我在多番打擊下，終於崩潰了。有一次上司責備我時，我不只與他對罵，而且還跟他對打，並且大喊大叫，結果被警察關進精神病院。

　　前兩天在精神病院的經歷，簡直像是地獄一樣，他們把我束縛在床上，說我大喊大叫、失去理智，其實我是公司的受害者，但因為我失控，卻變成犯罪的罪犯一樣，且被禁錮、被束縛。每次我因失去自由而大喊大叫的時候，我就被人當作精神病患地打針。經過打針後，人就變得精神恍惚。在這兩天裡，沒有人走來關心我，也沒有人聽我的訴求。我被綁在床上，連飲食、大小便也需要被人所玩弄，簡直連基本的尊嚴也沒有，只是像野獸一樣被圍在籠內，嚴格來說，我不是自己瘋了，是給這個世界弄瘋的。

　　兩個月之後我整個人都虛脫了，打針、吃藥、被束縛、被歧視、大喊大叫之後，沒有什麼力氣，只像行屍走肉地讓人弄進另一間精神病房。這個封閉式的男精神病房，跟剛進來的新症病房（Admission ward）很不同，在新症病房中，很多是像我一樣是被束縛，也有的在大喊大叫，我想不是精神病讓他們大喊大叫，是不合理、不人道的對待讓他們如此做。但這個封閉的男病房卻是死氣沉沉的，所有病人都像行屍走肉般，目光呆滯地走來走去，有些是喃喃自言，還有些年紀很大，據說待在這個院內已經20年了。有些年紀很輕，像我一樣，大家都擠在本來只可住40人，但目前住了80人的病房，床貼著床，一點空位也沒有，每天病房的生活是沉悶和沒有自由的，我們被帶到工作治療房內從事一些無聊、簡單又重複的工作，大家都鴉雀無聲，心裡想著別的東西，手卻得弄不斷重複的工序。

　　後來我學乖了，在精神病院不能有投訴、不能有病人的權利，只能乖乖服藥、乖乖聽話、乖乖的像行屍走肉，見到醫護人員要聽話，慢慢的他們就覺得我康復得很快，說實話，我只是滿足他們控制我的要求。半年後我就由醫院轉到中途宿舍居住，這裡自由多了，但無奈中途宿舍和醫院的醫護人員一樣，都認為精神病人缺乏康復和復原的能力，一定要服藥、一定要聽吩咐、一定要按照舍規辦事，在很多的『一定』下，把我們的個人意願、能力都否定，他們都很忙，但忙的都是宿舍管理，但卻沒有空閒去聽我們的故事、背景和需要，我們只是他們工作的對象，也是文件、節目的內容……」

從上述案主的經歷和敘述中，可見案主的權利有下列阻礙：

1. 案主在醫院中完全失去人身的自由，被禁錮、被束縛、被虐待。

2. 案主缺乏選擇自己治療方法的權利，只因其被診斷為精神分裂症，所以不合理的治療和對待就可以加諸在其身上。

3. 案主的背景、感受、需要及生命歷程，在整個治療和康復的過程中都完全不受重視。案主在有關的工作人士和專業人士眼中，只是一個病人、一個工作對象、一個需要操縱、需要服藥的對象而已。

4. 當案主去爭取自己的權利和應有的對待時，有關的工作人士和專業人士都會當作是精神病病徵的出現，結果換來更多的禁錮、更多的操縱和更多的虐待。

5. 有關工作人士和專業人士在進行這些禁錮、操控，甚至虐待時，都會振振有詞，覺得這些都是為了穩定案主的精神狀態而作，他們不覺得這是剝削案主應有權利和對待的情況；有些人會覺得這是為了讓案主不去傷害自己和傷害他人而作，但他們忘記了這些操控、虐待、禁錮和忽視，會帶來更大的傷害。

在本章中，筆者會就這些情況做出較詳細的論述，從而勾劃出精神病康復者在權利上的尊重和倡導的重要性。

二、精神病康復者應有的權利

1987 年在英國倫敦，相關部門為精神病患者和康復者進行了一些較完整的討論和調查，為他們應有的權利做出以下的陳述（Heginbotham, 1987）：

1. 每一個人都有其基本的權利去追求生命、追求自由，以及用最好的心理和生理健康維護自己的尊嚴。

2. 被標籤成為精神病的人士，應該與其他未有精神病的人士享有同等的關懷、照顧、尊重；沒有任何被診斷成為精神病的人士該受到不公平、不合理的對待。

3. 所有的治療應該在一些被社區人士認同的友善和關懷的環境中，去幫助有關人士去重建其生活習慣、友愛和互惠關係。

4. 精神健康的服務應該對案主有尊重、人道和關懷的對待。案主是服務的目的，而不是為了達到服務的手段。

5. 相關的服務應該將每位案主皆視為一個有內在價值和獨特意義的人看待，因此案主個人的經歷、願望和渴求，都應有充足的考慮並兼顧其相關服務和干預的歷程當中。

6. 每一個被診斷、標籤或視為精神病的人士，都應該有權利去減少家長式的被操控，以及給予適當的倡導，也應該有好的資源去幫助案主。

7. 有關人士不應該在不願意的情況下被拘禁，除非有合理的基礎，而被拘禁的地方應該充分具備有關的條件和專業人士，去真正治療和康復精神病人士。

8. 任何人都不可以在沒有意願下被拘禁，除非這個拘禁是經過一個合適的法律程序，並在一個充分有效的法庭、審裁處進行，而這個拘禁只在有危害案主和其他人的安全情況下才可行。

9. 任何限制案主的個人自由行動，在拘禁的過程中都應該儘量避免，除非限制自由是為了保障案主的生命而設。

從 Heginbotham（1987）對精神病人士的人權宣言去分析，我們就很容易地發現以下幾項的矛盾和張力：

1. 一般人的人權與精神病人士人權的矛盾和張力。

2. 精神病人士的獨特性與治療程序的矛盾和張力。

3. 精神狀態與個人意願的矛盾和張力。

4. 精神病人士的意願與社會控制的矛盾和張力。

5. 專業人士的專業權威與精神病人士的主觀感受和經歷的矛盾和張力。

這些有關的矛盾和張力也可在下列這位有愛心，但又非常無奈的醫護人員的自述中感受到。因為保密的關係，這位醫護人員的部分資料已經適當的修改：

> 「我是一位在精神病院內工作的醫護人員，由於我的家庭信仰關係，我對人基本上是充滿愛心和關懷的，但被派進精神病院工作後，真是人在江湖、身不由己。我很想去關心每一個入院的精神病人，聽聽他們背後的故事、被背叛的感受、困難和無奈，但事與願違，我每天只能處理擠在一起的病人。上司只吩咐我要讓他們受控制，要他們安靜下來，否則我們的工作就沒完沒了，所以用束縛去疏離、去進行強迫式的針藥治療是最好的方法。

有一次我和一個精神病人傾談，但當我全神貫注時，另一個精神病人卻與別人爭吵，也造成了一些較混亂的掙扎，結果我當然放棄與他們單獨傾談和治療的模式，轉而遠距離去監視、管理他們。說實話，我們在受訓時都是用醫學和生物化學及遺傳的理論解釋精神病，以社會和心理學方向去理解精神病的認識並不多，加上精神科醫生不斷地要展現他們的專業權威，診斷、束縛、服藥就變成快速展示其專業權威的方法，而理解、溝通反而變得無奈和多餘的了……。在這種種阻礙底下，只有在有空閒的時段，我才能去關心病人，尊重他們的獨特需要、背景和感受。」

　　從上述醫護人員的自述，我們不難發覺當中存在著不少上述所說的矛盾和張力，以下筆者嘗試把這些矛盾和張力仔細地勾劃出來。

（一）一般人的人權和精神病人士人權之矛盾和張力

　　以正常化（Normalization）的概念來說，精神病人士應該與其他弱能人士（The Disabled）同樣能去享受與社會上一般人所應有的人權，其中應該包括：

　　1. 衣、食、住、行等各種基本需要的權利。

　　2. 工作、旅遊、康樂、交友的權利。

　　3. 被尊重、被公平對待、免受不公平待遇和虐待的權利。

　　4. 婚姻、家庭和生兒育女的權利。

　　5. 醫療、教育和接受保護及社會服務的權利。

　　在最理想的情況下應該如圖 8-1 所示。

　　上述的理念是基於二個基本假設：

　　1. 第一個假設是，國家和社會應當給予精神病人士有著一般市民的人權。

　　2. 第二個假設是，在這個社會內，一般人認為精神病人士是弱能人士的一種，而一般弱能人士應該與一般人有同等的對待、際遇和權利。

　　但很可惜的是，這兩個基本假設在很多國家中並不存在。首先從第一個假設來看，不少國家連一般人民享有的權利都非常欠缺，不少貧乏國家的人民連基本的衣、食、住、行都有問題，更遑論弱能人士的權利，因此在倡導精神病人士的

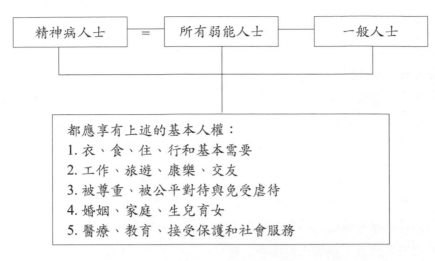

圖 8-1　理想的人權

權利之前，首先要倡導一般市民的應有權利和需要。至於第二個假設，就需要有
合宜的法律去保障社會上精神病康復人士和其他弱能人士的基本權利，否則一般
人會在理念上認為一般人士的權利應比弱能人士高，而因為標籤關係，不少人認
為精神病人士因為失去理智和有暴力傾向，所以其享有的權利應該較一般人士為
低。舉例而言，假如社會上的失業率很高，一般人士就會認為，應先替社會上的
正常人士找工作，然後才替弱能人士找工作，接著再替精神病人士找工作。在情
理上，精神病人士的失業率應該比弱能人士高，而弱能人士的失業率也應該比一
般人士高。所以在倡導精神病人士的權益時，社會工作者常會遇到下列不同的社
會環境：

　　A：社會的人權狀態

　　　A＋：社會的人權狀態非常理想。

　　　A：社會的人權狀態只是一般。

　　　A－：社會的人權狀態非常差勁。

　　B：社會的精神病人權狀態

　　　B＋：社會的精神病人士的人權狀態與一般人一樣。

　　　B：社會的精神病人士的人權狀態比一般人差。

Ｂ－：社會的精神病人士的人權狀態比一般人差很多。

由Ａ和Ｂ的組合就會造就不同的社會環境：Ａ＋＆Ｂ＋；Ａ＋＆Ｂ；Ａ＆Ｂ＋；Ａ＆Ｂ；Ａ－＆Ｂ；Ａ＆Ｂ－；Ａ－＆Ｂ－；Ａ＋＆Ｂ－；Ａ－＆Ｂ＋。在不同的情況下，精神病人士的人權倡導工作也因此而有所不同，如表 8-1 所示。

（二）精神病人士的獨特性與治療程序的矛盾和張力

在倡導精神病人士的權利同時，其實也是在倡導精神病人士的獨特性，無論他們罹患哪一種精神病，他們每一個人都有其獨特的背景、需要和特長；在尊重和明白他們各種權利的同時，必須要明白他們本身的個別意願、個人的需要、能力和看法以及經歷。例如：有兩個同樣是精神分裂症的病人，一個是年青人，一個是老年人，他們兩個人的需要和復原的過程就很不相同。青年人的復原能力較好，需要更多的援助去幫助他們找尋職業、居所及組織正常的婚姻和家庭，而老年人就需要更多身體上的幫助、醫療以及照顧，但在職業上的幫助就會比較小。而兩個同樣有精神分裂症的病人或康復者之年青人，一個是有較好的教育背景，一個是有較差的教育背景，他們在找尋合宜工作、婚姻、康復等的康復活動和需求，就應有所不同。社會工作者絕對不應該以維護他們工作權利為藉口，強把他們塞在同一個庇護工場內，做著一些以勞工密集的簡單工作當中。

尊重人權、倡導人權更重要的是尊重案主的個人意願和選擇，不能把專業人士的看法強加在案主身上，而且權利的實施在於發展案主的獨特潛能、特長，滿足他們基本以及深層的需要，尊重他們獨特的看法和意願，並理解他們每一個人的主觀經歷。當倡導人權需要完全尊重案主的獨特性和個人意願之時，治療的程序卻會把個人的獨特性慢慢地減退。當治療的程序愈複雜，治療的人數愈多，被治療者的個人之獨特性就會愈來愈小，最後就會變成案主和病人都被淹沒其個人的獨特性。當案主的獨特性失去之後，下列的情況就會出現：

1. 治療者會認為他們的專業訓練、專業權威應該保護案主和病人的自主、自決和其意願。

2. 醫護人員和治療人員在維護他們的專業權威和專業地位時，很容易就發覺精神病人並沒有足夠能力，甚至失去自主、自決的能力。

表 8-1　精神病人士的人權倡導工作

類型		社會人權型態	社會工作者應有的倡導工作
1	A＋&B＋	社會上一般人權的狀態和精神病人士的人權都非常好。	社會工作者只需根據相關的法律和政策去倡導精神病人士的人權實施。
2	A＋&B	社會上一般人權很好，但精神病人士的人權則一般。	社會工作者應該倡導精神病人士的人權，讓社會人士明白精神病人士應該享有與一般人一樣的人權。
3	A&B＋	社會上一般人權一般，而精神病人士的人權卻很好。	這種情況比較少見，社會工作者的倡導工作反而應該倡導一般人士的人權，以使精神病人士復原之後，可以有較好的待遇和保障。
4	A&B	社會上一般人權情況和精神病人士的人權都是一般。	社會工作者應該倡導一般人士的人權，也應倡導精神病人士的人權，讓他們享有真正的人權和需要權利的滿足。
5	A－&B	社會上一般人權很差，但精神病人士的人權和其他人差不多。	社會工作者應該以倡導全社會的人權到達好的水平，只有這樣，精神病人士的人權才能得到改善。
6	A&B－	社會上一般人權普通，但精神病人士的人權與其他人比較則非常不妥。	社會工作者應該不斷倡導精神病人士的人權，以使他們能與一般人享受同等的待遇。
7	A－&B－	社會上一般人權情況很差，而精神病人士的情況比一般人更差。	社會工作者應該全力地倡導精神病人士的人權，但也應該與其他人權組織一起去倡導這個社會的人權狀態。
8	A＋&B－	社會上的人權狀態很好，但精神病人士的人權就比較來說則很差。	社會工作者應該用盡全力去倡導精神病人士的人權，應該讓整個社會明白精神病人士其實應該享有與一般人士同等的權利。
9	A－&B＋	社會上的人權狀態很差，但精神病人士的人權反而比一般人好一點。	這種情況並不常見，社會工作者應以倡導社會上一般人士的人權為己任，而不應該把眼光只放在精神病人士上。

3.治療人員會把一套他們認為正確的治療，甚至是禁錮、束縛的治療加諸在每一個病人或者是案主身上，而忽視其意願、個人需求、感受、背景、特長等。

4.當治療人員認為診斷（Diagnosis）、量度（Measurement）、分類（Catagorization）、分流（Stream Lining）、控制（Control）和結果（Outcome）是治療過程最重要的元素，在這些過程中，被治療的案主／病人的獨特需求、感受、背景、特長等都會被壓抑，而治療人員對病人／案主的理解（Understanding）、交流（Interaction）、尊重（Respect）、照顧（Care）、同理心（Empathy）等，都很容易被放在次要的位置當中。

當社會工作者嘗試倡導精神病人士的人權，特別是針對一些錯誤的診斷和無理的禁錮、束縛，以及不必要的精神科藥物時，有關人士就會用下列幾項專業權威及治療程序的藉口來加以否定：

1.病人當時神智不清，精神狀態紊亂，所以沒有任何能力決定；他們的意願也無法受到尊重。

2.所有的診斷、禁錮、束縛、服藥等，都是受過專業訓練的專業人士，尤其是精神科醫生所進行，所以不應有錯誤。

3.這些診斷、禁錮、束縛、服藥等，美其名都是為精神病人士而做，也是治療過程必經的程序，至於病人的感受、自由和不好的經歷，在治療體系下必須有所犧牲，否則治療程序（如入院治療、禁錮治療、強迫治療）就無法進行，而這些程序的目的是為了保障病人在精神錯亂之下不會傷害到自己。

（三）精神狀態與個人意願的矛盾和張力

在倡導精神病人士和康復者的人權時，社會工作者必須留意精神狀態與個人意願的矛盾和張力，這個矛盾是指當精神病人士在精神病嚴重時，他／她的情緒、意識都會非常混亂，因此是一個精神緊急狀態（Psychiatric Emergencies），故病人的意願可以不加以理會，而專業人士和有關法律的程序可以在病人非意願底下加諸病人身上，包括入院、束縛、禁錮和強迫的治療。這個假設和程序可用圖 8-2 展現出來。

在這個程序上的假設，其實也有幾處值得商榷、討論和辯論之處，社會工作

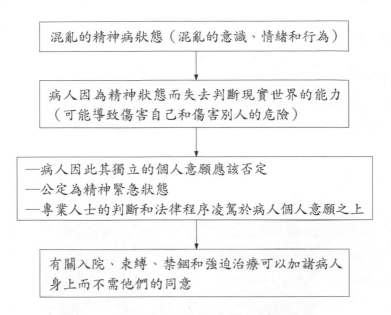

圖 8-2　精神狀態和個人意願的矛盾和張力

者在倡導人權時，必須留意下列幾項：

　　1. 什麼是精神混亂的狀態？在精神混亂的狀態中，精神病人士是否可以理解、溝通和交往？而有關的人士是否有足夠的知識、訓練和資源去進行理解、溝通和交往？

　　2. 當精神病人士在混亂狀態中，其不合理或者有傷害性的可能性為何？誰去介定是否為精神緊急狀態？在介定時，是否有不同行動者（related parties and actor）的利益混在其中？

　　3. 當精神緊急狀態之介定成立時，有關人士（related parties）特別是專業人士（related professionals）的判斷和法律程序之背後理論為何？這些理論有沒有考慮精神病人士的本身利益、感受、需要和人權？

　　4. 當有關入院、束縛、禁錮和強迫治療在進行時，有沒有考慮其他的可行性？同時有沒有考慮在這個過程中，將精神病人士的傷害減到最小？有關人士是否會在過程中，不斷檢討這些程序是否必要繼續下去？

　　在解答上述問題時，值得社會工作者留意的是他們在這種情況下應有的角色。

上述問題的理論和矛盾的地方,現分述如下。

※什麼是精神混亂的狀態?

按照相關理論去理解,所謂精神混亂的狀態是:

1. 缺乏現實意識感(Sense of Derealization),意思是指案主對外在現實世界缺乏接受和保護能力,例如:極弱的迫害感和幻聽。

2. 混亂的思維和失去理智的判斷能力(Confused Cognition and Irrational Judgement Power),意思是指案主的思維非常混亂,例如:在極度驚恐的情下況逃生,不計一切,案主無法冷靜和理智地做出合理的判斷,很多時候都會愈弄愈糟。

3. 極度強烈的情緒反應(Intensive Emotional Outbrust)、非常強烈的憤怒(Intensive Anger)、恐懼(Fear)、空虛(Emptiness)、自卑(Inferionty)和孤單(loneliness)等,在情緒高張時,案主感到非人化(Depersonalization),要在痛苦的情緒中解脫出來,有關的宣洩會讓個體失去理智判斷。

這三種精神混亂的狀態會經常出現於精神病患者,特別是他們接近復發(Relapse)或者是病發(Onset)時所出現的現象。伴隨著這種狀態的是有關人士,尤其是醫護人員的三個假設:

1. 精神混亂的狀態是無法理解、分析及體會的。

2. 在精神混亂的狀態中,案主會失控,他們也沒有意圖去控制自己。

3. 在精神混亂的狀態中,任何以案主為本的人道溝通、干預都是不會奏效的。

這幾種假設和精神混亂的狀態可用圖 8-3 表示出來。

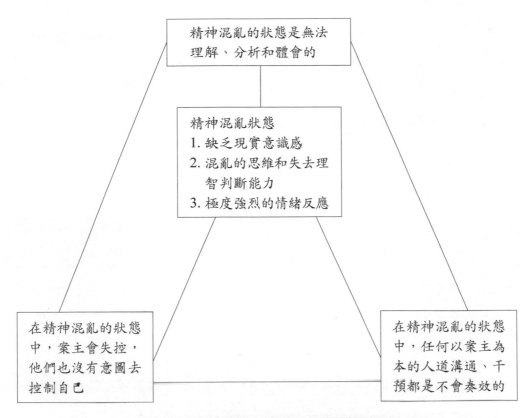

圖 8-3　精神混亂狀態中的三個錯誤假設

※第一種錯誤的假設是精神混亂的狀態下無法理解、分析和體會

不少文獻和理論都指出，在精神混亂的狀態中，其實案主的思維、情緒都可以被理解和溝通。其實案主在混亂狀態時的有關徵狀，一樣可以顯示出案主的背景、需要、感受和期望，只要社會工作人員有好的深層體會，一樣是可以做得到的（Blumnethal & Lavender, 2000; Laing, 1960; Yip, 2007）。從以下案主的精神混亂狀態的例子可見一斑。有關人士已經同意使用他們的經歷作為學術研究之用，為了保障案主的隱私，故事的內容、人物名稱都已經有適當的修改：

「大強是一位約 40 多歲的中年人，身材高大，操著濃烈的東北口音，被他 70 多歲的母親帶進了精神科診所。他的母親個子比較小，當大強走進診所

時，目光呆滯，雙手被母親用繩子反綁，口中喃喃自語，而且不時緊張地繃著雙手的繩子。大強和母親走進來時，護士馬上上前詢問，但因診所已經額滿，所有的醫生都在應診，加上大強的雙手已被綁住，所以容許大強在長椅上等候，以便進行精神緊急狀態的處理。在等候的 15 分鐘左右，大強呈現了下列幾個行為：

1. 不停地說英文的 1、2、3、4（one、two、three、four、five）（說了大約 2～3 分鐘）。

2. 講出一些明星的名字，例如：周潤發、周星馳、梅豔芳等（大約說了 2～3 分鐘）。

3. 大聲地說出一些著名城市的名稱，例如：新加坡、吉隆坡、三藩市、紐約、溫哥華等（大約說了 2～3 分鐘）。在說這些城市的同時，他會站起來，大聲地唱一些零碎的歌詞，歌詞的內容大概是：無懼風雨，終有一天天晴，或者是失戀的哀傷，但句子非常凌亂，沒有組織。

4. 大聲地歎氣，然後模仿孫悟空的動作要騰雲駕霧，想要用一個觔斗雲飛到十萬八千里外（大約維持了 3～4 分鐘），在進行這個動作時，不時會問周圍的病人和親屬是否明白他有七十二變的能力，而且可以幫助其他人排憂解難，讓其他人有點害怕地走開，而且還會向其他人證明自己是孫悟空。

5. 打坐合十，在當中還喃喃自語，然後大聲地唸一些宋詞，宋詞的內容大概是慨歎人生虛空，時不我與（大約維持了 2～3 分鐘）……。」

上述的例子，表面上看來似乎符合精神混亂狀態的三個界定：第一，大強缺乏現實世界的意識感，他似乎深深地陷在自己混亂的內在世界中，五段言語和行動都似乎毫無關係，有明顯的幻覺和安慰；第二，大強似乎失去理智和判斷能力，他無法明白現實中需要他去照顧母親，也無法與其他人正常溝通，只是陷入他自言自語的故事中；他所說的東西片段，例如：英文數字、歌星、明星、大城市的名稱、孫悟空的動作、宋詞等，都和現實世界毫無關係，而且更滋擾了其他在診所裡其他人士的安寧；第三，大強有極度強烈的情緒反應，無論是在說英文數字，

或者是做孫悟空動作，又或者是歎氣時，都是很大聲、很強烈的表現，有濃烈的憤怒、悲哀和無奈，令其他人側目，無法理解。如果單從上述三種界定，大強就應該馬上接受精神科藥物的注射和入院，而大強所說的話、所做的動作和有關的內容也不需理解。

但上述的片段，如用理解、關懷和主觀代入的角度去看，不難發覺，當中其實有很深層的意義，也有其中的原因。首先，大強是一個身材高大的中年男子，體重約有 80 多公斤，而她的母親的年紀約 75 歲左右，身材矮小，約在 40 公斤左右，而大強甘心被其母親綁起雙手，由此可見大強應該是一位非常孝順的兒子，對母親非常尊敬。其次，顯而易見的，大強的口音是大陸人士，似乎廣東話並不純正，甚至有點難聽；相反的，他母親的廣東話卻非常的道地和流利。從這兩點觀察，就算工作人員事先不知道大強的背景，也會猜到大強可能是大陸同胞，在大陸長大居住，因為要照顧年長的母親，所以偷渡來港居住。另外一個重要的線索是，大強會背一些一般人都不認識的宋詞，背誦的時候音調鏗鏘，而且充滿人生的慨歎，明白了這一點，就不難明白，大強應該是一個頗有學識和教育的人。只要工作人員細心觀察，表面的線索便可以歸納出下列幾項：

1. 大強很有教養。
2. 大強對 75 歲的母親非常孝順。
3. 大強說流利的廣東話有問題。
4. 大強從大陸到香港要照顧他年老的母親。
5. 大強身材頗為高大。

從上述幾個要點去推論，只要工作人員有同理心能夠進入大強的處境，就不難得出下列幾項初步推論：

1. 對一個從大陸來港，又無法操流利廣東話和英文的中年男子來說，找工作並不是一件容易的事。
2. 大強身材高大，而且非常孝順母親，所以他一定會努力找工作，最後可以找到的一定是一些不需依賴語言太多的勞動工作。
3. 在這些勞動工作的工作夥伴中，很可能是一些基層工作的人士，和大強的文學修養、較高的教育水平會有格格不入的情況，久而久之，大強會被同事所排

斥;加上他不會說廣東話,最後會被同伴排斥和欺凌,甚至被解僱。

4. 大強如果被解僱,找工作一定不是一件容易的事,結果會令他賦閒在家。賦閒的生活讓他不但感到無所事事,而且更會內疚、不安,覺得自己一無是處。

5. 賦閒在家唯一的娛樂就是看電視,讓大強有印象的可能都是一些著名的歌星、明星,特別是一些出身寒微、飽經滄桑的明星和歌星。

有了這些初步的推論,就不難把大強看似凌亂的精神分裂狀態,視為有意義、有內容和有聯繫的狀況。首先看似幼稚的英文背誦one、two、three、four、five,其實可以解讀成大強對英文語言運用的渴求,大強到港後,如果沒有語文上的障礙,其實可以大展所長,只要他的英文能力高的話,他就可以找到好的工作,不用再做勞力的工作,也可以有高一點收入,可以有自己的事業;但事與願違,大強無法達到此目標,所以只有壓抑自己的需要,再極度符號化(Symbolization)地用one、two、three、four、five,英文的1、2、3、4、5表達出來,嚴格來說這是最表層的需要,也是最容易表達出來的需要,因此是看似凌亂的精神分裂狀態和意識中的第一層。

當改善英文的願望無法實施,而又賦閒在家時,唯一的消遣就是看電視,電視上的明星,如周潤發、周星馳、梅艷芳等,都是出身基層,且是努力向上、有所成就的人。大強在潛意識上很想可以成為一個有成就的人,就像他們一樣,他們不一定掌握好的英語能力,但一樣可以顯赫一時,因此這是大強的第二層未滿足的需要,是故此為看似凌亂的精神分裂狀態和意識的第二層。這些被大強所崇拜的歌星和明星不單在香港有所成就,被人所擁戴,而且更名聞海外,到處去演唱登台,且都是名利雙收。所有這些都是大強的深層渴望:出人頭地、光宗耀祖、讓老年的母親感到滿足和驕傲;但很可惜的是,所有這些都是大強在現實的欺壓下誇大的妄想(Grandiosity)。

大強並不是完全沉醉於這些誇大的妄想中而沒有現實的觸覺,實際上大強是在雙重醒覺(Dual Consciousness)的狀態,既感受到外在世界,也感到內在妄想和所壓抑轉移的深層需要(Jaspers, 1949/1965; Laing, 1960; Yip, 2007)。面對這些無法滿足的深層需要,大強只有更進一步把這些誇大、妄想,轉變成想要出人頭地變成歌星、明星,而這似乎只有變成孫悟空才能達到,因為孫悟空自己可以七

十二變，又可以騰雲駕霧，一個觔斗雲就十萬八千里，做了孫悟空，一切問題就可以迎刃而解了。因此，大強的誇大、妄想到達高峰，甚至連自我形象也呈現斷裂改變的現象，認為自己就是孫悟空，而不斷做著翻觔斗雲的動作，也不斷問周圍的人士，去證實他自己就是孫悟空。與其說這些狀況是表面凌亂的精神狀態，不如視為都是在顯示大強未能滿足的需要，一層未滿足的需要就用一個精神狀態去滿足，一層比一層深入，一層比一層符號化（Symbolization）。如圖 8-4 所示。

經過這三層的需求和這三層幻覺和妄想的表達，在大強的內在世界裡，他其實是明白現實上根本無法滿足他的需要。最後，大強內在的自我明白，所有這些不能滿足的需要、逃避和脫離現實的妄想、幻覺和行為等，都讓大強更加混亂。大強深層渴望自己能從這些渴求和妄想中回轉過來，他不希望自己讓母親更難做人，更加去擔心他，他想回到現實去照顧母親，讓她安心，所以他只能打坐合十，讓自己冷靜，而且內心空虛一擁而至，唯有寄情詩文，以朗誦宋詞去慨歎人生虛空。

從上述的分析中，我們可以說大強並非脫離現實，也並非是真正的混亂，只要相關的工作人員能夠進入大強的情況，就會理解大強所謂精神混亂狀態背後的感受和需要，例如：工作人員可以走到大強身旁，在瞭解大強的情況之後，語重深長地向他說說：「周星馳、周潤發、梅艷芳都飽歷滄桑，只要你忍耐一下，結果也可以慢慢熬過來。」又或者是：「你母親也希望你忍耐，不要放棄自己，要腳踏實地做人，不要讓她傷心。」這些言語都會讓大強的情況稍為穩定下來，而不會愈來愈混亂，愈來愈難處理。上述大強的個案也可以看到以下三個假設：

1. 精神混亂的狀態是無法理解、分析和體會。

2. 在精神混亂狀態中，案主會完全失控，他們也沒有意圖去控制自己。

3. 在精神混亂狀態中，任何干預和溝通都是不奏效的。

第一個假設是不成立的，因為其實大強看似混亂的幻覺和妄想，是他很多層面無法被滿足和需要的投射，也是在現實世界無奈和壓迫中看似偏差的適應，問題是有關工作人員會不會投入和以同理心去理解，同時相關機構會不會容許工作人員以合理的資源、時間和空間去進行理解和溝通。

第二個假設其實也不能成立，因為大強實在很努力地去控制自己。如果他不

受人嘲弄、奚落的社會環境，無法找尋工作和發展，
皆因語言障礙的問題：英文和廣東話的需要

↓

（第一層未滿足需要）
無法滿足：英語能力的欠缺

↓

（第一層符號化的幻覺及行為）
以英文說出 1、2、3、4、5（one、two、three、four、five）

↓

（第二層未滿足需要）
不懂英語也可以出人頭地，希望自己是大明星、大歌星，
以便自己能出人頭地，光宗耀祖

↓

（第二層符號化的幻覺及妄想）
幻想自己是出名的明星、歌星，如：周潤發、周星馳、梅艷芳

↓

到大城市登台演唱：三藩市、吉隆坡、紐約、溫哥華

↓

（第三層未滿足需要）
無法真正變成名利雙收的大明星和大歌星

↓

（第三層符號化的幻覺及妄想）
只有變成孫悟空才能變成大歌星
（七十二變的能力和一飛就十萬八千里的觔斗雲）

↓

不斷去詢問其他人和證明自己是孫悟空

圖 8-4　大強混亂的精神狀態中之系統需要和幻覺及妄想

努力控制自己，他不會容許讓他的母親把他綁進來，他也不會打坐合十讓自己冷靜下來。可是醫護人員卻不會留意這些變化，只會很粗略地認為大強病發後胡言亂語，最快捷的方法就是強迫地對大強注射抗精神分裂（Anti-psychotic）藥物，然後把大強關進醫院，在醫院中也可能繼續將他束縛在床上，不斷的用禁錮和重性藥物把大強的意識和意志都控制下來。

　　第三個假設也因為第一個和第二個假設不成立所以也不能成立，只要對大強的情況有足夠的理解、忍耐，他的情況其實是可以溝通和干預的。由於大強本身有強烈的傾向去控制自己，也是他需要的投射，加上他對周遭的現實還有感覺，所以只要針對這些情況，就可以與大強的幻覺和妄想底下的需要和感受溝通，而且只有合宜的溝通和理解，大強的基本權利才會在整個精神緊急狀態中備受重視和保護。當然面對大強的個案，不少精神病康復工作者依然會強烈表示，大強的個案沒有真正的暴力傾向，所以當然可以以理解為主去處理，進以關懷大強的人權和意願，但如果是換成一些有暴力傾向的個案，例如：

1. 放火或者是蓄意縱火者。
2. 傷害別人或者是蓄意傷害別人者。
3. 有性犯罪和性暴力行為及傾向者。
4. 有破壞自己及其他人財物者。
5. 有其他犯罪的行為和傾向者。

　　面對上述的情況時，有關的專業人士和工作人員就覺得可以不用理會病人的經歷、感受和意願，應該馬上禁錮、拘禁和接受法律的裁決，並接受治療，而所謂治療當然也是指繼續的禁錮和強迫治療。這種假設的背後，某種程度上是正確的，因為要減少對於案主自己的傷害，所以案主（犯人）的權利和需要就應該被犧牲。這種假設也源於這些情況是不可理喻、不可溝通，病人也沒有正常人的感覺和需要，所以應該忽略他們的人權。其實在精神病暴力和犯罪的個案和實務中，不少下列情況的出現都阻礙了應有人權的保護和確立：

1. 這些犯罪、傷害自己、傷害別人的行為是其他人所導致的，例如：看熱鬧的人、警方人士、專業人士（如社工、醫護人員）的不適應反應和挑釁。
2. 這些犯罪、傷害自己、傷害別人的行為在出現之前的一段時間，案主已經

有自我孤立、不安、妄想、幻覺的出現，但很可惜的是，在失控之前並沒有恰當的關心、溝通和治療。

3. 在這些犯罪、傷害自己和傷害別人的行為已經受到控制時，為了方便有關人士的工作，有關的禁錮、強迫治療會依然不斷繼續。

4. 在病人有關神智有一定的理智狀態中，相關的醫護人員和工作人員沒有按照一定的程序去解釋病人的權利，以及各種治療的手法和方向。

5. 有關人員和專業人士並沒有嘗試去理解，案主在這些行為以及有關症狀背後的感受、需要、情況和成長經歷。

6. 案主的家人、朋友並不容許、鼓勵和協調其對案主的探訪、理解、支持和溝通。

7. 案主在禁錮、強迫入院、強迫治療的過程中，受到不人道的心理、生理對待，甚至性虐待。

換言之，在面對一個有精神暴力行為和犯罪行為的案主時，有關專業人士和團體應該：

1. 在有關行為受到控制時，有關團體和人士應該立刻停止不必要的禁錮、虐待和束縛。

2. 有關人士在進行控制這些暴力和犯罪行為時，除了留意對案主本身和其他人的傷害性之外，更要留意周圍的社區人士對案主的挑戰和火上加油的行為，也要留意有關專業人士（如社工人員、醫護人員和警方等）是否有不恰當的態度和行徑，讓精神病的有關行為更容易開啟。

3. 在束縛、禁錮和入院過程中，要盡量減少有關的傷害，例如：盡量找到病人的親屬朋友一同進行，用溫和的態度去告訴病人相關的程序和權利；盡量理解和兼顧在暴力和犯罪行為背後的感受，如憤怒、恐懼、無奈，以理解病人行為背後的生命經歷中的不安、創傷、被欺凌、不平遭遇，進而可以站在案主的角度、立場進行溝通。

4. 在有關人士進行控制這些暴力和犯罪行為時，應該盡量有案主的親友在場，在有關禁錮、束縛和強迫治療的情況中，有關親友的同意和同在，能鼓勵他們對案主有好的諒解、鼓勵、安慰和疏導。

（四）精神病人士的意願與社會控制的矛盾和張力

精神病人士的權利除了包括精神病人士的精神狀態、精神病人士的獨特性和一般人的人權等的矛盾和張力，還有精神病人士的意願與社會控制的矛盾和張力。這種矛盾和張力一般來說，是社會人士的意識和精神病人士中間的矛盾，學術上稱為公民投入（Civil Commitment），意思是指社會人士應該為精神病人士所投入的取向。就精神病人士治療和入院的過程，有下列幾種形態（Fine & Kennett, 2004; Segal, 1989）：

1. 自願入院和住院的公民投入（Civil Commitment in Voluntary Admissin / Hospitalizaton）。

2. 非自願入院和住院的公民投入（Civil Commitment in Involuntary Admissin / Hospitalizaton）。

3. 自願治療和住院的公民投入（Civil Commitment in Voluntary Treatment）。

4. 非自願治療和住院的公民投入（Civil Commitment in Involuntary Treatment）。

5. 緊急狀態中的公民投入（Civil Commitment in Emergency）。

6. 外診病人的公民投入（Civil Commitment in Outpatient）。

公民投入一般來說，都明顯地展露和實行在有關精神康復條例上：

1. 經過一些法例和法律程序，讓有關精神病人士入院及接受治療。

2. 入院和接受治療時，專業人士特別是精神科醫生的判斷和診斷，在某種情況下可凌駕於案主和其家人的意願之上。

3. 一般而言，只要案主是由於精神病狀態導致的行為，而有傷害自己和傷害他人的情況，醫生的判斷和強迫入院及治療就可凌駕於案主的意願之上。

4. 在強迫入院後，案主在住院期限內不在乎其本人的意願，而在乎：

(1)醫生認為其精神狀態是否穩定。

(2)醫生及有關人士組成的法律團體認為案主對社會的傷害性。

(3)外界社會對案主的犯罪過程和暴力行為的接納而定。

病人的權利和自主性由於其有侵害社會的穩定性和犯罪及傷害的行為，已經

變得不可能自主，相反的，其自主只可以由下列人士，經過一些特定的機制、看法和交互的拉力而決定：

1. 社會人士，包括輿論、犯罪和傷害行為的有關人士。

2. 醫護人員，特別的是有關的醫生。

3. 法律團體。

按照 Segal（1989: 187）的說法，公民投入的標準是下列因素所決定：

1. 標準的寬度：有多少有效人士被包括在內及受其影響。

2. 標準的準確度：有關標準的精確性是否能準確說明受影響人士和相關的行為及情境。

3. 標準的實行所涉及的行政和法律程序，是否非常繁複，抑或非常簡單。

這些標準無論是 1、2 和 3，都在於處理以下的問題（Segal, 1989: 187）：

1. 精神病人士的治療：無論是強迫或自願、住院或診所、緊急或非緊急的治療，都包括不同的治療手段。

2. 精神病人士在有犯罪和暴力行為時的危險性（Dangerousness）：是否對其自己、其他人或社會構成傷害、破壞和危害生命。

換言之，精神病人士在入院、住院、治療的過程中，並沒有選擇權利，反而是由其他人去決定，而剝奪其選擇權的原因和根據，則是其行為有傷害其他人、傷害自己和擾亂社會秩序的傾向。這種根據表面看來非常合理，但仔細去分析，就會發覺會有以下的不妥之處：

1. 當精神病人的精神狀態和有關行為已經受到控制時，相關的禁錮、強迫治療、入院、住院卻依然繼續，其繼續的背後理念是：

　　(1)精神病院和強迫治療其實是好的，精神病人士在其中，可以繼續住下去。

　　(2)精神病人士要有足夠的認知（Insight）或證明自己不會再復發，再考慮或經有關法律程序出院；有關的證據應該是對當時行為有悔意、準時服藥、複診和有穩定的情緒、行為、工作、認知能力等，如果證據不足，精神病人士可以永無期限地禁錮下去。

2. 與一般犯罪者比較，整個西方的法律精神是「疑點歸於被告」（Benefit of

Doubt），被告在法律的精神下是假設他／她沒有犯罪，是清白的（Assume Inno-cence），然後去證明有罪（Prove Guilty）。如果在證據不足下就應停止其控訴，把疑點歸於報告，此時案主並沒有罪而是清白的。同樣的概念在實施懲教服務時，犯事的案主為自己的行為和罪犯作出懲教的補償後就應重獲其自由，在釋放時也不需提出證據去證明案主不會再犯才得以獲得釋放，以確保案主的權利，且得到應有的重視和保障。但在精神病所導致的犯罪和暴力行為背後的假設卻相反，是假設案主有「精神病」和一定會復發，而每次復發一定會重複其暴力和犯罪行為。這種假定與西方法律的立法精神剛好相反，是先「假定有罪」（Assume Guilty），再去證明其清白／沒有暴力傾向（Prove Innocence／Absence of Disposition of Viol-ence）。在精神病人士強迫入院、禁錮和強迫治療後，並不是只要服刑期滿，為其犯罪行為付上禁錮和治療的代價後即可當庭釋放，反而是無期限地禁錮下去，除非有證據顯示他不會有復發的可能。

3. 當出院、入院、治療和禁錮的操縱，由精神病人士轉到一群人，包括：醫生、公眾、法律人士的手上時，表面上看來這些人士可以客觀地證明其精神狀態之健康和穩定（prove mentally healthy and stable），證明其可以自我控制和不再暴力（prove self-control and non-voilence），而提出合理的審判。但實際上，有關人士因就其背景、看法、身分對精神病的立場理解，以及對精神分裂症人士的認識有所不同，對其作用判決實際上非常主觀，且合乎自己本身的利益和立場。換言之，精神病人士的權利可以在這個過程中蕩然無存。

舉例來說：A、B、C、D 都是精神健康審裁處的成員，但因為他們自己的身分不同而會有裁決觀念上的差異：

A 是精神科醫生（現在考核進昇高級精神科醫生），他的觀念是，在這個案例中會傾向小心保守，以醫院和自己的利益為重，避免出錯，以阻礙他自己的升遷。

B 是法官（這是一位將近退休的法官），雖然經驗老到，但年事已高，所以希望審判的過程快快了事，以保持精力。

C 是社區人士（亦是一位福利機構的主管），他對精神病和精神病人士的認識不深，而且是一個較注重管理和人際關係、社會網絡的人，所以傾向贊成大家

的看法。

D 是專家,他是一個對精神病和精神病人士治療有研究的學者,但其研究的範圍和目標傾向醫藥和遺傳取向。

很顯然的,由他們四個人去審裁一位精神病暴力和有犯罪紀錄的案主,都會有下列傾向和侷限:

1. 以醫藥和遺傳角度解釋暴力和犯罪原因,把精神病暴力與犯罪過分簡單化地處理。

2. 以管理、制度、機構、行政、操控的方法和態度去處理和裁決。

3. 以保守和害怕犯錯的取向去做出決定。

4. 沒有耐性、時間和空間去做出多角度的思考、理解和行動。

最後在這四種取向中,當然最妥當的是把精神病暴力和犯罪紀錄人士,繼續扣留、禁錮在精神病院內,且伴隨著不斷的強迫治療。

在整個過程中,由於大家的取向和侷限問題,精神病人士的人權、自由和能力似乎都會變成次等和不重要的議題,無須在 A、B、C、D 考慮之列。由此可見,公民投入(Civil Commitment)其實是為社會人士的角度所主導,以保障社會的穩定性和不受精神病人士暴力和犯罪行為所影響,在非自願,甚至是強迫住院、治療和禁錮的過程中,精神病人士本身的意願、感受和想法都在次要,甚至不再考慮的途徑當中。這些精神病人士本身的意願包括:

1. 精神病人士在這些強迫入院、禁錮和治療中的看法、需要和感受。

2. 精神病人士在這些入院、禁錮和治療中的自我決定,而這些自我決定就算精神病人士在比較混亂的狀態中,也應該備受重視。

3. 精神病人士的重要他人(Significant Others),例如:父母、子女、朋友、姊妹、兄弟等,對精神病人士在強迫禁錮、住院和治療中的意願感受和需要,並與他們交流、分享有關的資訊及權利。

4. 精神病人士在強迫入院、治療和住院過程中,遇到不人道的對待和虐待時,有沒有恰當的申訴、審查及改善機制,這些機制不會因為他們的精神病狀態和行為而有所不同。

但很可惜的是,在面對這些多方面的意願時,有關方面則會以下列幾項理由

去否定精神病人士的意願和看法：

　　1. 精神病人士的神智不清，所有的相關意願其實都並非他們真正的志願和真正的需要，所以不用理會。

　　2. 精神病人士的家屬、朋友和有關人士其實都對精神病，尤其是病徵認識不夠，所以他們的需要、感受都不用理會。

　　3. 為了社會上的其他人士，其中包括精神病人士自己、他們的家人、社區人士，以及專業人士的安全，所以精神病人士的意願、感受和看法都不應加以考慮，或者應該放在次等的位置當中。

　　4. 只有專業的精神科醫生才真正瞭解精神病人士，客觀的診斷、標籤、藥物治療、強迫入院、治療、禁錮，是制止有關犯罪暴力的唯一途徑。

　　因此面對這些以公民投入為藉口，而否定精神病人士在入院、治療、康復和出院時都應有其意願，而這些意願又必須備受尊重，因此精神病人在下列幾項基本個人權利上必須受到重視和確保，以抗衡公民投入的取向。這些基本權利與公民投入相對而言，應該包括下列幾方面：

　　1. 選擇自己認為合宜的治療、介入和康復方法（Right to choose treatment）。

　　2. 有決定自己出院、入院、治療的人權（Right to determine one's own process of treatment & hospitalization）。

　　3. 有拒絕不合理治療、禁錮和束縛的人權（Right to refuse treatment）。

　　4. 對傷害性、虐待性和壓迫性的入院、住院、治療和服務，有權提出法律的申訴，和獲取法律援助的人權（Right to have legal protection）。

　　5. 對加諸自己身上的任何治療、服務和禁錮，都應該有充足的資料及認識，包括其不良的後果和副作用（Right to access of enough information about one's treatment）。

　　這五種尊重案主的權利，應該與上述五種公民投入互相制衡、互相對話，讓不同組群的有關人士對話，以求精神病人士及公家人士在精神病暴力和犯罪行為中，都能得到合情、合理、合法的保障。這種公民投入和精神病人士意願的矛盾和張力，可在表 8-2 中展示出來。

表 8-2　公民投入與精神病人的人權之矛盾與對話

觀點	公民投入	有關人士
公眾人士的利益、安全、生存的權利及合理對待，免受傷害	1. 自願入院的公民投入 2. 非自願入院的公民投入 3. 自願治療的公民投入 4. 非自願治療的公民投入 5. 緊急狀態中的公民投入 6. 外診病人的公民投入	1. 專業人士 2. 公家人士 3. 權威人士 4. 有關團體和機構
觀點	精神病人的人權	有關人士
精神病人的利益、安全、生存的權利及合理對待，免受傷害	1. 選擇治療的人權 2. 拒絕治療的人權 3. 決定入院、住院、出院的人權 4. 有法律保障的人權 5. 有知悉治療後果和副作用的人權	1. 精神病人自己 2. 精神病人的家人和有關人士

（五）精神科專業人士之專業權威與精神病人士主觀經歷和感受的矛盾和張力

　　在倡導精神病人士的人權時，有關專業人士的權威往往會凌駕於精神病人士的主觀感受和經歷之上。按照有關專業權威的社會學研究（Abott, 1988; Foucault, 1980; Friedson, 1981; Larson, 1977），一個專業團體在社會上的地位是基於下列因素所引起：

　　1. 長期和有系統的專業訓練：這些訓練設有基礎的入門門檻，並不是每一位人士都可以進入。不少專業的門檻和訓練更是大學本科學位和碩士才能獲取，並對入學者有嚴格苛刻的挑選。

　　2. 在訓練系統訓練中是學習多元隊際（Multi-disciplinary team）的知識：在學習過程中會有不斷考核（Examination）及評估（Assessment），以保證其學習已達到一定水平，且涵蓋各方面的有關知識，並且有一定實務（Practice）的成分，以確保其所學的知識能學以致用，學習完畢時也會有專業考試，只有在專業考試

上合格的人士才會成為專業的成員。

3. 專業學會在社會上擁有專業地位，只有受過專業訓練、具備專業資歷的人才能從事某方面的工作，具備某一種的法律和社會認可的專業權威。

4. 為保障專業人士的特殊地位，專業學會會刻意地限制入會的人數，以確保其社會地位和權威；任何非該專業人士從事相關的工作都會被排斥，甚至被檢舉。

5. 專業學會都具備一套嚴格的系統去闡釋其相關的知識、技巧、道德操守、工作範圍、法律依據。

上述幾項專業學會的特點，都會讓專業人士的權威凌駕於有關案主之上，同時也容易讓專業人士維持自己既有的利益和合法地位。這種專業化（Professionalization）的過程，在吸取足夠的社會資源、社會地位和社會認同之後，久而久之，更會成為專業霸權（Professional Imperialism）的現象，也就是說，專業人士會自成一圈，自己內部進行管制和協調，反對任何外在的管制、監管和判斷。由於不同專業學會和團體有不同的歷史、不同的專業訓練，和立法地位及社會法律的認可，所以變成某些專業的「專業霸權」的可能，會比其他行業／專業的團體高。在這情況下，會變成一些專業霸權高的專業，不但會壓迫案主，也會壓迫其他相關的專業和其他社會人士的介入。Foucault（1980）更認為，大部分的專業人士都是社會建制工具（social agency），用以去鞏固當權者的權威和地位；專業團體中的所謂訓練、理念、學會、考核和實務，其實都是權威和建制的融合、實踐和掌控，這些掌控透過專業人士和案主的關係以及實務的推行，正在進行非常全面的滲透，並在社會每一個階層中進行。

在云云專業中，以醫學專業的地位與歷史比較悠久，而且受訓的時間也比其他專業長，因此與其他較新、受訓練期較短的專業相比，如心理學、社會工作與醫護等，醫生的專業出現霸權的可能性也較高，因此醫生的專業霸權出現時，下列幾種情況也會表現出來。

※醫藥的取向和角度

例如：以遺傳的取向、以生化的角度（Biochemical Orientation）、以生理的角度和取向（Physiological Orientation）去看事物，其中包括各種疾病的情況、病

人的需要及治療和康復的過程，這種角度和取向因為專業霸權的出現，把下列的取向和角度也打壓下去：

1. 社會學的角度和取向（Sociological Perspective）。
2. 心理學的角度和取向（Psychological Perspective）。
3. 社會工作的角度和取向（Social Work Perspective）。
4. 人道的角度和取向（Humanistic Perspective）。
5. 道德和倫理的角度（Ethical and Moral Perspective）。
6. 存在和現象學的角度（Existential and Phenomenological Perspective）。

在這種打壓下，病人的社會環境、心理需要、情緒、人道、人權、公平、應有的尊重，以及人生的意義等，都會被病人的生理情況、治療過程、醫學診斷、治療需要所掩蓋；很多時候會在醫療的過程中，受到各方面的社會標籤、人權剝奪、情緒和心理壓抑，以及各種不公平的對待。

※醫護人員的學術權威和專業地位凌駕於一切

醫護人員，特別是醫生，尤其是高級的醫生和專科醫生，他們的學術權威和專業地位凌駕於一切，因此他們雖然只是醫學上的權威和高級管理人員，但卻會凌駕其他的專業和理解，包括：

1. 心理學家和心理學角度。
2. 社會學家和社會學角度。
3. 社會工作者和人道的取向。
4. 社會和社區上其他人士的看法。

在這種權威的領導下，作為領導和權威代表的醫護人士，其實對心理學、社會學、社會工作和其他社會人士，甚至病人的社會、心理的瞭解都不深，有時甚至會誤解和扭曲，但他們的誤解和扭曲卻被社會大眾肯定和認同。

※醫護人員思想的主導

醫護人員或是醫生，特別是高級和專科醫生，他們與政府及龐大的官僚結構結合之後，很容易把他們的影響力和權威與官僚及政府的主導思想結合，成為整

個社會對有關疾病和病患的主流思想，進而把其他的看法，特別是病患的主觀經歷和基層人士的看法也融入其中，而其他專業人士的經歷和看法就變為次要，甚至被忽略、被歧視。

※醫生的專業霸權

在精神病治療和康復的政策、服務和干預中，這種醫生的專業霸權出現的時候，就會出現下列幾種現象：

1. 醫藥取向，其中包括生化理論、遺傳理論，此成為解釋精神病來源的重要思潮，在醫生專業霸權的影響下，把其他解釋精神病的取向，如社會取向、心理取向、存在取向、人道取向等看法和解釋，都變成了次等的看法（Alternate Paradigm）。

2. 由於生化理解、遺傳理論成為主導的思潮，因此在醫藥模式和醫生專業霸權的情況下，精神病治療和康復很容易就以藥物治療和醫院診斷為主。一般公家人士、政策制定者和服務提供者都會陷入一個錯誤印象，認為精神病人士和康復者唯一復原和治療的希望，就只有看醫生、服藥或者是入院；對於其他的治療和康復的重要元素，如心理治療、被社會人士和社區人士接納、尊重和欣賞等都會忽略、低估。似乎變成除了服藥和入院之外，精神病人士和康復者並沒有其他的方法和選擇。

3. 由於在醫生專業霸權和醫藥模式的主導下，生化理論和精神科藥物同時也變成不可挑戰的權威和真理。也由於這樣，有關的醫藥和醫療方面的濫用和謬誤都會被隱藏、被扭曲，甚至是顛倒是非黑白。這些濫用和謬誤包括下列幾種情況：

(1)不少精神病患者當相關的病徵已經減低或甚至已消失時，會因為錯誤甚至濫用的精神病診斷，即使相關的病徵已經沒有了，但其診斷依然存在，有時更把較輕的情緒問題當作情緒精神病，較混亂的精神狀態診斷成為精神分裂症，把較躁狂的狀態也變成精神分裂症。

(2)由於錯誤及濫用的精神病診斷，同時也會導致濫用精神科藥品，例如：把一些輕度的情緒問題當作嚴重的憂鬱症醫治，把自閉症（Autism）中的行為和輕度侵略行為當作精神分裂症來診斷和醫治。由於精神科的診

斷被濫用，會導致病人長處依賴和需要精神科藥物。

(3)不少精神科藥物，根據有關研究報告，其實對人體都有長期的傷害（Breggin, 1991），但這些傷害會被隱瞞、誤導和忽略。

(4)在不必要的情況下，把精神病人士關在精神病院，又或者在精神病人士已經康復甚至復原時，繼續強迫治療和禁錮。

　　這些上述的濫用和謬誤在下列的個案中，也可見一斑。有關人士已經同意使用這些資料作為學術用途，他們的身分和個人資料已經進行適當的修改，以保障其隱私：

　　「美莉是一個中度弱智人士，和媽媽相依為命，爸爸在美莉年輕時已經去世，剩下媽媽辛苦地養育她長大。小時候媽媽為了維持生計，當她去上班時，就無奈地用繩子較安全地把美莉綁在客廳中，然後放下食物、水、如廁的痰盂。美莉從此就變得很孤獨，也沒有機會與其他人交談，久而久之，就變得孤單，並且患了『自閉症』（Autism）。

　　媽媽對她的情況也很擔心，四處去救助，在社工人員的引導下，把美莉放到一所特殊學校中就讀。但很可惜的是，因為美莉長期習慣在家的環境，一旦轉變，非常不適應，每天到學校都會掙扎，弄得老師們筋疲力盡，有時還在老師們制止她時，出現侵略和自衛性行為，把老師們咬傷或抓傷；老師們對於自閉症和弱智人士的社會心理干預的知識和經驗都不足，只有帶美莉到精神科醫師那裡求診。精神科醫生並沒有理會美莉對媽媽的依戀，和新環境適應的問題，只是循例地給予美莉診斷為過動症／過度活躍症，然後給予抗過動症的精神科藥物。但因為美莉的新環境適應問題並沒有解決，精神科藥物的效果非常有限，因此美莉還是繼續反抗，而且還不斷大喊大叫。

　　老師將此告知有關醫生，該名醫生在檢視美莉的情況後，把診斷改為精神分裂症。為了確保美莉服藥的有效性，更替她進行了重劑量的抗精神分裂症藥物的注射，注射後，美莉整個人都好像脫離現實一樣，不但乏力，而且反應比以前更加遲緩。美莉對這種感覺非常害怕，於是就不斷地哭泣，其他員工見到，除了不知所措之外，只有等美莉一個月後去複診；但很可惜的是，

主治醫生並沒有明白美莉服抗精神分裂症藥物之後的感覺，只是本著專業權威的認為美莉也有抑鬱症，所以讓美莉除了服用抗精神分裂症的藥物之外，也服用抗抑鬱症的藥物。

　　後來，抗抑鬱症的藥物讓美莉感覺很不舒服，其副作用讓她感到嘔吐、頭暈目眩和胃部不適。美莉變得焦慮和不安，加上媽媽面對美莉的情況，心如刀割，不知如何是好，只有按照醫生的吩咐去做，結果美莉也需要服用抗焦慮症的藥物。也就是說，本來美莉只有自閉症，但因為醫療權威的濫用，變成了所有精神病有關藥物的試驗品，當員工詢問醫生有關美莉的症狀時，醫生只簡略地說美莉有可能是憂鬱症、精神分裂症和焦慮症，只有服用抗精神分裂症、抗抑鬱症、抗焦慮症的藥物，才能讓美莉的情況好轉，但醫生也無法預測她要服用多久的藥物。」

　　由美莉的個案中可見，美莉的基本人權完全備受忽視，本來美莉沒有任何精神病，只是有自閉症的傾向，但只因她的內心世界和感覺無法讓人理解，所以不斷地被誤解和誤導，加上精神科藥物有關的副作用，所以慢慢情緒變得愈來愈起伏、愈來愈不安、焦慮，並帶有攻擊性。精神科藥物在美莉的個案中並不是帶來治療效果，相反的，因為醫生濫用醫療上的權威，美莉又因為弱智和自閉的傾向，無法說出她的內在感受，且美莉對藥物的不良反應也不被社會工作人員、醫生和家長的重視，所以不同種類的精神科藥物反而成為虐待美莉的手段，把美莉標籤化、控制化；而美莉在沒有真正的精神病下，竟然服用多種精神科藥物，這會比罹患精神分裂症、憂鬱症或焦慮症的病人更痛苦了。

　　由美莉的個案中也可見，精神病人士在多種情況下，很容易被專業人士或有關人士所忽略、歧視及被壓迫，由此可見，精神病人士的主觀經歷在精神病人權的過程中非常重要。而精神病人士的人權卻在精神病人士的主觀經歷與專業人士的權威之互相抗衡中，引起的矛盾與反應，當專業權威極重時，病人的主觀經歷、主觀需要、主觀感受、主觀思維和決定，都會被社會忽視、被唾棄而置之不理；當專業權威比較放鬆，而專業人士能夠出現將心比心的從同理心出發時，病人的

主觀經歷、感受、思維、決定就會開始稍受重視；當專業權威不出現或者被放棄時，病人的主觀感受、經歷、思維和決定就會被尊重、看重。

但很多情況在專業權威出現時，病人並不會馬上降服或者被專業霸權所排斥、打擊，甚至虐待，而是有一個較長的掙扎和反抗的過程，這個反抗和掙扎的過程可以分成下列幾個階段，如圖 8-5 所示。

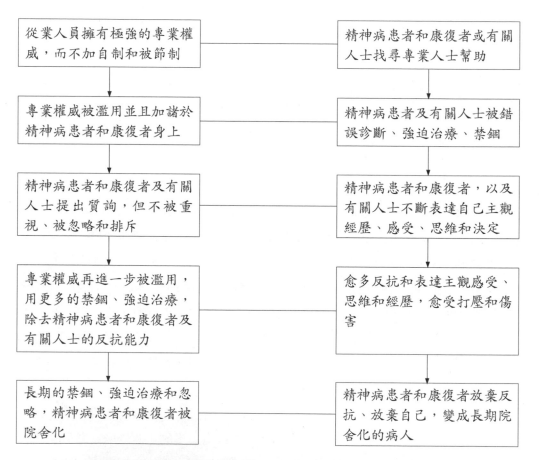

圖 8-5　專業權威的濫用與康復者主觀經歷的掙扎與矛盾

從圖 8-5 中，展示了精神病患者和康復者面對專業權威濫用下的錯誤診斷、高度的藥物控制和不合理的強迫治療和禁錮時，都會產生強烈的反抗，想要把自

己的主觀經歷、感受、需要、思維及決定告知有關人士，如家庭人士及專業人士。但在專業權威甚至霸權的影響下，他們的反抗和表達，尤其是在情緒激動和受到不公平待遇的憤怒時，都會被認為是精神狀態的混亂，結果更多的禁錮、強迫治療、藥物等全加諸在精神病患者和康復者身上。在長期的禁錮、強迫治療和忽略下，精神病患者和康復者會被長期院舍化。與其反抗，不如降服，與其表達主觀經歷、感受和思維，不如無聲抗議、默默接受，與其失望中的康復／復原，不如放棄，最後變成完全降服在院舍化的環境和極度濫用的專業權威當中。這種專業權威和病人主觀治療的矛盾及張力在下列的個案中也可以展現出來。筆者已經取得有關人士的同意，以他們的故事作為學術用途，為了保障他們的隱私，他們的個人資料和身分已經作適當的修改：

「C 是一位被診斷為有情感精神分裂症（Schzoaffective Disorder）的女士，年約 40 多歲，20 年前因為丈夫去世，情緒變得憂鬱並有自殺傾向。丈夫與她遺下一個兒子，C 睹物思人，望著酷似丈夫長相的兒子，常常不禁想起離她而去的亡夫，而悲從中來，希望以死能與丈夫連在一起，幸好鄰居把她救了回來。警方把 C 送到精神病院後，為了防止她自殺，醫護人員把 C 綁在床上，而且因為當時病房人多，沒有即時關注 C 的需要，結果 C 就在床上便溺；C 感到非常羞恥，於是大聲掙扎要掙脫綁在床上的緊束衣和繩索，當她掙扎打翻了在床上、檯上的玻璃杯時，C 的舉動讓相關的員工非常緊張，他們並沒有仔細去詢問 C 的感受和需要，也沒有反省對 C 照顧上的疏忽，只是先入為主，認為 C 是精神狀態混亂、無法自制，所以馬上給 C 注射了強烈的重性鎮靜劑（Major Tranquilizer），並且把 C 的掙扎和投訴的憤怒，診斷成為精神分裂症中被迫害的幻覺和妄想（Paranoid Delusions and Hallucinations）。

在強烈劑量的藥物下，C 從掙扎和憤怒，馬上變成半昏迷狀態的沉鬱，整天都在不清醒的狀態中，被禁錮了二個星期，後來 C 已經沒有動力和精神去反抗和掙扎，但對濫用專業權威的醫護人員來說，他們卻認為他們的專業治療非常有效，終於把 C 的精神狀態穩定下來。後來 C 被放進長期病房中。

這個病房面積不大，本來只是容納 45 個人的面積，因為病人太多的緣故，竟然住進了 90 個人，在人多房小的情況下，病床互相貼在一起，病人都要從別人的床來上自己的床。這是個封閉病房，與另一個封閉病房連在一起，中間只有一個小小的公園，每天除了上午要到工業治療病房工作之外，整天 24 小時就關在一起。

不少病人悶得發慌，有的會大喊大叫，有些在長期的禁錮下變得沉默寡言，或者自說自話。C 剛進去不久，見到混亂的情況很不習慣，嚷著要離開，但很可惜 C 的表達並沒有引起護士和醫生的關注，反而認為 C 的病情和精神狀態不穩定，需要更加重藥量和治療。經過連番的打擊下，C 終於完全降服下來，與其掙扎，不如降服，與其抗議，不如逆來順受，與其希望改變，不如完全不抱任何希望，與其表達自己的主觀意願，不如沉默不語。

於是 C 就在這種情況下接受院舍對她醫護權威的濫用，在沒有主見、沒有自我、沒有想法、沒有感受的狀態下，在醫院中待了三年，每一天、每一刻都是無法解開的空白、無奈和反應。」

從上述個案的描述中，我們可以明白精神病人士和康復者的人權並不是一個簡單的過程，面對社會上的標籤化、污點化，相關社會、文化和政治的情景，加上牽涉到不同的專業人士、社會上不同階層人士的利益，所以是一個多方面的矛盾和張力的展現，這五種矛盾和張力就如同本章一開始 Heginbotham（1987）所說的：

1. 一般人的人權與精神病人士的人權的矛盾和張力。
2. 精神病人士的獨特性與治療程序的矛盾和張力。
3. 精神狀態與個人意願的矛盾和張力。
4. 精神病人士的意願與社會控制的矛盾和張力。
5. 專業人士的專業權威與精神病人士的主觀感受和經歷的矛盾和張力。

這五種矛盾在下列精神病人士和康復者的應有人權和詮釋、演繹、爭取中，都會出現：

1. 享有一般人士應有的衣、食、住、行、工作、教育、結婚、免受虐待、人身安全、康樂、社交等各種人權。

2. 享有得到最好的治療、康復、復原服務和干預的權利。

3. 享有自己選擇合適治療、康復、復原服務和途徑的權利（The Right to Choose Appropriate Treatment, Rehabilitation and Recovery Service and Interventions）。

4. 享有拒絕治療，特別是一些不合適的治療、康復和復原的權利。

5. 享有在治療、康復、復原的過程中，不會被歧視、標籤、虐待、隔離以及欺凌的對待。

在下列的篇幅中，筆者嘗試去討論如何在這些矛盾和張力中確保有關的人權。

三、爭取及倡導精神病人士和康復者的人權

在上述的矛盾中，要爭取及倡導精神病人的人權，並不容易，下列幾項先決條件似乎有其必要性：

1. 建立屬於精神病人士和康復者的代表組織或自助團體。

2. 成立相關的法律和政策。

3. 法律專業人士的參與和投入。

4. 倚仗相關的法律和學院及機制。

5. 建立相關的監察組織及網絡。

6. 善用傳媒與公共意識。

（一）建立屬於精神病人士和康復者的代表組織或自助團體

要在諸多的矛盾和張力中去爭取精神病人士和康復者的人權，並不是一件容易的事，也不是一個個人或個案能夠做到的。面對強力的專業團體，尤其是醫護學會和有關藥物強大的利益集團，加上官僚結構的管理，精神病人士和康復者必須團體起來，成立相關的組織，以便代表他們去倡導有關的人權。這些團體可以用下列幾種形態出現：

1. 精神病人士和康復者的自助小組。

2. 精神服務使用者（Mental Health Service Consumers）的組織或聯盟。

3. 精神病人士和康復者的家屬自助小組。

4. 各有關機構服務使用者的代表或聯盟。

這些組織起初也許需要借助各階層，尤其是社會工作者和有關機構或專業人士的幫助去成立，但成熟之後，就應脫離有關人士和機構的管轄，獨立地運作，並且爭取相關的資源，只有這樣才能不受專業人士和相關機構的利益所左右，也才能代表精神病人士和康復者爭取、倡導利益，代表一些被錯誤診斷、被不必要甚至濫用的各種治療、被強迫無理的禁錮，以及在社會上被標籤、被歧視的精神病人士和康復者，爭取和倡導合理的人權，並處罰一些濫用職權、虐待精神病人士和康復者的員工、專業人士和社會人士。

（二）倡導成立相關的法律和政策

精神病人士和康復者成立了有關的代表團體後，應該與下列人士聯絡：法律人士、有關的社工人員、有關的醫生、立法局議員、政府相關部門的人士、學者。精神病人士和康復者應該與這些人士建立對等的聯絡關係，並且在這些人士當中找尋一些對精神病有深厚的認識，同時也有愛心和明白精神病精神病人士和康復者的需要，然後一起檢討有關的法律和政策是否有漏洞，讓精神病人士的人權得到合理的保障，或者是對於間接容許專業霸權、院舍化標籤、虐待精神病人士康復者的出現，透過不同的途徑，在適當的情況下推動成立相關的法律和政策，以保障精神病人士和康復者的人權。

在倡導成立相關的法律和政策當中，精神病人士和康復者必須留意有關人士本身的利益和觀點，這些利益和觀點是否會阻礙相關法律和政策的倡導。其實不同業界的人對倡導成立相關的法律和政策有不同的幫助，例如：法律人士協助檢討現行法律保障精神病人士和康復者的人權和建立相關法律時，可提出法律上的幫助；社工人員則可幫助理解、組織精神病人士和康復者倡導／成立相關法律和政策，判定有關的爭取策略和協助組織有關人士面對爭取過程中的壓力和挑戰；醫生則可設身處地的指出醫療上的漏洞，和指示精神病人士和康復者在治療和康

復過程中的醫療需求,且防止在治療、禁錮過程中的虐待和濫用權力,並建議恰當的法律和政策上的修改;立法局議員則可協助精神病人士和康復者,把他們的需求在立法會議上提出,以爭取政府的立法程序和爭取相關的資源;政府部門的人士則可協助在成立／倡導相關法律和政策時,在各政府部門的確實可能策略;最後,學者則可從事研究、提供證據和學術理論,以證明有關法律和政策的迫切性。

(三)鼓勵法律人士深層和多層面的投入

一般來說,精神病人士的人權倡導和保障,最重要的是要對相關的法律和條例有深入的瞭解和體會,才能夠在一些複雜的個案中面對強大的醫療體系;且得以於有實權主義的專業學會和巨大的官僚結構中成功地為精神病人士爭取權益,以避免不合理的虐待、標籤、歧視和孤立。因此有心的法律界人士之投入和參與,事實上是非常必要的。精神病人士和康復者一般都比較貧窮、資源短缺、無法用大量的金錢聘用律師,但其實律師可就他們所受到的不合理虐待、禁錮和孤立,循法律途徑控告有關人士和機構,以爭取應有的權益和補償;因此若希望能有相關的律師義務去爭取他們的權益,以代表精神病人士和康復者的相關團體去邀請法律界人士去參與和幫忙,是比較容易的。同時也應該透過他們和相關人士一起去爭取政府的法律援助,讓法律援助也可以協助他們爭取權益,免除不合理的虐待、禁錮、標籤和歧視。法律人士的義務投入和參與可以有下列幾種形式:

1. 代表精神病人士和康復者從事有關法律訴訟。

2. 解說、教導、訓練精神病人士和康復者,以及其家屬和相關專業人士理解和運用合適的法律。

3. 參與修改和訂立相關法律的爭取。

4. 向公眾表達尊重精神病人士和康復者人權的重要性。

(四)倚仗相關的法律和學院及機制

要倡導和爭取保障精神病人士和康復者的人權,就必須對現行的有關法律非常熟稔,其中包括:

1. 精神健康條例，一般包括入院、出院、禁錮、診斷、治療、強迫性和自願性的情況。

2. 防止歧視殘疾／弱能人士的條例，其中包括弱能人士（精神病人士和康復是其中一種）的衣、食、住、行、教育、工作、婚姻、康樂、社交等，都應與正常人一樣，有同等的待遇。

3. 精神病審裁處的運作和成員，以定期檢討強迫性住院人士的禁錮之延續、出院及跟進。

4. 法律援助精神病人士和康復者的可能性及其手續。

5. 投訴錯誤診斷、禁錮、治療和康復服務的社會及行政渠道和機制。

6. 其他相關的法規，如傷害他人、謀殺、毀謗等的懲罰機制和法規。

7. 著名律師／大律師的名單、性格、收費、成效等。

8. 以往爭取／倡導精神病人士和康復者的個案及法律過程。

社會工作者及相關的精神病人士和康復者，必須在法律界人士的協助下，對上述法律／渠道非常熟稔，才能從事有效的倡導和爭取合理人權。

（五）建立相關的監察組織和團體

要讓精神病人士的權益和人權得到合理的保障，免於受到標籤、虐待、不合理禁錮、不必要的精神病診斷和不足夠的服務與院舍的干預，就必須建立相關的監察組織和團體。這些相關的監察組織和團體的目標在於：

1. 代表精神病人士去監察相關的服務、法律，和有關的投訴以及不合理的個案。

2. 協助精神病人士監察相關專業人士團體在專業實務中，是否有不合乎專業道德、不尊重精神病人士人權的傾向和違規行為的出現。

3. 協助受到不合理虐待、標籤、禁錮、診斷的精神病人士，爭取法律合理和公義的裁判且得到合理的賠償，並對從事歧視、標籤、虐待的人士進行法律上的警戒和懲罰。

4. 從事相關的研究以協助相關法律的修訂、相關服務和政策的釐訂。

這些監察組織應該要由精神病人士和康復者，加上法律人士、學者、專業人

士機構代表所組成，同時要以精神病人士和康復者為中心，其他的參與者都要協助他們監察相關服務、政策和法律。

（六）善用傳媒與公共意識

一個負責任的政府和政策推動與計畫者，應該對精神健康相關服務、法律和政策有長遠的發展方向。但很多時候，相關決策者和立法議員往往只會基於政治和形勢的考慮，而對相關法律和服務做出修改和執行，例如：在精神病人士的暴力事件出現後，馬上執行相關的服務和修改法律，因此傳媒和輿論去監察和督促政府從事相關的立法和政策的擬定，都非常重要。代表精神病人士的組織、監察當局的團體都必須善用傳媒，恰當地製造合適的輿論，讓政府、決策者和服務的行政人員真正明白精神病人士和康復者的經歷、感受、需要和人權，以減少不合理的標籤、歧視和虐待。

四、結語

在本章中，筆者嘗試討論精神病人士的權益和倡導，他們的權益都包括與一般人相同的權利，以及精神病治療、康復上的合理待遇、免受虐待、禁錮、強迫治療。在倡導和爭取有關的人權和待遇時，其實是一個頗為複雜的過程，充滿了不同的矛盾和張力，其中包括：

1. 一般人的人權與精神病人士的人權的矛盾和張力。
2. 精神病人士的獨特性與治療程序的矛盾和張力。
3. 精神狀態與個人意願的矛盾和張力。
4. 精神病人士的意願與社會控制的矛盾和張力。
5. 專業人士的專業權威與精神病人士的主觀感受和經歷的矛盾和張力。

這五種矛盾在下列精神病人士和康復者，其應有人權和詮釋、演繹、爭取中都會出現：

1. 享有一般人士應有的衣、食、住、行、工作、教育、結婚、免受虐待、人身安全、康樂、社交等各種人權。

2. 享有得到最好的治療、康復、復原服務和干預的權利。

3. 享有自己選擇合適治療、康復、復原服務和途徑的權利。

4. 享有拒絕治療，特別是一些不合適的治療、康復和復原的權利。

5. 享有在治療、康復、復原的過程中不會被歧視、標籤、虐待、隔離以及欺凌的對待。

在面對不同的矛盾和張力去爭取和倡導有關權益時，下列的先決條件是必須的：

1. 建立屬於精神病人士和康復者的代表組織或自助團體。

2. 成立相關的法律和政策。

3. 法律專業人士的參與和投入。

4. 倚仗相關的法律和學院及機制。

5. 建立相關的監察組織及網絡。

6. 善用傳媒與公共意識。

由此可見，精神病人士權益的爭取和倡導，其實是一個漫長和複雜的過程，充滿了不同的矛盾和張力。社會工作人員、其他專業人士、精神病人士和康復者，以及其他有關人士必須按部就班，與有關人士合作、慢慢爭取，在恰當時機倡導精神病人士的權益，免受虐待、標籤和歧視，有合理待遇、重返社區，與其他人一樣過正常的社區生活。最後，筆者以國際公認的精神病人士權益原則的有關內容摘要，作為讀者的參考，希望有關人士能本著原則的內容，努力不倦的爭取、倡導精神病人士的權益、尊嚴和合理的對待。

國際保障精神病人士的原則（摘要）

（The Pinciples for the Protection of Persons with Mental Illness）

此國際保障精神病人士的原則，是由聯合國（United National General Assembly）於 1991 年，在各國相關的專業人士代表、人權份子代表，以及精神病人士和康復者的商議下所成立，目的是在保障精神病人士於社會、治療、康復的過程應該享有的人權，全文訂立 25 項相關原則，在此摘錄下列幾個部分：

原則 1-3：目的和內容是保障精神病人士的基本人權，包括：人身保障、法律上的代表、生活上的基本權利。

原則 4-6：目的和內容是保障精神病人士在醫療中的檢查和診斷（Medical Examinations & Diagnosis）中的決定和保密及有關的權利，包括：不受以前紀錄的影響、依據國際有關認可水平和診斷手冊、保障病人的隱私、依從相關的法律和政策等。

原則 7-10：目的和內容是保障精神病人士在醫療中、社區照顧和治療及康復中的基本人權，包括：在就近的社區接受服務、服務應有起碼的水平、沒有不合理和不需要的藥物治療等。

原則 11：治療中的同意和決定，包括：應遵循應有的程序，沒有威嚇、沒有不恰當和在一個不受影響的獨立權威中進行有關決定和程序，同時，病人也有權力和權利去拒絕所有不合適的治療，如絕育、心理腦外科切除手術，以及任何對身體器官侵害的治療，都應禁止。

原則 12-13：精神病人士對治療的知情權，每一個精神病人士都應有權利認識和知道每一個治療的過程、效果和相關的副作用。同時，每一個精神病人士在精神健康的服務和設施當中，擁有其隱私、自由溝通、自由信仰、康樂設備使用，以及教育和職業的權利。

原則 14-16：精神健康設施的資源、入院和非自願性入院的權利：所有的精神健康設施在設立時，應該有相關的資源和配套，特別是合乎資源的，

由專業人士進行合宜的診斷、照顧和全面的治療，非自願性的強迫治療應可免則免，只有在病人可能構成嚴重的傷害而又在其決定能力極度損害時，方可執行。

原則 17-21：精神病人士的投訴、重審和定期檢討的權利：所有的精神病人士包括強迫住院和有犯罪紀錄的人士，都應有權利去看自己的有關病情紀錄，定期為自己診斷，非自願的入院和禁錮安排應有重新審裁，在審裁的過程中應該以公平的程序進行。每一個精神病患者都應有對不公平的程序和判斷有重審的權利。

原則 22-23：精神病人士的監管、補償和實行以及精神病人士的權利，都應該透過應有和合適的行政、法律、教育的程序及方法去進行。

◇參考文獻◇

Abott, A. (1988). *The system of profession*. Chicago, IL: The University of Chicago Press.

Blumnenthal, M., & Lavender, T. (2000). *Violence and mental disorder: A clinical aid of the assessment and management of risk*. London, UK: The Zito Trust.

Breggin, P. (1991). *Toxic psychiatry*. New York, NY: St. Martin Press.

Fine, C., & Kennett, J. (2004). Mental impairment, moral understanding and criminal responsibility: Psychopathology and the purpose of punishment. *International Journal of Law and Psychiatry, 27*(5), 425-443.

Foucault, M. (1980). *Power/knowledge*. Brightan: The Harvester Press.

Friedson, E. (1981). *Professional power*. Chicago, IL: The University of Chicago Press.

Heginbotham, C. (1987). *The rights of mentally ill people*. London, UK: Minority Right Group.

Jaspers, C. (1949/1965). *General psychopathology*. Manchester, UK: University of Manchester.

Laing, R. D. (1960). *The divided self*. New York, NY: Tavistock.

Larson, M. C. (1977). *The rise of profession: A sociological analysis*. London, UK: University of California Press.

Segal, S. P. (1989). Civil commitment standard and patient mix in England, Wales, Italy & United States. *American Journal of Psychiatry, 146*(2), 1-7.

Yip, K. S. (2007). *Clinical practice of persons with schizophrenia: A humanistic and empathic encounter*. New York, NY: Nova Science.

Chapter 9

院舍化與治療社區的抗衡

一、前言：非院舍化運動與院舍化的特性

（一）院舍化的特性

非院舍化（De-Institutionalization）和社區照顧（Community Care）這些運動，由 1950 年代開始在英美等國激烈地展開。由於兩次世界大戰的因素，英美等國的精神病人數大幅增加，精神病院內的精神病人士以倍數增加，本來只容納 500 人的精神病院，因為精神病人數的急速增加，變成要容納 5～10 倍的病人；精神病院的情況變得極度惡劣，不少有心人士，如學者和醫護人士都指出院舍化（Institutionalization）的相關惡果。Wing 和 Brown（1970）認為，精神分裂症患者長期在院舍化的環境中，會變得社會功能的整體崩潰（Social Breakdown Syndrome），意思是精神分裂症患者在情緒表達、與人交流、對社會情境的反應等，都會因長期院舍化的環境而變得愈來愈衰退，最後甚至變成極度獨立和自我的個體，與外在社會情境疏離和隔絕。Barton（1959）的研究更顯示，在極度院舍化下，病人的思維、行為、情緒和反應都受到很大的限制，久而久之就變成了院舍化下的焦慮症候群（Institutional Neurosis），意思是指病人變成了：

1. 目光呆滯。
2. 與現實抽離。
3. 退縮、被動。
4. 動作緩慢。
5. 整天維持在同一狀態和姿態當中。
6. 對生活缺乏生趣。
7. 對院舍內的情況、事件和習慣極度依賴。

這些長期院舍化的情況，有些醫護人只會誤以為是精神分裂症患者的負面徵狀（Negative Symptom），例如：情感呆滯（Blunt Affect）、失去歡樂的感應（Anhedonia）、凡事缺乏動機（Avolition）、言語不清（Alogia）等（American Psychiatric Association, 1994）。但有趣的是，不少精神分裂症患者在入院時之正

面徵狀，如妄想（Delusion）和幻覺（Hallucination）都比較嚴重，但在長期住院和極度院舍化的環境下，都會呈現負面徵狀的強化。

　　舉例而言：三個同時入院的病人分別罹患精神分裂症、嚴重的抑鬱症和邊緣性性格異常，在病徵上，三個人的特性都各自不同。抑鬱症的案主比較沉悶內向；邊緣性性格異常的是情緒起伏，常喋喋不休的向別人道出自己的情況，以爭取別人的同情；而精神分裂症的案主則會沉醉於自己的妄想和幻覺，有時呈現被迫害妄想而喃喃自語，或者想向別人證明自己天下無敵的誇大身分（Grandiose Identity）。但經過幾年極度院舍化的環境禁錮之後，他們的病徵特點反而會慢慢的減低，而院舍化的特徵反而會慢慢增強，最後三個人可能都同時變成目光呆滯、退縮、被動、缺乏生趣，與現實抽離的院舍化「產品」。

　　Goffman（1960）在《封閉院舍》（*Asylum*）一書中，提到一個封閉的院舍具備下列幾項特點：

　　1. 極度規範化和千篇一律的日常活動（Highly Structured Daily Schedule and Activity）。

　　2. 極度缺乏個人的空間、特色和身分（Deprivation of Personal Space, Uniqueness and Identity）。

　　3. 院舍內嚴格分成員工和病人兩個互相排斥的群體（Strictly Divide into Staff and Patient Mutually Rejecting Groups）。

　　4. 這個互相排斥的群體，互相用不同的方法去控制對方，知道對方的弱點後，會加以隱瞞和欺騙。

　　5. 一般來說，身為員工的人士，尤其是專業的權威，他們會利用職權去控制、懲罰病人，讓病人的行為完全受其操縱，而任何不受操縱的病人都會被懲罰、被隔離，甚至被傷害。

　　6. 為了加強這些操縱，在禁錮、懲罰和傷害的認定方面，有關員工會因循有關法律、道德判斷和官僚結構，以法律化、道德化、公家化、程序化這些操縱、禁錮和懲罰，並保障員工及這些院舍的合法地位。

　　7. 在員工及病人的群體之中，因著其權力、官僚結構、影響力等而成為不同的階層、利益集團及功能組別。階層、利益集團和功能組別又會互相以不同觀點

操縱、利用及鬥爭。

　　這種極度院舍化（Total Asylum）的害處自不待言。因此在 1950 年以後，受到人道主義立場的相關學者、官員、醫護人員和病人自己的覺醒後，大力提倡「非院舍運動」（De-institutionalization），認為有關當局應該馬上關閉大型的院舍，進而讓病人在非院舍化（De-institutionalized）的環境、在社區中接受相關治療和康復（Community Based Treatment and Rehabilitation）（Bachrach, 1976; Benett, 1979; Griffth, 1986）。

（二）面對非院舍化的回應

　　非院舍化運動從 1950 年代開始到 1970 年代及 1980 年代，非常盛行。面對強烈的非院舍化運動及嚴峻的院舍封閉環境之控訴，不同的團體產生了不同相應的回應：

　　1. 社區為本的精神健康服務（Community Mental Health Service）。

　　2. 個案管理系統（Case Management System）。

　　3. 治療社區（Therapeutic Community）。

　　「社區為本的精神健康服務」是為了回應不斷被非院舍化運動，而從醫院離開、回到社區的精神病人士和康復者的服務需要而設立的，其中包括（Griffth, 1986）：

　　1. 庇護工場（Sheltered Workshop）。

　　2. 中途宿舍（Half-Way Home）。

　　3. 門診服務（Psychiatric Outpatient Clinic）。

　　4. 日間醫院（Day Hospital）。

　　5. 社交會社（Social Club）。

　　6. 精神病緊急服務（Psychiatric Emergencies Service）。

　　「個案管理系統」是根據精神病人士和康復者，在不同社區和不同社區精神康復服務中所出現協調的問題，則由個案管理系統所補償。透過個案管理員（Case Manager）把案主與服務網絡連結起來，希望案主和有關服務互相配合，讓案主得到最有效率、最全面的服務支持網絡。

　　針對非人性（Inhumanistic）和院舍化的指控，有醒覺的人士認為英國院舍內部的情況極度需要改變，而這種改變是從非人性化的情況，慢慢改變為人性化的治療環境（Humanistic Treatment Environment）。這種治療環境因為當時社區照顧運動的影響，所以稱之為治療社區（Therapeutic Community）。這些概念和服務上的改變，可從圖 9-1 中展現出來。

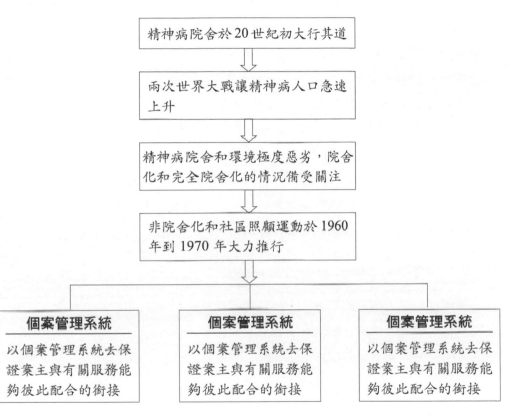

圖 9-1　從院舍化、非院舍化到治療社區的轉變

二、院舍化的非院舍化角力

　　在非院舍化和社區照顧長期病患及獨居人士（De-institutionalization and Community Care Movement）的洪流下，社區治療個案管理及社區精神健康服務，似乎

是極度封閉院舍的替代品，在英國和美國都大行其道。這些干預和服務的模式，在 1980 年代中期成為精神治療和康復服務的主流。可是將數目極為龐大的精神病人士和康復者放到社區後，社區的相關設施和服務，以及社區人士的支持並不足夠，所以很多精神病人士和康復者在照顧不足的情況下變成：失去居所（Homeless）、長期病變（Chronic）、成年人年輕化（Young Adult）。

這些失去居所比較年輕，而長期有精神病紀錄的人士（Young Adult Homeless Chronic Mental Patients），成為整個非院舍化和社區照顧運動的挑戰和絆腳石。於是有學者提出再院舍化（Re-institutionalization）的藉口，希望在較為人道的院舍及住院服務中，減少低素質失去保護作用的社區照顧服務（Lamb & Goertzel, 1971; Lamb & Shanner, 1993; Mechanic, 1986）。

但當院舍又回到一定的住院人數時，院舍化的情況又再重新出現。很多時候院舍化的不良影響並不會侷限於精神病人士和康復者，有時候更會影響較多的相關專業人士（Institutionalized professionals）。Yip（1995）更認為，在院舍化的環境中，相關的專業人士都會有院舍化的傾向，這些院舍化的傾向，約有下列幾種特徵。

（一）醫藥化（Medicalization）

醫藥化是指，相關的專業人士把藥物看成精神病，或精神病人士在治療中極度醫藥化的唯一情境中。專業人士會把高級醫療人士（如高級精神科醫生）的看法或說法作出一切治療的依據，而不會考慮這種說法和看法背後的證據和理論。

（二）合法化（Legalization）

合法化是指，相關專業人士和官僚結構極度注重相關的立法和法律程序，去管理精神病人士和康復者的入院規定，以及接受治療、禁錮的程序。精神病人士在程序中變成程序的「物件」（Object），而不是他們的需要、背景和感受。在極度院舍化的情境中，相關的專業人士及行政人員會因著法律上程序的需要，甚至扭曲病人的人格、病情和需要，而法律上的程序化，正是保護專業人士和機構去進行不合理對待，甚至是院舍化的虐待之最好手段。

（三）官僚化（Bureaucraticization）

官僚化是指，專業人員和機構是按照預先設定的複雜手續和程序去管理精神病人士和康復者。在複雜的手續中，他們的需要、感受、獨特性、人格和背景等，都會變成被忽略和被欺壓的對象，他們的個人空間、決定能力、個人權利、個人尊嚴、個人能力和特色，都會被官僚結構所淹沒。

（四）醫院化（Hospitalization）

醫院化是指，相關專業人員和機構在面對精神病人士的治療過程時，只簡單地考慮兩種可能：入院及出院。入院是指進入精神病院接受治療，但當醫院較為擠擁或者他們住院一段時間後情況轉差時，就會考慮或者強迫他們出院。在較為極端化的院舍化環境和院舍化專業人員的看法中，他們的精神病人士的治療只有下列幾個程序：

1. 服藥（用所有辦法讓精神病人士服用精神科藥物）。
2. 加藥（加重有關精神科藥物的份量）。
3. 轉藥（由一種精神科藥物轉到另一種精神科藥物）。
4. 多種藥（同時服用多種精神科藥物）。
5. 電療（利用電療去治療嚴重的精神病，如重度抑鬱症）。
6. 精神科手術（切除案主腦部及中央神經系統中的某些部分）。

在上述幾項治療歷程中，病人的感受、需要、尊嚴，以及其他社會心理治療模式和可能性，都會被摒棄和漠視，病人只變成是入院、出院及各種藥物治療手段的物件和產品。

（五）服務單位化（Servicization）

服務單位化是指，相關專業人士只將精神病人士和康復者由一個服務單位轉到另一種服務單位中，例如：由醫院的封閉病房轉到開放病房，或到中途宿舍，或到住宿公寓；如果復發時，又會再回到醫院的封閉病房。表面上精神病人士和康復者只在社區中，但實際上也只是由一種服務轉到另一種服務，由一個單位轉

到另一個單位，而在實際服務當中並沒有與任何社區人士接觸。

（六）長期病患化（Chronicization）

長期病患化是指，相關專業人士把精神病人士和康復者不斷的在相關機構和服務單位中轉動時，精神病人士和康復者變得愈來愈院舍化，愈來愈依賴院舍化的環境和保護而生存，對復原和重回社區的能力不斷下降。最後變成長期病患者（Chronic Mental Patient），了無生趣，只是在隱性徵狀（Negative Symptom）中，不斷地「不生不滅」的存在。

（七）非人化（Dehumanization）

非人化是指，專業人士害怕精神病人士和康復者在上述六種院舍化的特質影響下，將人的特性如自尊、自信、存在、自主、自重、被尊重、被信任、被愛護慢慢減少，只成為相關機構、單位、工作人員管理的對象，以爭取資助的物件和展示能力與地位的目標。而隨著院舍化的程度來說，病人會有非人化身分的改變。

總括來說，醫藥化、合法化和官僚化是院舍化當中權力的來源，而且互相連結，若當中其中一種受到外界的質疑時，其他兩種就會加以彌補，例如：當精神病人士的藥物治療或者醫生的權威過分被濫用的時候，官僚機構和有關程序，以及相關法規就會用道德、法規和機構力量，去捍衛藥物和醫權的濫用；同樣的，當官僚結構在壓迫精神病患者和康復者時，醫生的專業權威和法規就可以用以捍衛官僚結構的濫用；當相關法規受到質疑時，醫護的權威和官僚結構就會對上述法規進行解釋，以證明這些法規在管理、醫治和康復精神病人士是必須進行的。

至於醫院化和服務單位化則是院舍化中間的手段，把精神病患者和康復者不斷地在醫院、服務機構中循環。表面上看來好像有轉機甚至康復的情況，但實際上卻只是循環不息地把精神病人士和康復者與主體社會和社區隔離，讓他們愈來愈依賴院舍，愈來愈難重返社區。當病人情況好轉時，就在有關服務單位中居住、工作、娛樂、交友，但情況不好時，就重返醫院。

最後，長期病患化和非人化則是院舍化最後的產品和結果（Output and Outcome），精神病患者和康復者在不斷醫藥化、合法化、官僚化、醫院化和服務單

位化之下，情況變得愈來愈難康復和復原。長期病患化和非人化的元素增加，對院舍的依賴愈來愈重，也給予一些支持院舍化的員工藉口，認為院舍是他們唯一的歸宿和出路（如圖 9-2 所示）。

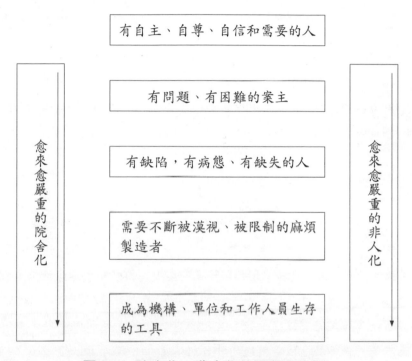

圖 9-2　院舍化、非人化的過程和後果

💣☀三、治療社區的特色概念和運用

（一）治療社區的定義與歷史

治療社區（Therapeutic Community）是從非院舍化運動開始，是院舍環境（Institutional Environment）面對院舍化（Institutionalization）和完全封閉院舍（Total Institution / Asylum）的自我反省和自我修正。Maxwell Jones（1976）在他的經典名著 *Maturation of the Therapeutic Community* 一書中，有著下面的描述：

「The social structure of a therapeutic community is characteristically differ-
ent from the more traditional hospital. The term implies the whole community of
staff and patients is involved, at least partly, in treatment and administration. The
extent to which this is practicable or desirable will depend on many variables, in-
cluding the attitude of the leader and other staff, the type of patients being treated,
and the sanctions afforded by higher authority. The emphasis on free communica-
tion in and between both staff and patient groups and on permissive attitudes that
encourage free expression of feeling imply a democratic egalitarian rather than a
traditional hierarchical social organization.」（Jones, 1976: 87）

翻譯後的意思就是：

「治療社區的社會結構基本上與傳統的醫院不同，它的意思是指一群相
關員工與病人都整體或部分參與有關的治療和行政工作。要成就這種參與，
其實在於不同的因素，包括：領袖和員工的態度、接受不同治療的病人種類、
最高權力者的規限。在參與之中，員工和病人間的溝通和對病人的接納與容
忍性都頗為重要，只有這樣進行，病人的感受和民主參與與決定才會展現出
來，而不是一個傳統、注重階級的社會組織。」（譯自 Jones, 1976: 87）

從上述的定義中，治療社區的特色可由圖 9-3 表示。

（二）治療社區的體現和不同元素

在 1976 年，「美國濫用藥物組織」（National Institute for Drug Addiction）在
「治療社區全國會議」中，採取下列不同的元素和定義：

1. 以治療社區的整體定義：治療社區是因循一些人際原則下，案主可以慢慢
克服長期病情而產生的有關痛苦和不合宜的行為。同時，可以培養案主高水平的
技術和意願，去幫助其他有相同遭遇的人士，讓大家變成同路人的社區和團契。

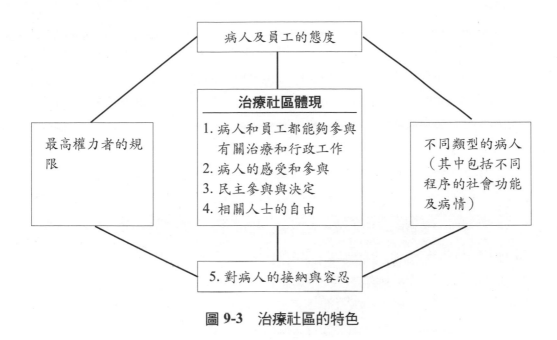

圖 9-3　治療社區的特色

這是一個互相支持的社區，能讓一些與社區脫節的人能重新投入。

　　2. 以治療社區的功能和方法的定義：治療社區給予案主一個道德和倫理的界限和期望，讓案主能夠有好的個人成長。在過程中會放棄一些不好的東西，而利用正面的獎勵、懲罰、內疚等作為以身作則和例子，去強迫個人改變和成長。

　　3. 以治療社區的目標（令其成員及小組）的定義：治療社區在於培養成員建立和培養一個新社會的自我（Social Self）和自我定義（Self-Definition），其目標在建立一個新的自我和新的生活習慣。

　　4. 以治療社區正常化的定義：治療社區在於培養成員的信任、關懷、責任、誠實、樂觀的自我表現和自我孕育（Self-Expression and Self-Nurture）。

（三）治療社區歷史性的定義

　　治療社區歷史性的定義，在於一個組織和機構能夠實踐下列幾項體現（DeLeon, 2000: 27; DeLeon & Beschner, 1977）：

　　1. 從階級主義到平等主義（Egalitarian to hierarchical）。

2. 從住宿規限到非住宿規限（Residential to Non-Residential）。

3. 從地位分別到組員分身（Status Differentiation to Membership）。

4. 從封閉系統到開放系統（Closed System to Open System）。

從上述的定義中，我們可以瞭解治療社區的特點約有下列幾項元素：

1. 倡導平等、參與、開放的治療環境。

2. 建立案主自信、自尊、信任別人的治療環境。

3. 透過正面獎勵和鼓舞，讓案主將舊有的不良習慣、思維和道德倫理觀念，轉變成為正面的思維、道德和社區參與的治療環境。

4. 把傳統中著重階級、地位、封閉的治療環境，轉變成為一個開放、平等、尊重和參與的治療環境，在其中，治療人員和案主都要互相開放、平等和參與。

由此可見，治療社區是一個有悠遠發展的治療模式，它甚至可追朔至遠古運動：大家不分彼此，建構一個互相尊重、互相平等、互相支持的共同生活社區。這個社區治療的想法後來在匿名和道德戒酒會中開始實施，到了 1950 到 1960 年代，面對非院舍化的控訴，Maxwell Jones 開始反省在醫院環境中，應該由極度封閉的院舍，慢慢轉變成為以病患為本的人道和開始的治療社區。

（四）治療社區的治療元素

Rapoport（1963）在分析 Maxwell Jones 相關的研究和實務經歷之後，認為治療社區中的治療元素約可分成下列幾項：

1. 民主參與（Democratization）：意思是指有關人士都應有投票權，也就是尊重每個人的意見，包括護士、醫生和病人都應該與其他人一樣。

2. 容忍（Permissiveness）：組員之間應該互相容忍一些令人不安的行為，相互之間的討論比用紀律和禁止更好。

3. 共同溝通（Communalism）：平等與分享最為寶貴，每個人都應表達自己的想法與其他人分享交流。

4. 現實的對抗（Reality Confrontation）：所有人都要面對他們的問題，對現實的解釋和看法不能逃避。

Clark（1965）對治療社區提出下列八種元素和特質：

1. 數目：治療社區不能太大，必須較小，能讓每一個組員有足夠空間和時間去認識其他人，特別是在社區會議（Community Meeting）中的所有人。

2. 社區會議：所有人在社區中，病人、護士、醫生、社工人員、其他員工等，都應該一起開會去討論一些遇到的共同問題。

3. 背後的理念和哲學應以心理動力看法和假設：所有遇到的問題和困難，以及與其他人的關係都可以被討論、被理解和補救。

4. 用社會分析去理解事件（Social Analysis of Events）：所有發生在院舍內的事件都應該在社區會議中透過討論、分析去理解。

5. 開放式的溝通（Freeing of Communication）：應該儘量留意和改善各組員之間的溝通，其中包括：平面的資料分享（Horizontal Flow of Information），意思是說同一階層組員（病人之間、醫護人員之間、員工之間）的資料分享和溝通；向下的資料分享（Downward Flow of Information），意思是說權威者向其下屬的資料分享和溝通；向上的資料分享（Upward Flow of Information），意思是說下屬向權威者的資料分析和溝通。

6. 權力下放和分享（Flattening of the Authority Pyramid）與傳統院舍化醫院相反：治療社區應側重所有組員都享有同等的權力和身分。

7. 預備從經歷中學習（Provision of Learning Experience）：在保護的環境中，儘量讓組員學習聽的經驗去發揮他們的自我力量（Ego Strength）和新的方法去適應生活上的困難。

8. 角色檢視（Role Examination）：所有的人都應在自己角色檢視自己的表現，因為他們的改變，在工作上的態度會帶來更多模範作用，也能引起其他人的改變。

上述 Clark（1965）和 Rapoport（1963）對治療社區的看法，其實可以分成三種不同的元素，這三種元素互相支援、互相關連：

1. 治療社區的小組模式，其中包括社區會議（Community Meeting）、參與人士的數目（Size）。

2. 治療社區的小組互動，其中包括：

(1)外在環境的解讀：社會分析事件（Social Analysis of Events）、現實的對

抗（Reality Confrontation）。

(2)組員之間：開放式的溝通（Freeing of Community）、共同溝通（Communalism）、互相容忍（Permissiveness）。

(3)組員自己：經歷中學習（Learning Experience）、角色檢視（Role Examination）。

3. 治療社區的信念：

(1)所有問題都可以被討論和解決。

(2)權力下放、人人平等（Flattening of Authority Pyramid）。

(3)注重民主參與（Democratization）。

就Jones（1976）對治療社區的描述，這三種元素的每一種都可以加入下列成分：

1. 治療社區的小組模式：Jones（1968）對社區會議有下列幾項提醒：

(1)員工的態度必須認為這些社區小組有必要和治療的價值。

(2)必須有穩定以及在病房居住一段較長時間的病人。

(3)有必要較密集地開相關會議，有時每日定期的社區會議會讓病人和員工對情況更為熟悉。

(4)有需要把病房的病人分為若干小組，一組最好不要多於 20 個人，小組的區分應以病房的設計和活動為主。

除了社區小組之外，還需要有下列小組去配合：

(1)病人的組織（Patient Council）：不少醫院和院舍都有病人組織，在社區會議所談論的事情和決定，有時候是需要與院舍／醫院的組織配合，又或者是一個病房的社區會議組員代表，也可與其他病房的社區會議組員代表形成病人的組織，再開另一層次的社區會議。

(2)員工的檢討小組（Staff Review Committee）：員工的檢討小組對實行治療社區也極為重要，因為在員工檢討小組中，可分享員工自己對病房和病人的看法。Jones（1968）認為，這些小組可與病房社區會議一樣每天進行，讓員工可以自己檢討自己的態度、手法和病人的情況，以確保治療社區的理念、手法及小組元素能確實在病房中進行。

2.治療社區小組的互動：除了上述的互動元素外，Jones（1968）更強調領袖（Leadership）、干預者和協調者（Facilitator or Interventionist）；作為領袖一定帶有某種權威，所以作為領袖在治療社區中一定需要有很好的覺醒，能夠把自己的權力和權威下放，與人分享。Jones（1968）認為，在治療社區中干預者（Interventionist）和協調者應該差不多，最重要的是他／她一定要有能力去影響環境，需要有能力鼓勵其他組員表達出自己的意見，也有能力把一些阻礙溝通的人物和模式轉變成為溝通的實行者。他／她需要避免成為獨裁的帶領者，一定要比較尊重組員的意向和意見，對小組組員有安全感和信心。在小組當中更應注重小組同意（Group Consensus）、行動（Action），以及內在投入（Internal Commitment）。

3.治療社區的理念：除了上述理念之外，更應加入互相信任（Trust）。

4.治療社區的小組歷程：Jones（1968）根據他的經驗認為，治療社區的小組歷程有幾個階段，如表 9-1 所示。

表 9-1　治療社區的小組歷程

A.起初的團體建立期（A preliminary or Team Building Phase）
　1.雙向的溝通（字句與情感）〔Two Way Communication（Words & Feeling）〕
　2.有關訊息的相交（Relevant Information Exchange）
　3.密集的小組互動（Frequent Group Interaction）
　4.信任（Trust）
　5.領袖能力（Leadership）
B.進行和行動期〔The Process Phase（Active Phase）〕
　1.干預者和協調者（Facilitation or Interventionist）
　2.認定目標和病徵（Identification of Symptoms / Goal）
　3.分享決定（Shared Decision Making）
　4.對抗（Confrontation）
　5.社會學習（Social Learning）
　6.內在投入（Internal Commitment）
　7.小組同意（Group Consensus）
　8.行動（Action）
C.檢討和進行期（Evaluative or Evolutionary Phase）

從上述提到的治療社區理念,小組互動、小組歷程、小組模式的觀念與運用可在圖 9-4 中表示。

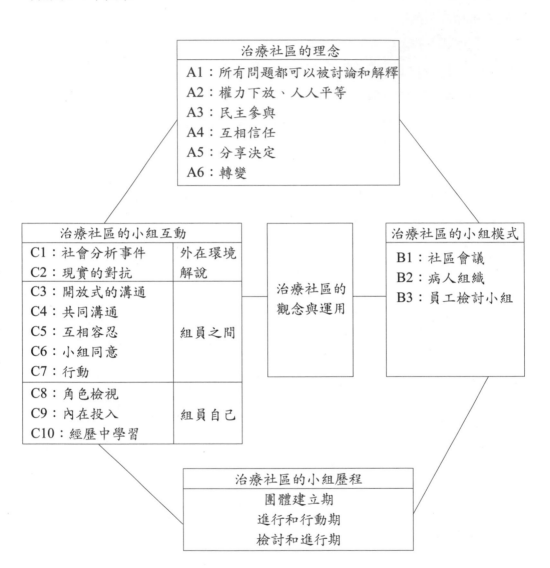

圖 9-4 小組互動、小組歷程、小組模式的觀念與運用

四、治療社區在中國文化情境的運用

　　治療社區的理念強調權力下放、人人平等、民主參與、互相信任、分享決定，這些基本概念很容易與中國傳統文化中的順從權力、家庭／家族為本、關係為本的中國社會取向（Chinese Social Orientation）有所衝突（Yang, 1995）。以下就是在香港某間機構在實踐治療社區的例子。從這個例子可以看到，中國文化順從權威和權力下放、人人平等中的衝突。

> 　　「W 是機構中非社會工作的福利工作人員，他與其他員工一同實行治療社區的模式，但他自己本身是一個順從權威的人，在順從權威的同時，也要求他的下屬包括舍友（康復者）順從他。因上司要推展治療社區，所以他也順應上司的要求加以推行，現在他正在主持治療社區宿舍中的社區會議（Community Meeting）。他首先向所有參與的舍友宣布推行舍友大會，按治療社區的規定，每一位舍友都需要積極參與。沒多久，有些舍友開始發言，然後他以舍監的身分要求每一位舍友必須輪流發言，不發言的舍友就是不按照治療社區的規則行事⋯⋯。」

　　從上述的例子可以見到，W 表面上是按照治療社區的要求，鼓勵每一個康復者（舍友）參與，但實際上則完全違反了治療社區的精神，這是因為 W 用極度權威的口吻去要求舍友發言，完全沒有「權力下放」，也沒有「小組的同意」就進行交流，更加沒有尊重每一位舍友自我決定的權利。

　　Yip、Yu、Law 和 Chan（1993）認為，中國文化會壓抑治療社區參與者對感受的坦白交流、接受權威下放平等的交流，以及面對不確定（Uncertainty）的感受。要面對這些挑戰，Yip 等人建議下列幾項措施和改良：

　　1. 領袖訓練：在鼓勵精神病人士和康復者的參與、投入治療社區的同時，必須要對一些參與性強、精神狀態較穩定、發言能力較高的康復者加以進行領袖訓練，讓他們代表精神病人士參與各種機構／宿舍的決定，同時鼓勵他們採納、諮

詢其他精神病人士和康復者的意見和看法，以便與職員／工作者及社會人士進行平等對話。

2. 宿舍／機構在推行治療社區時，精神病人士和康復者的人數不能太多，在香港一間 40 人的中途宿舍，或者幾十人的醫院病房去推行治療社區時，因為人數太多而無法貫徹治療社區的理念和方法。因此，比較實際的是在宿舍中的房間（Dormitory）只有 6～8 人中實行，較少人數的參與，讓治療社區的理念和作法能貫徹推行。

3. 工作者中間的溝通和督導：要有效推行治療社區的理念和作法，工作人員的態度和溝通極為重要，一個有壓力、性格較暴躁、缺乏忍耐和關懷的員工，很難心口合一的去推行和展示平等、平權、互相交流的理念。所以工作人員良好和關切的督導、理解和關注，才能讓整體員工相信並實踐治療社區的理念和作法，以幫助精神病人士和康復者在尊重、現實、互相支持的治療環境中復原。

4. 必須與社區的共融有所承接和聯繫：治療社區中的「社區」實踐並不足夠，其實只是治療的環境，要精神病人士和康復者真正復原，就必須把他們與所在的社會加強其交流、聯繫和參與，讓他們真真正正在社區中再過正常的生活，參與各種設施和活動。

五、結語

在本章中，筆者詳細描述院舍化和「治療社區」（Therapeutic Community）二者的矛盾，治療社區的出現其實是由英美等國非院舍化（De-Institutionalization）和社區照顧（Community Care）運動所產生的產品，專業人士為了避免醫院的分解和批評，把院舍化的病房管理和控制，慢慢改變成為一個平等、平權、互相參與、互相支持的現實環境，希望透過這個環境，讓精神病人士和康復者慢慢復原；但在中國文化的情境中，仍需要一些協調和適應才能有效推行。

◇參考文獻◇

American Psychiatric Association (1994). *Diagnostic and statistical manual of mental disorders* (4th ed.). Washington, DC: The Author.

Bachrach, L. (1976). *De-institutionalization: Analytical review and sociological perspective*. New York, NY: U.S. Department of Health Education and Welfare.

Barton, R. (1959). *Institutional neurosis*. Bristol, UK: John Wright.

Benett, D. (1979). De-institutionalization in two cultures. *Milibank Memorial Fund Quarterly, 57*, 516-531.

Clark, D. H. (1965). The therapeutic community: Concept, practice and future. *British Journal of Psychiatry, 25*, 947-954.

DeLeon, G. (2000). *The therapeutic community: Theory, model and method*. New York, NY: Springer.

DeLeon, G., & Beschner, G. M. (1977). Definition of the therapeutic community. In *Therapeutic community: Proceedings of the therapeutic communities of American planning conference*, January 29-30, 1976, National Institute on Drug Abuse & Therapeutic Communities of America. U.S. Department of Health Education and Welfare, Public Health Service, Alcohol, Drug Abuse, and Mental Health Administration.

Goffman, E. (1961). *Asylum*. Harmondswath: Pelican.

Griffth, R. (1986). *Community care: Agenda for action*. London, UK: HMSO.

Jones, M. (1968). *Social psychiatry in practice: The idea of a therapeutic community*. Harmondsworth, Middlesex, UK: Penguin Books.

Jones, M. (1976). *Maturation of the therapeutic communities: An organic approach to health & mental health*. New York, NY: Human Sciences Press.

Lamb, H. R., & Goertzel, S. M. (1971). Discharged mental patients: Are they really in the community? *Archives of General Psychiatry, 24*, 29-34.

Lamb, H. R., & Shanner, R. (1993). Where there are almost no state hospital beds left.

Hospital and Community Psychiatry, 44, 973-976.

Mechanic, D. (1986). The Challenge of chronic mental illness: A retrospective and prospective view. *Hospital and Community Psychiatry, 37*, 891-896.

Rapoport, R. N. (1963). *Community as doctor*. London, UK: Tavistock.

Wing, J. K., & Brown, G. (1970). *Institutionalism and schizophrenia*. Cambridge, UK: Cambridge University Press.

Yang, K. S. (1995). Chinese social orientation: An integrative analysis. In T. Y. Lin, W. S. Tseng & E. K. Yeh (Eds.), *Chinese societies and mental health* (pp. 19-30). Hong Kong: Oxford University Press.

Yip, K. S., Yu, R., Law, I., & Chan, K. H. (1993). The therapeatic community: Implication for management of half-way Honce in the Richmond Fellowship of Hong Kong. In V. Pearson (Ed.), *Psychiatric rehabilitation: The Asian experience* (pp. 136-155). Hong Kong: University of Hong Kong.

Yip, K. S. (1995). *Role institutionalization of social workers in psychiatric case management in Hong Kong*. Unpublished doctoral thesis, University of New South Wales, Sydney, Australia.

Chapter 10

精神病康復者的自助小組

☀一、前言

自助小組（Self-Help Group）在 1970 年代開始，就已經是精神康復服務和作法重要的一環，特別是在社區照顧運動的推行時，自助小組更成為不可或缺的服務（Kurtz, 1990; Lavoie, Borkerman, & Goldron, 1995）。Jacob 和 Goodman（1989）估計，在美國大約有 3.7 ％的成年人口有參與不同類型的自助小組。一般來說，自助小組的特色包括下列幾個項目（Jacob & Goodman, 1989; Kurtz, 1990）：

1. 以會員的經歷和應付問題的作法為本。

2. 會員之間互相鼓勵、支持、分享有關經歷。

3. 會員之間有共同的病情、經歷和行動。

4. 會員為專業人士提供病人的主觀經歷和治療方法。

5. 會員擁有自己的資源、組織和推行屬於自己的服務。

對精神病人士來說，自助小組在康復和治療方法上，會產生下列幾項作用：

1. 精神病人士以他們自己過往的經歷，特別是不同精神病的經歷，去互相鼓勵、互相支持，以應付精神病出現的各種問題，包括一般生活、治療、康復和重返社會的困難。

2. 精神病人士在他們成功認識各種困難的經歷和知識後，會總結出一些應付精神病病情和生活困難的實務智慧，這些實務智慧會被自助小組用系統的方法記錄整理，並且組織和發展起來。

3. 精神病人士在自助組織中，因就其在組織中的經驗，在應付其精神病的時間和能力，能導致其在自助組織中有一定的地位和身分。

4. 精神病人士的自助組織，因就其病情的特色而組織起來，例如：

(1)為酗酒而組織起來的匿名戒酒會（Alcoholic Anonymous）。

(2)為病態賭博而組織的匿名戒賭會（Gambling Anonymous）。

(3)為吸毒濫用藥物而組織的匿名戒毒會（Narcotic Anonymous）。

(4)為精神病人士而組織的復原會（Recovery）。

(5)為精神病人士而組織的成長會（Grow）。

(6)為精神分裂症人士而設的匿名精神分裂會（Schizophrenia Anony-
mous）。

5. 自助組織／小組在某種程度上，能代表有關的精神病人士為他們爭取合理
的權益和相關的資源。

由此可見，自助小組對精神病人士的康復、治療和復原上，有一個非常重要
的地位和功能。在本文當中，筆者會嘗試檢討和討論其在精神醫療社會工作中的
地位、干預的模式和功能。

二、自助小組背後的理念和概念

自助小組的功能在於對其相關理念的實踐，相關理念包括：(1)朋輩支持（Peer
Support）；(2)自助（Self-Help）；(3)互助（Mutual Aid）；(4)朋輩心理治療
（Peer Psychotherapy）；(5)助人者治療（Helper Therapy）。這幾個觀念本身有相
關也有其不同之處，說明如下。

（一）朋輩支持（Peer Support）

朋輩支持是指，精神病人士和康復者的互相支持，這種支持可以下列幾項
成分和特色：

1. 在患病治療和康復中，互相支持及鼓勵（Davidson, Chinman, Sells, & Rowe,
2006）。

2. 在病人和康復者遇到有關困難時加以幫助。這些困難可能是：

(1)對有關病情，如幻覺、妄想、低落的情緒、突如其來的驚恐（panic）等
不知所措。

(2)對有關的服務、設備缺乏知識和資源。

(3)其他人士及社會對精神病人士的歧視和誤解。

(4)對醫療及康復服務中的專業人員和員工的不滿及傷害，而無法處理。

(5)對親人的疏離、責備及離棄，而感到痛心。

(6)對康復中的衣、食、住、行、工作、婚姻、家庭照顧感到困惑。

(7)對未來感到空虛，缺乏人生的意義。

(8)對過往的創傷感到困惑和糾纏。

在朋輩支持下，下列形式的幫助可能可以解決上述的問題：

(1)為精神病病情提供自己的意見、經歷和應付方法。

(2)提供自己曾經接受的治療和康復服務的資源和資訊。

(3)與其他病患、康復者一起面對標籤和歧視。

(4)一起分享和面對服務中專業人士和其他員工的不滿。

(5)成為彼此的親人、朋友而共渡困難的時刻。

(6)互相支持、介紹工作、共同居住，在日常生活中互相幫助及鼓勵。

(7)分享人生的目標和意義。

(8)分享人生的創傷、困惑和糾纏，並學習彼此安慰。

3. Davidson 等人（2006: 245）認為，朋輩支持其實有很多不同的深度：

(1)朋輩中對等的彼此支持、鼓勵和安慰。

(2)有關機構和服務聘請朋輩作為工作人員提供服務，特別是朋輩支持服務。

(3)朋輩在機構中作為傳統精神健康、治療和康復服務的提供者，但其身分依然是朋輩。

(4)朋輩由於受過各種專業訓練，獲得有關資歷，已變成專業人士。

嚴格來說，這四種形態：(1)和(2)才是真正的朋輩支持，在(3)和(4)中，精神康復人士其實已經變成半專業人士以及完全專業人士，對他人提供服務。

（二）自助（Self-Help）

在西方的文獻和服務發展中，自助小組（Self-Help Group）並不單只是簡單的互助或者是自助，而是一套較完整的病人自助系統，其中包括：

1. 一套 12 步驟（12 steps）的守則和智慧，從正常到問題出現、問題惡化，透過這 12 步驟再從惡化問題到回復正常。

2. 這些智慧原則和步驟都相信有一位有能力的造物主，人要承認自己的軟弱，

接受他人的幫忙和勸告，有自律性地去康復和過正常人的生活。

　　3. 按照這 12 步驟的原則及理念，康復者把自己面對困難、面對病情、面對過往創傷的情況與大家分享實務智慧，並較完整地記錄下來。

　　4. 這些經年累月、一代又一代積存的實務智慧，就會轉化成為這個自助系統的理念骨幹，而且透過不斷檢討和討論中不斷地更新（Yip, 1998）。

　　5. 在自助系統中，相關人士會按照他們的病情經歷和復原能力程度，而分成不同程度的領袖帶領地位。一般來說這些人都是：

　　　(1)長期病患，但後來完全復原及再受一些專業訓練的人士，便成為自助小組和組織的領袖，能與有關機構聯絡，帶領組織爭取資源和社會地位。

　　　(2)長期病患，但後來復原的人士，便成為自助系統小組和組織的小組組長，能帶領其他小組成員成功地面對長期病情及有關的生活困難和挑戰。

　　　(3)長期病患且已復原一段時間的人士，能夠帶領其他開始復原的人士面對長期病情及有關的生活困難。

　　　(4)在自助小組一段時間的人士，能帶領剛加入小組的人士面對有關困難。

　　6. 自助組織會在不同的地區設立有關的自助小組，以幫助相關地域的小組成員解決因病情和生活相關的困難。而且除了小組會議中的互相支持外，由於地區上的接近，所以會在日常生活中互相關心和互相照顧。

　　7. 自助小組中的專業人士，不少是曾經患病，但已完全復原並曾接受專業訓練的小組成員，他們即成為自助小組的領袖和主幹。而其他的專業人士，尤其是一些未患病的人士，一般都成為自助小組的工作人員，受命於自助小組、組織幹事及主要人士的領導。

　　由此看來，在精神病康復中的「自助」（Self-Help）的概念與服務及干預，並不是指狹義中的病人和康復者自我去解決精神病所導致的困難。「自助」是指一個精神病人士和康復者所組成的強大網絡和系統，在這個系統中，既有主導思想（Ideologies），又有實務干預的智慧（Practice and Intervention Wisdom）凝聚、結合和使用的過程，更有實質的服務和一些非常深入社區的支持網絡。這種系統在英美等國發展較為完善，甚至可以與政府和康復機構提供以專業人士為本

的精神康復和治療服務比美,一方面能補償這些專業服務不足之處,另一方面也可以與他們分庭抗禮。

(三)互助(Mutual Aid)

在英美各國的文獻中顯示,互助小組(Mutual Aid Group)與自助小組一樣成為不同或缺的干預和服務模式,為弱勢族群提供服務。互助小組在發展上與自助小組不同的地方是,自助小組/組織強調自助系統(Self-Help System),而互助小組則強調互助的自我方向(Mutual Aid Self Directedness),要組員自己去發展自我,發展小組的方向、目標和議程。換言之,「自助」在自助小組運動中,側重發展一套完整理念、系統、思維和干預方法,培養有關人物去取代/補償正式服務(Formal Service)的不足。而「互助」則在互助小組的發展中,注重小組的成立、組織和發展歷程。「自助」小組看重不同病徵、不同特色/團體的實務,而互助小組則看重小組的歷程。Shulman 和 Gitterman(1994)詳述了以下 9 種互助小組的特色:

1. 分享資料(Sharing Data)。
2. 互相交流過程(Dialectical Process)。
3. 進入一些禁忌的地方(Entering into Taboo Areas)。
4. 同坐一條船的感覺(All in the Same Boat Feeling)。
5. 互相要求(Mutual Demand)。
6. 互相支持(Mutual Support)。
7. 解決問題(Problem Solving)。
8. 排練(Rehearsal)。
9. 能耐(Strength)。

Mullander 和 Ward(1985)認為,自我主持方向小組(self-directed group)的小組過程一共有 12 個步驟,Yip(2006)將這 12 個步驟總結成為三個情況:

1. 步驟 1～4 是確立組員之間有自我能耐去解決自己的問題。
2. 步驟 5～8 是帶組的工作員不斷鼓勵組員去設計自己的步驟、程序和歷程。
3. 步驟 9～12 是鼓勵組員去管理和主導自己小組的程序和方向。

在互助的 9 種特色中，可以分為三種不同性質：

A：感情上的互相支持（Emotional Aspect）

　　A1：進入一些禁忌的地方

　　A2：同坐一條船的感覺

　　A3：互相支持

B：分享資料和想法

　　B1：分享資料

　　B2：解決問題

　　B3：互相交流過程

C：行動上互相支持

　　C1：互相要求

　　C2：排練

　　C3：能耐

　　這三種特質在互相刺激、互相支援下，以貫穿和實踐互助的性質和意義，如圖 10-1 所示。

（四）朋輩心理治療（Peer Psychotherapy）

　　朋輩心理治療是互助和自助小組中重要的元素（Antze, 1979）。朋輩心理治療是指，心理治療的過程需要非受過專業訓練的心理治療師，而是精神治療康復者自己來進行。一般心理治療（Psychotherapy）與朋輩心理治療的相同之處如下：

　　1. 都是就一些心理出現的問題甚至疾病，例如：憂鬱、躁狂、精神分裂、焦慮等，進行疏導、解決和復原的歷程。

　　2. 都是透過大家互相討論，以對話的形式去進行心理治療。

　　3. 都是透過進入案主／精神病康復者不同的內在世界，例如：情緒、思維、人生意義、自我系統、自我形象等，進行治療、干預和應對。

　　4. 都需要案主進行一些自我改變，例如：情緒改變、思維改變、人生意義的重整、自我系統的協調等，去瞭解相關的心理情況和困局，再重歸正軌。

　　5. 都需要一些實務知識的系統，以確保改變和治療的過程在預期之內。

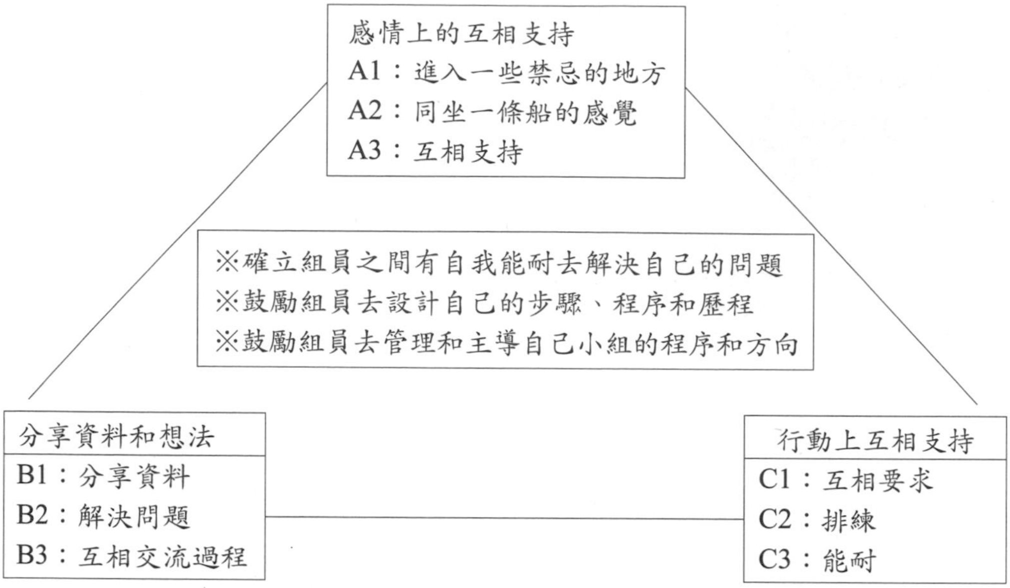

感情上的互相支持
A1：進入一些禁忌的地方
A2：同坐一條船的感覺
A3：互相支持

※確立組員之間有自我能耐去解決自己的問題
※鼓勵組員去設計自己的步驟、程序和歷程
※鼓勵組員去管理和主導自己小組的程序和方向

分享資料和想法
B1：分享資料
B2：解決問題
B3：互相交流過程

行動上互相支持
C1：互相要求
C2：排練
C3：能耐

圖 10-1　互助小組中的互組特性和小組歷程的交互關係

　　但朋輩心理治療與一般心理治療仍有下列不同之處，如表 10-1 所示。

（五）助人者治療（Helper Therapy）

　　助人者治療是指，透過幫助別人而幫助自己，意思是說在幫助別人的過程中，案主可以轉過來幫助自己（Riessman, 1965），這種助人、自助、教學相長的感覺和經歷，對精神病人士和康復者來說非常重要，而且會有下列的康復效果：

　　1.精神病人士和康復者一般都比較內向、自信心較低，透過幫助別人，成為助人的角色經歷和見證別人的生命成長，能夠慢慢重建其自信、重建其自我形象。助人的過程也代表把他們困擾的內在世界重新釋放出來，重回現實。

　　2.精神病人士大部分都是在面對外在世界的壓迫時，躲在自己的內在世界中；透過幫助別人，尤其是其他康復者的作法，他們似乎能夠再次投入外在世界，投入一些有意義的活動，而且幫助別人的經歷，更會獲得別人的賞識和尊重。這種良好的現實，會鼓勵案主從較病態的內在世界重新走回外在現實世界當中。

表 10-1　朋輩心理治療與一般心理治療不同之處

不同之處	朋輩心理治療	一般心理治療
治療者	不需訓練，只需要是相同經歷的過來人。	需要受過長期及特殊訓練的治療師來進行，有些治療模式更需考慮有關的資歷。
治療模式	以過來人和相同的病患經歷，以應付困難的經驗作為治療基礎。	以長期研習和有關理念作為基礎的治療程序、模式和作法。
治療的權威	並沒有任何治療權威，但現身說法也有其實際的說服力。	以治療／治療模式和作法及有關權威作為治療的依據，權威愈重，治療的影響愈深。
治療過程及時間	治療的過程很多時候並沒有時間限制，有時自助小組中的組員不只在小組裡產生，在日常生活中的互相支持也會不斷出現。	治療的過程有時間限制，有時更會收費，所以在特定的時間內，案主的心理問題需要解決。
被治療者	被治療者一般和治療者都是同路人，也都是有相同經歷的人，所以並沒有選擇和被選擇的過程，重視的是是否為同聲同氣、同一言語的磋商。	被治療者一般可能有一個選擇和被選擇的歷程，在這個歷程中，治療者的需要會被評估。

3. 精神病的病徵離不開不良的負面情緒、比較悲觀的生命意識和目標，以及有問題的人際關係。但透過幫助別人，精神病康復者可以去創造和重新感受正面的情緒、較樂觀的生命意識以及目標，以及較好的人際關係。而且作為一個助人者，提醒和安慰別人也讓自己再次重新確定不良情緒、悲觀生命意識，以及不好人際關係的破壞力。

4. 透過幫助別人，精神病康復者也可以與受助者分享和疏導自己的不良情緒、生命創傷、環境迫害和自己的適應力、生活力和復原力。這種分享，間接的讓精神病康復者重新塑造和確定應付困難、治療創傷、去除不良的情緒能力。

對於自助小組來說，上述幾種元素：朋輩支持、自助、互助、朋輩心理治療、

助人者治療，互相穿插（interchange）和互相影響成為一個全面的自助小組（Full Self-Help Group），應有其效果和影響。這些互相穿插和影響可以在從圖 10-2 中表達出來。

三、澳洲「成長」的自助小組

上述這些自助系統中各種元素的穿插和關係，可以從澳洲一個專以精神病康復者而設的「成長小組」中顯示出來，說明如下。

（一）成長（GROW）小組的歷史和特色

「成長小組」（GROW GROUP）是澳洲最著名的精神病康復者的自助小組，它於 1957 年在澳洲雪梨（Sydney）成立，主要的模式取材於當時匿名戒酒會（Alcoholic Anonymous）的小組模式，最初是以「復原」（Recovery）命名，後來才慢慢改名為「成長」（GROW）。這種小組不斷擴展到澳洲其他地方（Keogh, 1975），同時也成為國際上較成功和著名的精神病康復者的成長小組（Toro, Rappaport, & Seidman, 1987）。成長（GROW）互助小組起初只接納精神病康復者和病患作為小組成員，後來才慢慢接納一些較輕度的精神病患者，更加入一些有興趣但沒有精神病紀錄的人士。一般來說，每個小組有三分之一的成員有精神病紀錄，有三分之一的成員有精神病傾向但沒有紀錄，有三分之一是一般社區人士（Yip, 1998）。

（二）成長（GROW）的自助小組系統

「成長小組」（GROW GROUP）具備一切自助小組系統的特色，說明如下。

※成長（GROW）是一套 12 步驟的衰退和成長歷程

成長（GROW）有 12 步驟的實務智慧，其中包括衰退和個人成長的歷程（GROW, 1982），包含了：

1. 我們對自己過分重視（We gave too much importance to ourselves.）。

互助特性與小組歷程

感情上的互相支持：進入一些禁忌的地
　方、同坐一條船的感覺、互相支持
分享資料和想法：分享資料、解決問題、
　互相交流過程
行動上互相支持：互相要求、排練和能耐

朋輩心理治療的元素	不同程度朋輩的支持	自助元素及系統
※相同經歷 ※以應付精神病體驗作治療基礎 ※組員／過來人互相分享其經歷作為治療動力 ※在日常生活中同行 ※以自身／共同復原經歷作為治療知識 ※應付精神病、重投社會 、	1. 朋輩彼此支持、鼓勵、安慰 2. 聘請朋輩作為工作人員 3. 朋輩作為服務提供者 4. 朋輩再受專業訓練變成專業人士 全面自助小組的特色 1. 以自己的經歷互相鼓勵、支持去解決問題 2. 總結實務智慧及發展出自助小組的自我治療模式 3. 在自助小組有身分地位 4. 因著不同困難，不同小組有不同特色	1. 12 步驟的智慧 2. 接受其他人勸告和認清自己的軟弱 3. 12 步驟中應付困難的方法 4. 不斷發展的智慧 5. 不同經歷和康復程度 6. 地域和基層的支持 7. 與專業人士的配合

助人者治療

※從內向、低自信心變成較外向和重建自信
※重新塑造支持的外在世界（欣賞、尊重和獨
　特性的重組）
※疏導負面情感、醫治創傷、重建人際關係
※不斷自我提醒復原的動力和不斷去幫助別人

圖 10-2　自助系統中不同元素的互相穿插和影響

2. 我們忽視神的存在和天命，以及祂在我們生命中的自然規律（We grew inattentive to God's presence and providence and God's natural order in our lives.）。

3. 我們應付其他人的競爭動機，而戰勝我們自己的個人福利（We let competitive motive in our dealing with others, prevail over our common personal welfare.）。

4. 我們表達和刻意壓抑一些讓我們更好判斷的意識和其他人的勸告（We expressed on suppressed certain feelings against the better judgment of conscience or sound advice.）。

5. 我們的思考開始脫離現實和證據，任憑情緒和幻想帶領（We began thinking in isolation from others, following feelings and imagination instead of reason.）。

6. 我們忽視身體的保養和控制（We neglected the care and control of our bodies.）。

7. 我們漠視自己的衰退和改變的可能（We avoided recognizing our personal decline and shrank from the task of changing.）。

8. 我們系統地隱藏自己的真正幻想和不健康的行為（We systematically disguised in our imaginations the real nature of our unhealthy conduct.）。

9. 我們變成強迫思想、妄想和幻覺的獵物（We became a prey to obsessions delusion and hallucinations.）。

10. 我們實踐不理智的習慣、過度高張的情緒、不負責的感受、失望、無能和強迫（We practiced irrational habits under related feelings of irresponsibility or despaired feelings of inability or compulsion.）。

11. 我們反對和排斥勸告和抗拒分手（We rejected advice and refused to co-operate with help.）。

12. 我們失去對我們情況的智慧和體會（We lost all insight into our condition.）。

這 12 個衰退階梯可分為四大階段：

1. 階梯 1～3：人慢慢變得自我中心，忽視造物主和自己的長遠福祉。

2. 階梯 4～6：人開始壓抑自己，忽略其他人，對現實失去良知和判斷，而且不理會自己的身體。

3. 階梯 7～9：人開始沉醉在不良的行為、幻覺、妄想、強迫思潮當中，而不願意去做任何改變。

4. 階梯 10～12：人在失望、不負責任、無能、強迫中過生活，而不願意接受任何勸告且排斥合作，對自己完全失去體會和管理。

這四個階段按照精神病發病的嚴重程度來看，有著下列幾項解釋：

1. 階段一：自我中心，可能會出現輕度的性格和行為上的問題。

2. 階段二：對現況失去體會和理想，可能有情緒上的問題或者是精神官能症。

3. 階段三：出現嚴重的精神病病徵，罹患重度精神病，如精神分裂症。

4. 階段四：長期病患在嚴重精神病中放棄自己和陷入絕望無助的情況。

除了 12 個衰退的階梯外，GROW 也有 12 個成長步驟（GROW, 1982）：

1. 我們承認自己不足和對生命失去適應（We admitted that we inadequate or maladjusted to life.）。

2. 我們對別人的幫助採取合作（We cooperated with help.）。

3. 我們對神的醫治完全降服（We surrendered to the healing power of God.）。

4. 我們對我們自己的情況作出檢討並接納自己（We made personal inventory and accepted ourselves.）。

5. 我們為自己作出道德上的檢視，並且潔淨自己的心靈（We made moral inventory and cleaned out our hearts.）。

6. 我們忍耐，直到被醫治及病情好轉（We endured until cured.）。

7. 我們自己照顧自己和控制自己的身體（We took care and control our body.）。

8. 我們學習用理性去思考，而不是用感受和幻想去思考（We learned to think my reason rather than by feelings and imagination.）。

9. 我們訓練自己用意志去主宰感受（We trained our will to govern our feelings.）。

10. 我們重拾在社會中的責任與位置（We took our responsible and caring place in society.）。

11. 我們每天都邁向成熟（We grew daily closer to maturity.）。

12. 我們將「成長」的訊息帶給其他有需要的人士（We carried the GROW mess-

age to others in need.）。

這 12 個成長步驟，總括來說也可以分成四大階段：

1. 步驟 1～3：承認自己的不足和情況，對外來的幫助、合作都降服在神的治療當中。

2. 步驟 4～6：認清自己的情況，檢視自己內心和道德水平，接納自己和別人，潔淨內心和忍耐，直到病情好轉。

3. 步驟 7～9：照顧自己身體，用理性思考，管理不良感受和控制幻想。

4. 步驟 10～12：慢慢回復正常，承擔責任，邁向成熟，把成長訊息帶給其他人。

這四大階段其實也是康復和復原的四個階段：

1. 階段一：願意接受外界的幫助。

2. 階段二：檢視自己不足與困境，並且忍耐，潔淨心靈直到復原。

3. 階段三：努力地控制病情，包括不良感受、思維和行為。

4. 階段四：回復正常生活、承擔社會責任和功能。

※ 12 原則下的精神病發病與復原歷程

成長（GROW）的 12 個衰退階梯和 12 個成長步驟，都充分展現下列幾項原則：

1. 對造物主「神」的重視：衰退源於在大自然及造物主的想法，成長是因為對造物主的重視和降服。

2. 對自我的管理和克制：精神病的原因是對自我（思維、感受和行為）的失控，復原的歷程是對自我（感受、思維、行為）的管理，是理智地克制的先決條件。

3. 對其他人的幫助：精神病的惡化在於對其他人的幫助、漠視和排斥，把自己陷入絕望無助的深淵，面對精神病的康復，其實也在於接納其他人的幫助與治療。

4. 對社會現實的溝通與承擔：精神病人士開始於人的自我中心不斷沉溺，而忽視社會責任，慢慢的連對自己的承擔也付諸流水；而復原的動力和歷程也在於

回復與現實社會的溝通與承擔。

※成長小組的實務智慧

「成長小組」（GROW GROUP）從 12 個成長步驟和 12 個衰退階梯的日常生活中，領悟到不少應付精神病的實務，其中有不少教導精神病人士和康復者控制不良的思想和情緒，例如：遇到不良的思想，如幻覺（Hallucination）和妄想（Delusion）時，就應：(1)掘出去（Dig it out）；(2)擠出去（Crowd it out）；(3)令它死去（Starve it out）（GROW, 1982）。

所謂掘出來（Dig it out）是指，找出其原因，明白這些幻覺和妄想背後的感受、經歷和意義；擠出去（Crowd it out）是指，用一些有意義的正常活動，例如：運動、工作、與朋友聊天、全情投入等，把幻覺和妄想排光；令它死去（Starve it out）是指，刻意不理會有關的妄想和幻覺，讓它慢慢枯萎和死去。

※成長小組的進昇階梯

「成長小組」（GROW GROUP）的組員（member）在長期參與成長小組之後，都會慢慢的在小組中成長，成為關鍵人物，負起責任去改變自己和改變別人。Yip（1998）稱之為，成長小組中非正式的進昇階梯（Promotion Ladder），如圖 10-3 所示。

換言之，成長小組（GROW GROUP）對組員進行的精神病康復治療，是以四組重要的元素交互作用後的效果，如圖 10-4 所示。

圖 10-3　成長小組的進昇階梯

（三）成長小組的應用

　　上述幾個組合：GROW 的 12 成長步驟和 12 衰退階梯的實務智慧、GROW 對組員的進昇階梯、GROW 組員中間極強和全面的互助和自助、GROW 組員對 GROW 的投入、信任和開放等，於下列實務中呈現出來，在個案中可見一斑：

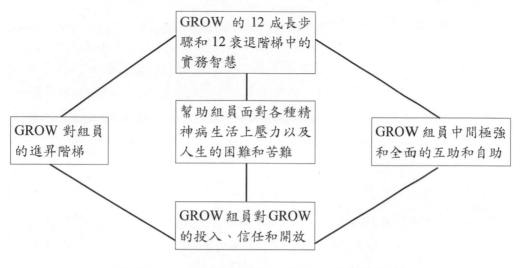

圖 10-4　GROW 的精神病治療／康復的效果

「組員 2A 已經罹患精神分裂症有 10 多年了，她參加 GROW 成長小組也已經很多年。她經常有不斷的幻覺和妄想，認為有鬼魂纏著她，並且要在晚上強暴她，因為要占有她，所以把惡運帶給她，包括她父親的去世，以及帶給她和她的兄長有精神分裂的病症。這個惡鬼日以繼夜地騷擾她，令她非常不安，她把這個情況告訴她的醫師，但她的醫師只告訴她要按時服藥，並不理會她的幻覺和妄想，最後她只有向 GROW 的組員求助。她把她的情況很仔細的告訴組員，大家都很同情她的情況，也完全明白被幻聽折騰的痛苦。組員 2B 說了他自己從前在幻覺中被惡鬼騷擾的經驗，並提到 GROW 的智慧很有效。

沒多久，組員 2C 把 GROW 的實務智慧拿出，說要將控制不良的幻覺和妄想掘出去（Dig it out）。組長說控制幻覺和妄想要把它們背後的根源找出來，要大家嘗試去把幻覺和妄想背後的感受、經歷和思維找出來。組長 2L 接著把自己已經康復的幻覺內容慢慢說出來，以及其痛苦經歷的原因。與此同時，2L 也說自己從前的幻覺和迫害感，也是由於童年受欺凌和虐待的表現，其他組員分別贊同，並且以自己的經歷為證。

接著 2L 繼續介紹擠出去（Crowd it out）的方法，並且說自己不斷要求自己參與生活中的活動，如上班、娛樂、運動、看電視等，當完全投入現實生活時，不安的感覺就會慢慢減小，其他組員在 2L 的引導下瞭解 2A 每天生活的程序，發覺 2A 終日在家中無所事事，導致幻覺和妄想迅速增加；於是大家一起替 2A 安排有益的活動，有些人說服 2A 參加他們的網球運動，有些人邀請 2A 去喝下午茶，有些人陪伴 2A 打掃房子、煮飯和到超級市場買食物……。

　　2L 多謝大家對 2A 的關心和實際的幫助，並且繼續解釋令它死去（Starve it out）的方法，大家都說只要 2A 不去理會幻覺和妄想，久而久之它就會慢慢減低下去，並且勉勵 2A 抱著決心和希望戰勝『幻覺』中的惡鬼，重過正常的生活」（Yip, 2010: 16）。

四、結語

　　在本章中，筆者詳細描繪自助小組和互助小組在精神病人士和康復者的治療和復原之作用，自助小組在朋輩治療、互助、自助、助人者治療的元素下，幫助組員慢慢從孤立、封閉、無奈、矛盾和自我衝突中釋放出來，變成開朗、樂觀、樂於助人、敢於改變的支持社會環境（supportive social environment），重過正常人的生活和節奏。本文更以澳洲著名的成長小組（GROW GROUP）為例，說明其中 12 個成長步驟和 12 個衰退階梯的實務智慧、組員的進昇階梯、組員全情投入、全面互助、組員對成長小組的信任和投入、互相強化的情況，以慢慢幫助組員成功地減低幻聽和妄想，重過正常的生活。當然自助小組的模式建基於對精神病患者／康復者的尊重和信任，尊重他們的自主性，尊重他們的意願和想法，同時也相信他們的自癒能力，相信他們在互助和自助／重建康復和復原的環境和正常的生活。

◈參考文獻◈

Antz, P. (1979). Role of ideologies in peer psychotherapy group. In M. A. Lieberman &
L. D. Borman (Eds.), *Self help groups for coping with crisis*. San Francisco, CA:
Jossey-Bass.

Davidson, L., Chinman, M., Sells, D., & Rowe, M. (2006). Peer support among adults
with serious mental illness: A report from the field. *Schizophrenia Bulletin, 32* (2),
443.

GROW (1982). *The program of growth to maturity*. Sydney, Australia: GROW Publica-
tion.

Jacob, M. K., & Goodman, G. (1989). Psychology & self help group, prediction on part-
nership. *American Psychology, 44*, 536-545.

Keogh, G. (1975). Introduction. In *GROW: Personal stories and testimonies*. Sydney,
Australia: Grow Publication.

Kurtz, L. F. (1990). The self help group movement: Review of the past decade of re-
search. *Social Work in Group, 13*, 101-115.

Lavoie, F., Borkerman, T., & Goldron, B. (1995). *Self help and mutual aid groups: Inter-
national and multicultural perspective*. Binghamton, NY: The Harvard Press.

Mullander, A., & Ward, D. (1985). Towards an alternative model of social group work.
British Journal of Social Work, 15, 155-172.

Riessman, F. (1965). The helper therapy principle. *Social Work, 10*, 27-32.

Shulman, L., & Gitterman, A. (1994). The life model, mutual aid, oppression and the
mediating function. In A. Gitterman & L. Shulman (Eds.), *Mutual-aid group, vul-
nerable population and the life cycle* (pp. 45-69). New York, NY: Columbia Univer-
sity Press.

Toro, P. A., Rappaport, J., & Seidman, E. (1987). Social climate comparison of mutual
help and psychotherapy group. *Journal of Consulting and Clinical Psychology, 55*,
430-431.

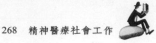

Yip, K. S. (1998). The sharing of roles between a social worker and members of a self help group for mental ex-patients in Australia. *Asia Pacific Journal of Social Work, 8*(2), 31-50.

Yip, K. S. (2006). Mutual aid group for psychiatric rehabilitation of mental ex-patient in Hong Kong. *International Journal of Social Psychiatry, 48*(4), 253-265.

Yip, K. S. (2010). *Peer psychotherapy on person with Schizophrenia: Experience of members in a self help group for people with mental problem in Australia* (manuscript in preparation).

Chapter 11

心理治療基本元素的
深層反思

一、前言：心理治療基本元素的重要性

（一）久被忽略的基本元素

心理治療自從心理分析學派以來，漸漸成為應付人們的心理問題、婚姻問題和家庭問題的「靈方妙藥」。除了心理分析學派之外，其他學派在百年來也不斷湧現，其中最為人所樂道的幾種學派包括：

1. 行為學派的心理治療（Behavioral Psychotherapy）。

2. 認知學派的心理治療（Cognitive Psychotherapy）。

3. 家庭學派的心理治療（Family Psychotherapy）。

4. 存在學派的心理治療（Existential Psychotherapy）。

5. 焦點解決短期治療學派（Solution-Focused Brief Therapy）。

6. 敘事治療（Narrative Therapy）。

除了以學派為主導之外，更有以治療媒介的心理模式，例如：遊戲治療（Play Therapy）、音樂治療（Music Therapy）、戲劇治療（Drama Therapy）、藝術治療（Art Therapy）等，林林總總，多不勝數。

大部分心理治療的從業人士和專業工作者在進行心理治療工作時，都會刻意宣稱自己是某某學派和某某治療模式的合格從業人士或者是資深治療師。以模式和學派為主導的思維有其好處，但也有其不妥善之處。好處如下：

1. 讓從業人士和輔導員有較為正統和嚴格的不同學派治療模式的正規訓練。

2. 從業人士在從事心理治療時，會因循某種學派或模式的思考方法去理解和分析問題，也會選取有關技巧去進行心理治療。

3. 不少心理治療學派和有關模式都有嚴謹的成效驗證，或者是累積多年的心理治療個案的經驗，又或者是學派宗師的豐厚著述，讓從業人士可以按部就班地參考、研究，不斷增進自己的治療知識，並能互相切磋、砥礪、精益求精。

除了這些好處之外，這種以治療模式和學派思維的作法當然也會有未妥善之處，這些未妥善之處可在下列這個個案中表現出來：

「王先生是一位從事病態性賭博患者的輔導員，他剛從學校畢業，對病態性賭博和其他較複雜的心理和行為問題都缺乏經驗，不過他在專業訓練時，曾經多次涉獵認知行為（Cognitive Behavior）治療法，對認知行為治療法的內容以為有一定程度的認識和理解，因此當他在進行第一線的輔導時，往往只是硬把認知行為治療法的技巧套在案主身上，並且向其他同事表示，對病態性賭博的案主輔導時，其實並不需要理解他們的感受、他們賭博的經歷，也不需要理解案主在賭博中的情緒和背後未嘗滿足的需要，只要把他們的錯誤觀點（misbelief），例如：希望『以小博大』、『這次未必輸』的觀點改變過來就可以了。王先生經常向其他同事誇耀他在認知行為治療法的經歷和訓練，認為其他從業人士不如他專業，有些同事根本不夠資格和資歷去使用認知行為治療法。」

從王先生的看法中，我們可以見到治療學派和模式的思維如果不合適而過份強調的話，會有下列幾項壞處：

1. 過份注重學派和模式的思維時，輔導員會不小心落入自以為是「學派」和「模式」的資深和合格從業人士而自我驕傲，認為他們所受的學派和模式是所有心理問題和社會問題的萬靈丹，只要把西方的治療方法和治療步驟，硬放在案主身上去實行就可以了。

2. 過份注重學派和模式的思維和態度，往往會讓輔導員忽略和忘記了從事心理治療時的基本要素。這些基本元素，往往包括案主與治療師的關係、案主在治療過程中的情緒、感受、看法和理解，有時在對案主的問題、背景和感受並未有充分掌握和理解時，甚至認為不需要掌握和理解，就直接把有關學派的方法和技巧硬套在治療過程中，以「自圓其說」的形式去解釋治療過程和效果。

3. 一種學派和一種模式往往代表一種思維和角度去看案主的需要和問題，但有趣的是，這種思維和角度當然能夠幫助治療師和輔導員較系統性的組織案主的問題和看法，但也同時侷限了其他不同取向和角度的思維，例如：一個認知行為學派的治療師往往會忽略案主情緒的深層衝突和存在；相反的，一個精神分析學

派的輔導員也會忽略案主的外在行為和認知的問題；一個焦點解決短期治療學派的治療師會注重現在的問題，但卻會刻意不理會案主過去的經歷和情況。

4. 除了上述的情況外，令人無奈的是每一種治療學派的出現，除了陳述和展現有關的看法和技巧之外，更代表當時社會需要的生活習慣，例如：近代較流行的認知行為學派和焦點解決短期治療學派的模式，其背後正好顯示出近代社會生活急促的社會節奏，凡事講求效率、理智地處理自己的情緒，對人與人間的糾纏關係、深層的情緒和冗長的治療過程並不重視。

5. 大部分的這些治療模式，歸根究柢都源於較發達且較商業化的西方國家（如英、美、德、法、澳洲、加拿大等）的心理治療師之經驗所累積出來。所以無論是治療概念、作法和技巧上，都受到濃厚的西方文化所影響，這些濃厚的西方文化之模式，其實在東方文化的情境下，實在需要不少的協調和重新反思後才能應用出來，若治療師和輔導員不理會這些重要的文化差異，就把這些西方模式硬套在深受東方傳統文化的案主身上，則心理治療就會很容易變成一種文化詆毀的工作，而去強迫案主接受西方文化的思維、看法和情緒表達。

6. 不少這些學派和心理治療模式都源於私人執業的模式中，對大部分社會福利和公營機構的輔導員來說，都有所不同。私人執業的心理治療師，其在實務上可以較隨意選擇一些適合自己的個案，對一些不適合自己的個案可以避而不接，久而久之，就變成合適的案主遇上合適的治療師之互相配合模式；加上私人執業的學派大師早以聞名海外，並對案主收取相當昂貴的費用，案主很容易在「權威和收費效果」的潛意識下，即接受心理治療師的看法和意見，而去改變自己的現狀。反觀一般的心理治療師和輔導員是沒有選擇的去面對不同背景、不同需要、不同問題的案主，不少案主其實其治療動機很薄弱，只是由其家長、老師、朋友或其他機構和政府部門轉介而來。如忽略了這些基本元素的差異，勉強進行一些不恰當的治療模式和作法，只會落得毫無效果收場。

明白了這些不同學派和治療模式的侷限之後，筆者將多年在心理治療的臨床經驗和教育有關學生與工作員去面對不同種類的案主中，總結出一些心理治療的基本元素。這些基本元素包括：

1. 態度與同理心（Attitude and Empathy）。

2. 關係與交流（Relationship and Interaction）。

3. 權力與影響力（Power and Influence）。

4. 聆聽與真誠（Listening and Genuineness）。

5. 專注與投入（Attention and Involvement）。

6. 過程與結果（Process and Outcome）。

7. 感受與感覺（Feeling and Senses）。

　　除了這些基本元素之外，當然更包括一些在心理治療和輔導中的改變，包括：媒介、先決條件、持續性、擴散性和感應性。討論過這些基本和改變的元素之後，筆者嘗試為心理治療建立一些實用和共同的維度，這些維度包括：(1)人性和生命的維度；(2)時間的維度；(3)自我的維度；(4)意識的維度；(5)問題的維度；(6)文化的維度。

　　在討論這些基本元素之前，我們首先必須對心理治療進行一些較全面的界定和討論。心理治療其實是一個經緯並用，但又缺乏清晰界定的用詞，Wolberg（1988）認為，心理治療應該包括下列幾種特點：

　　1. 心理治療應該是一個幫助的歷程（Helping Process），也是一個再教育的過程（Re-Education Process），更是一個指導和諮商的呈現（Guidance Process）。

　　2. 心理治療應該是一種手法和手段的呈現，這些技巧和方法的呈現應該是比較系統性，而且應該有理論研究，並用以往的實務經驗作為基礎。

　　3. 心理治療應該是針對案主情緒的變異和問題來出發。

　　4. 心理治療進行時，應該由一個受過較系統和嚴格訓練的治療師處理，在治療過程中，與案主產生一種內在和深入的交往和關係（In-Depth Encounter and Relationship），在這種關係和關係中進行案主的治療。

　　5. 心理治療的目的是把案主（Client／Patient）的有關問題（Problem）、病徵（Symptom）等消除，讓案主重新回復正常的性格、思維、情緒和行為。

　　上述這些討論，可以用圖 11-1 表示出來。

心理治療的界定

1. 幫助、教育、指導的歷程
2. 技巧、手法與思想理念
3. 情緒和內心的變異問題
4. 改變和消除情緒、行為、思維的問題
5. 治療師進行深入的系統關係

基本元素

一般元素
1. 態度與同理心
2. 關係與交流
3. 權力與影響力
4. 聆聽與真誠
5. 專注與投入
6. 過程與結果
7. 感受與感覺

改變元素
1. 改變的媒介
2. 改變的先決條件
3. 改變的持續性
4. 改變的擴散性
5. 改變的感應性

不同維度
1. 人性和生命的維度
2. 時間的維度
3. 自我的維度
4. 意識的維度
5. 問題的維度
6. 文化的維度

圖 11-1 不同學派和模式的心理治療之界定和基本元素

（二）不同學派中的基本元素

　　學派的思維對這些基本元素來說，會過份簡單化或者是只討論其中的一些元素，甚至會過份規限這些基本元素在治療過程中的影響，而把改變過程誤以為是千篇一律，能夠一模一樣的使用在不同的案主中進行。說明如下。

1. 過份簡單化或者是忽視某些基本元素

　　不少學派都嘗試使用其獨特的看法和語言，去解決治療和輔導的過程和結果，

在強調其獨特的語言時，都會強調某些基本元素，而同時又忽略某些基本元素，例如：行為學派會特別強調治療和輔導過程中的行為元素，但會忽略態度、關係、權力等基本元素；認知學派會強調案主認知（cognition）的基本元素，但卻會把認知變成治療和輔導過程中唯一的重要基本元素，而忽略了其他如關係、內在經歷、案主的潛意識、輔導員的態度等重要元素；精神分析和動力學派又往往強調案主的過去、內在的深層意識，而對案主的現在功能和有關行為缺乏留意；焦點解決短期治療學派會注重案主目前的情境和能力的闡釋，因而對案主的過去和內在世界加以忽略。

2. 只討論其中一些元素

如上述所言，不少學派只刻意討論某些元素，而嘗試用某些元素去解釋其他元素，例如：行為學派對潛意識的理解是透過不同又持續的外在刺激，以及案主的行為嘗試被規律化、內化和在不自覺中表現出來；認知學派和焦點解決短期治療學派會認為結果（Outcome）最為重要，並於治療的過程中，將案主和治療師的關係放在較次要的位置，有時甚至會要求把整個治療的過程分成若干階段以達到階段的結果（Stage Outcome）。這種單一元素的討論，往往會變成某些對其他元素的扭曲和錯誤的描述，對工作人員會有錯誤的理解，以為只需在治療過程中注重某些元素就可以了。經驗較淺的治療師更會以為只注重某些元素，才是真正的「學派傳人」。

3. 過份規限這些基本元素的變化

這些不同學派的治療方法，因為只注重某些單一元素的變化，因此很容易就忽略了不同基本元素之間的交互影響和變化，例如：行為的變化同樣會受思維的變化所影響；案主與工作員的關係同樣會受到案主與工作員的態度、思維而交互影響；在學派思維和討論時，會假設案主的改變只是某一、二種基本元素，例如：時間、關係、思維、權力、行為、人生意義、社會環境的交互影響，而能夠準確的勾劃出來；過份簡單和規律的基本元素，很容易就會變成某種學派只適合某一類案主、某一類問題、某一種處境，而對其他問題、其他案主、其他處境缺乏共

通的適用性和解釋性。

4. 治療師的單一看法

　　一種學派往往代表一種看法，例如：行為學派的治療師單看行為；認知學派的治療師只看認知；焦點解決短期治療學派只看解決方法（Solution）；心理動力學派注重過去。這些看法在遇到不合宜的案主時，會變成治療師自己一廂情願的看法，而與案主本身的取向和喜好卻會有所不同，例如：以存在主義為主的治療取向注重現在即時的感受和意義，但年老的案主可能只會回憶過去，於是治療的過程就變成了一個與案主互動拉力對抗的過程。治療師的學派思維就變成了治療師的單一意願，而案主與治療師就會缺乏共識和交流，其過程就只是治療師「自我內在」之敘述。

5. 千篇一律的改變過程

　　不少學派的心理治療，都喜歡把心理治療當成一個單一改變的歷程和若干有關的步驟與工作方法。這些單一改變的歷程，好處是工作員較容易掌握使用，不需太多的「臨場智慧」，只需要依照有關步驟，逐一進行使用；而壞處即是把治療過程變成單一的程序。其實不同的案主、不同的處境、不同的問題，因著其複雜性和相關性改變的先決條件、改變的過程、改變的要求等，都應有所不同，例如：要改變一個頑固的老年案主對其媳婦的不滿和歧視的觀念，基本上與改變一個青少年對現實的不滿和憤怒上，其本質、條件和過程都有所不同。把所有的案主、所有的問題、所有的文化和社會情境都視為單一的歷程，實在是過份簡單化了心理治療的複雜性和實用性。

（三）心理治療中的不同層次

　　心理治療其實是一個非常複雜、由案主與治療師相交的過程（Transaction Process），相交的過程涉及下列幾種不同的層次：

　　1. 案主自己的內在世界和身心狀態。

　　2. 治療師自己的內在世界和身心狀態。

3. 案主和治療師的交往（治療溝通）。

4. 治療進行中的環境。

案主自己的內在世界其實包括他當時的感覺、過去的經歷、對自己問題的闡釋感受，以及對治療師的觀感、印象和看法等，當然也應包括他自己的身體狀態和對外在世界的感覺。治療師自己的內在世界應該包括他當時的感受、過去的經歷、對案主問題的看法、對案主的觀感、印象和看法等，當然也應包括他自己的身體狀態和對外在世界的感覺。案主和治療師的交往是指，在治療過程中的雙方關係、相交的言語、治療師對案主的問題、情感和行為的回應，同時也應包括案主對治療師的言語、情感和行為的回應。治療環境是指，在進行心理治療時周圍的有關環境，其中包括當時面談室的情況，如光暗、設備和有關情況等，同時也應包括當時面談和治療的有關機構和組織，更應該包括當時的社會、文化、政治等因素。因此，心理治療應該是上述這四種層次不斷交往、流動而組織的動態歷程。為了要讓讀者明白這幾種層次的互動，筆者嘗試用下列的例子加以說明之：

「李先生是位心理治療師，在一間社會福利機構從事心理治療的工作，他的服務對象大部分都是離婚和患有憂鬱情緒的婦人，每天他都會約見3～4位案主。現在他剛吃完午飯回來，身體因為上午曾經接見了一位案主，加上昨天晚上睡得不好，身心有點疲倦；他已婚，妻子是一位大律師，工作非常繁忙，二人最近比較少接觸和對話，昨天晚上更因一點小事就吵了起來。今天上午的案主感情非常強烈，對著李先生哭了2個小時，李先生總覺得自己的心情有些不安，希望能夠休息一下，但因第三位案主的問題比較緊急，而且已經安排好晤談的時間，所以不得不在身心狀態不太良好的狀態下會見案主。李先生在面談室中接見王太太，面談室的設施非常簡單，但頗為雅緻，二張沙發中間有一張小茶几，茶几上放了一盆盆栽，四面牆壁都貼有別緻的壁畫，且溫度非常舒適，燈光也相當適中，散落著一種舒服的感覺。

李先生接待王太太走進面談室，王太太在其中一張沙發坐下，面色非常沉重，而且眼泛淚光，她的腦中依舊凝結著昨天晚上和丈夫吵架的情境。丈夫在深圳有外遇已經多年，她一向為了顧全家庭和兩名子女的生活和撫養，

一直容忍丈夫的婚外情，但想不到丈夫變本加厲，經常多月不回香港，名義上是到深圳出差從商，但實際上卻是喜新厭舊，當丈夫回港後，王太太無法忍受，對王先生進行質詢，王先生反而反唇相譏，而且威脅要馬上離婚；王先生這種舉動，令王太太非常憤怒，除了不斷哭泣之外，更一氣之下想跳樓輕生，幸好被其15歲的女兒和13歲的兒子所勸阻。王太太自從王先生有外遇後，多年來都有憂鬱情緒，晚上都無法入睡，胃口其差，日常生活都感到有心無力。在李先生的勸告下，接受了精神科藥物的治療。

李先生似乎感受到王太太的無奈和頹喪，他首先拍拍王太太的肩膀，然後溫柔地希望她把不愉快的感受表達出來。王太太受到李先生的鼓勵，困著的悲涼一擁而出，拿著紙巾不停地啜泣，面頰上的淚珠不停地滾動，身體也隨著啜泣而蜷縮起來，整個面談室都散發著不安、淒涼的濃烈感受。這種氣氛也讓本來已經疲倦的李先生更加覺得無奈，除了靜靜等待王太太湧出的情緒外，李先生似乎在王太太身上也感覺到自己心裡也淌著淚，激起他多年與太太關係的無奈；李先生的太太是一位著名的大律師，不但收入比李先生多得多，而且性格也頗為剛烈，遇到家中不如意之處，很容易會大動肝火，而且會覺得李先生缺乏陽剛之氣，不像一個大丈夫。本來是大家互補的性格，好像突然變得互相衝突，讓李先生心裡很不舒服。他被觸動的情緒濃得有點化不開，但他的專業訓練叫他深吸一氣，回復治療的專注和關心。

沒多久，王太太的哭泣聲變得較小後，李先生關懷地詢問她昨天晚上發生了什麼事，王太太才慢慢地把昨天晚上與丈夫的相遇、自己的自殺過程等，半吞半吐地說了出來。……」

由上述的描述中，我們可以明白在心理治療的過程裡，有幾種不同的層次在進行。第一個層次是李先生自己本身的身心狀態，他與妻子前一天晚上的爭吵，對於當天早上與其他案主的面談以及對王太太的印象，其實都不只影響他當天面談的表現，而且更影響了他與王太太之間的互動。第二個層次當然是王太太自己本身的內在世界，她與丈夫的關係、丈夫的外遇、丈夫昨天晚上的無情無義、自己的絕望和輕生的念頭等，一切一切都在她腦海中盤旋，歷久不散。第三個層次

是面談室的環境，一個簡單而雅緻的環境，讓王太太在比較舒適的情況下說出自己心裡的感受；此外，當然也應該包括當時的文化和社會環境，例如：王太太本身的經濟能力、當時社會對女性的看法、社會對於婚外情的容忍程度、王太太本身的家庭狀態、她與子女的關係等，都影響整個面談的程序和進行。最後的層次是治療師和案主之間的互動狀況，王太太的強烈情緒反應，不知不覺也觸動了李先生自己對婚姻的感受，同樣的，李先生的語調、關心，也同時觸動了王太太澎湃的情感，像江河一樣傾瀉出來。

要特別留意的是，這四個層次在心理治療的過程中是互為影響的，這種互為影響的關係，可在圖 11-2 中顯示出來。這些不同層次的互動，在李先生與王太太的治療過程中也可以顯示出來，說明如下。

1. 案主內在世界與治療關係的互動

王太太強烈的情緒、心中的悲痛、不斷的哭泣和無奈，讓治療關係變得異常緊張。這種緊張狀態形成了一個莫名的關係張力，讓李先生感受到王太太濃烈的

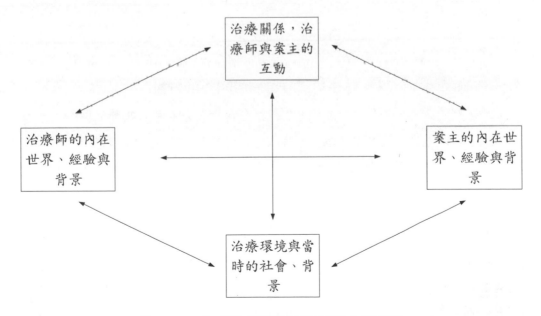

圖 11-2　心理治療過程中不同層次的互動

情緒是需要特別的關注、留意和安慰。悲痛的情緒表達馬上把王太太和李先生的關係拉近了，近得讓李先生有點不安，因為太近的關係，似乎超越了所謂案主與專業之間的關係，也有可能讓王太太在感情上對李先生有某一種的轉移（Transference）。

2. 案主的內在世界與治療師的內心世界

　　案主的內在世界、背景和經歷，同時也會牽動治療師的內在世界、背景和經歷，這種互相牽動的情況在王太太的面談中也可以見到：

> 　　「王太太的婚姻衝突和無奈、強烈的悲痛、絕望和憤怒情緒的宣洩，也會很自然地觸動了李先生自己對婚姻和關係的無奈，觸動的情緒也自然讓李先生想起自己昨天晚上與妻子的爭吵，以及以往作為大律師的妻子對他的不滿和批評。這些內心世界的觸動，一方面可以讓李先生更加瞭解王太太的感受，也同時讓李先生理解自己在治療狀態下的理智判斷和冷靜的感覺已經開始遲鈍，甚至有失控的狀況。李先生會開始嘗試去疏離這些觸動，而讓自己冷靜下來……」

3. 治療師的內在世界、背景和經歷與治療關係的互動

　　治療師的內在世界、背景和經歷與治療關係很容易有相互影響的情況，一方面是治療關係的遠近親疏會牽動治療師內心世界的起伏，另一方面是治療師自己的心情、經歷也會讓其與案主的關係有所影響。這種互動的情況，在王太太的個案中也可以見到：

> 　　「王太太與李先生交互的關係，是因為彼此的婚姻都有相同的不快而似乎有所轉移，且由比較疏離變得比較親密，這種比較親密的感覺會讓李先生感到不安，而這正是輔導學和心理治療強調的關係轉移（Transference）。李先生的內心世界馬上變得非常複雜和糾纏，一方面是知道自己的身分是王太

太的治療師，既感受到王太太的無奈與哀痛，也同時感受到王太太對自己感
情剎那間的依靠，這也觸動了自己在婚姻上的無奈。

　　李先生擔心這種感覺會讓自己有感情和關係上的轉移（Transference），
在不知不覺中對於王太太有不恰當的投入，於是李先生馬上告訴自己：自己
是一位專業的心理治療師，應該要馬上拋開昨天晚上和妻子爭吵的影響和回
憶，壓抑自己對於婚姻的感受，轉變成為一個專業人士，去分析、理解王太
太的感受。在此轉變中，不知不覺就讓李先生的語氣、身體的語言，以及和
案主的距離都有所調整，而王太太似乎也感受到這種距離，哭泣的聲音也慢
慢降低了。」

4. 治療環境與案主內在世界的互動

　　治療環境與案主的內在世界是互相影響的，一方面豐富了案主的內在世界，
並為案主打開其內在感受，提供較好的舒展或者是阻礙；另一方面也會讓案主的
內在世界留下進一步的影像和回憶。在王太太的個案中，這種互動也可以顯示出
來：

　　「王太太因為面談室的布置既簡單又雅緻，而且還放著輕音樂，這種環
境讓王太太覺得比較舒暢、放鬆，所以在不知不覺中心情也變得開放。在牆
上的壁畫中，更掛著一幅聖經哥林多前書第 13 章『愛的詩篇』的一段話：愛
是恆久忍耐，又有恩慈；愛是不嫉妒；愛是不自誇，不張狂，不做害羞的事，
不求自己的益處，不輕易發怒，不計算人的惡，不喜歡不義，只喜歡真理；
凡事包容，凡事相信，凡事盼望，凡事忍耐。愛是永不止息。

　　這種愛的描述，正好說出她自己對丈夫多年的忍耐、多年的努力和默默
工作的內在動力，但卻一點也不被欣賞，反而遭唾棄，所以不禁悲從中來。
在哭泣時更想起童年的遭遇，爸爸酗酒、媽媽酒醉時對全家人百般凌辱，想
起中國文化中女性的命運，真是一種解不開的詛咒。淚水和凌亂的回憶，悲
涼的感受都混在一起……」

5. 治療環境與治療關係

治療環境不但會影響案主的內在世界和背景，也同樣會影響治療關係。一個舒適、輕鬆的環境會讓治療師感覺輕鬆，一個保密的環境讓治療師較容易去聆聽案主的感受，一個開放的環境較容易讓治療師去承載案主濃烈的感受和情緒，同時也會讓治療關係得到恰當的調節，這些治療環境與治療師內在世界的互動，在王太太的面談過程中也顯示出來：

> 「李先生對面談室的情況非常熟稔，每天都在這裡聆聽不同案主的感受。而今天的身體和心情有點疲倦，在走到面談室身心都預備好傾聽案主的感受和內在世界的衝擊時，沒想到在安慰王太太沒多久，她的淚水就不斷湧出，把心裡的悲憤傾倒了出來，霎時整個面談室好像充滿了濃烈的情緒感受，真讓李先生有點喘不過氣來的壓迫感，心裡不是很舒服。狹窄的面談室似乎無法容納王太太積壓的情感，李先生真有一種莫名的衝動，想從面談室衝出來，避一避濃烈的情感和無奈。但封閉的環境卻讓他的專業操守中『保密』的原則變得較為實在，所以李先生在面對王太太強烈的情緒表達時，只能深呼吸忍受下來，實在無法忍受時，只好望一下面談室的設備或者牆上掛的壁畫，讓自己疏離一點，也讓自己和案主的關係維持在適當的距離和程度。面談室的氣氛、案主的強烈情緒與治療關係的遠近、輕重、濃淡都似乎緊緊地連在一起。」

6. 治療環境與治療師的內在世界

治療環境當然與治療師的內在世界有緊密的關係，這種關係是讓治療師恰當地放開自己的私人內在世界，去容納案主的感覺、感受和無奈。這種感受和互動，在王太太的個案中也可以表現出來：

「李先生舒然地望著天花板，望著王太太離開面談室，終於鬆了一口氣，心理治療的生涯著實不好過，每天都在人生的情緒、生命的低谷中糾纏，也在面談室裡留下了不少的掙扎；幸好面談室的一桌一椅都是他自己的精心布置，每次在這裡，似乎什麼難處理的心理問題都可以迎刃而解，能夠在斗室中發揮所長，努力面對案主人生的悲歌。剛才他與王太太分享時，王太太濃烈的感覺真讓他吃不消，幸好是在自己熟悉的面談室工作，才能比較輕鬆地處理自己所牽動的情緒。每一次他自己被案主引發的情緒變化時，他都會望著自己所選擇的壁畫，尤其是冰雪連天、松柏傲然而立的那一幅，畫內的景物能讓他冷靜下來。他也似乎回憶起當年他和妻子到瑞士雪山滑雪的情景，飄雪連天中大家互相依靠，互相在雪中取樂的情景。這些回憶讓他在案主的絕望、悲哀、無奈、苦惱中冷靜起來。」

二、基本元素的反思

（一）以模式思維為本和以基本元素為本

憂鬱的治療師

「洪小姐是一位學校的社會工作者，有一天一位滿懷不安的中學生婷婷走進她的辦公室，洪小姐見她淚痕斑斑，馬上就請婷婷坐下，然後神色凝重的詢問婷婷發生了什麼事。洪小姐受過較系統化的認知行為學派訓練，所以想請婷婷簡單說出她的心事，然後拿出一個情緒量表，要婷婷衡量一下她悲哀的情感狀況。量表由 1 分到 10 分，洪小姐希望她能衡量自己認為的分數，但是婷婷的情緒非常激動，在面談室中哭了起來。洪小姐實在沒辦法，只有把所學的認知行為治療法按部就班地用了出來，待婷婷哭了一會之後，她就要求婷婷說出自己的煩惱，於是婷婷就斷斷續續說別人看不起她，同學又笑

她是『胖豬』，讓她非常傷心。洪小姐聽了之後，馬上分析婷婷的問題，認為是她的『錯誤思維』（misbelief）讓她看到的證據是錯誤的。於是洪小姐再運用認知行為治療法的思維辨證（Cognitive Disputing）手法，讓婷婷明白這些錯誤思維的限制，並重建合理的思維，讓其不良的情緒得以控制。但婷婷的情緒似乎難以控制，討論不到 10 分鐘，又呼嚕嘩啦的哭得非常淒涼。洪小姐見她失控地哭，也讓她非常苦惱且一籌莫展。想起自己是受過訓練的治療師，且花了不少金錢接受正統的認知行為治療法，現在竟然無法處理這一個乳臭未乾的小孩，想到這裡也不禁非常苦惱，覺得自己辛苦學習的東西似乎一無是處，不禁忍耐不住、帶點憤怒地向婷婷發出警告：如果婷婷繼續這樣不停的哭泣，她也無法幫助婷婷。婷婷聽到洪小姐這樣說，更加忍不住心中的悲憤，哭得更加厲害，在啜泣中還說洪小姐也覺得她很沒有用，於是就愈哭愈激烈。洪小姐面對婷婷強烈的情緒，再加上自己對自己專業能力的沮喪，也不禁熱淚盈眶，她的內心真是百感交集，很想和婷婷說如果妳是情緒憂鬱，那我可能也是一位憂鬱的心理治療師。」

感同身受的輔導老師

「林老師是婷婷學校的老師，也是她的導師，看見婷婷近日愁眉苦臉，很想上前關心她。林老師本身也是一位受過訓練的心理輔導員，曾經接受過 2 年的心理輔導碩士課程訓練，明白輔導中的基本元素如關係、同理心（Empathy）的重要性，也明白基本元素與模式同樣重要，所以非常注重婷婷情感的變化。

　　某天她看見婷婷淚流滿面的從學校社工的面談室走出來，於是林老師就靜靜的走上前想要關心她，但婷婷發覺她跟在後面時，不知不覺就加快步伐，走進教室去。這時剛好上課鈴聲響了，林老師必須到教室上課，因為上課的關係，無法單獨關懷她，所以只好叫其他同學關心她一下。下課後，她陪婷婷走到學校的草地，然後買了兩支雪糕，和婷婷坐在一起；婷婷眼睛依然含著淚光，當林老師詢問婷婷的心情時，婷婷就不由自主的哭了起來。林老師並沒有強迫她說出心中的感受，只是靜靜地搭著她的肩膀，讓她慢慢的哭，

然後從懷中拿出紙巾，替她抹去眼淚。沒多久，林老師更從手提包中拿出一隻非常有趣的熊娃娃，然後對熊娃娃說：『妳哭了很久，眼睛像傻蛋一樣，別人都不喜歡你，只有婷婷才喜歡你呢！』林老師突然拿出輕鬆幽默的小玩意，逗得連婷婷也含著眼淚笑了起來。之後，林老師把熊娃娃放在婷婷的懷中，叫婷婷去保護它、愛護它，不要讓它給其他人欺負，這時婷婷的眼淚停止了，眼睛望著熊娃娃，心中有說不出的暖意。」

從上述兩個案例中，我們很容易看到第一個案例的心理治療師洪小姐，她是一位忠誠的以模式為主的心理治療實行者，而模式治療法中的資深工作員或者創立其治療法的一代宗師，對於心理治療中的基本元素，當然有很好的掌握和運用，但這些基本元素都在內化而不宣的地步，治療的內容是通過豐富的經驗與瞭解案主和其治療過程中相交的互動，但治療師只能在表面上標榜其模式和學派的唯一元素，而變成只是學派思維的代言人。洪小姐似乎因其本身的經驗不夠豐富，所以只曉得因循地把認知行為學派的手法硬套出來，對婷婷當時的心情、強烈的情緒，以及她與婷婷相交的互動、關係、當時環境缺乏互動的領略、對心理治療的基本元素都掌握不好，甚至有忽略的傾向等，最後變成案主與治療師格格不入的局面，讓洪小姐內心的無奈、沮喪的感覺也一擁而出，治療過程反而變得無法收拾。

第二個案例則正好相反，林老師雖然也是一位受過系統訓練的心理治療師，但她卻非常注重心理治療中的基本元素，與其使用的學派和模式的思維。林老師首先留意婷婷的情緒，她強烈的悲哀、寂寞和無奈的感受似乎傾巢而出，因此並不強迫她在極度激動時代入治療師的模式思維，反而是讓她適度地抒發內在的情緒。同時，林老師也對婷婷和她的關係非常敏銳，當婷婷感覺不想與別人相談時，林老師只是靜靜的跟著她；但當婷婷需要別人的關心和相陪時，林老師則主動地與她坐在草地上，作為其傷心時的依靠和安慰。林老師更明白一般學生的喜好和表達能力，知道婷婷未能暢所欲言表達自己的感受，所以較好的方法是透過可愛的熊娃娃替婷婷說出她內心的感受，也透過這個娃娃，讓婷婷明白讓別人關心、控制自己情緒，比退縮地變成一個依賴別人的孩子更加重要。在林老師的心理治

療過程中，案主的情緒變化、內在需要、表達方法、溝通阻礙、和治療師的關係等都掌握得很好，所以她可以較主動地和婷婷建立深入的治療關係（Therapeutic Relationship）。有了這種有效的治療關係，治療師才可以進一步地檢視，哪一種治療模式和學派的思維較適合運用在其案主身上。

由此看來，治療師只有在妥善和純熟地運用基本元素下，才能讓整個心理治療的歷程變得順利，與案主的情緒需要互相配合，在治療環境、治療關係下發揮得淋漓盡致，以改變案主的想法。

（二）量化研究中的治療功效

一般從事心理治療的從業員或是在受訓中的學員都以為，心理治療的效果（Effectiveness）都在於其模式和學派的有關研究，其中尤以認知行為治療學派的研究最廣為人知。其原因非常簡單，因為認知行為治療學派本身的治療手法就是以測量案主的感受、行為、看法為主，所以比其他心理治療手法更容易從數值上看見其功效。

從量化（Quantitative）的研究來看，一個能夠證明有效的治療手法之研究，應該嚴格地具備下列幾項步驟和條件：

1. 測量的工具必須經過非常嚴格的測試，包括其信度（Reliability）、效度（Validity）的確認。

2. 研究的對象必須分成二組：一組是接受有關心理治療方法的實驗組（Experimental Group），另一組是不接受任何治療方法的控制組（Control Group）。兩組對象必須在性別、教育水準、家庭背景、職業、年齡、問題和病歷等方面都要有相同的地方，才能做比較。

3. 進行的心理治療模式必須能夠有統一實行的手冊（Working Manual），有清晰的施行步驟、方法和評量工具，以使不同的治療師在進行這種治療方法時，都能有法可依，且具備一定的統一性。

4. 實驗組和控制組在心理治療進行之前，必須一起接受量表的測量，然後實驗組需接受心理治療一段時間（一般是由2～3個月，或甚至到一年、多年）後，再用有關的量表再測量實驗組和控制組一次，將心理治療之前的數據和心理治

的結果再作出有關統計的比較，看看數據是否清楚，就可以瞭解心理治療的功效。

5. 任何測量的量表和工具必須在該文化和處境中，再做出從新的量表之信度和效度的測試，例如：一個在英美文化中使用的量表，應該在中國文化中重新測試一次。

6. 在選出有關治療對象進入實驗組和控制組時，必須以隨機抽樣（Random Sampling）的方法在有關的人口（Population）中抽取出來。

只有具備四種嚴格條件下的有關研究模式，才能把有關的心理治療手法，在量化研究中證明其功效。事實上，目前坊間進行的有關療法嚴格地由研究方法上來說，其所謂的功效（Effectiveness）都應有質疑，這些疑點在下列的例子中可見一斑。

※例一：西方式的治療功效

> 「陳先生是一位剛畢業的社會工作者，在社會工作訓練過程中學到了一些西方心理治療模式中的認知行為治療法，於是就馬上在他所有的案主，如青少年、老年人和家庭中施行起來，他不斷鼓勵他的案主去接受西方有關量表的評估，他認為只有這樣才稱得上是專業的心理治療師，並且以為這樣才能真正達到治療功效。」

在這個例子中，陳先生認為有治療效果的想法，犯了下列幾個錯誤：

1. 在西方有效的治療方法，並不代表在東方的文化中依然有效。

2. 他所使用的量表應該在當地先進行文化的重新翻譯，經過信度和效度的測試，才可以在該文化處境中使用。

3. 陳先生忘記了要把治療效果放在兩個隨機抽樣的實驗組和控制組中，才能確定其治療效果的真實性。

※例二：自圓其說的治療功效

> 「李先生在一個社會福利機構從事家庭服務的工作，因為贊助團體的要求，他和其他社工人員一定要證明自己的工作有效果，所以他們就自己制定了一些家庭氣氛量表和家庭問題量表，當案主在接受服務時，由其負責的社工人員替他們測量一次，然後在接受服務三個月後，再替他們測量一次，再從其數據的改變中去證明他們的服務功效之可靠性。」

在這個例子中，李先生的機構和他在心理治療的功效中有下列錯誤的想法：

1. 測量功效的有效性應該是要貫徹嚴格的信度和效度的試驗，不應只是隨意地找一些對自己有利的情況，然後把這些情況粗製濫造地變成量表，而自圓其說地去證明自己所做的治療有其功效。

2. 由於每位在同一社會福利機構工作的社會工作者，無論在工作手法、工作程序、工作形態上都有所不同，所以究竟是工作員的手法、工作員的態度、機構的服務程序、機構的氣氛而讓案主有所改變，抑或是其他因素，實在不得而知。

3. 李先生和其機構的研究只有實驗組，而沒有控制組；同時，這些實驗的對象並非從隨機抽樣（Random Sampling）中所抽取出來的。

從上述二個例子中，我們可以明白，很多治療在強調其治療手法具備某種功效和測量，甚至用證據為本（Evidence base）的語言來強調其治療手法的功效時，我們必須小心去檢視其所陳述的證據是否確實可靠，抑或只是一些魚目混珠、自圓其說的粗製濫造之玩意。

（三）基本元素的功效

在量化研究中，心理治療的基本元素也頗為重要，其中最具代表的研究，首推美國心理學會（American Psychological Association）在 1994 年，由 Asay 和 Lambert（1999）進行有關心理治療功效的後設分析（Meta-analysis）。所謂後設

分析是指，把有關題目的量化效果研究（Quantitative Effectiveness Studies）找出來，然後作出整體的綜觀檢視，由他們的研究對象、設計方法和結果，來看其實際的功效。Asay 和 Lambert 一共檢視了大約二千個在 1980 年代至 1990 年代中，同時患有焦慮症（Anxiety Disorder）和憂鬱症（Depression Disorder）的病人所進行的心理治療研究，這些研究所採用的心理治療手法包羅萬象，其中包括：認知治療、婚姻治療、家庭治療、心理動力治療、行為治療、認知行為治療等。

這些研究都顯示，心理治療能有效地讓案主的情況有所改善，但有趣的是這些改變若能夠維持和持續下去的話，都有一個相同的特點，那就是案主覺得這些改變是由於自己本身的能力，而非治療師的功勞（Lambert & Bergin, 1994）。同時更有趣的是，在心理治療的過程中，案主較驚覺的並不是治療技巧和一些模式的特色，而是一些心理治療的基本元素，例如：治療師與案主的關係、同理心（Empathy）、治療師的真誠（Genuineness）等（Asay & Lambert, 1999; Lambert & Bergin, 1994）。

Lambert（1992）更用後設分析檢視了大批有關心理治療的研究後，得出下列心理治療元素的有效性：

1. 治療關係（Therapeutic Relationship）=30 %，是指一些貫通不同模式中的基本元素，例如：同理心、真誠、溫情（Warmth）。

2. 治療以外的改變（Extra Therapeutic Changes）=40 %，是指一些非治療師可以操縱的因素，其中包括一些屬於案主的元素，例如：案主的自我能力（Ego Strength）、性格（Personality）和改變動機（Motivation to Change），同時也包括一些與案主有關的社會環境（Clients' Social Environment）等。

3. 預設的改變（Expectancy =Placebo Effect）=15 %，是指案主自己的心理作用，也就是說，就算治療師什麼也不做，案主因為心理治療師的專業資歷、名氣、治療室的高檔感覺等，都讓案主在不知不覺中好轉。

4. 治療技巧（Techniques）=15 %，是指治療師所用的治療手法、各種學派、各種模式所獨有的治療技巧，這也是心理治療師受系統訓練所獲取的學派和模式之技巧和思維。

Lambert（1992）的後設分析正好總括了心理治療改變能力的力量，這個力量

並不是在於年輕和缺乏經驗,而是心理治療師所趨之若鶩的學派、思維、模式和技巧。這些學派和模式的思維技巧,其實在心理治療的改變力量中只占 15 ％左右。當然心理治療師也可以利用這些學派的訓練和有關資歷來讓自己增色不少,提高專業形象,從而讓案主望而生信,相信自己在這個專業的治療中一定可以改變過來,從而達到其預設的治療功效。這種「門面」和「相信」的形象式功效約占心理治療中的 15 ％。

　　但更重要的是,心理治療中的基本元素,也包含了一些與學派和模式的思維無關的基本元素,以及一些貫通學派和模式中的基本元素。Lambert(1992)認為,這些基本元素可分成二類:第一類是關係元素,是指案主與治療師的關係,其中包括:治療師的愛心、真誠接納、瞭解;這種關係元素非常重要,在心理治療的功效中約占 30 ％。換言之,案主在心理治療的改變中,有 30 ％是由於治療師的瞭解、聆聽、愛心、信任、真誠等而導致的改變。

　　第二類是案主元素,是指案主本身的動機、案主的支持系統、案主周遭的環境。案主在心理治療中的改變其實與治療師、治療方式、治療環境無關,他們的改變其實是他們自己的強烈動機、他們周遭環境有所改變,例如:他們親友的支持和態度轉好,引誘或導致他們有問題的情境加以改變等。這些改變的力量最強大,占改變能力的 40 ％。

　　由上述的研究功效來看,要讓案主的問題有所改變,心理治療師其實有四種策略:

　　1. 關係策略(有效率 30 ％):透過全心聆聽、接納、真誠、投入案主的情感和問題,讓案主感覺被接納、被愛護、被瞭解而有所改變。

　　2. 預期的專業包裝策略(有效率 15 ％):透過非常專業的形象、高層次的治療環境、高級的資歷、治療權威的包裝等,讓案主相信自己在心理治療的過程中可以有所改變。

　　3. 技巧策略(有效率 15 ％):透過各種學派和模式治療所強調的量表、治療步驟、治療手法和技巧,讓案主的問題有所改善。

　　4. 案主的動力和環境策略(有效率 40 ％):透過提高案主的自我形象、案主的改善動機、改善案主的支持系統、改善案主的社會環境、減低社會上的不公平、

不合理的現象等，讓案主的問題有所改善。但因這些情況並非發生於治療過程和個人面談之中，所以治療師必須走出治療室，走到案主的處境中去工作和介入。但這種手法是否為心理治療，抑或比較像社會工作，則有待討論。

最理想的當然是心理治療師能夠同時掌握這幾種不同的策略，但實際上來說，一般的心理治療師很難具備幾種策略的能力，因為一種策略其實代表一種氣質。按照筆者多年的臨床和教學經驗來說，心理治療師約可分成下列幾種類型：

1. 專業型：是指擁有不同類型的專業、資格，或者是受過不同心理治療學派和模式訓練資歷的治療師。他們以權威的專業包裝，又是某一學派的忠實信徒，利用一種、兩種甚至多種治療學派的技術和手法，來處理案主的問題。按照Lambert（1992）的研究，這種型態的治療師的成功率，應該大約是 30 %（技術 15 %＋預設 15 %）。

2. 友善真誠型：這種治療師可能只擁有一些專業（如社會工作、心理輔導、心理學、醫護學等）的基本資歷，但未必接受某學派或某模式的系統和獨特訓練。雖然他們只有一些治療模式的初步知識，但他們長於聆聽、待人非常真誠、易於和別人相處，且富於人生經驗，為人成熟、容易接納、充滿愛心，很多案主都視他們為朋友，甚至是一個代替親人的人（Substituted Family Members），例如：代母（Substituted Mother）、代父（Substituted Father）。案主在他們的真誠、感動和信任下，都樂於與他們分享心事，努力改變自己。按照 Lambert（1992）的研究，這種治療師的氣質和策略，成功率約為 30 %。

3. 親力親為、改善環境型：這種治療師除了擁有一般的專業資歷，如社會工作、心理輔導、醫護學等之外，更重要的是他們對案主的問題非常投入。他們的氣質與友善真誠型有些不同，友善真誠型長於聆聽、接納和真誠，讓人有溫暖、信任的感覺，但改善環境型卻是充滿活力、不怕艱辛，面對案主的問題，除了不離不棄之外，更非常主動去探訪案主，主動去檢視案主家庭周圍的環境，事事親力親為，推動甚至陪同案主找工作、找居所，推動案主去接受服務、看醫生。這種治療師的工作手法和工作環境不侷限於面談室的四面牆，相反的，他們的活動、主動、內在動力，在不知不覺之間點燃了案主的改變動機，也間接和直接推動了案主自己環境的一些改變元素。由於案主的內在動機和自己的環境始終有一些阻

隔，所以成功率應該低於 Lambert（1992）所說的 40 ％，大概只有 30 ％。

　　大致上來說，這三種類型都是一般輔導員所擁有的形態。而隨著經驗、學識和能力的增加，每一種類型都會從一種類型的特性慢慢吸收其他類型的特點，讓其對心理治療的基本元素掌握得愈來愈好，例如：一個親力親為、改善環境型的心理治療師，如果不斷進修有關的輔導技巧和學派理論，他就會慢慢變成既親力親為又專業型的心理治療師。由這種情況推理下去，就會有下列不同的可能組合，每一種組合的有效率可能，如圖 11-3 所示。

　　從上述論述可見，所謂有效的心理治療，其實與心理治療的學派和模式的思維關係並不密切，相反的，其他的基本元素，例如：案主與治療師的關係、案主的動機、案主的環境、治療師的態度、案主對治療師的期望等，卻占了大部分的治療效果。同時，這些所謂有效的心理治療，很多時候都是隨著治療師自己本身較獨特的氣質和情況而有所改變。從上述的分述中，一般不同類型的治療師如果訓練得法，自己獨特的治療類型之長處、強項能夠發揮得好，治療成效應該在 15 ％左右。更加理想的是一個治療師身上同時具備幾種特性，對學派和模式的思維技巧熟稔，又對人有強烈的親切感，聆聽能力又高，並且加上其事事親力親為、改善環境。三種特色如同時具備一身，他／她在心理治療的療效中應為最高，可能接近 80 ％～90 ％。

（四）質化研究中的治療成效

　　除了以量化研究去論述心理治療的功效之外，更有以質化研究的取向來看心理治療中的功效。在質化研究的論述中，治療的功效可能用下列的手法展示出來：

　　1. 以個案詳盡的過程紀錄去展現出該治療師在心理治療中的手法以及案主改變的過程，這種研究手法即是個案研究（Case Study）。

　　2. 由案主的自我口述或者筆錄，顯示出心理治療師對他們問題改變的能力、過程和影響，這種研究方法即是案主的敘說紀錄（Client's Narration）。

　　3. 由一群案主聚在一起，然後以小組討論的形式，從案主的親身經歷中，檢討某種或者是某機構、某治療師所提供的心理治療功效，這種研究方法可以稱之為案主的焦點團體討論（Client's Focus Group Discussion）。

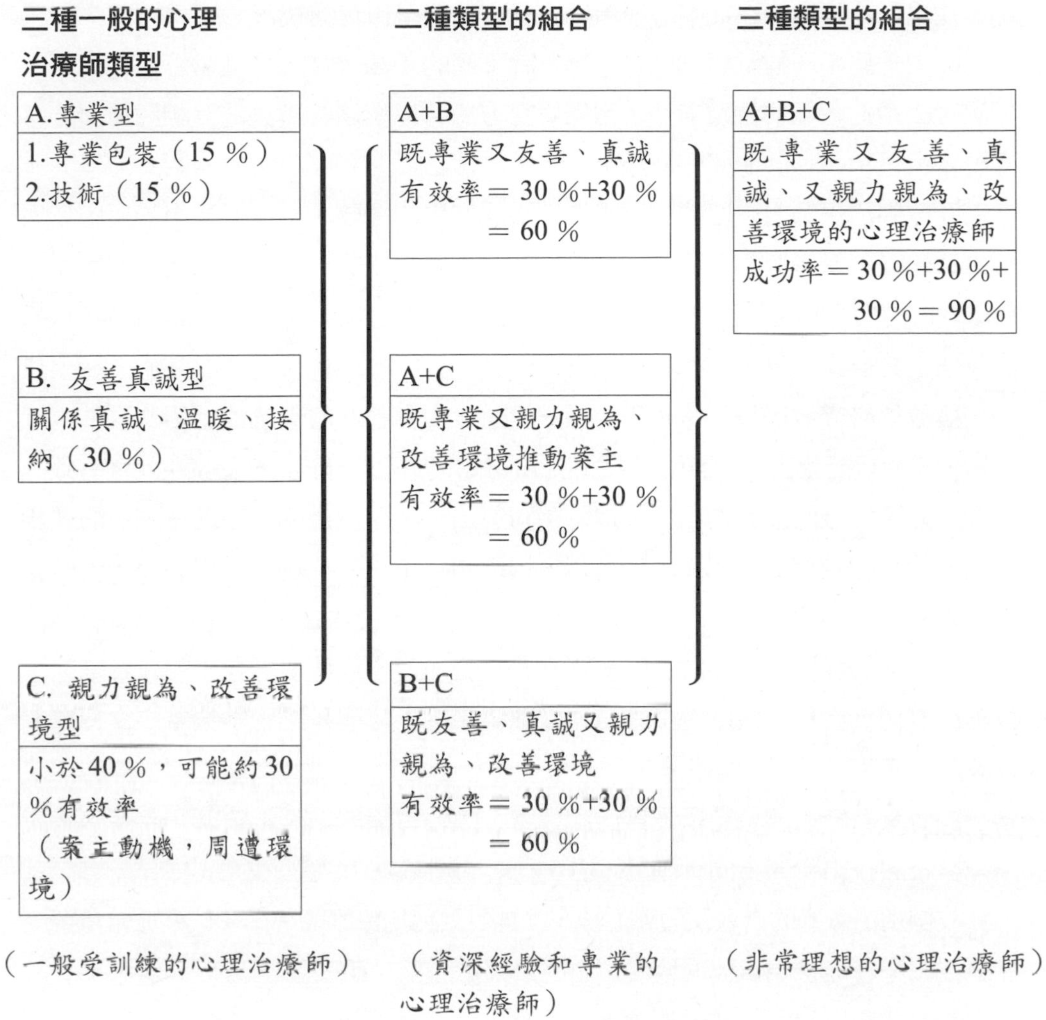

三種一般的心理治療師類型	二種類型的組合	三種類型的組合
A.專業型 1.專業包裝（15％） 2.技術（15％）	A+B 既專業又友善、真誠 有效率＝30％+30％ ＝60％	A+B+C 既專業又友善、真誠、又親力親為、改善環境的心理治療師 成功率＝30％+30％+ 30％＝90％
B. 友善真誠型 關係真誠、溫暖、接納（30％）	A+C 既專業又親力親為、改善環境推動案主 有效率＝30％+30％ ＝60％	
C. 親力親為、改善環境型 小於40％，可能約30％有效率 （案主動機，周遭環境）	B+C 既友善、真誠又親力親為、改善環境 有效率＝30％+30％ ＝60％	

（一般受訓練的心理治療師）　　（資深經驗和專業的　　（非常理想的心理治療師）
　　　　　　　　　　　　　　　心理治療師）

圖 11-3　不同的心理治療師組合

　　4. 由一群心理治療師聚在一起，然後以小組討論的形式去指出某一些學派、模式、技巧，或者是有關問題、案主的特點、有關治療情境和環境焦點的討論，這種研究方法可以稱之為治療師的焦點團體討論（Therapists' Focus Group Discussion）。

　　5. 從某治療大師詳盡的案例紀錄和他們與案主的對話紀錄（Verbatim Report）

中，找出該治療大師在從事心理治療的方法、過程和有關技巧。

6. 由一些不同的治療師聚在一起，就不同的手法、技巧、經驗等互相砥礪、切磋，去塑造較好的治療看法，這個研究方法可以稱之為專家的互相討論與分享（Expert's Discussion and Sharing）。

7. 個別治療師對自己的治療手法、不同案主的需要、治療過程中的反應、看法、感覺等，慢慢反省、研究、蒐集資料、詢問案主的感覺後，然後去揣摩自己應該走的方向，這種研究方法可以稱之為行動研究（Action Research），也可以稱之為案主的自我反省（Personal Reflection）。

與量化研究做比較，質化研究對一般前線和實務的心理治療師更為重要。因為量化研究只能讓治療師證明某一種手法、某一種模式對於某一種案主比較有效，卻無法告訴治療師應有的過程，以及不同手法、不同治療師、不同案主中的互相和詳細的互相結合和互相交往的影響。相反的，質化研究的方法對心理治療師來說，則提供下列的好處：

1. 個案的詳細紀錄和討論，讓閱讀者清楚知道心理治療過程中的有關細節、技巧和過程。心理治療師在閱讀這些詳細紀錄後，才能較細緻地揣摩和掌握有關的技巧、元素、過程和變化。

2. 研究的結果和資料因為詳盡和豐富，讓較資深的心理治療師和有關學者能舉一反三，找出新的方向、創見、看法和新的理論。

3. 個別治療師的自我反省和看法，其實對個別治療師的專業、成長非常重要，能讓他們深層地檢視自己的優點，也明白哪些元素、手法讓自己有所改變。

4. 有關心理治療師的共同會議、焦點討論、互相分享、批評等，對治療師明白自己的治療氣質、取向和元素非常重要，透過同輩的互相砥礪、切磋，心理治療師才不致陷入「當局者迷」的情境，而才能靠其他治療師的「旁觀者清」，去反省自己治療手法中的漏洞，進而有所改善。較資深的心理治療師更會督導（Supervise）資歷較淺的心理治療師，去真正明白心理治療的手法、技巧和對基本元素的運用。

5. 深入的質化研究，因為是真實情況的紀錄和呈現，所以在案主的改變和治療師的治療過程中，不算單是技巧的使用，而是全面的基本元素之立體應用與檢

視，讓心理治療變得形象化、應用化和實用化。

　　嚴格來說，差不多所有心理治療都會有質化研究成果的陳述，每一種心理治療的形成都是心理治療師自己經驗的累積、反省和紀錄，一些著名的心理治療方法，都一定有仔細的個案陳述。

三、基本元素的深層反思

要進行基本元素的深層反思，我們要從下列幾項來思考每個程序：

1. 在專業心理治療的反思中有什麼層次？什麼是深層反思？
2. 心理治療中的基本元素為何？
3. 心理治療中的基本元素其深層反思為何？

（一）專業實務中的深層反思

　　反思（Reflection）是從事助人的專業中非常重要的手段，有關的行業包括：心理治療師、社會工作者、教師、醫護人員等，反思是指這些從業人員在實務中的自我檢討、自我檢視、自我反省，將自己的專業實務在意念上、手法上、適應上有進一步的突破和重新塑造。這種塑造是非常重要的，沒有反思的過程，專業人士在從事助人工作時很容易流於表面上的工作，而忽略了深度的反省，久而久之很容易變成一個非人性化的工作者。

　　一般來說，專業實務中的反思可以分成下列幾個不同的層次：

　　1. 技術性的反思（Technical Reflection），是指治療師單從技術的層面，去檢視自己是否在實務工作時的表現與有關模式、學派的治療技巧作出比較和檢視。

　　2. 實務上的反思（Practical Reflection），是指治療師在實務工作時，對自己在實務過程中的感覺、思想和表現作出反省。Schön（1983, 1987）認為，實務反思可分為三個層面：第一個層面是行動中反思（Reflection in Action），意思是指在實務的過程中檢視自己的作為；第二個層面是在行動之後反思（Reflection on Action），是指治療師在實務工作後對實務工作進行的反思；第三個層面是對實務工作後的反思的再反思（Reflection on Reflection on Action），意思是指治療師

在實務工作之後進行反思，再進行進一步的檢視，看看自己的反思取向的方向性、複雜性和相關性。

3. 批判性的反思（Critical Reflection），是指治療師在實務工作時，對自己在實務工作背後的道德、倫理、社會文化的理念進行深入的檢視和認知。這種反思側重於案主與工作員在理念上相同和相異的糾纏，讓工作員明白不應把自己的文化和理念強加在案主身上。

4. 過程中的反思（Process Reflection），是指心理治療師刻意留意自己和案主交互關係的變化，尤其是這些關係所牽動的案主和治療師內心和半潛意識中的不同變化。

這些不同類型的反思其實也代表心理治療師在不同層次的反思，從外而內可以在圖 11-4 中呈現出來。

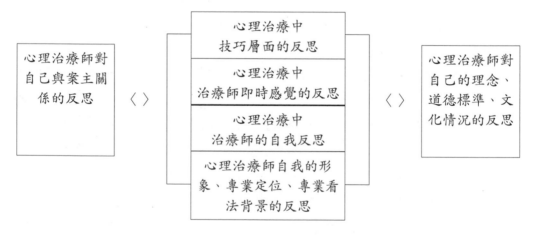

圖 11-4　心理治療師在不同層次中的反思

（二）心理治療基本元素的深層反思

心理治療基本元素的深層反思可以從圖 11-5 中表現出來。

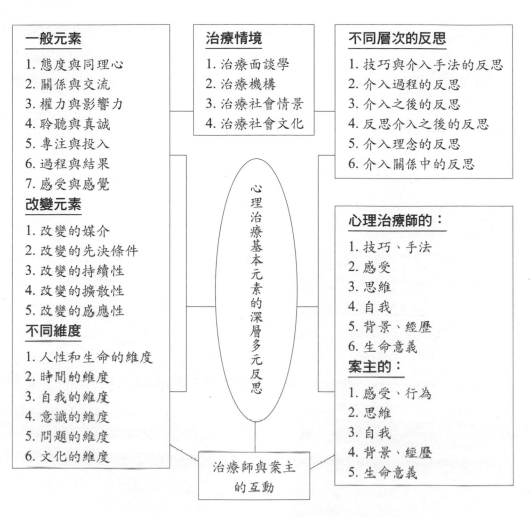

圖 11-5　心理治療基本元素的深層多元反思

　　從圖 11-5 可知，心理治療基本元素的反思是非常複雜和多方面的。首先，心理治療的基本元素，如前述所言可分為一般基本元素，包括：態度與同理心、關係與交流、權力與影響力、聆聽與真誠、專注與投入、過程與結果，以及感受與感覺，這些基本元素在心理治療的過程中，案主和心理治療師間的交互影響都不斷出現。除了這些一般基本元素外，更有一些改變元素，意思是指心理治療過程中案主的思維、看法、感受、關係的改變等元素，其中包括：改變的媒介、改變

的先決條件、改變的持續性、改變的擴散性，以及改變的感應性。在整個心理治療的過程中，也可以用不同維度去看，包括：人性和生命的維度、時間的維度、自我的維度、意識的維度、問題的維度，以及文化的維度，不同的維度代表我們可以用不同的角度，在心理治療出現的不同因素間加以轉變和互動，這些不同的元素互動又會互相在案主的內在世界、治療師的內在世界、案主與治療師的關係之互動和治療情境中交融出來，也就是說，案主和治療師既是完整的個體，但同時也是交互的共同體，與治療情境、社會環境交融在一起。

（三）一般元素的反思

　　一般元素是指，在心理治療的過程中，無論任何背景、任何情況、任何學派的治療師和任何背景問題的案主都需要共同面對的元素，這些元素包括：態度與同理心、關係與交流、權力與影響力、聆聽與真誠、專注與投入、過程與結果，以及感受與感覺。這些基本元素不單在心理治療中出現，也會在人與人之間的交往中出現；人與人之間的互動其實就是這些元素的互動。筆者在此不會去討論這些交往中的內容，例如：訊息（message）和解釋（interpretation），原因是因為這些討論在傳媒和傳播學（Media and Communication Sciences）中討論得更為透徹。這些基本元素不論是以哪一種心理治療的模式出現，又或者是哪一類文化中的心理治療師和案主，這些基本元素都會同時存在而且互為影響。

※態度與同理心

　　態度（Attitude）是指工作員：(1)對案主的態度；(2)對專業治療的態度；(3)對自己的態度。而這些態度又依照其種類分成：(1)投入與感同身受；(2)尊重與同情；(3)理智與距離；(4)冷漠與排斥。在不同的程度和類型中可以有著不同的情況和組合，如圖 11-6 所示。例如：一個工作人員可能對自己非常投入（3a），但對案主的態度卻又理智且有距離（1a），這些不同的組合和元素筆者會在有關篇章中繼續詳述。

　　態度在心理治療或者是在任何與人工作的行業中，都非常重要，不良的態度會讓案主覺得被人所排斥和漠不關心，不但無法發揮心理治療的功效，反而會因

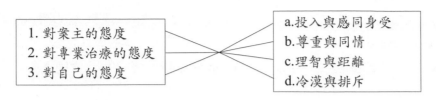

圖 11-6　不同的程度和類型的態度組合

此而適得其反,所以在一般的心理治療文獻中都認為,同理心(Empathy)是重要的基本元素之一。所謂同理心其實就是對案主的問題、困難和情況有歷歷在目、感同身受的感覺。同理心又不同於同情心,同情心是指心理治療師過度投入,在心理治療過程中無法抽身。恰當的態度和同理心往往能讓案主覺得他的問題被接納、被重視,讓他們重燃力量去面對困難和挑戰。

※關係與交流

　　在生態學說中,任何生物都不能獨存,他們會在其他生物間互相依賴,人也一樣,是與其他人一起生活,是群居的動物,因此人與其他人的關係與交流是必須的,也是最重要的。所謂關係是指人與人相處的不同程度之定位,從社會學上來說,關係最主要的有兩種:正式關係(Formal Relationship)和非正式關係(Informal Relationship)。

　　正式關係是指,與社會建制上的地位、任務和責任有關的關係,例如:上司、下屬等;非正式關係是指,與社會建制的地位和責任不太相關的關係,例如:朋友之交。在心理輔導和心理治療中的關係很有趣,既是正式關係也是非正式關係。由於心理治療師代表一種社會建制中所賦予之專業規限,也代表有關的機構,所以治療師與案主的關係是正式的,是社會建制所認可和管轄的;但同時也是非正式的關係,因為透過心理治療的過程,案主的感情、隱私和想法都呈現在治療師的面前,而這些私人的感受、想法和糾纏,都是在社會建制和正式的管轄之外。因此較嚴格的說法是,心理治療的關係是由正式中轉入非正式的關係。

　　由於在心理治療的過程中,治療師和案主的關係在正式中慢慢轉移到非正式的建構,由疏離、陌生的專業人士轉變成為親密的聆聽者,所以對案主來說是非

常奇異和混亂的，因此面對這種異常的情況，案主對於心理治療的關係可能有下列幾項不同的反應。以下所謂的交流是指，治療師和案主基本上是互動的和互相影響的，而交流是互動的，不同層次的關係也同時代表不同層次的交流。

1. 拒絕與治療師做深入關係中的交流

案主不會透露內心的感覺，代表治療師和案主沒有交流。面對案主的反抗（Resistance），治療師很容易變成在治療過程中「自言自語」或者是「自說自話」，治療對案主來說只是技巧或工作程序上的實施，例如：替案主申請工作、住房和一些程序上的審核和批准等，缺乏真正的治療和輔導。

2. 把治療師當做親密朋友和家人的交流

在這種關係中，案主對治療師有移情作用（Transference），把治療師看成親密的對象，可能是戀人，可能是父母、子女、兄弟姊妹等。在濃烈的感情投入下，不斷對治療師道出內心的感受，同時也對治療師做出如戀人、父母、子女、兄弟姊妹等關係上的要求。治療師如果本身對案主有「移情」作用，也會很容易把對方視為戀人、父母、子女、兄弟姊妹，進而發展出超乎案主與治療師的關係和交流，在這種情況下，輔導和心理治療的過程可能會超越一般的治療。

3. 對治療師有既親密又疏離的情結

這種親密又疏離的情結對治療師和治療過程都是很大的挑戰，因為當案主有親密的傾向時，就會慢慢傾向開放自己、與治療師分享他內心的感受。但當治療師進入一定程度時，案主就會有不安、失落的感受，在不安、失落的情況下，案主就會又疏離起來；這種親密和疏離的交纏讓治療師有點不知所措，對心理治療來說，基本上會是一個很大的挑戰，也很難與案主有一個穩定的交流和分享。

4. 與治療師保持距離、非常客氣

案主與治療師保持距離、非常客氣，但實際上卻保持一定的距離。這種情況通常是案主本身有一些不願為人知的心事和事情，所以當治療師想深入接觸他們

時，他們就會禮貌和巧妙地避開；但他們又著實需要治療師去解決他們的問題，所以當治療師對他們不感興趣時，他們又會刻意地開放自己，讓治療師知道他們的情況。這一種若即若離的距離，案主的目的只有一個，即是希望治療師在一種心理距離中去處理他們的問題。換言之，在心理治療的過程中，案主似乎採取主動，操控了其中的關係和交流，引導治療師去處理他們想被處理的問題。

※權力與影響力

在心理治療和輔導中，案主與治療師往往在不平衡的權力和對比當中，而這些對比一般來說，可以分成下列幾個層次。

1. 強迫與控制（Force and Control）

強迫與控制顧名思義是指，案主在強迫和控制之下從事某種生活形態和活動。一般來說，強迫和控制都較少發生，但在一些院舍、醫院及監獄中，都會經常發生以強迫和控制去管理案主的生活和行為。同時在這些地方進行心理治療時，也很容易滲入這些元素，治療師往往代表院舍的權力，他的勸告其實帶有院舍內規章的強迫和控制元素，如果案主不加以遵守，就會受到某些權利的剝奪或者是懲罰，此時，案主只不過是因為害怕被懲罰的情況下，暫時改變自己的行為和習慣。

2. 權力與順從

權力與順從是指，心理治療師具備某種權力（power），讓案主順從、遵從他／她的吩咐；這種情況比強迫與控制好一點，但也不是案主心甘情願要做的事。和強迫與控制一樣，一般來說，都不是出現於一般心理治療的情況中，但從事一些與法律有關的心理治療師，例如：感化官（Probation Officer）、負責執行保護婦女和兒童條例的官員（Care and Protection Order Officer），以及從事精神緊急任務（psychiatric emergencies）的特許福利官（Approved Social Welfare Officer）等專業人士，他們在從事心理面談實務時，一方面的身分是法律任務的執行者（Statutory Duties Officer），另一方面的身分是心理治療師，表面上可能是跟案主商討有關事務和輔導，但實際上卻是治療師所擁有的權力讓他們就範，當治療師

的權力範圍不在此限時,他們對治療師在心理治療中的建議就可能視若無睹。

3. 權威與順服

權威與順服是指,在心理治療的過程中,治療師以高姿態的專業人士出現,這種專業權威的形態往往以擁有某學派的資格、某些學歷的擁有者、心理治療的權威、專家等情況出現,讓案主覺得自己的問題得到極度的重視。而這些高姿態的資歷和資格,也會讓案主有一種自己的問題一定有像魔術一樣的快速答案去解決(magic solution)之感覺。又或者在這些專業資歷的支持下,案主必須付出昂貴的治療費用,又或者只能在機會難逢的情況下,才能與治療師一聚,在高度權威下,案主很容易就會被治療師折服,而對權威的意見非常留意,且比較容易去接受,再用順服的態度去遵行。嚴格來說,在這種心理治療關係中出現的改變,可能與治療師的關係、態度與技巧無關,而可能只是一種安慰劑效應(placebo effect)的心理作用,案主認為自己被權威所治療,所以就在自我滿足(self-fulfilling prophecy)的形態下,滿足了自我的要求。

4. 影響(Influence)與接受(Acceptance)

當權威、權力和強迫是顯而易見的法律、力量和資歷時,影響卻是不知不覺的,所謂「近朱者赤,近墨者黑」所說的就是這種不知不覺的影響。在心理治療的過程中,案主和治療師是互為影響的,不單是治療師影響案主,同時也是案主影響治療師。所謂影響,一般來說都具備下列幾種特色:

(1)與案主共處和在一起(pairing and togetherness):是指案主很樂意親近治療師,而治療師當然也樂意抽出時間陪伴案主;在共處和在一起中,案主和治療師在不知不覺中有較密切的交流。

(2)一段較長的時間(long period of time):是指一段較長的時間與案主共處和在一起,時間愈長,治療師與案主的交互影響則愈大和愈長久。

(3)照顧與關懷(caring and concern):案主和治療師在較長時間的共處和在一起後,治療師和案主的互相照顧和關懷也會變多,這是因為治療師通常是較成熟和治療較多的那一個,所以給予的照顧和關懷也當然較多。

(4)模仿（modeling）：是指案主因為與治療師在一起的時間較長，所以不知不覺中就模仿了治療師的看法、做事的形式和想法。

(5)潛移默化（conditioning and internalization）：潛移默化比影響更為內化，是指案主在不知不覺中接受和內化了治療師的看法、做事的形式、行為和想法；基本上，潛移默化的過程與影響相同，所不同的是潛移默化是長期的影響。一般來說，影響和潛移默化都不易在一些一般家庭服務和收費的心理治療中出現，因為案主與治療師接觸的時間和過程比較短，而且成年案主基本上比較成熟自主，不容易受其他人所影響。但對不太成熟的青少年來說，影響和潛移默化的作用卻非常重要，因為兒童和青少年都喜歡與他們心儀的朋友和長輩在一起，且在心理治療的過程中，很容易把治療師當作是父母、叔嫂、兄姊的關係，不知不覺就受到治療師的影響，這種情況在學校和院舍中從事青少年的心理治療最為普遍。

※聆聽與專注

聆聽（Listening）與專注（Attention）在心理治療中最為重要，治療師必須細心聆聽才能明白案主說話背後的需要、感受和深層的意義。從治療師的投入和留心程度來看，聆聽與專注約可分成下列幾種不同的層次。

1. 聽而不聞及冷漠（Hearing without Listening and Apathy）

聽而不聞是指，工作員和治療師表面上好像在聽案主說話，但實際上是聽而不聞，不知道案主在說些什麼東西，只是繼續地我行我素，把自己認為對的治療手法、服務、模式強加在案主身上。這種聽而不聞的冷漠，很多時候都會發生在一些較官僚化和院舍化的治療師身上，他們表面上好像在與案主傾談，但實際上在腦中只是想著機構的官僚結構所提供的服務、有關的程序和法規，所以無論案主說什麼、需要什麼，他們只是千篇一律地施行機構的程序和服務。另一種聽而不聞的治療師可能是經驗較淺的治療師，他們誤以為心理治療只是將一些心理治療的模式硬生生地施行，把一些所謂的學派步驟很生硬地套在案主身上，而不太理會案主的反應和想法；也有一些治療師可能是因為身體太過勞累，或者是心理

有其他負擔，對案主的說話聽而不聞。

2. 聆聽與留心（Listening and Attention）

所謂聆聽是指，留意案主的說話，治療師從這些說話的內容、語調、表情、身體動作、情緒反應、周圍環境等，去感受案主說話背後的感受，以及案主的需要、渴求；在這些留意和變化當中，其實治療師是無法全面的留意，而是有選擇性的。著名的人際精神病學家（Interpersonal Psychiatrist）H. J. Sullivan 認為，每一個人包括案主及治療師都會陷入以下這兩種選擇機制中：(1)選擇性的留意（Selective Attention）；(2)選擇性的不留意（Selective Inattention）。在這些留意和選擇的機制當中，一般都受到治療師自己本身的背景、興趣、特長、愛好所影響，受到這些影響下，治療師對案主會有不同留意的地方，如圖 11-7 所示。

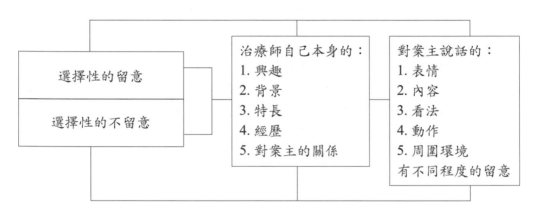

圖 11-7　治療師對案主有不同留意的地方

3. 專注與投入（Concentration and Involvement）

專注與投入比聆聽與留心更進一步。專注是指，除了留心案主的說話之外，還需要全神貫注投入案主的感受、想法和有關情境之中；要達到此一境界，治療師本身對案主的敏感度要很高，而且能夠容易投入對方的內心看法。專注與投入在心理治療中並不容易掌握，且需要下列幾項先決條件：

(1)治療師在心理治療的過程中，要感覺良好、放鬆和有安穩的感受。

(2)治療師必須先放下自己對案主的背景、事件、看法之偏見和判斷。

(3)治療師自己沒有心理上、身體上的負擔，身體和心理狀況的素質都比較好。

(4)案主比較開放，對自己的事情、感受比較容易表達出來。

(5)治療師對人的內在世界、感受、苦難等問題都有感觸和敏銳度。

對案主的專注與投入在心理治療的過程中，每每發揮極大的治療作用，案主一旦感受到治療師能全神貫注留意他／她的思想時，就會深深感動，覺得治療師非常尊重和關心她／他，因為在人的生命歷程中，不容易找到一個全心投入的人，正所謂「人生得一知己，死而無憾」，就是這種感覺。在全心投入的同時，不少治療師會想案主所想，感受案主所感，不少案主難以表達的看法、內心的圖像、疑惑和難言之隱等，都很容易被治療師道出來。到了這個階段，案主很容易被治療師所感動，對治療師投下深度的信任，從而受到治療師的影響。

但深度的專注與投入是需要大量的心力，治療師在深度投入中，也往往被案主的感受、心情、想法所影響，例如：一個憂鬱案主的情緒，同樣也會讓治療師感到憂鬱和不安。因此深度投入案主的情感，在很多方面對治療師來說是一種很大的挑戰，而且在投入一位案主的內在世界後，再抽身出來，又去投入另一位案主的內在世界，更是高難度的心理和體力的挑戰。

※真誠與坦白

真誠與坦白是指，案主在心理治療中有沒有感受到治療師真誠的關注，從而把自己內心的防衛與不安放開，然後自然地向治療師坦露自己的感受、內心的想法。這種真誠的接納，著名的心理治療師 Carl Rogers 稱之為無條件的接納（Unconditional Regard）。當案主感受到治療師無條件的接納時，自然就會非常感動，把治療的尊重、接納視為人生改變的一種內在力量，除了敞開內在的隱衷之外，更會把多年的鬱結向治療師展示出來，因而成為一種活潑的原動力，在治療師及案主的關係中流動，幫助案主疏解多年的問題。當然這種真誠與坦白的互相交流，並不是可以馬上達到，要達到這個境界，可能需要下列的步驟和過程。

1. 分析與求助

最先的層次應該是分析與求助。所謂分析是指，治療師在面對案主的問題時所做出不同類型的分析。這些分析包括：

(1)原因與結果的分析：是指案主與治療師進行心理治療時，治療師只是不斷去分析案主所提出的困難、問題和不良的處境，其背後的原因是什麼，又或者是這種情況和困難問題最後會變成什麼後果。這種思維和進行情況，與其說是要理解案主的情況，不如說是要進行一種較理智的分析。分析並不同於理解，分析是理性處理有關的資料而找出原因。在分析中，治療師可能會選擇某一學派中的思考模式。重點並不在於案主的想法、需要和感受，而是在分析的架構、分析的取向重點、事件與事件之間的關係和想法。

(2)問題與答案的分析：是指在心理治療的過程中，治療師只注重尋找問題。尋找問題可分為認清問題、界定問題、用不同角度去剖析問題，把一些複雜問題分成若干較小的問題，然後逐一看清楚其中的交互關係。認真思考問題之後，就開始尋找問題的答案。但這不是理解和溝通，因為問題和答案才是心理治療的焦點，而且問題愈是繁多，愈顯得治療師的重要，似乎只有治療師的專業訓練、專業知識才是最瞭解案主問題的人，才是最好的答案提供者。案主個人的感受、想法和需要只是問題的一部分。

(3)困難與解決方法的分析：這種分析大致上和問題與答案的分析之思考方式相似，所不同的是問題與答案的分析之思考方式一般都會側重問題的思考，而所謂的答案，很多時候充其量只是一些問題思考的反面，而困難與解決方法的分析一般會側重多一些解決方法。在困難與解決方法的思維中，治療並不是在理解案主的感受、需要和想法，反而是一種分析，把案主的困難分類並按先後排序，然後再依據機構的一般情況和服務，進行後續的心理治療；更有趣的是，在心理治療學派及模式中，案主的不同困難很多時候都是一種解決方法，例如：在行為治療學派中，案主一切的困難無論是感受、需要方面，都可以用行為的改善方法來解決；對於認知治療

學派來說，案主的任何困難都可以用認知的取向來解決。

2. 理解與渴求

在理解與分析中，分析的架構和取向本身是治療自己的取向，有些治療師是根據自己的經驗而塑造分析架構，有些治療師是根據自己所訓練的學派思維，而有些治療師則是根據自己喜好而塑造這種分析的框架。但理解則不同，理解注重案主的感受、背景、經歷和看法，換言之，在心理治療的過程中，治療師拋開自己的看法和架構，用案主的取向、角度、感受去看事物。著名的精神病學家 Karl Jaspers（1946/1963）認為，理解（Understanding）可分為二種：一種是解釋性的理解（Explantory Understanding），或者說是原因的理解（Causal Understanding），這種理解其實只是找尋解釋和原因式的分析；另一種理解是真誠的理解（Genuine Understanding），這才是真正的理解。這些真誠的理解根據 Hoeing 的取向，應該包括下列幾種特質（Hoeing, 1991: 219）：

(1)心理治療師應全心聆聽案主陳述其經驗。

(2)在全心聆聽時，治療師嘗試感同身受投入案主的處境。

(3)案主呈現內在世界時，治療師需要把這些不同的片斷，組織其意思和關係。

(4)治療師必須小心翼翼，儘量根據案主的感受把這些片斷和整體的意思清楚地勾勒出來。

(5)治療師必須明白這些片斷和全體的意義是獨特的，是有其特別的取向。

(6)治療師不能認為自己有全然瞭解案主的能力，治療師只是盡力而為，把案主呈現的狀況做出一些描述和理解。

(7)在心理治療的過程中，必須要有同理心，能讓案主內心世界的特點真實呈現，而不做出一些判斷。

從Hoeing的描繪中，可見理解的核心在於心理治療師內心的真誠與謙虛，如果治療師不能假設能夠完全理解案主，甚至比案主自己理解自己更多，真正的理解其實是要治療師能假設自己不理解案主，然後全心投入去理解案主的情況，包括案主的感受、背景、需要。

這種深層的理解，其實代表一種渴求，一種治療師對案主情況和需要的渴求。治療師對案主情況一點一滴的渴求，都引起治療師的興趣和投入，全心去描繪案主的內在情況。同樣的，案主在治療師的理解渴求下，有被理解、被明白和被關心的渴求，主動地將他們內心的情況、看法和感受告知治療師，只有這種互相渴求理解和被理解之下，案主與治療師的關係才會愈來愈投入、愈來愈深厚。

在理解和被理解的互相渴求下，治療師對案主的真誠才會表露出來。這種真誠並不是客套的語言，也不是專業言語的分析，而是治療師對案主關心的自然流露，對案主情況、感情和需要的全心投入，希望讓案主在被關心、被接納的氣氛下，很樂意的把自己的情況，沒有防衛、沒有保留地展露出來。

※過程與結果

心理治療的過程與結果都是同等重要的。所謂過程（process）是指，心理治療中的經歷、步驟、關係、感覺和糾纏；而結果則是指心理治療後的成果，案主的問題、看法、思維、感受有沒有好的改變，而這些改變和成果，是不是可以延伸下去。一般來說，心理治療的不同學派對過程與結果有不同的界說，例如：行為學派注重行為的改變，但心理分析和動力學派則注重心理分析和內心動力（psychodynamics）在心理治療的過程中之呈現。在管理主義（managerialism）的影響下，不少在社會福利、醫護、教育機構中的心理治療，都會較傾向成果的測量和評估，而較忽視心理治療的過程。有些管理階層更要求過程中不出亂子，不嫌麻煩的將成果展示出來。

其實懂得心理治療的人和資深的心理治療師都明白，在心理治療中，案主和治療師都會將過程看得很重要，掌握不好過程，也無法掌握好的成果，什麼樣的過程也決定什麼樣的成果。一般來說，心理治療的過程可以分成下列幾個階段。

1. 步驟和機械化的過程

步驟和機械化的過程是指，治療師把某學派、模式或者是工作行動手冊中的步驟，硬套上心理治療的過程。這種硬套的過程，背後可能源於幾種想法和假設：

第一，治療師可能本身經驗比較淺，或者難於駕馭案主的情況，例如：一個

從未接觸過吸毒案主的治療師，在面對一個吸毒多年、背景複雜的案主時，心中不免有些無所適從的感覺，所以為了讓自己內心平靜和安穩一點，最好的方法就是按照機構工作手冊的步驟，或是某學派的工作步驟硬套在治療過程中，以便讓自己覺得有所行動、有所操作。

第二，治療師可能認為，專業的心理治療就應該是某學派的治療手法實施者。所謂「專業」的感覺，就應該是完完全全的把這些心理治療的模式機械化的實行在案主身上，而忽略了案主的接納程度、想法和感受。

第三，可能是治療師受到種種的限制，例如：要從事一些法律或法規上的工作（Statutory Duties）、機構的手續、行政上實施的限制等，不得不在心理治療的過程中，依照有關手法、指引、步驟去找尋有關資料，或者是案主一定要依有關指引、細則進行，結果就將整個治療過程弄成機械化的運作，把案主的感受、需要、想法擱在一邊。

2. 迂迴曲折的過程

迂迴曲折的過程是指，治療師在治療過程中並不是一個順利的過程，可能有下列幾種。

(1)前進一段時期，之後又後退

這種心理治療的情況在很多時候都會出現，尤其是在面對一些容易和治療師建立治療關係，又容易應治療師的起初要求，但到了要面對重要的改變時卻又退卻，例如：一個有病態／強迫性賭博的案主，表面上為了應付治療師的要求而找尋工作、善待妻兒，但當治療師要求他戒除賭癮，或者是又去賭博輸掉大量金錢時，就又會故態復萌，又虐待妻兒，並且要脅妻子把私人儲蓄拿出來，供他去賭。這種前進／改善了一段時間又後退的情況，最考驗治療師的耐性、愛心和對專業的承擔。沒有耐性和愛心，很容易覺得案主的改變是假的，案主自己其實沒有動機和能力去改善自己的問題和情況，但仔細想一想，其實案主是有某些深層的問題沒有處理好，所以才會在某些點中停頓，甚至後退的情況。

(2)在治療過程中起伏不定

　　不少案主，尤其是問題和情況都非常複雜的案主，在心理治療過程中都是起伏不定的，這種情況在精神病人士中最為普遍，例如：一個有憂鬱症的案主，在病發之後的日子裡，其治療過程是起伏不定的，而這些起伏不定的情況，往往又受到其他社會環境因素的影響。這個起伏不定的情況，可以用圖 11-8 表示出來。

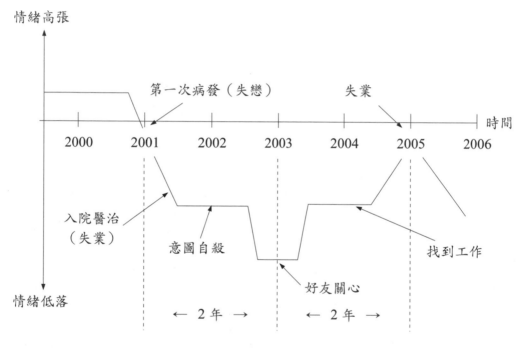

圖 11-8　一個憂鬱症病人的情緒歷程

　　從圖 11-8 來看，案主憂鬱症的情況是有其起伏的，如果從 2001 年或 2002 年開始與案主一起進行心理治療，他就會很明白這種起伏不定的治療過程。與下降的情緒有關的事情包括：2001 年失戀、2001 年中失業、2002 年自殺行為、2005 年失業；與上升的情緒有關的事件有：2003 年好友關心、2004 年找到工作。案主的情緒似乎與有關的事件有著強烈的關係，不如意的事件讓他情緒下降，別人的支持和如意的事件讓他情緒上升，更有趣的是，再一次情緒的轉變似乎維持 2 年

的時間。

　　這種起伏不定的治療過程最讓治療師煩惱，在案主情緒下滑的時候，治療師似乎得千方百計、想盡辦法，但似乎案主情況都是往下滑的居多；反之，案主的情況在上升軌跡時，治療師似乎不需要費太多的勁就可以讓案主有所改變。

　　這種起伏不定的心理治療過程對治療師來說是最大的挑戰，因為治療師無法掌握案主起伏的規律，就無法有效地進行心理治療，但是要達到起伏的規律，一方面需要蒐集多方面的資料，另一方面可能需要治療師較長時間的投入治療過程，並有耐性的面對案主的低潮期而不氣餒，找出影響高低起伏的規律、偶發的事件和環境因素，才能有效地控制治療的過程。

(3)在治療過程中，前段是一帆風順，後段則停滯不前
　　在治療過程中，一開始是一帆風順，因為案主似乎會根據治療師的看法、想法和計畫而做改變，但到了後來卻停滯不前。仔細去看停滯不前的原因可能與阻礙有關，例如：事件的阻礙、關係的阻礙、案主能力的阻礙、案主環境的阻礙、治療師本身的阻礙，以及治療機構的阻礙。說明如下。
　　a. 事件的阻礙：是指案主的環境，例如：家庭、學校、朋友等，最近發生了一些不如意或者是意料之外的事，這些意外的事情可能是親人離開或離世、案主及親人健康有問題、案主失戀或失業、家庭及夫婦糾紛、財政上出現困難、交通意外等，都讓案主本來平衡和改變自己與環境的動力突然之間停頓下來。
　　b. 關係的阻礙：是指案主與治療師的關係出現一些轉變，讓案主在治療過程中停滯不前，這些轉變有時可能是案主本身有親密危機（Intimacy Crisis），意思是當案主與治療師到達某一個心理治療的深入程度時，就要面對案主的心理阻礙，這些心理阻礙可能是案主從前的一些不開心經歷和創傷，讓案主害怕與人有密切的溝通，所以到了某一程度時，就會自動跳出來；也有一些阻礙是案主對於某些較個人的經驗，如被性侵犯、一些過往的錯誤難於啟齒等，所以會在這些位置上停頓下來。
　　c. 案主能力的阻礙：是指案主的能力無法滿足治療師的要求，例如：治療師要求案主找工作、重新與傷害自己的人和好等，就治療師本身來說，可能是輕而

易舉的事，但對案主來說，卻是舉步維艱。所以，這些位置上的改變就會停頓下來。

　　d. 案主環境的阻礙：是指案主的家庭環境、工作環境、居住環境可能出現一些變化，例如：搬遷、轉職、子女離開等，都會讓案主的應變能力受阻，無法繼續如前一樣有改變動力，因而停滯不前。

　　e. 治療師本身的阻礙：是指治療師本身出現問題，例如：治療師本身的身體健康、心情、工作出現了一些問題，讓治療師無法如同往常一樣地投入很大的心力去接觸、交談和改變案主；又或者是治療師本身因案主的問題經深度交流後，其所引起的感情波動而無法再進入案主的問題當中，例如：一個有婚姻問題的治療師，在治療案主因婚姻問題的創傷時，會觸動自己的感情創傷，而引起治療師本身的無奈和膠著狀態，這會大大影響與案主的交流、干預和作法。

　　f. 治療機構的阻礙：是指治療師所在的機構有某一種程序，在制度限制下無法實行某些進一步的改變，例如：治療師所在的是醫療機構，其無法進行離院的家訪，因此無法改變案主的家人，由於無法改變案主的家人，所以也無法進行進一步的治療。

3. 撲朔迷離的過程

　　撲朔迷離的過程是指，在心理治療的過程中，不但轉折多變，而且更麻煩的是處在膠著的狀態中，無論案主和治療師如何投入和重視心理治療的過程，卻都會失去心理治療的方向和定位，處於一個進退失據的情況之中。進退失據的情況是案主覺得心理治療對他／她很重要，似乎是以正常生命最重要的環節去影響他／她的本身，但不知怎麼回事，似乎愈是治療，他／她的心情就愈是沉重，情況愈是混亂；且心理治療師也有同感，會覺得自己對案主非常重要，而案主的問題自己似乎也在掌握和理解之中，但情況卻是愈來愈複雜，自己雖然有不少新的建議，可是卻很難掌握，於是這些建議就慢慢的被愈來愈複雜的問題和情感膠著，讓自己在心理治療的過程中失去定位和方向。這種情況有時候會在一些愈來愈複雜的個案之治療過程中見到，例如：治療師在治療一個婚姻有問題的女案主時，慢慢發覺案主的婚姻問題其實與她的童年被性侵犯的陰影有關，而這些陰影和傷

害又與她的父母有關；但目前父母又替她看護孩子，種種情況糾纏不清。面對這些愈來愈複雜的情緒，可能讓治療師感到不安和無奈，進而對治療的過程有某種的疏離，但卻又明白治療對案主的重要性。

4. 循序漸進的治療過程

循序漸進的治療過程是指，治療師和案主能夠按部就班，一步步地按照計畫去解決內在的問題，這種循序漸進的形態，可能是：依照某一學派的思維和方法的情況進行，依照治療機構的要求和手續逐步去進行，依照案主的需要循序漸進的進行，或者是依照治療師的經驗和喜好去進行。

「依照某一學派的思維和步驟」是指，治療者能夠按照一些心理治療學派的觀點，例如：以認知治療中的評估問題（assessment of problems），找出一些錯誤觀點（misbelief），然後進行一些思維辯證（cognitive disputing）的方法，逐步把案主的問題解決，而不同學派都有不同的步驟。「依照治療機構的要求和手續逐步去進行」是指，治療師只能按照機構的某些指引，例如：先找出案主的個人資料，進行案主的問題評估，再提出機構本身的侷限等，去與案主訂立服務合約，再嘗試根據守則去進行治療。一般來說，依照學派的步驟和機構的要求去循序漸進的治療過程，都是比較機械化的操作，缺乏靈活性和機動性。

「依照案主的需要循序漸進」則是一般治療師較常採用的模式，首先要處理案主急需的需要，再處理案主的深層需要，也可能是指先處理案主短期的需要，然後才處理案主的長期需要。這些短期和急需的需要，可能是債務上的問題、兒女學業的問題、強烈的情緒混亂，或是家庭糾紛等，讓案主惶惶不可終日，心中非常不安。當治療師運用恰當的資源，先替案主解決這些急需的財務、生活、衝突、情緒上的困難後，案主的能力才能慢慢的充盈起來，也才能按部就班去解決一些長期的深層需要。「依照治療師的經驗和喜好去進行」是指，治療師有不同的經驗、喜好和取向，這些經驗、喜好和取向往往會影響治療師的方向、步驟和看法，例如：同樣是一個有婚姻問題的案主，在不同經驗和取向的治療手法上就有不同的步驟，以家庭治療取向和經驗為主的治療師會覺得，應該要由家庭的系統動力和交互關係慢慢地去按部就班處理這些問題；以認知取向的治療師就會先

處理案主在婚姻上的錯誤和認知，然後才會再處理案主的家庭問題。

　　上述這些循序漸進的心理治療過程，其實是不同行動者（Actors）互相協調的結果。這種情況可以在圖 11-9 中表示出來。

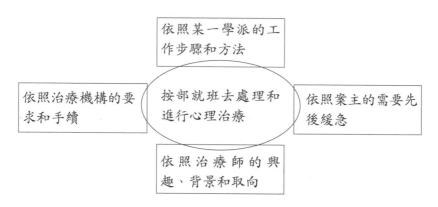

圖 11-9　循序漸進的心理治療過程

5. 恬然開朗的過程

　　恬然開朗的過程是指，治療師和案主在經歷一段艱難的時間之後，突然之間撥開雲霧，恬然開朗的情景。這種恬然開朗的狀態可能是由於案主的周圍環境突然得到改善，也可能是案主多年累積的思維和想法有所凝聚而想通了，更可能是案主的情緒、鬱結得到了一些較深層的宣洩和認知，讓案主可以坦然面對問題，也可能是治療師有了一些新的啟示和體會，明白案主的問題結晶和改變力量的所在，進而能夠對症下藥，有恰當的處理和改變。這種心理治療的過程，很多時候都會發生在一些有著比較複雜的情緒、行為、思想，以及試探性行為（Testing Behaviour）和對治療師缺乏信任的案主身上，他們很可能起初是處於一些迂迴曲折或者是撲朔迷離的情況，但當克服了一些困難和阻礙後才恬然開朗。恬然開朗的情況最讓治療師和案主感到鼓舞，之後的治療過程就會突飛猛進，很快就能達到理想的成果。

　　仔細去看看不同的心理治療過程，其實也代表著不同的成果呈現，循序漸進

的成果最容易掌握、計畫和測量。機械化步驟的成果，表面上好像是成果，其實案主的參與非常有限，只有治療師自己的局部陳述，案主並不知道自己的情況如何。在迂迴曲折及起伏不定的過程中，案主的改變比較難掌握和控制，而且每個案主的改變過程都不一樣，很難劃一處理；在一定時間之內要測量出案主的改變並不容易，也不太可能準確地說出案主的情況，至於撲朔迷離的治療過程則更麻煩，很容易讓案主和治療師迷失了應有的方向，此時要治療師清楚地說出治療應有的方向、改變的速度、可以改變的目標和程序等，根本不可能。這些迂迴曲折、撲朔迷離的治療過程需要克服有關的困難後，才會突然恬然開朗，治療師也才會有所預知、掌握應有的成果。這些不同的過程，其實代表著不同的成果取向。歸納來說，可以用表 11-1 來表示。

表 11-1　治療過程及成果

治療過程	成果
機械化的步驟	是治療師自圓其說、自導自演的成果，用不同的包裝把成果展現出來，但案主可能不明白，也不參與這些「成果」。
循序漸進	不同的行動者，例如：案主、治療師、機構等，各自為循序漸進做出表述，最後達到一個較統一和協調的成果和目標。
迂迴曲折	治療過程和成果極端，有時好像是前進，有時好像是後退，有時則是停滯不前。
撲朔迷離	治療師和案主都嚴重失去方向，無法評估方向，有關的成果無法預知。
恬然開朗	克服應有的困難、阻礙，突然改變方向、清晰明確，對成果容易估計。

※感受和感覺

在心理治療的過程中，感受和感覺都是非常重要，但又經常被忽略的地方。感受和感覺都是情感（Emotion）的重要部分（Yip, 2011），情感包含四個部分：(1)情緒（Mood）；(2)感受（Feeling）；(3)感覺（Sense）；(4)感情（Affect），

這四個部分互相相關，他們的關係可以在圖 11-10 中表現出來。

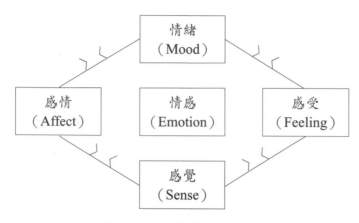

圖 11-10　情感的四個部分

「情緒」是指情感的變化、穩定性和強度，一個情緒穩定的人是不會胡亂發脾氣，也不會容易衝動的；「感受」是指情感的主觀感受，這些感受可能是歡愉、開朗、溫暖的，也可能是負面、悲哀、憤怒、孤單的，也可能是非常深層的內在鬱結，或是較淺層的對於外界環境的即時反應（Response）；「感覺」是指情感的身體反應，可能是對外在環境的感覺和反應，也可能是對身體狀態的感覺；「感情」是指情感的外在反應，也就是一個人對他人情感的反應，也就是說，一個感情豐富的人就是一個對他人情感反應強烈的人，相反的，一個感情冷淡的人，就是對他人情感漠視的人。

1. 感受的成分及元素

感受可以分成下列幾項重要的成分及元素：感受的層面、感受的種類、感受的轉移及變化。感受的層面可以再分為：(1)即時的感受（Immediate Feelings）；(2)最近的感受（Recent Feelings）；(3)中層的感受（Meso Feelings）；(4)深層的感受（Deep Feelings）；(5)感受的深層鬱結（Feeling Complexes）（Yip, 2011）。

「即時的感受」是指，周圍環境和附近的天氣、溫度、顏色與身體當時的當下感覺，例如：一個在炎熱街道上行走，渾身上下汗水淋漓的人，他的即時感受

一定受到他渾身上下汗水淋漓的影響，覺得很不舒服。

「最近的感受」是指，個體當日或這幾天的遭遇讓其身體狀態所給他的整體感受，例如：一個最近工作極度繁忙、受盡老闆閒氣的人，他的最近感受一定是不愉快而且非常疲倦，所以就算他即時在舒適的環境中工作，這種最近的感受一定會讓他感到有點失落。

「中層的感受」是指，個體這幾個月和幾年來所遭遇的事和身體的狀況給他／她的感受，例如：一個在婚姻狀態上有婚姻糾纏的人，經常因為小事爭吵，回家後都是吵吵鬧鬧，經年累月非常煩惱，所以這個人的中層感受一定會覺得很不開心，在內心深處感到煩惱，不知所措。

「深層的感受」是指，一個人對自己的形象、自己的生命際遇、自己的評價看法之深層感覺，他／她可以覺得自己一生的生命很坎坷，或者是風雲際會、不可一世；深層的感受也包括一個人對生命意義的慨歎，對生命意義可能覺得非常空虛和失落，也可能是過得非常充實和有意義，而且很有理想。

「感受的深層鬱結」是指，一個人在內心深處解不開的無奈和鬱結，這些情感鬱結大致上包括下列幾種：

(1)自卑與自大的情感鬱結（Inferior and Superior Complex）。

(2)接近與逃避的情感鬱結（Approach and Avoidance Complex）。

(3)愛與憎恨的情感鬱結（Love and Hate Complex）。

(4)空虛與投入的情感鬱結（Emptiness and Involvement Complex）。

(5)孤單與依賴的情感鬱結（Loneliness and Dependence Complex）。

案主的感受是由不同層面的感受交疊而成，例如：一個中年男人可能同時有著下列不同層面的感受：

(1)即時的感受：汗水淋漓，在街上炎熱的天氣下走得氣喘吁吁的。

(2)最近的感受：最近工作非常忙碌和辛勞，身心都感覺很疲倦，但因在街上奔走，汗水淋漓的感覺似乎暫時掩蓋了這種感受。

(3)中層的感受：近年來的工作成就較強，去年曾經得到老闆的賞識而升職，因此非常忙碌，雖然整體是好的，但可惜因工作太忙，對妻兒缺乏照顧，妻子經常有怨言，而且不時因小事而與他爭吵。

(4)深層的感受：他出身寒微、自小清貧、讀書不多、有自卑感，但自己明白要勤能補拙，所以不斷督促自己要努力奮鬥、不屈不撓，生命對他來說只是一連串的堅持和努力。

(5)深層的矛盾與情結：他對他的父母有深層的愛與恨的矛盾，父母努力工作，但對他非常苛刻、經常打罵，他父親更經常在酒醉後毒打他，讓他非常痛苦。

不同層面的感受會互相連結在一起，而成為一個比較完整的情感互動。治療師在進行心理治療時，必須明白一個人在感受上不同層面的互動和互相影響，在不同環境中也會有不同層次的感受展現。

2. 感受的種類

感受的種類約可分成正面的感受與負面的感受（Positive and Negative Feelings）。所謂正面的感受是指，令人感到開朗和舒暢的感受，包括：自信（Confidence）、快樂（Happy）、滿足（Satisfaction）、希望（Hope）、愛與被愛（Love and Being Loved）、安全（Security）、信任（Trust）、一起（Togetherness）、輕鬆（Relaxation）、興奮（Excitement）、投入（Involvement）、自由（Freedom），以及自主（Autonomy）。

適當程度的正面感受令人覺得開朗、舒暢，這些正面感受對人的作用非常大，能讓人：肯定自己的生存價值、穩定自己的生活習慣、找到生命的目標和方法、發揮內在的力量和意志、樂意與其他人在一起、給予身體穩定的作息和功能，以及樂意停留在某一情境之中。

負面的感受是指一些不開心、不愉快的感受，包括：自卑（Inferiority）、失落（Loss）、無奈（Ambivalence）、失望（Hopelessness）、悲傷（Sadness）、無助（Helplessness）、憤怒（Anger）、憎恨（Hate）、恐懼（Fear）、不安（Insecure）、孤獨（Loneliness）、空虛（Emptiness）、嫉妒（Jealousy）、無情（Apathy），以及依賴（Dependency）。這些負面的感受如果程度上恰當，其實也有其正面的好處，例如：

不良的感受	恰當程度的感受好處
恰當的自卑	讓人懂得謙虛，能夠努力學習
恰當的恐懼	讓人懂得避開危險的情況
恰當的孤獨	讓人學習獨立生活
恰當的無奈	讓人明白忍耐和等待
恰當的失望	讓人學習放開
恰當的悲傷	讓人明白需要別人安慰
恰當的憤怒	讓人有動力去反抗不公平的對待
恰當的無助	讓人學習找尋其他人的幫助
恰當的不安	讓人懂得找尋一些依賴
恰當的無情	讓人不會太受別人情感的影響

但程度嚴重的自卑、恐懼、孤獨、無奈、失望、悲傷、憤怒、無助、不安，以及無情，卻會讓案主的情感變得不穩定，甚至太強烈的感受會讓案主失去應有的理智和控制能力，而長期的負面感受更會讓案主感到非常難受，所以可能會用另一種感受去減低這種感受所導致的痛苦。這種感受的互相補償，慢慢會讓案主產生一些複雜的情感鬱結，這些鬱結包括：

(1)自卑與自大的情感鬱結（Inferior and Superior Complex）。

(2)恐懼與逃避的情感鬱結（Fear and Avoidance Complex）。

(3)愛與憎恨的情感鬱結（Love and Hate Complex）。

(4)空虛與投入的情感鬱結（Emptiness and Involvement Complex）。

(5)孤單與依賴的情感鬱結（Loneliness and Dependence Complex）。

「自卑與自大的情感鬱結」是指，案主在極度自卑之下，慢慢的反而用自大的狂想（Grandiose）去掩蓋自卑，可是愈用自大來掩飾，就愈是害怕別人知道其自卑，所以就更要以自滿、自大的形式去掩蓋，慢慢就變成無法改良的惡性循環。

「恐懼與逃避的情感鬱結」是指，恐懼令人不寒而慄，所以會盡量避開一些讓他們恐懼的人物、事件和地方，以免讓自己有恐懼的情感，但愈逃避，恐懼的感受就愈強，當以後遇到同樣的事情時就愈恐懼，最後演變成恐懼與逃避的惡性循環。

「愛與憎恨的情感鬱結」是指，憎恨令人不安的情緒，所以會儘量避開一些讓他們憎恨的人物、事件和地方，以免讓自己被憎恨的情感所操控，但憎恨的人物、事件和地方往往又是自己所深深愛著並且有深刻的回憶，因此會在愛恨交纏下讓自己非常痛苦。

　　「空虛與投入的情感鬱結」是指，在嚴重的空虛感中，心中感到非常不舒服，而需要投入一些在習慣、事物、人物、情境中去填補這些空虛的感覺；如果這些投入的事物是健康的當然就很好，但如果投入的事物是有害的習慣，如飲酒、吸菸、吸毒等，為了排走這些空虛的感覺，慢慢的就會變成深陷泥淖，愈投入就愈空虛，愈空虛就愈容易投入，慢慢就變成無法處理的惡性循環。

　　「孤單與依賴的情感鬱結」是指，沉重的孤單令人感覺非常不舒服，所以用依賴的方法去讓自己舒服，但愈是依賴，一旦失去依賴，就會更加孤單，愈是孤單就愈是依賴，因而成為麻煩的惡性循環。

※情緒

1. 情緒的四個重要部分

　　情緒（Mood）是情感的一部分，是指情感的起伏，其中包括四個重要的部分（Yip, 2011）：(1)頻率（Frequency）；(2)穩定性（Stability）；(3)持續性（Duration）；(4)強度（Intensity），如圖 11-11 所示。

　　「情緒的頻率」是指，每次情感的刺激和感受的頻率和次數，例如：一個本來因失業而悲哀的案主，再遇上失戀的情況，連續的打擊會讓他的悲哀頻率很高，悲上加悲，讓人非常難受。「情緒的穩定性」是指，情感在表達和感受時是否起伏不定，起伏不定是指時高時低的情緒，有時候極度興奮，有時候又極度低沉。

　　「情緒的穩定性」是指，情感維持在一定的強度和持久狀態，一般來說愈是穩定的情緒，人就愈能感到舒暢和安靜；相反的，不穩定的情緒會讓人感到非常不安。

　　「情緒的持續性」是指，情感宣洩和感受時的維持時間，例如：一個自卑感強烈的人，其自卑的感覺可能維持很久，有可能從小到大都有自卑的感受；這種自卑的感受，可能維持幾十年，甚至是一生一世。

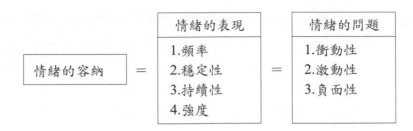

圖 11-11　情緒的四種重要部分

　　「情緒的強度」是指，情感在宣洩和感受上的濃烈程度，例如：悲哀（Sadness）在強度高時的宣洩可能是抱頭痛哭，在強度低時的宣洩可能只是啜泣；憤怒（Anger）在強度高時的宣洩可能是青筋暴露、勃然大怒，在強度低時的宣洩可能只是敢怒而不敢言。強度大的情緒是深度的身心無變化，強度低可能只是一些輕微的情緒變化，很容易復原；強度愈大的情緒對人的影響愈大，後遺症愈強，也愈難復原。

　　一般來說，有些情感（如憤怒）出現很多時，都會是強度很大，但如果能夠妥善地發洩出來，則其持續性就會很低，憤怒發洩後就會消退了，相反的，憤怒如果不能宣洩，就會持續很久，長久性的持續後，頻率也會高起來，案主就會深深內化（Internalization）而變成濃烈的不悅，此時案主的情緒穩定性會下降，而變成經常性的情緒不穩定。相反的，自卑的情緒一般來說其強度都會比憤怒低，但持續性比較強，在很多事件上都會因為與其他人比較，而一直產生自卑感。

　　不良的情緒在長期糾纏下，會讓案主產生幾種不良的後果，包括：(1)衝動性（Impulsivity）；(2)激動性（Irritability）；(3)負面性（Negativity）。

　　「衝動性」是指，案主的情緒不能自我控制，在無法控制的情況下，即使是沒有任何事件的刺激，也會突然之間發脾氣，想把不穩定的情緒發洩出來；案主無法控制這種衝動情況，其內在濃烈的情感鬱結讓案主不知道為什麼會突然失去情感，沒有了控制能力和方向。這種情緒的表達往往是非常強烈的，在沒有方向、對象和預知的情況下發生，爆發的情況很像一個充滿氣的氣球，隨時隨地都可能爆發出來。

　　「激動性」是指，案主的情緒非常不穩定，小小的事件或其他人的批評都可

以讓其觸動起來。這種情況跟衝動有點不同，衝動是不需要其他觸動，情緒都會被波動，但激動則不同，這種不穩定的情緒是需要其他較小的觸動才會波動。這種突然的激動，有時連案主周邊的人也莫名其妙，只說了一、二句話也會讓他們激動起來。

「負面性」是指，案主的情緒傾向凡事都從悲觀、負面的角度去看。負面的意思是低沉、悲哀和無奈的情感，把案主不斷圍住和糾纏，讓案主的情緒低落，無論對方說了什麼話、做了什麼事，案主都是從負面的角度去看、去回應，例如：治療師說：「你今天氣色不錯。」一個負面情緒的案主則會回應：「只是今天好，昨天和明天都不好。」或者是說：「那只是你的錯覺，其實我感覺很差。」

2. 情緒的容納量（Emotional Containment）

情緒的容納量是指一個人情感的內在容納程度。大的情緒容納量是指，案主對情緒強度、頻率和持續性有很強的包容力；小的情緒容納量是指，案主對情緒強度、頻率和持續性的包容性很低，案主很容易衝動、激動和有負面反應。

情緒容納量一般包括下列幾種元素：(1)整體容納量（Total Capacity）；(2)滿溢和宣洩（Overflow and Ventilation）；(3)深度（Depth）；(4)闊度（Width）。

「情緒的整體容納量」是指案主情感的包容程度，一個情緒穩定、處變不驚的人，往往是情緒容納量寬鬆而綽綽有餘的人，任何外在的波動都無法讓他／她有太大的情感波動；相反的，情緒容納量低的人，在面對外在變化時很容易情緒波動。一般來說，一個人的情緒容納量受到很多因素影響，這些因素包括：

(1)情緒容納量的空間：案主有沒有一些傷痛和不愉快的經歷，這些經歷雖然已經過去，但不愉快和傷痛的感覺依然存在，所以這個人的情緒容納量大部分已經被這些不愉快的情感所占據，所以只有很少的空間去容納新的情緒反應。

(2)情緒的排出率：人的情緒需要宣洩和分享，排出功率快、排出途逕多的人較容易有新的內在空間容納新的情緒反應。

(3)案主的人生意義：人生的意義、意志、宗教和信仰，都提供不少途徑去承載、消化和轉移情緒，有深度健康信仰和崇高人生觀與信念的人，他的情

緒容納量一定比沒有的人大。

「情緒容納量的排出與宣洩」是指，案主在生命成長和日常生活中有沒有一些支持網絡、系統和對象，能夠讓案主可以向他們分享和宣洩一些不愉快的經歷和情感，這些分享和宣洩的管道是否可以當案主的情感非常濃烈，需要別人聆聽時，其支持和分享的管道即可隨時找到，又或者是定期能否與這些對象見面和交談；愈是有定期、穩定和即時的分享與宣洩的社群，就愈能讓案主滿溢的不良情緒可以抒發出來。同時更需留意的是，案主在排出過於激烈情緒時的處理方法，是否為一口氣把不好的情感說出來，抑或只是借題發揮、遷怒或轉移到別人身上，又或者是要藉由某一些媒介，例如：菸、酒、氣氛，甚至是一些軟性毒品或危險活動才能宣洩；當然也有一些案主喜歡用音樂、文藝作品和創作表達出來。也要注意案主在排出這些不良情感時，是否需要長的時間和空間呢？

「情緒容納量的深度和闊度」其實是指情緒容納量的不同尺度和形狀（Yip, 2011），這些不同的形狀，約有下列四種型態，如圖 11-12 所示。不同形態的情緒容納量代表案主對不同情緒的容納程度，說明如下：

(1)闊度寬但深度窄的情緒容納量：具備這種情緒容納量形態的人，比較容易接納一些強度小但持續性長的情緒，例如：一個有中度自卑感的人，可能比較容易接受自己比其他人不足之處，但對其他的強度，例如：嘲笑、忽視，甚至咒罵等，則可能無法忍受。

(2)闊度淺但深度長的情緒容納量：具備這種情緒容納量形態的人，比較容易接納一些強度很強的情緒反應，例如：憤怒、衝動的爆發、與別人衝突的對峙和激戰等，但無法忍受一些持續性強的情緒，例如：長期鬱悶、無奈、失望等。這類情緒容納量形態的人，也可能喜歡有強度但短暫的情感表達，比較常見在一些從事紀律的部隊工作人員身上，或在一些基層的勞動人士中。

(3)闊度寬且深度長的情緒容納量：這種情緒容納量是不同情緒容納量中最理想的形態，既可容納很強烈的情緒，又可容納一些持續性很強的情緒，所謂「宰相肚裡能撐船」就是指這種既深且廣的情緒反應，處變不驚、泰山崩於前面色不變，就是指這種冷靜、安穩的情緒反應。有這種情緒容納量

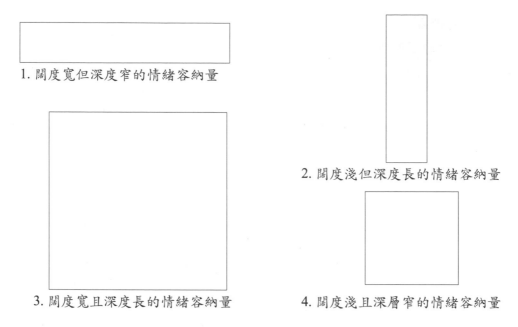

1. 闊度寬但深度窄的情緒容納量

2. 闊度淺但深度長的情緒容納量

3. 闊度寬且深度長的情緒容納量

4. 闊度淺且深層窄的情緒容納量

圖 11-12　情緒容納量的四種型態

的人，往往是氣度寬容、有大將之風、王者風範的人，如加以培養和修練，往往適合作為領袖。

(4)闊度淺且深層窄的情緒容納量：這種既淺又窄的情緒容納量是指，有些人在情感上非常不穩定和不成熟，只要很小的事件、人物和情感上的波動，就會讓他們反應很大。這種非常小的情緒常見於一些情緒異常的精神病人士，例如：躁狂憂鬱症、憂鬱症、焦慮症，或者是邊緣型性格異常的人身上。

※感覺

感覺與感受不同，感受往往是人的主觀內在感應，愈是深層的感受就愈不受外在環境影響，一個非常悲哀的人，就算是在一個快樂的環境中，也可能有悲哀的感受；但感覺是受到身體的五種感官之外界刺激所產生的回應，這五種感官包括：(1)視覺（Visual Perception）；(2)聽覺（Audio Perception）；(3)味覺（Breath

Perception）；(4)嗅覺（Olfactory Perception）；(5)觸覺（Touch Perception）。除了這五種感覺之外，更包括人的身體健康（Health Condition）和人的意識狀態（Condition of Consciousness）所面對的外界刺激而產生出來的感覺，這些感覺包括：(1)身體的感覺（Sense of Body）；(2)自我的感覺（Sense of Self）；(3)心靈的感覺（Sense of Mind）；(4)環境的感覺（Sense of Environment）；(5)成長的感覺（Sense of Growth）。

1. 身體的感覺

身體的感覺是指人對自己身體的感覺，這些感覺包括：(1)對自己健康狀態的感覺；(2)對身材、樣貌和五官的感覺；(3)對衣著和打扮的感覺；(4)運動和活動中的感覺；(5)人的精神和意識狀態。

「對自己健康狀態的感覺」是指，人覺得自己是否健康的感覺，好的健康感覺是指人覺得自己非常健康、精力充沛、渾身上下都充滿了精力和氣力的感覺；不良的健康感覺是指，人在生病時的感覺，渾身上下都有痛楚、疲倦、痛苦的感覺，這種生病中的感覺讓人非常難受。健康狀態的感覺可以分成下列幾個不同程度：

> ┬ 重病、痛楚的感覺
> ┼ 生病、渾身上下不舒服的感覺
> ┼ 渾身上下非常疲倦、精力衰竭的感覺
> ┼ 有點疲倦、精力尚好的感覺
> ┼ 健康和精力飽滿的感覺
> ┴ 非常健康、精力充沛、身體強壯的感覺

所謂「對身材、樣貌和五官的感覺」是指，人對自己外表的感覺，這種身材、樣貌和五官的感覺其實與性別和社會文化有關，例如：唐朝的文化會表揚一些身材比較豐滿的女性，但在現代社會中則有「瘦身」的潮流，往往推崇一些身材削瘦的女士（甚至是男士），在這種削瘦的要求下，人對自己肥胖的感覺特別敏銳，甚至不惜節制自己的食慾，受盡身體上纖體的痛苦，有些人更因此染上了厭食症。

另外，樣貌的感覺也有很大的影響，特別是女性對五官及皮膚的感受。整體來說，身體、樣貌和五官的感覺可分成幾個程度：

　　(1)對自己的身材、樣貌和五官非常留意，同時也覺得自己在這幾個方面非常出眾，要求自己要傾倒眾生。

　　(2)對自己的身材、樣貌和五官並不太介意，只是覺得自己一切正常。

　　(3)對自己的身材、樣貌和五官非常留意，但覺得自己在這幾個方面非常平凡，常常渴望自己可以在這些方面出眾一點。

　　(4)對自己的身材、樣貌和五官非常留意，但覺得自己在這幾個方面非常醜陋，很介意其他人對他／她的批評，而且非常敏感。

　　「對衣著和打扮的感覺」與「對身材、樣貌和五官的感覺」相同，有些人比較注重化妝、打扮，覺得自己沒有整整齊齊的服裝和盛裝打扮，就無法外出；相反的，有些人對打扮和衣著的要求低，只要隨隨便便就可以，若盛裝打扮反而會讓他渾身上下不自在。更有趣的是，每一個人都有自己喜好的打扮、衣著和服飾，才會覺得舒服，才會覺得自己的身體感覺跟自己在一起。

　　「運動和活動中的感覺」是指，人對身體活動靈活性的感覺，有些人喜歡自己在非常快速的運動中之感覺，例如：跳舞、打球等，這些快速的運動和動作讓其覺得非常自由、非常靈活，同時也是內心的一種釋放。這種快速運動的感覺對青少年來說是非常渴求的，他們希望在運動、舞蹈和一些快速動作中表達自己，解脫一些世界對他們的束縛和限制；但對一些年紀比較長的人來說，快速運動的感覺可能不是他們的取向，他們反而更傾向於一些緩慢和比較優雅的運動，例如：比較慢的球類活動等。但也有些人不愛好運動，尤其是一些會滿身大汗的活動，他們更是不喜歡，他們覺得劇烈的運動只會破壞他們身體的形象和儀態。目前的社會因為受到「瘦身」潮流的影響，有些人每天都進行劇烈運動，以達到瘦身效果。在美國社區中，更發覺有些人變成了運動沉迷（Sports Addiction），每天花許多時間從事運動，非要把自己弄得筋疲力竭才可以。

　　「人的精神和意識狀態」是指，人在不同的意識狀態中，這些不同的意識狀態，根據 Freud（1967）所言，可分為三種：(1)潛意識（Unconsciousness）；(2)半潛意識（Subconsciousness）；(3)意識（Consciousness）。

「潛意識」是指，人在睡夢中的情況，自己的知覺意識都被壓下去而無自覺，也不明白自己的思維、感受和自我的情況，這些思維和感受都在不知不覺的狀態中。

「半潛意識」是指，人在醒覺與半醒覺之間的精神狀態，這種狀態讓人感到半夢半醒、半昏半暗，在知與不知的狀態，有點像將醉未醉、快醒未醒的境界，人好像在環境之內，又好像在環境之外的情況。

「意識」是指，人在一般情況下的一般行為和想法，其在正常生活下所呈現的意識狀態之運作。也就是說，人的精神狀態能夠在清醒的狀態下運動，能夠感覺到周圍的環境，也能夠知道自己在從事的活動和情況，更加能感受到自己的思維、感受和自我形態。

2. 自我的感覺

自我的感覺是指，人在與他人交往或從事其他活動時對自己的感覺。與感受不同的是，感覺是外界環境的刺激而產生的即時感覺。自我感覺的形成，與人之深層的自我形象有關，但深層的自我形象，則會經過外界的刺激而產生即時的自我感覺（Sense of Self）。人是群居的動物，無論在家中、學校、工作、娛樂、衣、食、住、行當中，都會遇到其他人，人也會不知不覺地與其他人比較，而產生對自我的感覺。這種自我感覺一般來說，是透過與人交往、與人比較而產生的，這些比較會產生幾種反應：(1)我與什麼樣的人相同（我是誰）；(2)有什麼人與我一樣（誰是我）；(3)我要與人劃清界線（我是我）；(4)我只有委屈一下自己（我不是我）；(5)我希望我會這樣（我將會是我）。

「我與什麼樣的人相同（我是誰）」的自我感覺是指，當人遇到其他人時，如果對方是比自己更強、更有權威、更有影響力的人，自我的感覺會慨歎：「我是誰？說實在一點就是我只是一個小人物的感覺。」

「有什麼人與我一樣（誰是我）」的自我感覺是指，人有知音難求、登泰山而小天下的孤單感覺，雖然人在社會中，相識滿天下，但卻有「知己無一人」的孤獨，也就是在與他人相處時，不被其他人所瞭解、所體諒，自己的所知所學不被其他人所明白、所交流的感覺。

「我要與人劃清界線（我是我）」的自我感覺是指，當人遇到一些與自我的立場、想法、道德標準不一樣的人或者是事件時，人為了維持自己的道德和立場的完整性所作出的舉動，覺得我就是我，「雖千萬人吾往矣」的氣概，也是「君子有所為，有所不為」的勇氣。

　　「我只有委屈一下自己（我不是我）」的自我感覺是指，當人在一種被諸般壓力和屈辱的處境，但迫於情勢所逼，不得不低頭的感覺。正所謂「人在屋簷下，不得不低頭」的感覺，也可能是「人在江湖，身不由己」的慨歎。

　　「我希望我會這樣（我將會是我）」的自我感覺是指，當人看到自己的人生目標，希望自己努力奮鬥，終有一天能達到的豪情；這通常是當人在遇到自己人生的啟蒙「老師」時，以此人為生命奮鬥的目標和方向，而產生的內在動力。

3. 心靈的感覺

　　心靈的感覺是指，人的思維在思想上的感覺（Yip, 2011），包括：(1)心靈感覺的時間性；(2)心靈感覺的速度與頻率；(3)心靈感覺的深藏與表達；(4)心靈感覺的抽象與精確性；(5)心靈感覺的專一及多元化；(6)心靈感覺的靈空與現實。

　　「心靈感覺的時間性」是指，人停留在哪一種思考的形態，有些人喜歡停留在過去的回憶當中，眷戀過去的浮華和甜蜜，無法投入目前的情況中；有些人則喜歡停留在未來的憧憬，整天想著將來要發生的夢想，而無法檢視過去、計畫現在。相反的，有些人則抱著「今朝有酒今朝醉」的情懷，只顧目前，無法瞻前顧後，甚至忘記過去的教訓。

　　「心靈感覺的速度和頻率」是指，人的思想快慢和節奏，有些人喜歡從容不迫地生活，不喜歡快速的生活節奏；相反的，有些人卻喜歡爽快處事、日理萬機、非常急促的節奏，工作的急促節奏，才能讓他們有能力、有幹勁的心靈感覺。所謂頻率是指，人的心靈和思維的數量和能力，有些人思想快捷、創造力很強，有趣的想法和看法層出不窮；有些人的思維能力比較慢，只能老老實實地按照他人的指示或工作程序的步驟去思想。但一個思想快捷、創造力強的人，卻很容易不安於位，或者說比較叛逆，不願意久居人下，或做一些沉悶的工作；相反的，一個思維較慢、創造力較低的人，卻比較容易有較好的服從性和耐性，也較容易專

心去跟從別人的看法。

　　「心靈感覺的深藏與表達」是指，有些人不太喜歡表達自己的看法和感受，雖然心中的想法很多，但想得很仔細，不輕易發言，這種人一般會被稱為「城府較深」的人，不容易被別人猜出他的想法；相反的，有些人較喜歡表達自己的想法和看法。心靈感覺深藏的人較難與他人相處，對他人都會保持一定的距離，但喜歡表達自己的人卻易於與他人相處，勇於表達自己的意見，但因為有時候會說得太多，容易被別人所忽視、漠視和輕視，雖容易交朋友，但知音人卻不多。

　　「心靈感覺的抽象與精確性」是指，人對於抽象的思維和看法的感覺。抽象的思維是指，容易從事抽象的思考和看法，相反的，有些人的抽象思維比較弱，需要一切實物、實在的事情，才能夠去想像。而精確性是指，人的思維是否能精確地估計、計算和評估某些事件和人物，精確性高的人往往就是一些心思細密、觀察入微、見微知著，或者是明察秋毫的人，這些人在計算成本、代價或者觀看別人的行為和想法時，都非常敏銳。

　　「心靈感覺的專一及多元化」是指，人是否能專心從事某一件事物或思考，也代表人的耐性。有些人喜歡專注的去做一件事，做完才去做其他的事；有些人則喜歡多姿多采的生活，覺得長期的專注非常沉悶，無法忍受，他們的思想行為都非常多元化，喜歡同一時間做幾件事，或者同時應付一群人或物的事情。

　　「心靈感覺的靈空與現實」是指，人喜歡一些清高的思維、想法和看法，覺得自己在道德上高人一等、不沾塵俗，喜歡一些空大的理想、口號、信念，凡事都是以高層次的思維為主導思想；但有些人卻喜歡實事求是，解決現實的處境、困難和情況，每天的想法都以現實情況為主導軸心。

4. 環境的感覺

　　環境的感覺是指，人面對周圍環境的感覺。一般來說，人接受周圍環境時需要下列幾種感覺器官的運作：視覺、聽覺、味覺、嗅覺、觸覺。隨著五種感覺器官的運作，人對周圍環境有著不同的接收、分折與進行整理有關的訊息。也由於如此，不同的人對於這些感覺有著不同的依賴程度，有些人比較依賴視覺的接收，甚至喜歡用圖像來思考和思維；視覺的特點是比較仔細清淅、內容豐富、變化多

端，因此喜歡視覺思考和依賴視覺影像的人，一般來說都比較喜歡變化多端的環境，有些人也喜歡一些仔細的機械運作，但問題是耐性較差，無法忍受單一的圖像和畫面，其思考的專注能力之主動性也比較薄弱。相反的，依賴聽覺較多的人，其感情較為豐富，因為聽覺的接收比視覺的接收更為主體，涵義更為深層和抽象，因此聽覺依賴較強的人，一般比較有較高的抽象思維和思考能力，其專注性也比視覺思維的人高，但缺點則是較為固執，不容易改變想法。

注重觸覺的人，尤其是口腔期鎮定（Oral Fixation）的人中，一般來說都是比較缺乏安全感，內心有很多的焦慮、不安，常藉著一些接觸的感受把自己的不安排除，例如：口裡含著一支菸，或者是手中拿著一些洋娃娃、一些玩具，才能讓自己感覺到安全。這種環境的感覺，就好像人在一些恐懼和驚慌的無奈中，在極度驚慌裡要找到一些人（如親友）來依靠或擁抱，依靠或擁抱的感覺會讓他們覺得安全、實在和豐足。至於味覺和嗅覺的依賴，表面上看來非常普遍，實際上在一些暴食和厭食的案主中都很容易看到。這些人常常在心情煩躁、非常空虛、無奈和不知所措的情況中，喜歡大吃大喝、暴飲暴食，或利用對味覺刺激的食物，讓香味的刺激將內心的空虛、無奈和煩躁的感受予以發洩或補償。近年來，薰香精油的運用，就是利用嗅覺去讓人安定下來。

環境的感覺也包括一些對物理環境和人際環境所產生的感覺。所謂物理環境對人的感覺，包含：(1)環境中光暗的感覺；(2)環境中顏色的感覺；(3)環境中空間的感覺；(4)環境中冷暖的感覺；(5)環境中空氣的感覺；(6)環境中時間的感覺；(7)環境中熟悉與陌生的感覺。

「環境中光暗的感覺」：光和暗對人的影響非常強烈，在光的環境中，人會覺得比較舒暢、有安全感、比較實在、心胸開朗，正所謂正大光明地去做事，就是這種感覺；相反的，在黑暗中，人會覺得非常缺乏安全感，有失落、恐懼的感受。黑暗的感覺也代表人不想被其他人所發現、有不可告人之祕密、不想被看見，完全黑暗的環境更令人卻步。但太光亮的環境也會讓人目眩頭暈，甚至一些閃光的環境，則更易讓人眼花撩亂，無法集中注意力，就好像在迪斯可（disco）舞廳中，有著轉變不定、多種顏色的燈光一樣，讓人很難集中注意力。

「環境中顏色的感覺」：顏色是人的心情容易受影響的元素之一。很多心理

學的研究指出，顏色有「冷」、「暖」之分：冷的顏色讓人感覺平靜、平淡和安寧，但過份冷的顏色則會讓人感覺無奈和缺乏生趣，如藍色、灰色、紫色、青色；暖的顏色會讓人感到興奮，且有生機、動力的感覺，如紅色、黃色、綠色、粉紅色；但太強的暖色，可能會讓人感覺過份興奮，例如：鮮紅的顏色會讓人有像鮮血一樣的恐懼。不同文化對顏色的詮釋也有不同，例如：在中國文化中，紅色代表喜慶，白色代表喪事和悲哀；但在西方文化中，紅色代表危險，白色則代表純潔。

「環境中空間的感覺」：這是指人在一個比較寬敞環境和比較侷促環境中的感覺。一般來說，較寬敞、整潔的環境讓人心胸開朗、舒暢，相反的，較侷促的環境則讓人不安。中國文化對空間有特別的喜好，在中國國畫中，最重要的鑑賞元素並不是圖像的實體，而是「留白」，空白才是最重要的部分，也最值得欣賞。空間的感覺對人非常重要，只有寬敞的空間才能讓人感到舒暢和舒適；相反的，侷促的環境會讓人感到不舒服、無奈、火爆和氣憤，人與人之間容易產生摩擦。

「環境中冷暖的感覺」：除了光暗、顏色和空間之外，環境溫度的冷暖也會影響人的感覺。在炎炎夏日裡，在街上走一會之後，馬上會覺得渾身上下非常不舒服；相反的，在天寒地凍的環境中，圍爐取暖，一杯酒在手，伴著熱騰騰的火鍋，心情當然非常愉快。一般來說，比較冷的感覺會讓人比較清醒，但太冷的感覺則會讓人麻木、沒有感覺，而熱的感覺則會使人焦慮和無奈；忽冷忽熱的感覺會讓人很難適應和相處。

「環境中空氣的感覺」：空氣的感覺對人非常重要，清新的空氣讓人心曠神怡、神清氣爽、心情開朗；相反的，混濁的空氣讓人吃不消，心情和體力都會大打折扣、大受影響。有時候空氣中更會瀰漫著某些氣味，影響人的心情，例如：一些香氣四溢的食物氣味混在空氣中，很容易令人垂涎三尺；相反的，一些令人難聞的氣味混在空氣中，則會讓人非常痛苦，有掩鼻而逃的感覺。

「環境中時間的感覺」：時間的感覺很有趣，與其他環境中的感覺很不一樣，是指人感覺時間的流逝，正所謂「快樂不知時日過」，意思就是說人在愉快的心情時，會覺得時間過得特別快，同樣的，在非常繁忙時也會覺得時間很不夠用。相反的，人在痛苦、頑疾纏身、悲傷和憤怒時，卻會覺得度日如年，內心深處會

覺得時間怎麼都停頓不前。在快速的活動、工作、比賽中，人們往往是分秒必爭；但在緩慢的活動中，人們似乎樂於享受時間所帶來的閒適和舒暢。年紀大的人會覺得時光飛逝、時不我與，而年紀輕的人卻覺得青春無量，應盡情享受生活。

「環境中熟悉與陌生的感覺」：這是指人在一個熟悉或陌生的環境當中的感覺。熟悉的環境是人對環境的周圍事物、人物都非常熟稔，一切都是他經歷過的，就好像熟悉的工作環境、熟悉的街道、熟悉的家居等。在這些熟悉的環境中，人會覺得比較安全、安穩和平靜，似乎一切都在自己的意料之內。在熟悉的環境中，人的身心都比較放得開，不會覺得渾身上下不自在，自己和身體都會放鬆和舒暢，而用自己本來的性格、想法和行為與人交往。相反的，陌生的環境則會讓人有戒心、不知所措、無法辨別方向，就好像去找尋一個新的住址探訪朋友時，心情有點不安，深怕自己會走錯路、找錯人或找錯門，會經常四處張望、不斷問路人，直到找到完全正確地址為止。一般來說，熟悉的環境都會讓人有不少深刻的回憶，在這個環境中的人都會留下不少故事、人物、事件，有時候這些回憶是溫暖的，但也有時候這些回憶是痛苦的經歷。

環境的感覺除了物理環境的光暗、顏色、空間、冷暖、空氣、時間、熟悉與陌生等感覺之外，更重要的是人際環境，它代表著人與人接觸的感覺，包括：(1)同在與孤立；(2)愛護與恨惡；(3)欣賞與批評；(4)信任與懷疑；(5)溫馨與冷淡。

「同在與孤立」是指，我們與人在一起時，有與人在一起的感覺，抑或是被其他人孤立。同在是指與人在一起時，有交流、有尊重、有歡樂、有認同的感覺，這種被認同、被尊重讓人非常開朗和舒暢；相反的，孤立的感覺讓人非常難受，其意就是不被理會、被排斥、被漠視。在孤立下，人會很難忍受，很容易有憤怒、空虛、無奈的感受。

「愛護與恨惡」是指，與人相處時，有被愛及關愛的感覺，一般來說，這種感覺的產生是由於周圍的人不但很熟稔，而且是成長過程中的一些重要人物，例如：好朋友、好鄰居、好兄弟、好姊妹，甚至是仁慈的長者（如老師、父母），對自己一向是關懷備至，一見到他們出現，心中馬上會有暖暖的感受，覺得會被關注、認同、重視和回應。相反的，恨惡的感受常常是在一些自己不喜歡的人出現時，這些人可能是以前曾經對自己有所傷害，而這些傷害可能是被這些人陷害、

壓迫、誣告等。但麻煩的是，這些人對自己的傷害又無法反抗、報復，其中原因可能是因為對方擁有較大的權力，例如：上司、同事，所以只好敢怒而不敢言；又或者是自己愛恨交織的親人、朋友和愛人，這些人對自己的傷害，讓自己非常痛苦和難過，愛之愈深，恨則愈重。

「欣賞與批評」是指，周圍人物對個人性格、態度、工作的評價，這些評價對人的自我形象和想法產生極大的影響。被人欣賞等同於被人所認同，自我形象和想法能受到別人的肯定和推崇；相反的，被人批評則代表著自我受到他人的否定，也代表自我形象、自我想法的重新建構、重新定位和重新檢視，這個檢視過程，一般來說是痛苦的。但如果是善意和恰到好處的批評，則能讓人慢慢改變自己，慢慢更改舊有的想法，從新的角度和取向去理解自己；但如果是惡意或過份苛刻的批評，又或者是不合理和刻意打壓的批評時，則會讓人感到非常氣憤、不安、沮喪，甚至無奈，最後導致自我解體、斷裂，甚至造成不同類型精神疾病的出現。善意的欣賞會讓人興奮，但過份的欣賞或者奉承，其實只是媚上的手段，會讓人愈來愈失去對自己的正確和合理看法以及恰當的觀感，而變得不可一世或極端自大。恰當的欣賞和批評，才可以讓人不斷改進自我，努力向上。

「信任與懷疑」是指，其他人的信任程度。信任是周圍的人相信這個人的誠信，覺得她／他是可靠的、可以信任的、可以付託的。信任別人和被別人信任都是很好的感覺，讓人感到安全、穩定、安心、被尊重和被看重。但一般來說，這種信任的感覺很可能要建基於對方或自己曾經對承諾的重視，沒有負人所託，忠於承諾，與對方或自己建構一種既親密又互信的關係。反之，懷疑就是不相信對方，覺得對方並不可靠，可能是口蜜腹劍、一刀兩面、口是心非、對言行和承諾並不信守的人。同樣的，被別人懷疑的感覺也是一樣，自己是不被別人信任，覺得誠信很差，甚至是一個口是心非的人，如果自己本身真是這樣，那也就罷了，倘若自己不是這樣，本身是一個極具誠信的人，只不過是被人陷害，那誤會就會讓人非常委屈、憤怒和不安。因此懷疑人和被懷疑的感覺都是極不好受的，著實令人異常煩惱、無奈和不安，對人、對事都缺乏希望，不安的感覺充斥內心，非常不舒服；在極端的情況下更會像精神病中的迫害感，整天疑神疑鬼，覺得四周的人物和事件都在迫害他。

「溫馨與冷淡」是指，在與他人相處時的感覺是否充滿人情味，抑或是非常冷淡。所謂溫馨是指，人與人之間有互動、有交互理解、有互相尊重、有互相聆聽、互訴心曲的溫暖和感覺；相反的，冷淡則是互相不理不睬，形同陌路。溫馨的感覺使人振奮，覺得人間有情，但冷淡的感覺則讓人覺得世上人情如紙薄，實在不是滋味。

　　實際上來說，「同在與孤立」、「愛護與恨惡」、「欣賞與批評」、「信任與懷疑」、「溫馨與冷淡」是交互在一起的，如圖 11-13 所示。很多時候與好朋友同在一起，互相愛護、互相欣賞、互相信任時的感覺非常溫馨；相反的，與敵人或一些不好的人相處時，則會互相批評、互相恨惡、互相懷疑，感覺非常難受，覺得人世間人情冷暖，世態炎涼。有些場合則會好的與不好的感覺同時出現。最難受的是期望與現實的不妥協情況，例如：一個自己非常信任、欣賞的好朋友，竟然會批評、懷疑自己，甚至出賣自己，又或者是過去非常溫馨的戀人，如今卻視同陌路，互不相識。

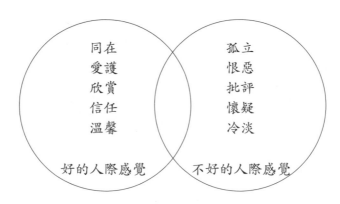

圖 11-13　好與不好的人際感覺

5. 成長的感覺

　　成長的感覺是五種感覺的結合，所謂成長是指，感覺的變化而不斷改善和進步，有可能是身體的成長、健康的改善和進步，也可能是思維、智慧的增長和進步，更可能是環境的改善，例如：人際關係的改變、居住環境的改善等；有時候

也是指自我形象的提昇、自我信心的增強。這些成長的感覺，令人孜孜不倦、努力向上，充滿生機、朝氣和生命力。

　　成長的感覺之相反是衰退的感覺，一日不如一日，每況愈下，而且覺得不知道不斷衰退的最後後果，甚至對自己的情況開始失望、無奈和放棄。衰退的感覺有可能是身體能力的衰退、思維能力的退化、人際關係的惡化和居住環境水準的下降等。成長的感覺由不同的元素組成，包括：(1)舊與新；(2)靜與動；(3)內與外；(4)穩與變；(5)折毀與建造；(6)收藏與擴展（Yip, 2011）。

　　「舊與新的成長感覺」：「舊」是指舊的看法、舊的環境、舊的工作、舊的打扮、舊的知識等，而「新」是指新的思維、新的環境、新的工作、新的裝扮、新的知識等。新和舊其實對成長都很重要，沒有新的感覺，人會覺得沒有成長，但太多、太濃烈的新的感覺，則會讓人感到不安、吃不消、受不了、無法適應。只有「新中有舊，舊中有新」，成長才會恰到好處，被人所接納。「新中有舊」是指，在新的人物、新的經歷、新的思維、新的工作中，有熟悉的成分和從前的成分，這些熟悉的成分和從前的成分，讓人有安全感且能明白和容易吸收新的成分；而「舊中有新」是指，在日常熟悉的人物、事物、思維、工作、看法中，有少許令人驚喜之新的組合、新的嘗試、新的思維、新的工作，而讓人開朗，有新的衝動。

　　「靜與動的成長感覺」：「靜」是指平靜，是指心中平靜、環境清靜、心境平和、安然面對，以不變應萬變，以靜制動，也是冷靜、謹慎，在靜中觀察和領受。「動」是指行動、流動的變化，是指動的環境、動的應付、動的力量、動的環境、動的心境、動的自我感覺、動的身體。在靜的感覺中，人能夠感到舒暢和平安，感到悠閒，但太靜或太長期在靜態中，人可能會覺得沉悶、刻板、無聊，所以靜極思動、於靜中求變；在動的感覺中，人會感到力量、感到刺激、感到能力、變化和成就，但長期在動的狀態或者是在太急速的改變中，人會感到吃不消、疲倦和無奈，所以動極思靜，希望在靜中休息，在靜裡重新獲得力量。因為靜或動的感覺是互相相交的，只有動中有靜、靜中有動，成長的感覺才會豐富和充實。

　　「內與外的成長感覺」：在成長的感覺中，內與外的感覺是很重要的。所謂「內」的感覺是人停留在內在的感受、內在的思考、內在的想法、內在的思維、

內在的意思，也是與其求人，不如求己，反求諸己的感受。所謂「外」的感受，是指向外在擴張、向外擴展、向外伸展自己的看法和力量，外的意義也代表自己的力量、自己的影響、自己王國的伸展和呈現。內在的感覺一般來說都比較自我，看重自己的需要、自己的感受、自己的喜好、自己的想法、自己的利益，但內在的感覺也會有某種啟發性，能看見自己的盲點，看到自己危險的地方，因而能夠小心行事，事事以自己的利益為上。相反的，外在的感覺則是以面對外在環境和其他人的反應為先，事事以外在的呈現為主，著眼點在於自己的影響力、自己的長處，也著重別人的反應、外在的機遇、外在的征服、外在的參與。太強的內在感覺會讓人過份自我中心，也會過份謹慎退縮、停滯不前，但太強的外在感覺則會讓人不知進退、貪勝不知輸，缺乏對自己缺點、盲點和弱點的認知，變得很容易受到傷害，甚至兵敗如山倒。因此比較好的呈現方式應該是要內外兼備，既可以明白自己的處境及感受，也可以知道周圍環境的變化和想法，只有內外在的感覺都互相配合下，才能相得益彰，穩當地成長。

「穩與變的成長感覺」：穩與變是指安穩與變化的感覺，穩是指穩妥、安穩、穩言、穩當都不變的呈現，變是指變化、變動、改變的感覺。穩的感覺是指一切情況都像以前一樣，一切都在掌握之中，都在自己的預知和控制之中；但變是指改變，有新的改變、不可預知的改變，既有新的機遇，也有新的挑戰。安穩的生活讓人舒暢，安穩的工作讓人心裡平靜，但安穩的生活也會讓人有點沉悶和無奈，所以太過安穩的生活會有變的意圖。同樣的，太多的改變會讓人難以適應、吃不消。在穩中求變，在變中求穩才是最妥善的方法。

「折毀與建造的成長感覺」：折毀是指把已有的看法、已有的思維、已有的人際關係、已有的感情加以推動，這種折毀的過程，當然讓人感到痛苦和失望，但一般來說，折毀的原因很有可能是因為受到舊有東西某種程度上的阻礙和傷害，例如：被自己想法、性格所害，而讓自己在事業上毫無進步，又或者是因為自己頑固、一成不變的作事方式，而讓自己一敗塗地，又或者是被自己的朋友出賣，因而傷害到自己的感情，又或者是在追求新的理想時，自己必須首先取捨自己過往的看法和背景。建造則是建構和塑造新的思維、新的習慣、新的處事手法和新的關係。折毀讓人痛苦，但同樣的，建造也很花力氣，人在建造中會有很多的迷

惘、不安、無奈和失落。

　　「收藏與擴展的成長感覺」：這是指成長的感覺是低調或高調的生活。收藏是指作風低調，對自己的長處、看法、財富、感受只深藏在內心深處，並不表達出來，其用意是不為人所知、不為人所覺，只是靜靜地埋藏。一般來說，收藏的感覺並不是埋沒，其原因是因為時機尚未成熟，展露不是時候，又或者是因為不適合的展示會帶來不良的效果。擴展則是指作風比較高調，似乎刻意去展示自己的才華、能力、想法，帶有一點點的宣傳成分。收藏是指將精力儲存起來，擴展則是展望我們的能力，所以也需要耗費大量的心力和體力。長期的收藏可能讓人埋沒能力，甚至失去信心，但長期的擴展也會耗盡心力，因此較好的取向是展示與擴展互相使用、互相協調。在恰當的時候展露一下，在不恰當的時候收藏學習，預備一切，靜候下一次擴展的時機。

　　其實「舊與新」、「靜與動」、「內與外」、「穩與變」、「折毀與建造」、「收藏與擴展」應該是互相協調的成長感覺，好的成長不應一味追求新的、動的、外的、變的、建造的、擴展的歷程，也不應一味是收藏、折毀，安於現狀，只求穩當的感覺，應該是互相協調的感覺。這種互相協調的關係可在圖 11-14 中展現出來。

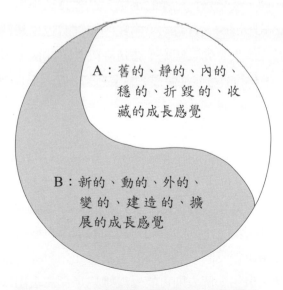

A：舊的、靜的、內的、穩的、折毀的、收藏的成長感覺

B：新的、動的、外的、變的、建造的、擴展的成長感覺

圖 11-14　不斷變動和協調的成長感覺

從上述圖表中，我們可以看到成長的感覺應該是在舊與新、靜與動、內與外、穩與變、折毀與建造、收藏與擴展的協調中進行的。而不同人 A 與 B 的變化，其比例和協調也各有不同。

※感情（Affect）

　　感情是指人的情感（Emotion）的外界反應，一般來說可以分成三部分（Yip, 2011）：(1)對別人的反應（Response to Others）；(2)對別人的要求（Urge to Others）；(3)對別人的期望（Expectation on Others）。

　　「對別人的反應」是指，面對其他人的情況，自己的情感反應，例如：見到別人的情況悲慘，自己因而神傷；見到別人快樂，自己不禁歡喜起來。基督教所說的：「與哀哭的人同哭、與喜樂的人同樂」，就是這種狀態，有些人對別人的情緒反應會比較敏感，但有些人卻會比較冷漠。

　　「對別人的要求」是指，在感情中對他人的要求，例如：有些女孩子喜歡向男朋友撒嬌，在感情上要求男孩子去遷就、安慰和保護她；相反的，有一些人則惡形惡相，事事出言恐嚇，要求對方害怕他、信服他，受他的支配和控制。

　　「對別人的期望」是指，感情在表達和回應時，對於反應的一種期望。這種期望與要求有點不同，要求是指明顯的渴求，是表達出來的、是比較強烈的；相反的，期望則是比較隱晦的、含蓄的、內在的，同時也是長期的，例如：父母不斷期待子女可以長大成人，光宗耀祖，在這種動力的驅使下，於是對於子女的學業、子女的成就、子女的前途非常緊張，甚至對子女讀書時的壓力、投訴、不滿、憤怒的這些情緒也無動於衷。

　　在感情流露時，這三個部分是互相緊扣在一起的，而且受到內在的因素和外在的因素互為影響，這些影響的交互關係可從圖 11-15 中表示出來。

　　上述這些內在因素，包括：性格、以往的經驗、想法和思維，至於外在因素，則包括：當時的情境、其他人的反應、文化和其他的環境因素。在不同的因素影響下，就算是同一種情境，不同的人面對相同的事情也會有不同的感情流露，例如：兩個人同時在街上遇到同一個可憐的老婆婆在乞討，一個人覺得她很可憐，流露出關懷的感情，但另一個人則可能覺得她只是刻意走出來欺騙金錢的人，所

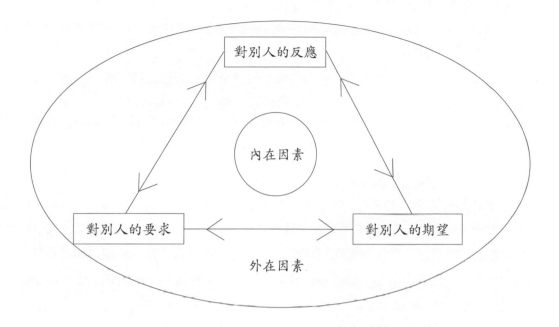

圖 11-15　感情的內在因素和外在因素的互為影響

以流露出憤怒、憎恨、逃避的感情。而不同的外在因素中，一個人在不同的情境下，遇到相同的事或人，其感情的流露也會不一樣，例如：在家中遇到兄弟姊妹時，會互相嘲弄、引以為榮，但在公開的場合裡，大家都會非常謹慎，這也就是將家中互相嘲弄的感情流露，變成莊重而溫馨的互相支持。

　　雖然感情的流露會受到外在因素的影響，但心理動力學派（Psychodynamic）的學者認為，人在面對外在的焦慮（Anxiety）時，會有一些自我防衛的功能（Ego Defense Mechanism），這些自我防衛的功能最初是由 Anna Freud 所創立，而由其他有關學者所延續及應用。自我防衛功能會嚴重影響人的感情之流露和表達，這些影響會形成防衛功能的不同類型，包括：(1)外向型防衛機轉（Extroversive Defense Mechanism）；(2)思維型防衛機轉（Cognitive Defense Mechanism）；(3)退縮型防衛機轉（Withdrawal Defense Mechanism）；(4)內化型防衛機轉（Internalizes Defense Mechanism）；(5)妄想和分裂型防衛機轉（Self-Delusion and Fragmented Defense Mechanism）。

1. 外向型防衛機轉

這是指當案主在面對外界的壓力和強烈的要求時,想把這種不安、焦慮、壓力的感受向外排除。這些外在的自我防衛機轉,較為人所知的包括:

發洩（Acting out）:這是指當案主遇到不安、壓力和外界的情緒刺激時,以行動的方法發洩出來,這些行動可能包括極端憤怒時的打鬥、苦悶時以行為搗亂,而對別人產生滋擾,甚至帶著自我傷害的行徑。

求助（Affiliation）:這是指當人遇到不安、焦慮和外界的壓力時,會四處求助,如向別人查問、找尋一些途徑和解決方法。它與問題解決（Problem-Solving）有些不同,問題解決是比較能夠直接處理,但有關問題的求助在於極端情感的反應,有時可能是非常慌張,而去找一些毫無關係的人物詢問,或者胡亂做一些事情來說服自己。

投射（Projection）:這是指自己所犯的錯,在別人指責、指正、責罵過後,把錯誤完全歸咎於別人身上;這種投射的作用,好處是讓自己能清除內咎、罪惡、羞恥的感受,但太嚴重的投射則會讓人覺得疑心很重,覺得四周圍的人都好像在傷害自己,很容易會變成脫離現實的迫害感,認為大部分的人都會對自己不利。

轉移（Displacement）:這是指把別人給案主的不良情感,例如:不安、憂鬱、憤怒的感情反應,轉移到毫無相關的人身上,就好像上司對案主責備,讓案主非常憤怒,但因為生計問題,敢怒不敢言,所以案主回家後就把憤怒、不安轉移到家人身上,對其兒女和妻子大發雷霆。

認同（Identification）:這是指在心中的不安、憂慮、失望、恐懼的驅使下,案主嘗試去認同一些人物和群體,並且在言語、行為、思維、態度,甚至在打扮上學習某些人物和群體,以保障自己的安全,例如:青少年為了怕被別人所狐立,不斷強迫自己認同同儕的看法以及思維。

補償（Compensation）:這是指案主對於某些人有一些內心深處的虧欠,所以在一些相關或不相關的事或人方面追求某種補償,這種補償可能是情感上不斷的補足,不斷地對虧欠的人作出感情的歉意和彌補,也可能是對沒有虧欠的對象予以壓迫,去滿足對自己有所虧欠的人之需要,例如:父母對其大女兒有虧欠的

感覺，因為她出生時家庭清貧無法讓她讀書，所以要強迫心靈上沒有虧欠的小女兒受教育，而去忍受小女兒不合理的發洩。

取代（Substitution）：這是指沒有合宜的感情投入對象，找另外一名人物或事物去取代這種失去的感覺。這種取代可能是感情的替代品，例如：與女朋友分手後，找另外一個女朋友取代這段失去的感情；又或者是小時候失去父母的愛護，長大後找一些成年人去取代父母的形象。

2. 思維型的防衛機轉

這是指透過案主的思維改變，去面對外界的刺激和不安的情緒反應，這些思維的改變，可以讓案主不用再面對不開心的經歷和其他人的情緒，這些思維的改變包括：

自我放開（Altruism）：自我犧牲的意思是為了避免自己在情緒上有所不安和衝突，索性犧牲自己，放棄自己的看法，放開自己的需要和感受，讓自己在別人的認同和稱許中得到某些回報和反應。自我放開與自我犧牲不同，因為自我放開可以在別人的稱許中，找到認同的樂趣。

昇華（Sublimation）：這是指在面對不安的情緒時，把精神和力量放在工作和一些較有意義的事情上（Vailang, 1992），而這些事情和人物卻與不安的情緒和人物無關（假如有關的話就可能變成補償和取代）。案主在昇華中的防衛思維，可能是「與其把心情放在一些不安的事和人身上，不如做點有益的事」。有些人的昇華可能是拼命工作，有些人會拼命賺錢，有些人則會拼命運動，甚至是參加一些義務工作或宗教活動，表面上看來這種情感反應是有益和有建設性的，但問題是程度和投入的問題，讓其他人莫名其妙。在昇華中的案主一旦停下來，不安、空虛的感覺就會蜂擁而至，讓其非常苦惱。

理智化（Rationalization）：這是指當案主遇到一些不如意、不開心的事情和人物時，尤其是自己有錯而備受指責時，他／她會把有關的過錯，說成這些過錯是他／她在理智下，刻意為了某種目的而進行的，是非常正確和正面的，例如：案主與朋友的約會經常會遲到，雖自知不妥，但表面上卻會自圓其說，說是為了要考驗和培養朋友的耐性而作，而且為了培養朋友的耐性，甚至自己犧牲而背上

經常遲到的標籤和污名。

理論化（Intellectualization）：這是指當案主面對生命的壓力和不安或者被其他人指責時，不但不會面對不安的情感，還會用方法將這些情感抽離出來，而且長篇大論，似乎很理智的分析自己的情況，例如：一個經常遲到、不守時的案主，當他的朋友、親友指責他／她不守時的時候，她／他就會長篇大論，分析自己不守時的原因，有生理上、心理上、社會上的因素等影響，愈說愈離，於是就慢慢離開了自己想要說的東西。

理想化（Idealization）：這是指面對壓力和不安時，案主為了回應目前的處境，於是把有關的人物、事物理想化，例如：事實上，是他深愛的女朋友對他不起，但他卻認為他深愛的女朋友心地善良，絕對不會這樣對待他。理想化的好處是比較能積極去面對不開心的人和事，但缺點則是現實的估計缺乏準確性。

預知（Anticipation）：這是一種比較理智的自我防衛功能，也就是在面對感情的變動和衝突時，會刻意地壓抑情感反應，用理智去衡量後果，本來是非常複雜、不安的情緒，但是用理智刻意壓抑下來，例如：讓自己不安、憤怒的是自己的上司，但在公司向上司發洩自己的憤怒情緒，只會讓自己的後果更加嚴重，所以在預知的自我防衛功能下，只有默不作聲，慢慢地去處理（Cross Creek Family Counseling, 2006）。

符號化（Symbolization）：這種自我防衛功能是一些強烈的情緒，無法用言語清楚表達出來，所以只有透過一些事物和符號去表達感受。這些符號可能是文字，可能是物體，可能是圖像，也可能是人物或相關的地方及處境，但要讓對方透過這些符號有所聯想和明白其中的涵義，可能是一些大家都明白的文化中之涵義，例如：「心」代表關心、相愛；玫瑰花和巧力克代表愛意；人的頭骨代表憎恨和死亡等。也可能是這些相關的人物、事件是大家的共同經歷，例如：大家第一次相遇或分手的處境、一些定情信物、一些大家分離的隻字片語、一首大家的歌曲等。案主在表達這些情緒時，透過符號表達自己的情感、關係、看法和對方在自己心目中的地位及印象；或者每次看到這些事物、情景、符號時，都會令人觸景傷情。

3. 退縮型的防衛機轉

這是指人在面對外界的壓力和不安，或者是別人的責罵、揶揄、壓迫時，不但不肯直接面對，反而會退縮在一處、不理不睬、不加理會。退縮的意思是逃避、否定，在這種情況下，案主的感受和情緒都會被壓抑下來。一般來說，退縮的自我防衛機轉，包括下列幾種：

逃避（Avoidance）：這是指在面對一些不安、壓力和有關人物時，與其直接面對，不如逃避的自我防衛。逃避包括幾個方面：逃避去見一切有關的人物和情景、逃避面對應有的衝突、困難、責任與後果、逃避自己內心的需要和感受。這些逃避可能是案主刻意避免去看、去回憶、去面對，案主也會透過一些途徑，如酗酒、濫用藥品去麻醉自己，讓自己在意識上避開這些回憶、情緒和情境。

隔離（Isolation）：這是指在面對困難、壓力、別人的欺侮時，與其面對反抗和表達自己的不安，索性封閉自己，避開所有的人與事。這種防衛功能似乎比逃避更為嚴重，逃避只是避開有關的人、事和情景，但隔離則是避開，連一些不相關的人物、事物、情景都避開，只是在自我封閉中過日子。

否定（Denial）：這是指假設讓自己不安、不愉快，甚至憤怒的人和事實並不存在。這與逃避不同，逃避中的案主知道不愉快、不安的人、事、情景都實際存在，只不過是刻意避開，但否定則是案主覺得這些人、事和情景並不存在，有點是視而不見、聽而不聞，可能是因為這些事情、人物、情景的存在讓案主無法接納，所以索性當其並不存在，例如：妻子明明知道自己丈夫在外面有外遇、有婚外情，但因自己缺乏獨立的經濟能力，又要養育兒女，加上性格內向、溫順、傳統，從一而終的觀念又強，所以只好否定這些事情的存在，就算別人說起，她都極力否認。

置之不理（Undoing）：這是指對一些事件完全不理，對於本來急需解決的事情、人物都置之不理。置之不理的原因可能有很多，可能是沒有能力、沒有資源，也可能是解決的過程會引起案主很多不安的情緒，也可能是案主缺乏勇氣、動力去牽動一些改變，所以把事情、人物都置之不理。

4. 內化型的防衛機轉

　　這是指案主面對外在的不安、憂鬱、不愉快的人物、環境和事情時，以疏離、脫離現實的方式，不去解決事情，也不表達恰當的不安情感，而且更變本加厲的把不安的情緒內化，變成一些與本來就壓力不安的情緒源頭完全無關的另類壓力。這些防衛機轉包括：

　　身心化（Somatization）：這是指案主在面對外在的不安、焦慮、痛苦和其他人的情緒時，與其接納與表達自己的情感，反而將這些情感收藏起來，收藏起來的結果是這些情緒會慢慢轉化成為身體的問題，例如：胃痛、頭痛、身體不適，甚至懷疑自己有病等。這種自我防衛機轉，一方面把壓力、不安放在一邊，另一方面可以藉著病徵，吸引其他人的注意和增加別人對自己的同情，因而不會把過錯歸咎到自己身上。

　　機能遲純（Conversion）：這是指身心化已經到了極致的地步，有關肢體、感覺器官因為壓力過大的關係而變得失去功能和功用，例如：一個駕駛員因為駕駛時遇到意外，讓一位好友過世，康復後內心深處的內疚、不安，不知不覺中發覺自己右手的功能完全喪失，但醫學上的檢查卻證實他右手的神經、肌肉功能一切正常。這種極致的身體遲純和心理因素讓生物功能的喪失，學術上稱之為歇斯底里（Hysteria）。

　　內心烙印（Introjection）：這是指事件和人物對案主來說印象都非常深刻，所以一些有關的圖像無法在腦海中消失。這些烙印（印象）很多時候都是一些人物的形象，例如：案主的爸爸雖然已經去世，但案主的爸爸對案主的關懷和愛護的某些畫面和記憶，依然會深深的烙印在案主的心上，所以每次想到或提到爸爸時，這些印象和烙印就會浮現，讓案主不由自主地哭起來。

　　刻意忘記（Suppression）：這是指案主把一些不愉快的經歷，包括一些有關的事件、人物、情景等，在自我的不斷提醒下刻意地去忘記。這種刻意忘記是有自我知覺的，自己知道並自我不斷提醒的去忘記這些不愉快的經驗和想法，例如：案主與上司有衝突，衝突雖然非常劇烈，但很快就結束了，案主為了讓自己在工作時可以開朗一點，就不斷刻意提醒自己要忘記這些不愉快的經歷，也要刻意不

去想上司那些難看的嘴臉。雖然案主提醒自己要刻意忘記，但事實上並沒有忘記，只是不去想而已。

壓抑下忘記（Repression）：壓抑下忘記與刻意忘記有所不同，在刻意忘記中，案主是在有意識的提醒自己不去想，而在壓抑下忘記中，案主自己是沒有意識的，只是在潛意識中自己不知不覺就把記憶都壓下來，這種壓抑下的忘記，一般來說都是一些比較痛苦的經歷，讓案主非壓抑下去不可，否則案主無法面對。

退縮（Regression）：這是指外界的壓力、不安、焦慮太強烈，讓案主無法適應，所以只有躲在自己的內在世界裡，退縮回一個備受保護、非常孩子氣和幼稚的行徑，這些退縮行徑，包括：躲在家中或屋中拒絕外出、睡在床上什麼事都不喜歡做、吸吮手指、吸菸、吃糖和吃雪糕、傻笑、不停止重複一些幼稚的言語、動作和活動。在退縮的情況下是害怕、不安和恐懼的，例如：一個年青人與相愛的人相戀多年，突然因某種原因分手，失戀的年青人悲傷過度，除了不斷痛哭之外，更有不少強迫性的退縮行為，例如：不吃飯、整天睡在床上不動、雙手抱著洋娃娃、不斷呼叫失戀朋友的名字等。

5. 妄想和分裂型防衛機轉

除了上述各種防衛機轉之外，最後一種防衛機轉，就是妄想和分裂型防衛機轉。這種防衛機轉與其他種類相比，是破壞力最強的一種，因為自我宣洩的防衛功能，讓案主的不安和壓力可以向外排除，思維型的防衛功能，讓案主可以沉醉在工作、理想化中去面對不安，只有妄想和分裂型的防衛功能有著外在的壓力，將不安由外而內，變成對自我的一種分裂、扭曲和傷害。這些分裂和扭曲的防衛機轉約有下列幾種：

幻想（Fantasy）：這是指當現實世界遇到不滿、不安、壓力時，與其表達不滿、反抗或者置之不理，索性在自己的幻想中去詢問自己問題、壓力是否能夠解決，或者是自己的能力能否解決等這些問題。這種自我防衛的好處是有著阿Q精神，讓自己在困境中自我安慰，但若是長期和長久過份的幻想，這種防衛機轉就會容易變成妄想（Delusion）

自我分割（Compartmentalization）：這是指案主在面對壓力、不安和錯誤

時，把自己的自我統一性和完整性分開，於是變成某一種性格和行為的矛盾和分裂，這些分割的狀態，可以用很多種類來呈現，例如：(1)對人歡笑，背人愁苦：面對別人好像非常開朗，但實際上卻是滿腔仇恨、悲哀；(2)偽君子：表面上待人處事都非常仁厚，但實際上卻是一個會刁難他人、刻薄的陰險小人；小人的一面只在需要時才展露出來，以收取君子面具的好處；(3)厚此薄彼：對某些人用一個面孔，對另外一些人則使用另一個面孔；不同的面孔讓人可以從中得到一些好處，例如：在公司中見高拜、見低踏（取悅上司，但揶揄成欺壓下屬），或者觀念中有歧視的想法，例如：重男輕女的中國傳統觀念，又或者是欺貧重富的勢利眼。上述這些都是自我看法、行為、觀念上的自我分割，其目的一般來說都是為了躲避艱難的現實，又或者是要從中讓自己得到最大的利益。但自我分割過份嚴重時，就會讓人變得麻木不仁、自我矛盾、缺乏感受和情感的真摯流露。

解體（Dissociation）：這是指案主在極度壓力的外在環境中，所有的感情反應都完全麻木，而且對外界的事件缺乏現實的接受和反應。解體的功能可分為三種感覺：(1)自身感覺的麻木：案主在解體的機能中讓自己身體的感覺變得麻木、遲鈍；(2)對外界反應的障礙：外界的聲音、影像，其他人的反應、感受、事物和時間的轉移都減慢，甚至失去反應；(3)非人化的感受：覺得這些狀況中的痛苦程度並不像一個人。上述這三種感覺和情況讓案主渾身上下、內在和外在都麻木、障礙起來。

無所不能（Omnipotence）：這是指案主在面對不安、困難和壓力時，與其直接面對，乾脆刻意逃避，案主會有一些近乎幻覺的認為自己無所不能，有能力去解決所有的困難情況。這些無所不能的情況和困難包括：(1)覺得自己是一個重要的人物，如全公司的老闆、全校的最好學生等；(2)覺得自己有能力吸引別人去完成某些工作，或是去應付某些困難；(3)覺得一些困難的情況，其實並不困難。

四、心理治療的改變

心理治療的改變是指，在從事心理治療的過程中，有關案主在思想、態度、行為或者是環境上的改變。這些心理治療的改變元素包括：(1)改變的媒介（Media of Change）；(2)改變的先決條件（Pre-Requisite of Change）；(3)改變的持續性（Maintenance of Change）；(4)改變的擴散性（Diffusion of Change）；(5)改變的感應性（Response of Change）。

（一）改變的媒介

改變的媒介是指，案主的改變需要透過某些媒介才能促成。一般來說，傳統的心理治療觀念，尤其是在不同學派的思維當中，會有下列幾項錯誤的假設：

1. 改變只能在面談室中進行。

2. 改變媒介如透過案主與輔導員的交談，在學術上稱之為言語治療（Talking Therapy）。

3. 這種言語上的治療手段隨著不同學派的理論會放在：

(1)案主的思維（認知治療法，Cognitive Therapy）。

(2)案主的行為（行為治療法，Behavorial Therapy）。

(3)案主的存在（存在治療法，Existential Therapy）。

(4)案主的家庭（家庭治療法，Family Therapy）。

其實在心理治療中，改變的媒介很多。這些媒介約可分為下列幾個層次：

第一層次，案主自己的（共 12 項）：

1a: 思維	1g: 背景
1b: 言語	1h: 興趣
1c: 行為	1i: 經歷
1d: 人生意義	1j: 學識
1e: 自我形象與建構	1k: 身材／樣貌
1f: 感受	1l: 打扮

第二層次，案主的支持系統（共 6 項）：

2a: 家庭（夫婦、子女、父母、兄弟姊妹）	2d: 同事

2b: 鄰居　　　　　　　　　2e: 同學

2c: 朋友　　　　　　　　　2f: 親屬

第三層次，工作員自己的（共 12 項）：

3a: 思維　　　　　　　　　3g: 背景及經歷

3b: 言語　　　　　　　　　3h: 學識及訓練

3c: 行為　　　　　　　　　3i: 打扮／身材

3d: 人生意義　　　　　　　3j: 興趣

3e: 自我形象　　　　　　　3k: 專業投入和地位

3f: 感受　　　　　　　　　3l: 對心理輔導的認識、經驗

第四層次，案主和輔導員的關係（共 12 項）：

4a: 案主對輔導員的興趣　　　4g: 輔導員對案主的興趣

4b: 案主對輔導員的尊重　　　4h: 輔導員對案主的投入

4c: 案主對輔導員的信任　　　4i: 輔導員對案主的尊重

4d: 案主對輔導員的順服　　　4j: 輔導員對案主的責任

4e: 案主對輔導員的期望　　　4k: 輔導員對案主的期望

4f: 案主對輔導員的愛護　　　4l: 輔導員對案主的理解

第五層次，輔導機構和社會資源的運用（共 7 項）：

5a: 輔導機構的輔導環境。

5b: 輔導機構的人員配置。

5c: 輔導機構中輔導員的工作量、時間和空間。

5d: 輔導機構中對案主在資源上的輔助和支持。

5e: 輔導機構中相同背景案主的互相支持、分享和鼓勵。

5f: 輔導機構中輔導員的收費。

5g: 輔導機構中輔導員的資歷和名氣。

　　由此可見，可以運用的改變媒介其實不應侷限在輔導員的言語技巧，或者是案主的思維（認知治療法）、家庭（家庭治療法）、行為（行為治療法）等單一媒介上。事實上，可以運用的改變媒介一共有 49 種（12 + 6 + 12 + 12 + 7）。要在心理治療過程中，妥善運用這些不同的改變媒介，心理輔導員可能要明白下列幾項要點。

1. 改變媒介的多元性

　　改變媒介的多元性是指，在與案主輔導的過程中，改變的媒介不應只侷限在一種改變媒介上，相反的，應該是在多種的改變媒介上，例如：一個有婚姻和家庭問題的案主，其改變的媒介除了是個人的思維、行為、人生意義之外，更需要藉由案主的支持系統來改變，如朋友、親友的參與；有時候一些好朋友的調解、疏導、勸慰和規範，案主才能回轉過來。輔導員應妥善運用案主的支持系統以進行個人的改變，這些媒介才能收到成效。但某些親友、朋友的影響，很多時候會變得事倍功半，甚至適得其反。

2. 改變媒介的變動性

　　改變媒介的變動性是指，在心理輔導的進行中，不同階段可能需要不同的改變媒介，起初可能是個人層面中的 1c（行為）和支持系統中的 2b（鄰居），但到了中段則是 3c（行為）和 4c（案主對輔導員的信任），在最後階段可能是 5b（輔導機構的人員配置）的改變媒介。

　　按照這種情況，改變媒介的變動和結果的不同類型，可以做出以下的計算：

　　(1)使用一種改變媒介的變動，可能會有 49 種。

　　(2)使用二種改變媒介的組合，可能會有 49 × 48 = 2,352 種。

　　(3)使用三種改變媒介的組合，可能會有 49 × 48 × 47 = 110,544 種。

　　(4)使用四種改變媒介的組合，可能會有 49 × 48 × 47 × 46 = 5,085,024 種。

　　如此類推，不同變化的組合千變萬化、無窮無盡，心理治療師其實不應單是侷限在一、兩種改變媒介上，而忽略了其他改變媒介的推動力和變革能力，這些變化性應該隨著案主個體與環境的改變而有所不同。

3. 改變媒介的配合性和可行性

　　改變媒介的配合性是指，不同改變媒介的出現和運用應配合：(1)案主自己本身的意願、動機、專長；(2)環境的改變，如環境的變遷、環境人物；(3)心理輔導員的興趣、專長、意願和想法；(4)機構的限制和方向。

　　換言之，改變媒介的可能性雖然很多，但因為要配合多種因素的情況下，所以實際上可以運用合宜的媒介卻不多。有時候能夠運用的改變媒介會受到時間和變化所影響，工作人員和輔導員必須改變策略，採取另類的改變媒介。改變媒介的多元性、變動性、配合性和可行性，可以在下列的個案中展現出來：

> 　　「李太太最近不知不覺患了焦慮症，整個人都變得非常緊張，緊張的原因追根究柢是她的女兒要開始讀小一了。李太太白天要上班，下班之後忙著女兒的功課，又要考慮女兒未來的小學，她的丈夫在外地出差，很少回家，最近他們似乎在鬧彆扭，因為李太太整天懷疑李先生在外地有外遇，所以有時語帶雙關，讓李先生非常不愉快，回家後會與李太太爭吵。李太太的焦慮症日益嚴重，除了晚上難以入眠之外，白天更會因為小事而非常焦慮、胃痛、性情暴躁，偏頭痛更非常頻密。於是李太太就到家庭服務中心找尋社會工作員作心理輔導。」

　　從李太太的個案中顯示，改變媒介不應只停留在她自己的思維和行為上，其他的改變媒介應該是她的支持系統、輔導員與李太太的關係，以及家庭服務機構的服務類型和形式。李太太的個案顯示，她的改變媒介應該是多元性，應該包括：

(1) 李太太的思維：望女成龍的想法。

(2) 李太太的夫妻關係：他們的溝通。

(3) 李先生對家庭的看法。

(4) 李太太的母親、朋友，以及她認為可以介紹女兒進入名校讀小一的有關人士。

　　「在輔導的初期，必須先從李太太的女兒作為媒介入手。家庭服務中心裡有一些入讀名校的指導班和講座，這些媒介對李太太來說是再適合不過了，而且只有和李太太討論這些問題，她才會有真正的興趣去參與討論，投入當中的看法，同時只有解決其女兒的問題後，李太太才能有心理的空間再去討論和關注其他的事項。當李太太女兒的問題得到起碼的解決之後，她的內在空間應該有所改變，接著就可能需要處理李太太本身在工作、在家庭中的焦慮情緒，除了要透過和李太太的思維與言語的對話之外，更重要的是李太太要有空間去舒緩，因此改變媒介可能是勸李太太參與一些家長會、兒女教育團體等活動，並且鼓勵李太太和其他家長一起去做一些文康娛樂的活動，讓她的緊張情緒能夠放鬆下來。

　　當李太太的情緒放鬆下來之後，可以再透過李太太與一些工作上的同事之支持，以及與她的家人去討論，如何應付李太太的焦慮情緒和控制情緒的方法和處理，並鼓勵她把不安的事件、看法，藉著人際關係宣洩出來。在這個情況下，改變媒介似乎應該是案主的親人和好朋友，透過他們讓李太太明白還有知心人，而且應該培養李太太的親人和好朋友，能夠教導、幫助、鼓勵李太太面對婚姻、教養女兒和工作上的困難。最後，當李太太的情緒感受得到好的疏導和處理之後，應該讓她集中心力，處理她和丈夫婚姻關係上的問題，此時的改變媒介當然最好是他們的夫妻關係，尤其是丈夫的積極參與；而丈夫的的積極參與，可能比較好的改變媒介是丈夫和女兒的親密關係，只有女兒的投入下，丈夫才會覺得婚姻關係重整的重要性。而當丈夫也樂意參與之後，隨之而來的是心理輔導員在婚姻輔導方法和技巧的掌握。」

　　由李太太的個案中，我們很容易看見改變媒介的多元性、變動性和配合性的不同運用。在不同的階段有不同的策略，使用不同的改變媒介，才能妥善讓案主改變態度、改變行為、改變思想或者改善惡劣的環境。

（二）改變的先決條件

在心理治療的歷程中，案主或者其有關環境的改變，並不是馬上可以達到改變的發生，除了要有恰當的改變媒介之外，更重要的是恰當的先決條件。這些先決條件包括下列幾項。

1. 案主的改變意識與動機（Motivation & Readiness to Change）

這是指案主是否願意去從事改變，又或者是否有動機去改變。很多時候，案主表面上可能很有意識，或者不停地向工作人員表示他／她很期待行為、思維和感受上的改變，但事實上案主的內心深處依然依戀著問題的行為、思維和想法。因為這些看似問題的行為、思維和想法正好滿足案主的深層需要，也是案主在面對無奈情境時的唯一慰藉，所以案主依然無法改變。舉例來說：

> 「小明是一個病態的賭徒，因為病態的賭博所以欠下巨額的賭債，並遭家人所唾罵，所以每次輸下巨款之後都會悔恨不已，而向家人、社工人員、輔導員說會下定決心一定要戒賭，一定要重新做人，但事實上，言猶在耳不久，小明又會重蹈覆轍。仔細去看、去理解，才發覺小明其實有很多深層的不滿、焦慮。從小他就被父母和朋友所唾棄，所以很多怨恨都無法宣洩出來。年紀稍長後，小明就學會用賭錢、打架來宣洩這種內在的不安、焦慮、無奈和痛苦，當每次把大量的金錢押在籌碼上的時候，心情都會非常興奮，一時之間可以完全忘記所有的痛苦，麻醉的感覺讓小明非常舒服，似乎在剎那之間就把所有的煩惱拋諸腦後。因此在不知不覺之間，小明已經把賭博的情景，變成他在日常焦慮、無奈和痛苦的唯一止痛點，於是愈是輸掉愈大的金錢，這種無奈、痛苦、焦慮就愈少，就愈容易讓小明更需要孤注一擲的麻醉，而慢慢變成賭博、空虛、賭博的惡性循環。」

所以表面上小明要求自己要有強烈的改變，但實際上則在潛意識中不願改變和不能改變賭博的壞習慣。要明白案主改變的意向和動力，我們必須明白案主在

問題行為上的好處，也要明白案主在問題（困難）的深層需要、應付方法等三者的相互關係，如下圖所示：

真正的改變動機並不是解決問題（困難），而是要能滿足個體的深層需要。這樣案主才會有動力去塑造新的、正確的適應方法，如下圖所示：

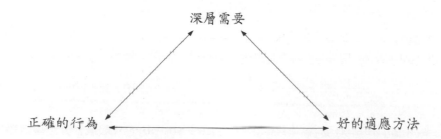

換言之，要改變案主的行為，一開始並不能把不正當的行為和不良的適應方法變成適應和正當的行為，而是要先找出一些實際的途徑、人物以及有關因素，才能讓案主的深層需要得到一些滿足。

2. 案主環境及資源的機遇 （Environmental Opportunities and Resources）

案主環境及資源的機遇是指，案主的環境是否能夠有足夠和合適的資源、人物、機會，讓案主可以在合用、合適和合宜的環境中去改變。這些機遇、人物和資源可能有下列幾種形態：

(1)在案主的環境中已經有了，但一向備受忽略。

(2)在案主的環境中沒有，但可以慢慢的培養出來。

(3)在案主的環境中完全缺乏，需要外界的幫助才能培養出來。

(4)在案主的環境中根本無法培養，而且培養後也不一定會改變案主，可能需要轉到另一個環境中。

　　如果在一些已經有改變的機遇、資源和條件的環境，心理輔導員最重要的就是把這些資源和條件慢慢找尋和發掘出來。輔導員在找尋和發掘的過程中，最重要的是要讓案主自己去把這些有關資源，例如：人物、金錢、時間、空間等，從他／她的背景、目前的情景和有關的接觸環境中慢慢地疏理出來；至於一些改變機遇的條件如果是案主目前環境沒有的，則可以慢慢的培養出來。心理輔導員的手法應與上述的方法不同，心理輔導員應該讓案主自己去接觸這些資源和機遇的環境，例如：案主在家庭中缺乏時間和支持人物去實行改變，所以應該鼓勵案主在其他環境中，如在學校找尋一些空間、支持的老師和同學，去進行一些結合和培養，以便讓案主在恰當的鼓勵之下有所改變。對一些在案主環境中沒有，卻有很多不良的阻礙時，對案主來說是讓他／她非常痛苦的情況，此時最好的方法是替案主找尋另外一個合宜和機遇的環境，讓案主可以慢慢的改變過來。

3. 案主親友的意願與支持（Readiness and Support of Clients' Significant Others）

　　案主親友的意願與支持在改變的先決條件是非常重要的，這些重要他人包括：

(1)家人和父母、姊妹及兒女。

(2)朋友，例如：學校中的同學、多年朋友、熱戀中的戀人、生死之交、知心人士。

(3)同事或鄰居，例如：在居住環境附近的鄰居、在工作中的同事、上司、下屬等。

　　改變的難度有時是不同人物對案主的改變有不同想法和不同態度，例如：當案主的父母希望案主能改變吸菸、飲酒和濫用藥物的壞習慣，但案主的朋友、同

學、戀人卻和案主一樣有著相同的壞習慣和問題，而且是透過這些不良習慣去溝通、交流和深化友誼。因此縱然父母、輔導員、學校老師，甚至連案主本身都期待改變，但一回到朋友當中，就馬上改變不過來。所以最理想的改變當然是案主所有的支持系統內的主要人物都期待案主改變，而且幫助、支持他們去改變，而最難的改變則是所有支持系統和關鍵人物都漠視、不理會，甚至排斥案主的改變。

4. 輔導員的看法與意願（Perception & Readiness of Social Workers）

　　輔導員的看法和意願其實也非常重要，尤其是當輔導員對事物的看法和價值觀與案主有所不同時，這些不同的看法一般來說可能是因為下列幾種原因所導致：

(1)案主與輔導員有不同的文化背景。

(2)案主與輔導員有不同的宗教背景。

(3)案主與輔導員有不同的階級（Class）背景。

(4)案主與輔導員有不同的種族（Ethnic Group）。

(5)案主與輔導員本身的教育和個人經歷很不同。

　　事實上，當一個有天主教信仰本身反對墮胎的輔導員，在面對一個未婚媽媽刻意去拿掉胎兒的案主時，輔導員本身著實會非常困難的去改變案主的看法、觀念和行為。同時也不會支持藉著拿掉胎兒，而讓案主將拋棄胎兒的回憶在腦海中抹掉，重新過單身的生活。

　　有時這些輔導員與案主的不同之處，更會因為輔導員本身所屬的輔導機構背景（如機構的服務原則和範圍）而受到影響，例如：一個以從事病態賭徒服務的服務機構，對案主的病態賭博非常關心，但對案主的宗教信仰、家庭關係則不太留意，而往往忘記了案主的病態賭博行為與他／她的宗教信仰、家庭關係有直接的關係，如不從事這些改變，也無法改變案主的賭博行為。

　　從上述的觀點和描述來看，改變的先決條件約有下列幾項：

(1)案主願意改變的心境、動機和明白改變後的後果，也願意承擔這些後果。

(2)案主的需要，尤其是她／他的深層需要，可以會從改變的過程中、改變後的後果中獲得。

(3)案主的周圍人士，例如：家人、朋友等，都願意支持案主的改變。

(4)輔導員的心情／動機都預備接受這些改變，而這些改變又是輔導員有關的服務團體和機構所容許的。

由此可見，要案主在行為、思維和感受上有所改變其實並不容易，最重要的不是在心理輔導過程中進行這些改變，而是輔導員首先要在輔導的情境和過程中，創造有關改變的先決條件。有了這些先決條件，案主的改變才會水到渠成；愈多這些先決條件的呈現，案主的改變就愈容易達到，而且有關的改變就愈能長久。

（三）改變的持續性

改變的持續性是指，案主的改變是否能夠延續下去。延續的意思是指，在沒有輔導員的引導下，改變之後的改變依然可以延續下去。延續的意思有幾種，說明如下。

1. 案主改變的自主性（Autonomy & Independence of Change）

這是指案主自己能夠明白和擁有好的動機、想法去改變自己，這種改變即使沒有心理輔導員的引導和鼓勵，依然可以繼續下去。在實際的情況下，要案主的改變可以持續下去，首先的條件是這種改變是案主的能力和環境可以支持和容納的，而且案主在改變的途徑和內容中，需要不斷在其中有其樂趣和成果，讓案主在改變中能自得其樂（Self-Reinforced）和自我認同（Self-Recognizes），並不太需要外在的鼓勵和肯定，只有在這種情況下，案主改變的持續性才能久遠。

2. 案主改變的堅韌性（Endurance of Change）

這是指案主在面對不少困難和其他人的挑戰下，依然不斷的努力去進行改變，換言之，案主的改變能力、動機和心力都非常旺盛，有「雖千萬人吾往矣」的氣概，要達到這個境界，一般來說案主都會在這些改變中重新拾回或者是尋覓一些新的深層生命意義，讓案主愈來愈起勁。這些深層的生命意義可能是：

(1)讓自己今後生命變得有意義和方向。

(2)案主的改變讓家人、親友所期許，並且深深地激賞。

(3)案主堅持改變，以便養育親人或者是達成最親愛的人之願望。

(4)案主從改變中重拾人生的尊嚴和身分。

在這些力量的推動下，案主雖然面對不少外在的困難，可能是其他人挪揄其身體的疾病、財政上的困難、別人的誘惑等，他／她依然會勇往直前，堅忍不拔。

3. 案主改變的彈性（Flexibility of Change）

這是指案主在面對現實和環境的需求時，有恰當的調節，例如：把思維上的改變轉化成為行動上的改變，把個人的改變轉化成為環境的改變，又或者是調節自己改變的強度、密度、頻率、方向及形式，讓自己更合乎當時需要的情景。

案主在改變中的自主性、堅韌性和彈性，其實是互相影響的，如下圖所示：

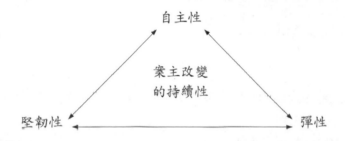

這三者的交互關係也可以在下列個案中顯示出來：

「大明本來與一群不良青少年糾纏在一起，而且也參與了他們的搶劫、聚賭、販毒等違法行為，後來被執法人員在犯罪過程中捉到而入獄 5 年，出獄後與大明相依為命的母親因病去世，在去世前囑咐大明要努力改過；他悲痛不已，下定決心聽從輔導員李小姐的勸告，要努力工作、重新做人（改變的內在動力很大）。他覺得媽媽的去世，令他終身遺憾，因此除了輔導員鼓勵他找工作之外，他自己也非常主動地找工作（改變的自主性很強），並且不怕辛勞，在信件快遞公司當快遞員，整天都在炎熱的天氣中送信，雖然累得要命，但毫無怨言，心中只記著死去母親的囑咐。在快遞公司有時候被同事排斥和不信任，說他有刑事紀錄，公司、財物文件有失竊時，都會誤認他

是主嫌，但大明都默默的忍受揶揄，堅持自己的工作崗位（改變的堅韌性很強）。有一次在街上送信，大雨滂沱又有交通意外，大明為了讓客人準時收到信件，不惜在大雨中跑了一個小時，渾身濕透地把信件送到客人面前（改變的彈性很強）。不久快遞公司因為生意不好而進行裁員，大明也在裁減之列。他雖然非常失望，但並不氣餒，到處找尋工作，在輔導員的幫助下，終於找到另一份快遞工作，工作時間比較穩定。之後大明在晚上讀了中學，希望再參加高考……」

在大明的個案中，很清楚顯示出大明改變的自主性、堅韌性和彈性都很強，輔導員在心理輔導的過程中，能夠把大明母親對大明的期望和大明內在的改變力量找尋出來，順著他的方向鼓勵他有所改變，讓他改變的持續性發揮出來。

（四）改變的擴散性

改變的擴散性是指，案主在心理治療的過程中，透過改變的媒介，又具備改變的持續性後，其改變已經不單侷限在某一層面之中，而是慢慢地擴散，這種擴散可以在幾個方向中出現：

1. 從一個事件擴散到其他事件中。

2. 從一個生活環境擴散到另一個生活環境中（如學校到家庭）。

3. 從面對一些人物到其他人物中。

4. 從面前的生活到未來計畫中。

5. 從一個層次到另一個層次，例如：從言語到行為、從思維到自我形象、從看法到生命意義、從動機到成果。

改變的擴散性非常重要，沒有擴散性，案主的改變可能只侷限在面談室，或者只是在某一層面中，無法在日常生活中有重要和深遠的改變。仔細去看改變的擴散性，其實又可以分為幾種重要的特徵：(1)改變層面中的交互關係；(2)改變的因緣際遇與機會；(3)在改變中得到認同與鼓勵。這三種元素其實是互相有關的，其交互的情況可以在下圖中表示出來。

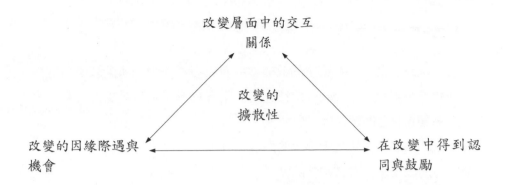

　　改變層面中的交互關係是指，由一件事到另一件事、由一個生活環境到另一個生活環境、由一個人物到另一個人物、由案主內心的一個層面到另一個層面的交互關係，要這些改變能有擴散性，這些事件、環境、人物一定有其關係，例如：案主與他媽媽的關係由爭執到和諧，這種關係的改變，一般來說都會影響案主與其他家庭成員的關係，如案主的媽媽和爸爸會更親近，所以當案主改變他對媽媽的態度由很差變成很好的時候，同樣也會讓他對爸爸的態度或者爸爸對他的態度有所改變。同樣的，如果案主在事業上有所改變，努力找尋工作，有較好、較穩定的收入，而他的工作收入又能支持家庭的開支，如此一來，案主在事業層面上的改變，也會帶動案主在家庭層面中的改變。當家中成員的態度與案主的事業成就關係是緊密的，案主在事業上的改變與家庭改變的相關性則愈強；相反的，假如案主由一個層次到另外一個層次之間有交互矛盾時，情況就會不一樣，會變成一個層次的改變，可能導致另一個層面的抗拒，例如：案主的妻子與案主的姻親之婆媳關係很差，案主感到很無奈，最後以婚外情去宣洩自己對妻子的不滿和對姻親的憤怒，後來經過心理輔導後產生改變，對妻子非常愛護，但卻對他的母親更加不滿和嫉妒，有時會冷嘲熱諷，讓婆媳關係更加惡化。因此要「改變的擴散性」能夠加強，輔導員就必須留意案主有關層面之間的相關性，並且要明白有些層面中間的矛盾性，只有加強環境、事件、層面的相關性，案主的改變力量才會壯大，才會擴散出去。

（五）改變的感應性

改變的感應性是指，在案主的改變當中有沒有感染力。所謂感染力是指，案主的改變會不會讓其他人感動，這種感動大概會有下列幾個重要的元素：

1. 案主是否真心改變。

2. 案主的改變是否要具備很大的勇氣和付出。

3. 案主的改變是否有戲劇性的轉變。

4. 案主的改變是否有大的說服力。

5. 案主有沒有將這些改變有效的表達出來。

6. 案主會不會以這些改變的行為為傲。

案主是否真心改變是指，案主在改變中的決心、勇氣、堅持，是否能讓熟悉案主的親戚、朋友、輔導員感覺到。一般來說，這些人都在多年來看到案主在自己的問題上起起伏伏，一方面看到他們的改變似乎言猶在耳，但另一方面，則見到他們故態復萌、不外如是，甚至變本加厲，所以只有案主真真正正持續性的改變，才會讓這些人有感應，這些人一旦相信案主有真正的改變能力，他們才會全力支持案主的改變，讓案主改變的擴散性和持續性不斷加強。

案主的改變是否要具備很大的勇氣和付出是指，案主是否會因為新的改變而有很大的犧牲，這些犧牲可能是：(1)生活形式的轉移；(2)放棄從前的生活模式；(3)放棄從前的朋友；(4)從社會的底層工作做起；(5)不怕別人的嘲笑、排斥和歧視；(6)不怕從前損友的引誘和威嚇。

要達到這些改變，案主一定要得到很大的支持和鼓舞，這些轉移每一件都需要很大的犧牲，例如：一個曾經犯罪多年，在黑社會中位高權重的大哥，要別人相信他出獄後會改變並不容易，他一定要洗心革面，過一些非常簡單的生活，而且可能從社會的底層做起，做一些可能是清潔工作，或者是搬運工作，也可能被其他人嘲笑。在上述種種壓力下，若案主依然有勇氣、肯犧牲的改變，這種改變是讓人振奮和佩服的。

案主的改變有時會有戲劇性的轉變，例如：從前是頹喪不安，現在是奮發前進；從前是窮凶惡極，現在是溫馨可人。這些戲劇性的改變，雖然會讓身邊的人

非常振奮，但也會感到非常奇怪，因而相信這些改變的潛在力量和徹底性，轉而欣賞和鼓勵案主的改變。他們的態度及反應，又進一步會讓案主感到人生很有意義，且相信自己有能力更進一步前進。

案主的改變是否有說服力，這和戲劇性有些不同，主要是要讓其他人覺得案主的改變是有軌跡可循和可以理解的，這包括有其他人的幫助、思想和行為力量的強大，以及其他有關的因素，讓這些人覺得這些改變雖然有戲劇性、出人意表之外，但卻是合情合理的。

最後，改變的感應性當然決定於案主有沒有將自己的改變，用一些好的表達方法講述給其他人聽，讓他們明白、知曉，案主愈是以這些改變為傲，愈是以這些改變為表達情緒、表達自己看法、表達自己改變的過程和感受，就愈是能夠引起他人的回應、反應和欣賞。

💣☀️五、心理治療的不同維度

所謂維度（Dimension）是指不同的空間；在物理學中，四維（Four Dimensions）是指長、寬、高和時間。維度也代表一個物件於存在中的實體之不同空間，不同維度是指在不同的空間中去感受該物體的真實性。同樣一件物體在長度來說可能很短，但在深度和寬度來說，可能很深或很寬，但在實物的衝擊下可能慢慢解體，變得面目全非，所以只能在不同維度中共同檢視物件的主體性和真實性。

心理治療的維度是指，在心理治療進行的過程中，治療師、案主和心理治療的取向和角度。對於同樣一個案主、同樣一種問題，不同治療師的看法和角度都有所不同，這些不同的角度和看法可以歸納為幾個維度的思考：(1)人性和生命的維度；(2)時間的維度；(3)自我的維度；(4)意識的維度；(5)問題的維度；(6)文化的維度。

（一）人性和生命的維度

這是指人對生命意義（Meaning of Life）和人性（Nature of Man）的看法，不少精神病的產生究其原因都與人生空虛、感到生存缺乏生趣，又或者覺得人性中

無法找到真善美有關。嚴格來說，人性和生命意義是一件非常複雜的觀念，其中有關的科學可能包括心理學、社會學、宗教和哲學，並非三言兩語可以描述出來的。但用較簡單的言語來看，人生的意義可以分成四個層面：

1. 為世上的物質、地位、財富而活。
2. 為自己的人生目標而活。
3. 為別人，特別是親人，如子女、父母的成長、生存和情況而活。
4. 為群體的利益，社會、國家、世界和宗教的利益而活。

對於不同的心理治療學派來說，認知行為學派似乎在人生意義的層面比較低，而行為學派認為人的生存與其他動物一樣，都是為了追求正面的獎勵（Positive Reinforcement）和逃避負面的懲罰（Negative Reinforcement）而生存，但對於存在學派（Existential Approach）來說，人生的意義卻在整全（Wholeness）和意義的滿足（Meaningfulness）而做。意義治療（Logotherapy）的創始者 Frankl（2000）則認為，人生的深層在於能夠在苦難中找到意義，讓人在苦難中感到有希望、有價值，否則苦中更苦，苦中更容易失去人生的意義。而家庭治療則注重人生的意義在於與家人同甘共苦，所以家人的矛盾和爭鬥、壓迫，都是讓案主感到人生痛苦和無奈的根源。至於案主中心學派（Client Centered）的心理輔導模式，則以案主能否自我展示和實現其個人意義和長處（Self-Actualization）為人生的目標；一個能夠展示自己理想（Acutalize）的人，其生命會非常有起勁，反之，人生就會變得灰暗和缺乏動力。就心理動力學派來說，人生的目的在於協調本能（Id）的滿足和跟隨社會道德倫理的超我（Superego）之間的矛盾和衝突；這些矛盾能夠共處和協調，人生就變得有意義，本我（Ego）也會在現實中有所滿足而能有好的功能，過好的生活，反之，這些矛盾就會虛耗人的精力，為人帶來不少的心理和精神問題。由此看來，不同的學派似乎只注重某一層次的人生目標和人生意義，他們對人性的理解也有所不同，心理動力學派認為人性本身是慾望的滿足和壓抑，而認知和行為學派也假設人性並不光彩，只會貪心和趨福避禍的展現。而只有存在學派和案主中心學派認為，人性是不斷追求完美和價值。對一個完整的人來說，所有上述人性的層面也應該包括在內，不應單單從一個層面和角度去看人性和人生意義，同時在治療和輔導的過程中，這些人性和人生意義也應該同

時出現在案主與治療師／輔導員之間，其中交互的關係可在圖 11-16 中展現出來。

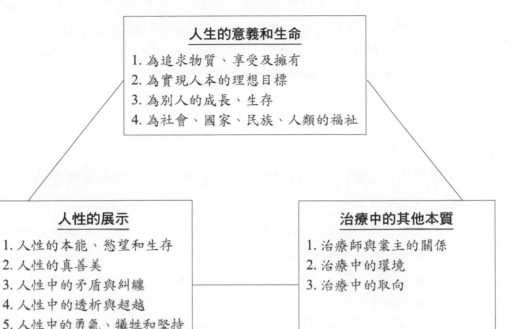

人生的意義和生命

1. 為追求物質、享受及擁有
2. 為實現人本的理想目標
3. 為別人的成長、生存
4. 為社會、國家、民族、人類的福祉

人性的展示

1. 人性的本能、慾望和生存
2. 人性的真善美
3. 人性中的矛盾與糾纏
4. 人性中的透析與超越
5. 人性中的勇氣、犧牲和堅持

治療中的其他本質

1. 治療師與案主的關係
2. 治療中的環境
3. 治療中的取向

圖 11-16　心理治療中的人生意義和人性的維度

（二）時間的維度

　　時間的維度是指，在心理治療中案主和治療師所停頓和安置的時空意識。對於一般人來說，時空意識簡單可以分成：

　　1. 過去（Past）：以前所發生的人、事、物，這也是人的腦海中的回憶，這些回憶有些是好的、甜蜜的和快樂的，而有些是痛苦的、無奈的和糾纏的。

　　2. 現在（Present）：現在所發生的人、事、物，這是每一刻的人生、感受、此時此刻（Here and Now），以及現實生活（Present & Current Life）。

　　3. 未來（Future）：將來所發生的人、事、物，這也代表未來的希望、未來的人生、未來的擔憂、未來的抱負和未來的生命與健康。

　　這三個層面對案主和治療師／輔導員來說都同時存在，而對精神病人士來說，

他們大部分都生活在痛苦的過去當中，這些創傷、無奈、糾纏的回憶和經歷，讓他們對現在每一刻的生活、經歷都有不良的影響，有一些如精神分裂症患者和憂鬱症患者，甚至會對現在的現實（present reality）有所扭曲和忽視；不少精神病人士和康復者對未來的感覺都有所漠視，甚至覺得未來沒有希望，未來只是從前的不安、焦慮、沮喪的重複。治療的目的最重要的是：

1.抒解過去的矛盾、創傷、痛苦，重溫以前美好、甜蜜和快樂的生活和感覺。

2.珍惜現在的時刻，包括人、事、物，努力做好現在的工作，享受每一個現在的環境時刻，投入現實的生活、活動和人的交互關係中。

3.對未來存有希望，對未來有實現、有意義的追求、追尋，去實踐自己的理想，相信明天會更好。

對於不同的心理治療學派來說，他們的時空維度都有不同的著重點。心理動力學派注重過去，尤其是過去的糾纏和矛盾，他們認為只要這些矛盾和糾纏能夠得到緩解，案主就會從痛苦的過去中釋放出來，重過實在的現在和盼望好的未來。認知行為學派則注重此時此刻的行為和思維，希望案主能培養自我控制的思想和行為的能力，去控制思維和行為，進而控制情感和自我，而能克服困難。存在主義學派則注重人生未來的希望意義，並總結和反省一生的過去、現在和未來，希望這個總結是一個完整、表裡一致、有意義、有貢獻的句號。敘事治療學派（Narrative Therapy）則是案主對於所發生事件的程序和意義的重整，讓案主能重新安排（Re-authorize）和解釋過去的生活、經歷和感受。至於焦點解決短期治療學派（Solution-Focused Brief Therapy）則是立足現在（Here and Now）、面對未來，從實踐好的事件中重組希望和能力。由此可見，每一個學派都有其獨特的時空意識和重組方向，但面對時空意識有所阻礙和扭曲的案主，其時空意識的重組無法奏效時，在每一個案主於每一個時空意識都有所不同的情況下，心理治療師必須靈活和全面掌握案主的時空意識，才能在心理治療的過程中有效地實踐出來。

根據Frankl（2000）的時空看法，筆者作出下列對案主時空意識的重整原則：

1.肯定和接納過去，享受和投入現在，展望和開放未來。

2.假如過去是充滿創傷和痛苦的，並不代表過去可以否定現在的投入和實在，也不表示它可以掩蓋未來的希望和意義。

3. 假如現在是不安、欺壓和漠視的，它不可以抹殺過去的快樂、成就和經歷，也不可以否定未來的希望和開放。

4. 假如未來的希望和意義看來非常渺小，但它不可以否定現在的實在和投入，也不可拋開過去的快樂、成就和經歷。

（三）自我的維度

自我的維度是指，在心理治療的過程中，案主自我系統中的不同成分，例如：

1. 自我形象（Self-Image）。
2. 自我認同（Self-Identity）。
3. 自我界限（Self-Boundary）。
4. 內在的自我（Inner-Self）。
5. 外在／社會的自我（Outer Self and Social Self）。
6. 現象學的自我（Phenomenological Self）。
7. 存在的自我（Existential Self）。
8. 與身體融合的自我（Embodied Self）。
9. 矛盾的自我（Conflicting Self），例如：超我（Superego）。
10. 本能（Id）和本我（Ego）。
11. 被社會情境所塑造的自我（Socially Constructed Self）。

不同的自我成分代表自我系統是一個非常複雜又經常轉動的系統，不同的治療學派對自我（Self）的注重和焦點都有所不同。行為學派對自我的描述最為薄弱，只認為個體的自我是由不同的行為規律（Behavioural Pattern）所組成，改變了行為規律就會改變個體的自我形象和看法。同樣的，認知學派也認為，只要改變思維的習慣（Cognitive Schema）就會改變案主的自我系統。而心理動力學派對自己的描述則認為，自我系統是本能（Id）、超我（Superego）、本我（Ego）和現實（Reality）協調的產品，在協調外在和內在的不安和矛盾時，會產生不同的自我防衛機轉（Defense Mechanism），所有的心理問題都是這些自我矛盾和自我防衛功能所衍生出來的。但和後現代思維（Post-Modernism）有關的治療學派，如敘事治療和女性治療（Feminist Approach）則認為，自我是由社會環境所建構

（Socially Constucted），所以要再塑造一個良好的自我，就必須依賴一個良好的社會環境（Supportive Social Environment）和案主，努力的去把社會所塑造的固有不良部分重新建構和反省，重拾自我的建構、主宰、自信的能力。至於存在主義學者 R. D. Laing（1960）則認為，自我與其他人（Self and Other）是同時存在的互助體，如果其他人不斷壓迫（Implosion）、吞噬（Engulfment）、非人化（de-personalization），就會讓案主產生存在的不安和焦慮（Ontological Inseuccty），進而產生各種心理問題。由此可見，不同學派對自我代表著不同的詮釋和看法，但實際上這些看法都代表著自我的不同成分和形態。由於每一個案主的自我系統，其實都是複雜和獨特的，治療師和輔導員不能單依賴一種自我的看法而否定自我系統的完整性、獨特性和複雜性。重建一個自信、完整、獨立與外在環境不斷互動的自我系統，應該是心理治療的首先目標和方向。

（四）意識的維度

意識的維度是指，在心理治療的過程中，案主和治療師／輔導員醒覺的程度（Awareness Level）。根據 Freud 的看法，意識（Consciousness）可分為三個層次：(1)潛意識（Unconsciousness）：不為案主所覺察；(2)意識（Consciousness）：為案主所覺察；(3)半意識（Subconsciousness）：為案主較迷糊地覺察。

而面對覺察和意識的對象來說，又可分成：(1)整體的意識／醒覺（General Awareness）；(2)自我的意識／醒覺（Self-Awareness）；(3)對其他人的意識／醒覺（Awareness of Others）。

意識對不同事件也有不同的投入程度（Degree of Involvement），例如：(1)抽離（Detachment）；(2)不覺察（Unawareness）；(3)留意（Attention）；(4)專注（Concentration）；(5)投入（Involvement）。

在心理治療的過程中，意識的維度是相當重要但又很容易被忽略的。不少的治療學派，尤其是認知學派都要求案主對自己的不良行為、思維和問題有強烈的專注，並且加強自己的意識而加以控制。但在心理動力學派中，則著重案主潛意識的展露和對案主在意識中的感情、行為想法的影響。而催眠（Hypnosis）、神經語言學（Neuro Lingusitic Programming, NLP）等都把治療的過程放在案主的半

意識和潛意識等兩個層面；至於夢的解析（Dream Analysis）則透過案主夢境的分析、對話、分享，去瞭解案主潛意識中的矛盾和取向。值得一提的是，在與精神病人士或康復者進行干預時，單是專注在意識層面並不能奏效，特別是一些精神分裂症、抑鬱症患者／康復者，愈是要他們專注在其病徵上，反而會讓他們控制病徵的能力下降，這就等同於一個失眠的案主，愈要案主入睡，就會讓案主更緊張、愈難入睡，反而在放鬆並專注在其他事物後，才能讓案主在潛意識中放鬆起來，也才能達到入睡的效果。

因此心理治療不應只停留在任何一個意識層面中，反而應該在不同意識的層次間穿插，瞭解案主在意識、潛意識和半意識中的交互關係，也瞭解案主對不同事物、人物、經歷中的專注程度，這樣才能有效地治療案主不同的心理和精神困擾。

（五）問題的維度

問題的維度是指，治療師／輔導員在進行心理治療時，是否有下列一種或是多種的看法：

1. 以案主問題的焦點問題為本（Problem Based）。
2. 以案主問題的解決方法為焦點解決為本（Solution Based）。
3. 以案主的缺陷和病態為焦點（Deficit & Disease Orientation）。
4. 以案主的能力、耐性、復原力為焦點（Strengths Based），以能耐／長處為本。
5. 以案主的需要、感受、成長、自我為焦點（Person Centered）。

不同的焦點代表工作人員不同的取向和對案主情況的不同理解，一般來說傳統的心理治療，例如：心理動力學派、認知和行為學派、催眠學派等，都傾向於以案主的問題、案主的缺陷和病態為治療／輔導過程的焦點。但較現代的治療學派，例如：敘事治療和焦點解決短期治療則以案主解決問題的方法和案主的能力、耐性、復原力為焦點。近年來興起的正面思維（Positive Thinking）、能耐取向（Strengths Based Perspective）等，更積極主張純粹以案主的長處、正面思維及抗逆能力為治療的主體。

仔細來看，其實所謂的問題與解決方法、缺陷與能耐等，都是事情和有關人物的一體兩面。當治療人員為案主找尋方法和能力時，其實在潛意識裡也同時會勾起案主對於問題和缺陷的感覺、感受、思維和經歷，例如：當治療師／輔導員詢問案主的能力和資源時，如果處理不妥，也很容易會勾起案主對自身能力和資源缺乏的感覺。而且只有瞭解案主的長處而不瞭解案主的缺點，只理解案主的焦點方向而不明白案主的缺陷和問題，也不全面；同時，有的是近年的正向思維和能耐取向，或者是焦點解決治療、敘事治療，這些都是近年來興起的心理治療模式，在理論的建構上也許不及多年歷史的心理動力學派理論的歷史。

　　因此與其側重某一方面，無論是正面或負面的看法，其實都應由案主的主體開始。這個主體性就應該包括案主的人性各方面，例如：

　　1. 案主的人生目標（Meaning of Life）。

　　2. 案主的自我系統（Self-System）。

　　3. 案主的內在世界，例如：感受、思維、道德等（Mind / Emotion, Cognition and Morality）。

　　4. 案主的身體，例如：身段、衣飾、健康、運動、疾病等（Body Figure, Clothing, Health, Exercise and Sickness）。

　　5. 案主的行為和活動，例如：言行、社會功能、角色等（Activities & Behaviors, Social Functioning, Role, Deads）。

　　6. 案主的社會文化、政治情境（Social, Cultural and Political Context）。

　　只有這些不同的人性主體才能包括案主正面和負面的互動，而且如上所言，這些不同層面的人性成分超越心理治療的模式和框架，進而與人有關的學問，例如：心理學、社會學、藝術、表演、文學、歷史等學科，融合成一體，對理解和治療有深、寬、廣的演繹和實行。

（六）文化的維度

　　文化的維度是指，案主的文化背景（A）、治療師的文化背景（B），以及心理治療時進行的文化情境（C），這三者可以互相相同，也可以都不同。就以中華文化的背景來說，又可以將有關的華人社會情況分成下列幾種：

1. 較傳統的中華文化背景和情境，例如：鄉間和長者自身的經歷（T）。

2. 比較現代西方社會的全球文化背景和情境，例如：美國、英國、澳洲和紐西蘭的多元文化華人社會（W）。

3. 傳統中華文化與現代西方文化交換後，變成同樣重要的雙主體文化（Bicultural）情景（TW）。

除了這三個文化情景之外，更有其他的成分，例如：

1. 在中國大陸各種盛行的馬克思主義、列寧主義、毛澤東思想、鄧小平思想、社會主義（M）。

2. 在台灣本土盛行的三民主義、民進黨的政治看法和立場（K）。

3. 在香港依然殘留的殖民地主義、英國公務員制度的後遺影響（U）。

換言之，心理治療的文化維度是一個非常複雜的組合，其交互關係大致上可在圖 11-17 中表示出來。

換言之，華人社會中心理治療的文化維度其實是（A，B，C）、（T，W，TW）和（M，K，U）三者的各種因素之互相配合。心理治療本身理論的文化背景是現代西方全球文化的產品（W），在面對中國傳統文化（T）、馬、列、毛和共產黨的主導思想（M）、台灣的政治取向（K）時，就必須作出恰當的協調修改和本土化，否則整體的輔導過程就會變成把西方的文化思維和行為模式強加入中華文化的思維，以及中國、台灣、香港不同的本地情境當中。這種情況如果案主本身是華人，治療師和治療情境如果都沒有中華文化背景和情境，那還情有可原；但假如發生在案主、治療師和治療情境都是華人文化，那華人社會就成了無可饒恕和盲目的自身文化摧毀，所謂心理治療就只是純粹和無意義的崇洋媚外的產品。

五、結語

本章以較多的篇幅去描繪和討論心理治療的基本元素之深層反思。與一般描述不同，本章注重不同心理治療學派中的基本元素，這些基本元素包括：一般元素中的態度與同理心、關係與交流、權力與影響力、聆聽與真誠、專注與投入、過程與結果，以及感受與感覺；改變元素的媒介、先決條件、持續性、擴散性和

案主、治療師及治療情境

1. 案主的文化背景及經歷（A）
2. 治療師的文化背景及經歷（B）
3. 治療過程的文化情境（C）
（ABC 三者可以互相相同，也可以互相不同）

現代華人社會

1. 傳統中華文化（如長者和鄉間）（T）
2. 現代西方全球文化中的華人社會（W）
3. 傳統中華文化與西方文化交換後，雙主體的文化社會（TW）

不同華人社會政治思想

1. 中國大陸的馬、列、毛主義和其他思想，共產黨的理想和主導思想（M）
2. 台灣的三民主義、民進黨的思想和國民黨的方向（K）
3. 香港殘留的英國殖民地主義和公務員體制（U）

圖 11-17　華人社會心理治療的文化維度

感應性，以及心理治療的不同維度：人性和生命的維度、時間的維度、自我的維度、意識的維度、問題的維度，以及文化的維度。這些一般元素、改變元素和維度直接和間接地影響心理治療師和案主的技巧、手法、感受、思維、自我和生命意義。由這些元素來看，心理治療實在不應該只是某種心理治療學派或者某種技巧的展示，而應該是心理治療中各種基本元素、改變元素和維度的深刻體會，是治療師與案主的關係和生命的交流，是社會文化、情境反映，是案主生命、自我、思想、需要、感受的重新建構和適應，是有關團體（Related Parties）的多重反思、交流和互相影響。只有跳出狹隘心理治療學派思維的框架，心理治療才能真正為精神病人士／康復者重拾生命意義，重塑自我，過正常的社區生活。

◇參考文獻◇

Asay, T. P., & Lambert, M. J. (1999). The empirical case for the common factors in therapy: Qualitive finding. In M. A. Hubble, B. I. Dusscan & S. D. Miller Les (Eds.), *The heart and soul of change: What work in therapy* (pp. 23-56). Washington, DC: American Psychological Association.

Cross Creek Family Counseling (2006). *Defense mechanism*. Retrieved from http://www.crosscreekcounseling.com

Frankl, V. (2000). *Man's search for meaning*. Cambridge, UK: Persus Publishing.

Freud, A. (1967). *The ego and the mechanism of defense*. New York, NY: International University Press.

Hoenig, J. (1991). Jaspers' view on schizophrenia. In J. G. Howells (Ed.), *The concept of schizophrenia: Historical perspective*. Arlington, VA: American Psychiatric Publishing.

Jaspers, K. (1946/1963). *General psychopathology* (7th ed.) (Trans by J. Hoenig & M. W. Hamilton). Manchester, UK: Manchester University Press. (Original work published 1923)

Laing, R. D. (1960). *The divided self*. London, UK: Transtock Press.

Lambert, M. J. (1992). Implications of outcome research for psychotherapy integration. In J. C. Norcross & M. R. Goldstein (Eds.), *Handbook of psychotherapy integration* (pp. 94-129). New York, NY: Basic Books.

Lambert, M. J., & Bergin, A. E. (1994). The effective ness of psychotherapy. In A. E. Bergin & S. L. Garfield (Eds.), *Handbook of psychotherapy and behavioral change* (4th ed.) (pp. 143-189). New York, NY: John Wiley & Sons.

Schön, D. (1983). *The reflective practitioner*. New York, NY: Basic Books.

Schön, D. (1987). *Educating the reflective practitioner*. San Francisco, CA: Jossey-Bass.

Vailang, G. E. (1992). *Ego mechanisms of defense: A guide for clinicians & researchers*. New York, NY: Americans Psychiatric Publishers.

Wolberg, L. R. (1988). *The technique of psychotherapy.* New York, NY: Grune & Station.

Yip, K. S. (2011). *Emotionality and mental illness: A multi-dimensional model.* New York, NY: Nova Science Publishers.

筆記欄

國家圖書館出版品預行編目（CIP）資料

精神醫療社會工作：信念、理論和實踐／葉錦成
著. -- 初版. -- 臺北市：心理, 2011.08
面； 公分. --（社會工作系列；31034）

ISBN 978-986-191-456-5（平裝）

1. 醫療社會工作 2. 精神醫學

547.17 100013357

社會工作系列 31034

精神醫療社會工作：信念、理論和實踐

作　　者：葉錦成

責任編輯：郭佳玲

總　編　輯：林敬堯

發　行　人：洪有義

出　版　者：心理出版社股份有限公司

地　　址：231026 新北市新店區光明街 288 號 7 樓

電　　話：(02) 29150566

傳　　真：(02) 29152928

郵撥帳號：19293172　心理出版社股份有限公司

網　　址：https://www.psy.com.tw

電子信箱：psychoco@ms15.hinet.net

排　版　者：辰皓國際出版製作有限公司

印　刷　者：辰皓國際出版製作有限公司

初版一刷：2011 年 8 月

初版四刷：2023 年 9 月

I S B N：978-986-191-456-5

定　　價：新台幣 420 元